国家社会科学基金重大项目（编号：15ZDB126）研究成果

面向数字图书馆的移动视觉搜索机制研究

The Mechanism of Mobile Visual Search for Digital Library

朱庆华　赵宇翔　胡　蓉　李嘉兴　孟　猛　著

科学出版社

北京

内 容 简 介

近年来，在数字图书馆智慧化发展的进程中，移动视觉搜索为其资源管理及用户体验带来了新的服务模式和应用场景。本书主要内容包括数字图书馆移动视觉搜索资源建设机制、资源组织机制和人机交互机制的研究。本书理论上有助于建立公共文化数字化服务领域的新模式，并推动新技术赋能的数字图书馆演化路径发展；实践上有助于促进大数据环境下数字信息资源的有效利用，实现数字图书馆的智慧化转型、升级与创新。

本书可供公共管理、信息资源管理和管理科学与工程领域的研究者，以及图书馆、博物馆、档案馆等数字化部门的从业人员阅读参考。

图书在版编目（CIP）数据

面向数字图书馆的移动视觉搜索机制研究 / 朱庆华等著. —北京：科学出版社，2023.2

ISBN 978-7-03-074842-3

Ⅰ. ①面… Ⅱ. ①朱… Ⅲ. ①数字图书馆—研究 Ⅳ. ①G250.76

中国国家版本馆 CIP 数据核字（2023）第 026944 号

责任编辑：惠 雪 石宏杰 曾佳佳 / 责任校对：王晓茜
责任印制：张 伟 / 封面设计：许 瑞

科 学 出 版 社 出版
北京东黄城根北街 16 号
邮政编码：100717
http://www.sciencep.com
北京捷迅佳彩印刷有限公司 印刷
科学出版社发行 各地新华书店经销
*
2023 年 2 月第 一 版 开本：720 × 1000 1/16
2023 年 2 月第一次印刷 印张：20
字数：400 000

定价：199.00 元

（如有印装质量问题，我社负责调换）

“面向大数据的数字图书馆移动视觉搜索机制及应用研究”项目组

项目主持人	朱庆华				
子课题负责人	朱庆华	赵宇翔	刘　炜	陈　曦	朱学芳
项目组成员	胡　蓉	李嘉兴	孟　猛	张亭亭	齐云飞
	陈　涛	孙晓宁	宋小康	李　惠	韩　玺
	何秀美	史昱天	刘木林	邱奥欣	

前　　言

沉浸式智能技术的发展为图书馆业务及实践带来了一系列新的机遇。近年来，在数字图书馆智慧化发展的进程中，移动视觉搜索为其资源管理及用户体验带来了新的服务模式和应用场景。移动视觉搜索从狭义上理解，是指将移动终端设备在现实世界中获取的视觉资源作为检索项，通过移动互联网进行解析处理并返回相应结果的交互式信息检索方式。从广义上理解，是指移动互联网环境下的一种数据驱动、任务导向的创新型信息服务模式，强调对视觉类信息资源进行有效的建设、组织和呈现，并在此基础上针对不同的用户群体和情境开展各类具体应用，以满足个性化、精准化和敏捷化的用户需求。因此，面向数字图书馆的移动视觉搜索机制的研究，理论上有助于建立公共文化数字化服务领域的新模式，并推动新技术赋能的数字图书馆演化路径发展，实践上有助于促进大数据环境下数字信息资源的有效利用，实现数字图书馆的智慧化转型、升级与创新。

本书主要内容包括数字图书馆移动视觉搜索的资源建设机制、数字图书馆移动视觉搜索的资源组织机制、数字图书馆移动视觉搜索的人机交互机制研究。从理论层面明确了数字图书馆移动视觉搜索的资源建设机制与组织机制，以及从应用层面探索了数字图书馆移动视觉搜索的人机交互机制，具有很强的理论价值和实践启示。

本书的研究价值主要体现在以下四点：①建立和完善数字图书馆移动视觉搜索机制、服务及应用的理论基础；②丰富和提升数字图书馆移动视觉搜索的跨学科合作和研究方法的协同；③准确把握用户的信息需求，实现大数据时代数字图书馆服务创新模式；④促进数字资源开发利用，推动国家文化数字化战略在文化记忆机构的实施及发展。

本书得到国家社会科学基金重大项目“面向大数据的数字图书馆移动视觉搜索机制及应用研究”（编号：15ZDB126）的资助及中期评估后的滚动资助，特此致谢！在项目开题论证会上，中国社会科学院学部委员黄长著研究员、武汉大学马费成教授和陈传夫教授、北京大学李广建教授、华东师范大学范并思教授、上海社会科学院王世伟教授、南京大学孙建军教授提出了宝贵的研究建议。在项目申请立项、研究结项过程中，得到了以南京大学陈曦教授、朱学芳教授，南京理工大学赵宇翔教授，上海图书馆刘炜研究员为首的子课题组各位成员（恕不一一列举）的鼎力支持。本项目研究和结项过程中得到了合作博士后以及指导的博士生、硕士生们的全力协助。没有他们的大力支持就没有项目的顺利结项。

本书撰稿人如下：第 1 章孙晓宁、朱庆华，第 2 章赵宇翔、张亭亭，第 3 章齐云飞、陈涛、李惠、何秀美、韩玺、刘木林，第 4 章胡蓉、孟猛、宋小康、史昱天、邱奥欣，第 5 章朱庆华、赵宇翔、李嘉兴。李嘉兴、杨梦晴、吴剑泽、陆冬梅、韩文婷、刘周颖等参与了本书的统稿工作；周梅佳佳、蒲敏蕊、张逸安、何雨娟、沈彦琪、刘星宇等参与了本书的校对工作；最后由朱庆华、李嘉兴负责定稿。本书的顺利出版离不开以上各位的辛勤付出，在此一并表示衷心的感谢和诚挚的敬意！同时也要向每章文后列出的众多参考文献的作者、项目结项报告的评审专家、项目完成过程中各级科研主管部门的领导等表示衷心的感谢和诚挚的敬意！

数字图书馆移动视觉搜索是大数据时代数字图书馆业务革新、服务创新和事业发展所面临的新的战略机遇，我们竭力将国内外数字图书馆移动视觉搜索的研究现状，以及团队所完成的理论探索和应用成果呈现给大家，但限于时间精力和学识水平，本书肯定还存在许多值得商榷和改进之处，恳请各位专家和读者批评指正，以便我们未来对数字图书馆场景中沉浸式技术的应用和推广进行深入探索。

朱庆华

2022 年 8 月于南京大学

目　录

第1章 绪　论

1.1 相关背景

服务是图书馆的永恒主题，也是数字图书馆创新与发展的根本。早在1931年，印度图书馆学家阮冈纳赞就撰写了著名的《图书馆学五定律》（*The Five Laws of Library Science*），高度概括了图书馆服务的五个基本原则，即“书是为了用的，每个读者有其书，每本书有其读者，节省读者的时间，图书馆是一个生长着的有机体”。一方面，从服务需求的角度而言，用户对多媒体资源的呈现方式多样性、移动便捷性、查询意图精确性等要求在不断提高，愈加注重知识服务的深层次、个性化与泛在化。以用户为中心、重视用户体验（user experience）逐渐成为数字图书馆建设的核心思想。另一方面，从服务供给的角度来看，云计算、物联网、移动互联网、人工智能等信息技术日新月异，特别是大数据的迅猛发展，实现了数字图书馆建设的智慧化赋能。而大规模语言文字及多媒体文化文本数据库建设技术、数字文本标引技术、数字新媒体呈现技术、元数据（metadata）与关联数据（linked data）方法以及数字人文（digital humanities）的兴起为数字图书馆的资源组织创造了无限的可能性。数字图书馆积累了大量语义丰富、实体多样的视觉资源，图像、视频、地图等逐渐成为知识内容的重要载体。

信息检索（information retrieval）、信息搜寻（information seeking）和信息查

找（information searching）一直是图书情报学科关注的重点，也是集计算机科学、系统科学、认知科学、心理学等诸多学科交叉融合的领域。信息搜索理念与技术的发展极大地依赖于时代的进步、技术的革新及商业模式的驱动。从早期的文献资源检索、联机信息检索，到后来的电子信息资源检索、网络信息资源搜索，以及交互式信息检索、探索式搜索、协同搜索、社会化搜索、“搜索即学习”等，图书馆和其他信息服务机构都见证并亲历了日新月异的变化。近年来，随着大数据技术的发展、移动环境的建设以及移动智能终端的普及，移动视觉搜索（mobile visual search，MVS）这种新一代信息搜索技术快速兴起并引起了学界和业界的广泛关注。

所谓移动视觉搜索，是指利用移动终端获取真实世界中实体对象的图像或视频，并将其作为检索项，通过移动互联网搜索视觉对象关联信息的一种交互式信息检索方式。从信息源的角度，移动视觉搜索突破了传统基于文本信息的检索模式，强调采集实物对象和具体场景中的图像和视频资源。从检索方式的角度，移动视觉搜索超越了传统信息检索中“检索框”这种固化检索入口的形式，以各种智能终端的摄像头为检索入口，无论其输入方式还是输出结果都和以往大不相同。从搜索需求的角度，移动视觉搜索充分体现了大数据环境下“SoLoMo”的特征，即搜索动机更加社会化（social），也就是这几年逐渐兴起的社会化搜索；搜索内容更加本地化（local），例如，各类基于位置的服务（location-based service，LBS）、技术和应用；搜索形态更加移动化（mobile），倡导随时随地的无障碍信息获取和接入。毫无疑问，移动视觉搜索的运用和发展对于数字图书馆的硬件部署、软件配置及服务设计有着重要的作用和深远的影响。特别是在大数据环境下，数字图书馆的资源建设、知识组织、人机交互及服务模式都需要新思路、新技术和新方法的指导和推动。因此，在面向大数据的数字图书馆环境和系统中引入移动视觉搜索技术有着迫切的实际意义。而移动视觉搜索技术的快速兴起，为解决数字图书馆资源建设、知识组织、人机交互机制等问题提供了新的思路和契机，这也是本书讨论的主要问题。

1.2 概念界定

1.2.1 移动视觉搜索

MVS是指通过移动智能终端获取视觉对象资源，将所获取的视觉对象资源信息与存储在视觉对象知识库中的描述进行匹配和识别，并返回匹配度最高的一个或一组搜索结果的过程。

本书认为，从狭义上理解，MVS是指将移动终端设备在现实世界中获取的视觉资源作为检索项，通过移动互联网进行解析处理并返回相应结果的交互式信息检索方式。从广义上理解，MVS是指移动互联网环境下的一种数据驱动、任务导向的创新型信息服务模式，强调对视觉类信息资源的高效分析及其相关信息的有机结合与展示。从广义上理解MVS更贴近图情学科的角度，有助于理解用户行为、信息资源及科学技术的结合统一，突破技术范畴从而延伸到更广阔的服务理念、管理模式和运作机制上去，从宏观上赋予该研究领域更丰富的理论视角、研究对象和应用情境。因此，从资源采集、组织加工、展示及服务的角度而言，MVS充分体现了大数据的时代特征及科技革命和产业变革的现实需求。

1.2.2 数字图书馆

数字图书馆是一种新型的网络化概念的图书馆，数字图书馆通过数字化技术、超大规模数据库技术、网络技术、多媒体信息处理技术等技术的结合，通过互联网对传统资源进行数字化，并通过互联网向用户提供各种类型的知识服务[1]。通俗地说，数字图书馆就是虚拟的图书馆，是基于网络环境下共建共享的可扩展的知识网络系统，是超大规模的、分布式的、便于使用的、没有时空限制的、可以实现智能检索的知识中心。

1.2.3 数字图书馆资源建设

数字资源建设是数字图书馆建设的核心与基础。在内容方面，数字图书馆资源建设与传统图书馆建设基本相同，需要建立完善的数字资源馆藏体系；制定有步骤、有计划的资源建设目标与规划；制定机构资源建设采集方案，明确定位；建立科学的管理制度，遵守相关法律法规。一般来说，数字资源包括：馆藏文献的数字化；国内外数字平台发布的电子图书、报刊、数据库、工具书等；市场上的商业数字资源库；互联网采集的数字信息资源、多媒体资料等。

在数字资源的采集过程中，标准要统一，并对不同类型的数字资源进行加工，为数字资源的检索与存储建立基础。对于采集与加工的数字资源，制定规范化的统计量化标准，各种文本信息、图片资料、影像文件、音频等数据，要建立相应的统计规范。在数字资源的标识方面，对各类型对象数据要进行多层面揭示，其标识要深入各类型数据的内容，将图片、视频、文献本身作为元数据进行描述，同时，不同类型的数据可组合在不同的资源库中。

1.3 研究现状

1.3.1 移动视觉搜索相关研究

MVS 技术将图像识别软件集成在用户的移动终端设备中，可以快速而且方便地链接到用户想要查询的信息内容，消除了线下和线上媒体的差别。当用户对一个视觉资源进行扫描和拍照时，图像识别软件会自动链接到与之相关的信息内容。

MVS 技术使得用户的搜索诉求从获取信息变为更加生活化的实体搜索；搜索方式从 Web 网页变为 APP 搜索；信息对象输入方式也因为使用场景的多变性、移动设备的特征而发生了巨大变化，从文字输入变为图像、声音、位置等的综合输入；输出结果因为移动设备的特征而变得更自然、智能和互动，如语音和图片等。这种搜索方式的转变使得信息搜索和收集的过程更加自然化，更符合人们随时随地获取信息内容的搜索需求，同时将人与设备的信息交互变为人与人间的信息交流，用户不需要输入任何文字描述便能上传自己的视觉资源，同时检索与之相关的其他用户提供的各种资讯，也使得资源检索与搜集的过程更加人性化。

MVS最早于2009年被提出，此后移动互联网的迅速发展也催生出了对MVS的大量技术性研究工作。Franchi等[2]提出MVS是指通过移动设备的摄像头来获取物理世界物体的图像，从而将其与数字信息产生联系的一种新技术。Tous和Delgado[3]指出MVS是指通过手持移动装置所制造的图片或视频来获取信息源视觉信息或非视觉信息源的过程。张兴旺和李晨晖[4]认为，MVS是指通过手机、平板等移动智能终端设备来查询视频或图像等视觉对象，并借助互联网检索相关联信息的过程。史美静和解金兰[5]认为，MVS的主要元素包括以移动终端设备为载体、通过传感设备获取物理世界图像、以图像获取互联网相关信息。MVS已经催生出较多的商业应用案例，主要包括两种类型的市场产品，一种属于可穿戴设备，如Google Glass[6]、BaiduEye[7]等；另一种则是支持Android或iOS的移动应用或嵌入功能，如淘宝APP中所嵌入的拍立淘功能[8]。

但是，在数字图书馆领域，有关MVS的探讨还远远不够，国内外针对数字图书馆MVS的研究并不全面。张兴旺和黄晓斌[9]提出了五点MVS在数字图书馆中的应用展望。李默[10]设计了数字图书馆个性化MVS体系结构模型，该模型包含了基础数据层、检索业务层、多Agent服务层和用户应用层四个部分，在具体应用过程中能够实现实时信息交互。Wu等[11]构建基于深度学习技术的MVS机制，主要包括移动视觉大数据输入层、移动视觉资源组织层、深度神经网络分析层、移动视觉服务交互层等，以期促进数字图书馆的个性化服务。此外，MVS在日常的图书馆服务中已有所应用但尚未大规模推广。印度Pradeep Siddappa设计的librARi应用程序，可以使用户通过手机直接对图书拍照来搜索图书的物理位置及一些相关的图书，还可以在此基础上通过拍摄书架来找出相关图书在书架上的位置[12]。在国内，上海交通大学李政道图书馆在建设过程中融合了图书馆、档案馆、博物馆、科技馆和艺术馆“五馆合一”功能。用户在参观李政道先生展厅时可以通过手机安装专门的APP，该APP可以使用户随时摄取参观过程中看到的物件，并返回相关的图书、音频或视频资料。例如，用户通过拍摄李政道先生获得诺贝尔奖的照片即可在手机观看当时颁奖典礼的照片，通过拍摄李政道先生当年阅读某本书的封面即可直接在手机上阅读该书的电子版[13]。姚雪梅[14]认为未来可以探索MVS在图书馆的阅读推广及知识发现服务、数字人文专题资源建设、数字图书馆空间再造及人工智能项目探索四个方面的应用。在实际应用中，MVS 的用户体验很少被讨论，影响 MVS 用户体验的关键因素需要明确，杨晶和袁曦[15]梳理了 MVS 用户期望确认、感知绩效、自我效能和情感体验之间的作用关系，提出了移动视觉用户情感体验作用机制的理论模型。

1.3.2 增强现实技术相关研究

增强现实（augmented reality，AR）技术是借助计算机视觉、传感器及可视化等技术，将计算机生成的虚拟图像或其他信息有机地叠加到用户所看到的真实世界中，从而达到超越现实的感官体验[16]，既增强用户对周围环境的感知，同时还增强对现实生活中所有间接景象的感知[17]。一些视觉搜索平台已将增强现实技术应用在图像检索中，当用户将移动设备的摄像头对准现实世界的某一人物或物体时，与其对应的信息就会通过移动互联网被检索出来并显示在该设备的电子屏幕上。增强现实搜索与普通的图像检索最直观的区别是，用户使用增强现实搜索时不再需要将拍摄的图片上传或发送到服务器端来获得搜索结果，而是只需将摄像头对准要搜索的物体，搜索结果即会马上显现在屏幕上。增强现实最典型的应用是与智能可穿戴设备的结合，此类产品有 Meta Glass、微软的 HoloLens 等。在传统的移动设备方面，如手机，也可以实现增强现实效果，软件市场上有供用户下载的增强现实应用，如 MagicPlan 等。付跃安[18]结合图书馆业务探讨 AR 技术在图书馆的应用，AR 技术在提供图书馆指引服务、实现图书定位、提升阅读体验、开展信息推送服务及促进馆藏资源的开发和利用等方面发挥重要作用。但秦林[19]指出国内图书馆应用增强现实需考虑理性引入 AR 技术、善于运用已有的 AR 平台、重视对用户态度和使用效果的评估、重视人员的培养等问题，更好地推动图书馆事业的发展。柏雪[20]从五个方面深入分析 5G 环境下 AR 技术在图书馆的应用优势，并预测交互式可视化检索、与文旅机构合作、与其他技术融合应用将成为 5G 时代 AR 技术在图书馆中的应用趋势。

1.3.3 移动视觉搜索产品概况

MVS 自 2009 年兴起，越来越受到学术界和产业界的关注，许多高校的科研项目围绕其展开，一些科技公司也致力于开发相应产品以占据市场。目前 MVS

已渗透到旅游服务、电子商务及市场营销等各个领域。国外已有很多相对成熟的 MVS 产品，如 Google Lens、Nokia Point and Find、Kooaba、Ricoh iCandy、Amazon Snaptell 等[21]。表 1.1 为国外部分视觉搜索产品的概况。

表 1.1 国外部分视觉搜索产品概况

产品名称	属性	开发机构	功能
Shortcut	手机 APP-图像检索	Kooaba	识别报纸、杂志等
Taptapsee	手机 APP-图像检索	Image Searcher	针对盲人的图片识别应用
CamFind	手机 APP-图像检索	Image Searcher	利用众包标注的图像搜索应用
Google Lens	手机 APP-图像检索	Google	可搜索景点资讯、书籍或图画信息及名称等
Fetch	手机 APP-图像检索	Microsoft	狗品种识别应用
Ocutag Snap	手机 APP-图像检索	Ocutag	识别合作商家的报纸、杂志等
Aipoly	手机 APP-图像检索	Aipoly	识别常规物品，识别颜色
Slyce	手机 APP-图像检索	Slyce	搜索拍摄物品的购买链接
Vivino	手机 APP-图像检索	Vivino	葡萄酒识别应用
Blippar	手机 APP-增强现实	Blippar	广告互动化
Wikitude World Browser	手机 APP-增强现实	Wikitude	基于地理位置的增强实景应用，将信息标注到手机屏幕对应位置以帮助用户识别建筑物
Google Glass	可穿戴设备–图像检索	Google	智能眼镜，可拍摄并搜索图片、发送信息等
HoloLens	可穿戴设备–增强现实	Microsoft	全息游戏头盔，可查看消息、场景模拟等
Meta Glass	可穿戴设备–增强现实	Meta	智能眼镜，3D 成像并可手势控制

基于手机 APP 的图像检索、基于可穿戴设备的图像检索、基于手机 APP 的增强现实搜索与基于可穿戴设备的增强现实搜索，四类 MVS 产品在技术难度、硬件要求、可检对象、制造成本与普及范围等方面各有优劣，其比较结果见表 1.2。

表 1.2 各类产品比较

产品	技术难度	硬件要求	可检对象	制造成本	普及范围
基于手机 APP 的图像检索	低	低	多	低	广
基于可穿戴设备的图像检索	高	高	多	高	窄
基于手机 APP 的增强现实搜索	低	低	少	低	广
基于可穿戴设备的增强现实搜索	高	高	多	高	窄

技术难度：基于可穿戴设备的产品在设计与研发时，需要考虑系统成像、通

信方式等各种技术难题，因此在实现技术方面有更高的要求。

硬件要求：可穿戴设备对硬件要求更高，在选择材料时需要综合考虑投影效果及用户佩戴产品时的舒适性。

可检对象：基于手机APP的图像检索应用中一些是类似Google Lens的综合类搜索平台，可检对象范围广；另一些专注于某一领域的检索平台，如搜索狗的品种的应用Fetch，可检对象的范围较窄。基于手机APP的增强现实搜索由于其技术实现有一定难度，因此鲜有综合类搜索平台，大多采取与商家合作或者专做某特定类别搜索的运营模式，因此可检对象范围较窄。基于可穿戴设备的MVS大多属于综合类搜索平台。

制造成本：可穿戴设备对硬件材料有较高的要求，且使用的技术较为尖端，因此造价昂贵；而多数基于手机APP的移动搜索应用对硬件材料无特殊要求，普通的智能手机即可下载安装，因此开发成本相对较低。

普及范围：基于手机APP的移动搜索应用普及较广，涉及生活的方方面面，得到越来越多用户的使用。可穿戴设备由于其技术尚未成熟，造价较高，虽然得到社会的广泛关注，但真正购买的用户数量较少。

1.3.4 数字图书馆资源建设相关研究

数字资源建设作为数字图书馆建设的基本任务，其资源的获取、组织、存储都需要情报学方面的知识，如分类标引、图书编目、数据分析、咨询与服务等，此外还与认知科学、网络分析技术、智能科学密不可分。数字资源建设是图书馆的工作流程与规范之一，其目的是收集、组织、分析知识概念单元，从而形成可理解的知识表达体系。数字资源的建设标准指的是将数字资源从无序变有序的过程中应该遵守的规则。目前数字资源建设所涉及的标准主要为资源标识与描述标准、图形/图像格式标准、流媒体标准和三维信息标准[22]。此外，在数字资源的建设过程中，知识产权保护也是考量的主要因素之一[23]，如出现未经授权的访问、剽窃等问题[24]。对于涉及侵犯知识产权的数字资源，需要与相关知识产权所有者进行协调；对于自建的信息资源，需要考虑保护新资源的知识产权。对于数字资源的传播，也需要考虑到知识传播权与合理使用的问题[25]。

数字图书馆的资源类型多样、丰富异构，未来发展离不开自身的资源转化[26]，而将 MVS 融入图书馆查询与阅读服务中，不仅能有效地帮助用户从海量的图像、视频等视觉资源中获得其感兴趣的信息，而且能够有效整合图书馆的各类资源，构成一定的“知识网络”，从而提炼出潜在有用的知识，激发用户的阅读兴趣，提高数字图书馆的资源利用率[27, 28]。

1.3.5 基于移动视觉搜索的数字图书馆资源建设

在大数据环境下，数据量日益激增、数据属性更加复杂以及对数据采集和处理速度的要求提升给数字图书馆带来了一系列新的挑战。现有的数字图书馆大多基于馆藏资源的数字化而建立，内容还集中于传统的图书和报刊等文献资源，更新速度慢。随着搜索引擎的不断发展及社会化媒体的日渐壮大，数字图书馆已不再是用户获取信息的主要信息源，数字图书馆的资源建设也一度成为其发展的瓶颈。同时，数字图书馆提供的服务从视觉的直观性到生动性都还不够，难以满足用户对于社会化（social）、本地化（local）、移动化（mobile）的信息需求，而这些需求正是 MVS 服务的特长。

MVS 有别于传统信息搜索模式的不同之处在于，前者更侧重于视觉资源的获取和建设，如图像和视频等，强调“读图”和“识图”。因此，以视觉资源为主题和对象的资源库建设是实现数字图书馆 MVS 服务的核心和基础，视觉资源建设是构建基本的 MVS 的前提和保障，也是近几年来“数字人文”领域所关注的热点方向[29, 30]，即对可视化资源的高效存取和利用。

目前，各类搜索引擎、在线社区、门户网站等已经积聚了丰富的图片和视频资源，各级各类图书馆、博物馆和档案馆（以下简称图博档）也都进行了很多数字化工作，在这些信息源中，信息结构各不相同，其中图博档已有的数字信息资源符合标准化的信息资源，而网络视觉资源及由社会大众提供的现实世界的视觉资源（用户通过移动终端上传的图像、视频等），更倾向于海量异构的非结构化资源，在视觉资源整合的基础上，面向结构化和半结构化数据，可采用 XML/RDF 采集、OAI 元数据收割技术，面向非结构化的数据特征，可采用 HTML 爬虫采集、RSS 采集器等构建相应的视觉资源库（图 1.1）。

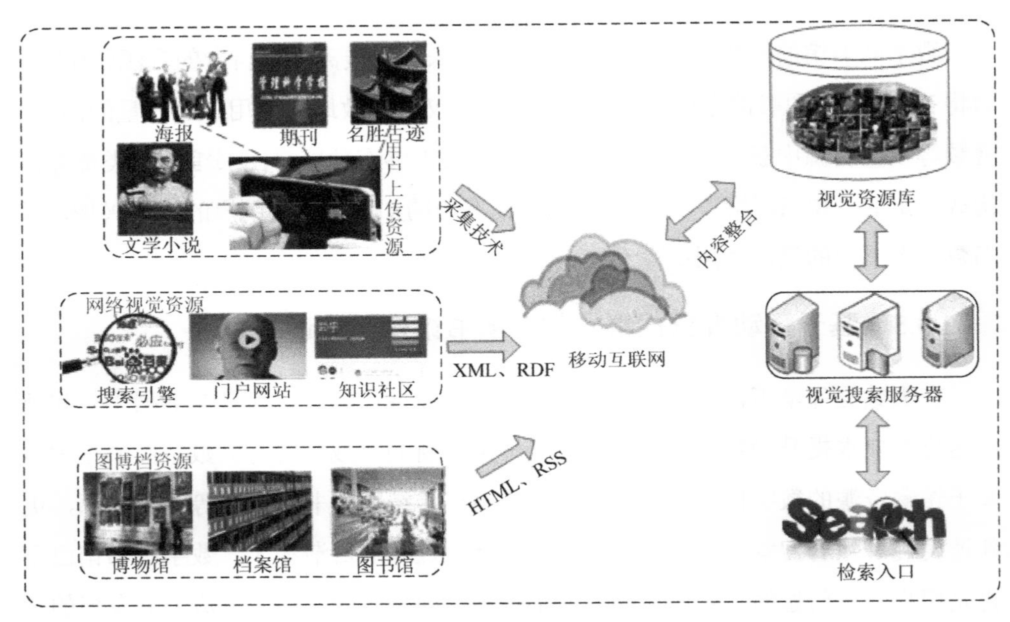

图 1.1　移动视觉搜索资源建设框架

基于数字图书馆信息资源库提供的 MVS 服务还存在诸多障碍。首先，数字图书馆现有的资源库内容难以为 MVS 服务提供支撑。已有资源库是依赖馆藏资源数字化构建的，以图书、报刊等文献资源为主，种类单一、更新速度慢、图像和视频资源相对偏少，时效性和场景感很弱，检索入口单一，搜索难度较大，难以为用户提供更全面和高质量的知识服务。其次，数字图书馆现有的资源建设机制不能保障高效率、高质量的视觉对象资源库的建设。陈传夫等[30]认为，在大数据环境下，相对于可被感知的半结构化或者非结构化数据，存储于数据库中的影像资料、办公文档等结构化数据居多，资源建设结构不合理，资源同质化现象严重。图书馆的数字资源建设一直依赖图书馆员，然而，MVS 服务所要求的视觉对象资源库的丰富度大大超出了图书馆有限的人力物力资源所能实现的程度，在视觉对象资源库的建设过程中，从视觉资源的采集和获取、分配和部署、标引和描述，到最后的使用和维护，每个环节都需要大量的人力资源参与，仅单纯依靠图书馆员和图书情报机构自身去完成资源建设是不现实的并且效率很低，因而在对大数据背景下数字图书馆资源建设的需求分析的基础上，如何在新的环境下完成图书馆移动视觉资源构建，值得进一步探讨。

从数字图书馆的视觉对象资源库建设的角度而言，资源建设的任务主要是帮助 MVS 引擎丰富和完善知识库和关联信息库，特别是资源的采集、标引和描述。数字图书馆在对资源进行整合的同时，也面临着资源的序化、发布和连接各类数据、挖掘资源相互之间的隐含关系等一系列挑战。这些任务在本质上属于资源组织的范畴。相较于传统图书馆，大数据环境下的数字图书馆其标引、检索、呈现方式均有别于传统方法。因此，一套有效的视觉资源组织机制，可以有序地存储信息并将信息和知识进行系统融合，以便用户进行访问和使用。

1.4 关键问题

作为人类知识的储存空间、社会文化的传承渠道，图书馆自身是一个大型的“数据与资源集散地”，如书目文摘数据、全文数据、事实型数据资源等。然而，大数据背景之下，想要明确数字图书馆资源的建设与组织机制，实现更加符合用户需求的数字图书馆服务创新，也绝非易事。一方面，从图书馆自身来看，现有的数字图书馆大多仅是基于馆藏资源的数字化而建立，形式还集中于传统的图书和报刊等文献资源，而且不同类型的数字资源之间没有建立有机的关联；另一方面，搜索引擎技术的快速发展，以及社会化媒体的迅速蔓延，对数字图书馆的发展也形成巨大的挑战。MVS 是将移动终端获取的真实世界中实体对象的图像或视频作为检索项，通过移动互联网搜索视觉对象关联数据的一种交互式信息检索方式。这样的一种技术手段无疑能迎合数字图书馆资源开发、利用与管理理念，并为大数据时代数字图书馆实现服务创新、提升信息机构的服务效能提供了难以估量的可能性。

在大数据环境下，MVS 在数字图书馆资源建设与组织机制中能够发挥哪些具体作用？这个问题最终分解为三个层面环环相扣、层层递进，并互为支撑的研究问题：

（1）问题Ⅰ：在面向大数据的数字图书馆资源建设中，如何有效获取、整合与集成现有的 MVS 数字资源？

（2）问题Ⅱ：在面向大数据的数字图书馆资源组织中，如何利用元数据、关联数据、可视化技术来重新组织 MVS 数字资源？

（3）问题Ⅲ：在面向大数据的数字图书馆中，如何基于“用户-技术-任务-场景”四个维度来进行 MVS 的人机交互设计？

1.5 内容架构

本书是以大数据时代到来给数字图书馆建设带来的变化和挑战、MVS 技术为代表的新兴技术的兴起为背景，以数字图书馆建设及 MVS 技术应用的现状和趋势为逻辑起点，以大数据时代数字图书馆信息服务的改进与创新需求及 MVS 的特点和基本架构为现实参考，以图书馆学、情报学、计算机科学、社会学、心理学、系统科学等学科的理论、方法为支撑，通过研究大数据时代 MVS 在数字图书馆中进行应用时的三个重要机制即资源建设机制、资源组织机制、人机交互机制，切实推进 MVS 等新兴技术在数字图书馆信息服务中的应用。

本书的具体研究路径：第一步，在界定大数据环境下数字图书馆及 MVS 的概念和内涵的基础上，根据国内外对比研究总结出面向大数据的数字图书馆及 MVS 的发展现状和发展趋势，借鉴国内外研究与实践的经验，发现将 MVS 应用于数字图书馆过程中的一些关键问题，以此作为本书的基本出发点。第二步，研究面向大数据的数字图书馆 MVS 的资源库建设机制，结合当前大数据环境下数据密集型科学研究范式的发展特点，主要探讨数字图书馆视觉对象资源库建设与资源融合、数字图书馆 MVS 众包模式应用、数字图书馆 MVS 的众包激励机制与任务分配机制。第三步，研究大数据环境下数字图书馆 MVS 资源的组织机制，通过对数字图书馆移动视觉资源类型和组织模式的分析，探索关联数据在视觉资源描述、整合、聚合和可视化方面的应用。第四步，从任务维度、技术维度、场景维度及用户维度展开面向大数据的数字图书馆 MVS 的人机交互机制研究，具体包括任务驱动下的数字图书馆 MVS 用户行为研究、数字图书馆 MVS 人机交互技术研究、移动搜索场景下的用户跨屏行为研究及数字图书馆 MVS 用户体验研究。

本书通过对资源建设机制、资源组织机制、人机交互机制这三类机制进行总结概括，为数字图书馆 MVS 服务设计和运营提供理论支撑。具体研究思路如图 1.2 所示。

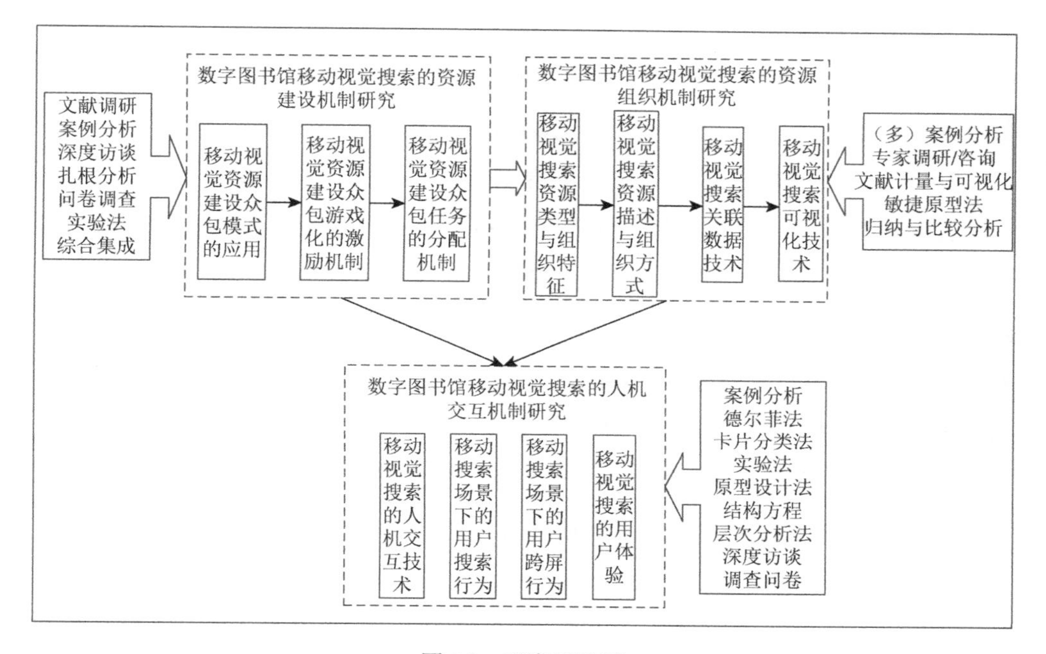

图 1.2　研究思路图

1.6　研究意义

本书围绕“图书馆学五定律”的新内涵，立足多维视角，从理论层面设计数字图书馆 MVS 资源建设、组织及人机交互机制，旨在推动大数据环境下数字信息资源的有效利用，同时基于 MVS 技术来实现数字图书馆等信息机构的服务创新与升级。

1.6.1　理论意义

1. 建立和完善数字图书馆 MVS 机制理论基础研究

首先，在基础理论研究层面，本书综合运用图书馆学、情报学、计算机科学、信息系统、公共管理学、心理学、社会学、认知科学、服务科学等学科的理论与方法，面向大数据环境下数字信息资源服务新的需求，来研究数字图书馆 MVS 的基本问题，构造整个研究的前期理论基础；其次，在机制设计研究层面，本书针对面向大数据的数字图书馆 MVS 资源建设、资源组织与人机交互三个部分的研究，能够有效搭建数字图书馆平台、资源、用户及技术之间的联系，明确数字图书馆各个要素之间的潜在关系。这些研究都将对数字图书馆、MVS、大数据、数字人文、服务科学等领域相结合的学术体系的建立产生帮助。

2. 丰富和提升数字图书馆 MVS 跨学科合作和研究方法协同

人文社会科学与自然科学的交叉和跨学科综合，已经成为当代科学发展与研究的一个基本趋势。学科与知识增长点更多地以学科彼此渗透、融合的方式出现，跨学科领域研究，也成为实现学科沟通和科学范式转换的手段和途径。本书针对数字图书馆 MVS 机制研究，一方面是先进信息搜索与资源展示技术的直观体现，另一方面，“图书馆学五定律”、数字人文等人文学科思想又贯彻始终，因此，本书属于跨学科研究的典型代表，具体有以下研究意义。

1）不同学科范式的融合，多种研究方法的综合

在本书中，采用了信息科学、管理科学及认知科学领域的不同研究范式，例如，扎根理论、问卷调研/统计、访谈、案例调查、内容分析等人文社会科学的常用方法，数据挖掘、机器学习、信息系统分析与设计等自然科学研究方法，以及计算实验、现场实验、实验室实验等实验手段，来研究面向大数据的数字图书馆 MVS 的资源建设机制、数字图书馆 MVS 资源组织机制、数字图书馆 MVS 的人机交互机制等主要内容。通过研究问题的导引，实现不同研究方法的集成与综合，促进不同学科范式的巧妙融合，达到弥补彼此的不足与优势互补的目标，增强数字图书馆服务研究的科学性、可行性与合理性。

2）研究角度的多维交叉，研究主题的彼此渗透

本书将数字图书馆的 MVS 作为研究对象，并从“资源-技术-用户-组织/社会”的多维角度来思考如何解决研究问题，而不是局限于对研究问题从单一层面的讨论。各个研究问题之间彼此相关、紧密衔接，因此能够实现以独特的、多维度的视角去分析、解决问题，并利用科学、合理的分析手段，厘清各个研究问题之间内在的逻辑关系，明确研究要点与核心。

3）研究理论、概念、理念的相互借用

本书是以“面向大数据的数字图书馆 MVS 机制研究”为中心问题，借鉴、利用和改进图书馆学、情报学、计算机科学、信息系统等学科的多个研究概念、假设和理论规律，例如，数字人文概念的引入，对阮冈纳赞“图书馆学五定律”在大数据与数字图书馆环境下的重新解读，以及人机交互理念中的视觉感知要素采纳等。这样“以问题为中心”的新的知识产生方式，能够取代“以学科为中心”的旧的知识产生方式，适应时代与人类发展的要求，也符合科学研究的分化与综合的辩证发展过程，极大地促进了人文社会科学的概念与理论创新。

3. 发现本学科新的增长点并促进其他学科发展和技术应用

现代学科建设存在综合化的趋势，既可以加深对某一现象的认识，也可以形成抽象程度更高的学科分支，这样的趋势为学科的发展带来了新的机会。本书研究内容属于图书情报与档案管理学科的基础性研究课题，但融入许多其他学科特别是计算机科学的新元素。MVS 属于一种前沿的信息技术，引入人文社会科学研究，能够促生新的研究命题，并对图书馆事业的发展产生影响；同时，这样的融合性研究范式，让信息科学、信息技术学科本身也衍生出新的命题和方向，也为信息科技的实际应用找到新的出路。

1）发现图书情报/信息资源管理学科新的增长点，引导信息服务组织机构建设新的发展方向

图书情报与档案管理是我国学科专业体系的重要组成部分，是管理学学科门类下属的一级学科，包含图书馆学、情报学、档案学三个二级学科。在大数据背景下，图书馆学与情报学交叉融合趋势愈加明显。一直以来，数字图书馆都受到国内外图书情报、信息资源管理相关学科研究者的重点关注，并与信息组织、信息检索、知识管理、信息计量学等其他分支领域产生很多交叉方向。同时，数字图书馆的相关技术研究，如数字资源的描述、组织、建设、集成、融合、整合、存储、检索、推荐、互操作等，也一直是图书情报、计算机科学等学科的关注重点。MVS 是一种先进的信息检索与资源展现技术，引入数字图书馆的研究，让图书情报/信息资源管理学科觅得了新的研究增长空间。此外，MVS 能够有效提升图书馆及其他信息服务组织机构的创新能力、服务效率和业

务深度，因此，MVS 技术与数字图书馆的接轨，也为图书馆组织自身建设找到了新的发展方向。

2）支撑计算机与信息科学学科建设，促进信息科学技术的实际应用

本书内容以图书情报学科的科学研究与创新需求为导向，通过“资源-技术-用户-组织/社会”的维度，来展现数字图书馆 MVS 相关机制。在认知科学、管理科学和服务科学等学科领域的基础概念、理论的支撑下，本书充分融合机器学习、人机交互、数据挖掘、文本分析、计算实验等计算机与信息科学领域的技术与方法，专注 MVS 技术为数字图书馆资源服务带来的作用和影响。在增强面向用户需求的图书馆信息服务能力之余，同样能够为计算机与信息科学学科建设，以及我国在前沿信息科技革命中取得重大突破提供有力的支撑。同时，MVS 是否能够更广泛地应用于博物馆、档案馆等其他信息服务机构与组织，本书的相关研究成果起到很好的技术预见与前瞻作用。

1.6.2 实践意义

1. 充分把握用户的信息需求，实现大数据时代数字图书馆的服务创新

数字图书馆存储了大量的综合、多元型数据资源，具有来源广泛、结构复杂等特征，由此来说，本书依据先进的资源处理技术手段，将图书馆的数字信息资源在用户面前加以可视化呈现，增加其获取便利、多维利用的可能性，具有重要的实践和应用价值。与此同时，大数据在带来一系列机遇和优势的同时，也引发了学界和业界的深层次思考、质疑和顾虑，“4V”（大量、高速、多样、价值）特征让大数据本身成为信息服务的一把“双刃剑”：大数据浪潮促使数字化资源迅速膨胀，而人们能够获取有价值的信息和知识却越来越少。MVS 理念本身与图书馆个性化信息服务相呼应，可以在很大程度上满足用户日益增长的信息需求，且过程更加主动化、智能化，为数字图书馆实现细粒度、碎片化的服务提供了许多可能，真正体现“以用户为中心”的服务理念。总之，大数据顺应了数字图书馆服务创新的理念，从大数据中去捕捉、分析并向用户推送有潜在价值的信息，构成大数据时代图书馆的主要业务，而 MVS 技术在数字图书馆中的应用将极大促使图书馆服务水平的升华。

2. 促进数字资源开发利用，引领大数据时代数字图书馆事业发展

在大数据时代，数据和信息成为重要的社会资产，如何有效开发和利用数字化信息资源，成为图书馆面临的重要难题。数字图书馆资源的组织与建设，应博采众长、突出特色，以数据促发展，为科技创新提供信息平台，更好地实现图书馆的服务使命。本书针对数字图书馆 MVS 机制的研究，对大数据时代数字图书馆事业的发展产生重要的现实指导意义。首先，有利于解决传统环境下数据资源分散、重复建设和低效利用等现实问题，将大数据与关联数据结合起来，充分组织、存储、集成与整合数字图书馆馆藏资源。其次，有助于数字图书馆把握大数据发展机遇，坚定图书馆为社会用户群体提供信息服务的根本宗旨，提高服务质量，创新服务方式，进一步实现图书馆的社会价值。最后，依据我们对新形势下“图书馆学五定律”相关内容的解读，本书的相关研究将很大程度上解决数字图书馆在实现“数字资源是为了用的”“每个用户有其数字资源”“每项数字资源有其受众用户”“节省用户的时间”“数字图书馆是一个生长着的有机体”的长远目标过程中所面临的重重困难，使其真正成为社会的知识中心、学习中心和文化中心。

参考文献

[1] 富平. 数字图书馆与数字资源建设[J]. 图书馆建设，2005，(5)：22-24.

[2] Franchi A，Di Stefano L，Cinotti T S. Mobile visual search using Smart-M3[C]//The IEEE symposium on Computers and Communications，2010：1065-1070.

[3] Tous R，Delgado J. Uniform query formalization in mobile visual search：From standards to practice [J]. Signal Processing：Image Communication，2012，27（8）：883-892.

[4] 张兴旺，李晨晖. 数字图书馆移动视觉搜索机制建设的若干关键问题[J]. 图书情报工作，2015，59（15）：42-48.

[5] 史美静，解金兰. 数字图书馆移动视觉搜索平台的框架与功能研究[J]. 图书馆工作与研究，2018，(2)：42-47.

[6] Google Glass. Google Glass[EB/OL].[2022-11-13]. https://www.mobileadvance.com/google-glass/.

[7] BaiduEye.BaiduEye[EB/OL].[2022-11-13]. https://baike.baidu.com/item/BaiduEye/15484194？fr＝aladdin.

[8] 贾佳，唐胜，谢洪涛，等. 移动视觉搜索综述[J]. 计算机辅助设计与图形学学报，2017，(6)：1007-1021.

[9] 张兴旺，黄晓斌. 国外移动视觉搜索研究述评[J]. 中国图书馆学报，2014，40（3）：114-128.

[10] 李默. 数字图书馆个性化移动视觉搜索机制研究[J]. 图书馆理论与实践，2019，(2)：107-112.

[11] Wu F，Cen F，Shi D. Research on image recognition technology based on machine learning in the context of big data[C]// Proceedings of SPIE，2021，11928（1）：110-113.

[12] 余婷婷. 移动视觉搜索技术研究进展及其在数字人文领域应用实践[J]. 创新科技，2017，(5)：43-46.

[13] 韩玺，齐云飞，朱庆华. 移动视觉搜索在国内图书馆应用的探索研究[J]. 图书馆学研究，2017，(7)：79-83.

[14] 姚雪梅. 大数据时代移动视觉搜索在数字图书馆中的应用研究[J]. 新世纪图书馆，2019，(5)：59-62.

[15] 杨晶，袁曦. 基于期望确认理论的移动视觉搜索用户情感体验形成机制研究[J]. 情报资料工作，2022，43（1）：92-101.
[16] 孙源，陈靖. 智能手机的移动增强现实技术研究[J]. 计算机科学，2012，39（B6）：493-498.
[17] 廖宇峰. 增强现实（AR）技术在图书馆中的应用研究[J]. 情报资料工作，2017，（1）：62-66.
[18] 付跃安. 移动增强现实（AR）技术在图书馆中应用前景分析[J]. 中国图书馆学报，2013，39（3）：34-39.
[19] 秦林. 国内外图书馆增强现实的研究和实践现状及思考[J]. 图书情报工作，2019，63（20）：139-148.
[20] 柏雪. 5G 环境下增强现实技术在图书馆中的应用研究[J]. 新世纪图书馆，2021，（10）：50-55.
[21] Girod B，Chandrasekhar V，Chen D M，et al. Mobile visual search[J]. Signal Processing Magazine IEEE，2011，28（4）：61-76.
[22] 陈华明. 数字图书馆环境中的标准研究[M]//孙家正. 数字图书馆：新世纪信息技术的机遇与挑战国际研讨会论文集. 北京：北京图书馆出版社，2002.
[23] Li G，Jiang G. Construction and planning of library service facilities system based on public digital culture education in international cultural metropolis[J]. Open House International，2019，44（3）：64-67.
[24] Khan A U，Zhang Z，Ahvanooey M T，et al. Opinion mining towards blockchain technology adoption for accessing digital library resources[J]. Aslib Journal of Information Management，2022，74（1）：135-157.
[25] 单晶鑫，庞景安. 试论我国数字图书馆信息资源建设框架[J]. 国家图书馆学刊，2005，（1）：53-56.
[26] 毕翔. 媒体融合背景下数字图书馆发展策略研究[J]. 情报理论与实践，2022，45（3）：81-88.
[27] 赵泽亚，贾岩涛，王元卓，等. 大规模演化知识网络中的关联推理[J]. 计算机研究与发展，2016，（2）：492-502.
[28] 曾子明，孙守强. 面向敦煌壁画的移动视觉搜索模型研究[J]. 情报资料工作，2021，42（2）：104-112.
[29] Zeng Z，Sun S，Sun J，et al. Constructing a mobile visual search framework for Dunhuang murals based on fine-tuned CNN and ontology semantic distance[J]. The Electronic Library，2022，40（3）：121-139.
[30] 陈传夫，钱鸥，代钰珠. 大数据时代的数字图书馆建设研究[J]. 图书情报工作，2014，（7）：40-45.

第 2 章　数字图书馆移动视觉搜索的资源建设机制

2.1　移动视觉资源建设众包模式的应用

视觉对象资源库的建设是数字图书馆为用户提供移动视觉搜索服务的基础，新视觉资源的获取是视觉对象资源库的生命力和价值所在。但是，目前数字图书馆的资源大多还是人工标引的形式，当面向大数据环境时，海量的数字资源、各种各样的非结构化数据让图书馆员和编目工作者应接不暇。同时，由于相关训练集尚不发达，很多情况下机器标引的效果也并不理想。我们认为，众包模式可以为目前的困境提供解决方案，美国国会图书馆、纽约公共图书馆等已经通过实践证明了众包模式在图书馆资源建设中的可行性和有效性[1]。众包的核心思想就是“集思广益”，是利用群体的智慧和力量完成个人或机构无法或难以完成的任务[2]。众包跨越了传统的组织界限，为实现任务或项目目标提供了丰富的人力资源，正是解决视觉对象资源库建设问题的可行途径。因此，大数据时代数字图书馆如何通过众包的理念和方法获取新的视觉资源，并行之有效地建设视觉对象资源库，值得进一步探讨。

2.1.1　移动视觉资源建设的众包模式

将用户纳入图书馆数字资源建设过程在 Web 2.0 兴起时就在图书馆界引起过

热议[3]，这种大众参与的数字图书馆建设方式旨在通过用户参与丰富馆藏资源、提高馆藏资源利用率并提升用户体验。图书馆领域的众包实践在国外已经有了不少成功案例，如美国国会图书馆的照片众包、纽约公共图书馆的古籍善本菜单众包、澳大利亚国家图书馆的文本校对众包、德国国家图书馆数字化百科全书众包等[4]。

MVS 作为一种重要的信息资源获取方式，可以解决资源构建过程中面临的各种场景问题，通过将移动智能终端与视觉搜索技术相结合，能够快速有效地帮助用户从视觉资源数据库中找到其感兴趣的信息资源[5]。在 MVS 中，资源的采集和建设不能仅仅依赖于传统机构的职能服务和业务拓展，单纯靠组织内部员工的贡献模式已经无法满足日益增长的数据需求和格式多变的内容需求。因此，群体智慧和大众智能应该通过众包和众创等形式进一步挖掘和提升，将众包模式融入移动视觉资源构建中，能够激发用户对原创视觉信息的分享欲望。在移动互联网社区平台中，传统的组织主导模式已经让位于用户生成和贡献模式，每天数以万计的用户利用 SNS、即时通信、网络社区等社交媒体传播大量的图片、视频、音频等信息资源，并形成爆炸式的增长趋势，移动视觉搜索与众包模式的结合跨越了传统的组织界限，为实现任务或项目目标提供了丰富的人力资源，同时克服了海量信息资源规模大、数量多、分布广泛的问题，并提高了多源异构资源的采集效率，这种由大众参与者自发性生成的多元化信息内容，可以有效地验证移动视觉搜索中众包模式的巨大应用价值。

1. 众包模式相关概念

随着网络用户的增加，携带着大量知识的劳动力也发展起来，企业或组织可以充分地利用网上丰富的劳动力资源完成工作任务或解决技术问题，因而作为一种基于互联网的新兴合作模式——众包应运而生。“众包”（crowdsourcing）概念由 Jeff Howe 在 2006 年 6 月提出：众包指的是企事业单位、机构乃至个人把过去由员工执行的工作任务，以自由自愿的形式外包给非特定的社会大众群体解决或承担的做法[6]。众包的核心思想就是“集思广益”，是利用群体的智慧和力量完成个人或机构无法或难以完成的任务[7]。这种模式通过互联网并以低成本汇聚大众智慧，以其独特的优势赢得了企业和组织的推崇，众包跨越了传统的组织界限，众包中参与者可以在任何时间、任何地点参与完成相应的任务。李克强总理在 2014 年 11 月 20 日的互联网大会上也表示，互联网是大众创业、万众创新的新工具。只要“一机在手”“人在线上”，实现“电脑 + 人脑”的融合，就可以通过“创客”“众筹”“众包”等方式获取大量知识信息[8]。

从众包的技术角度来看，众包的理念源于互联网的开放化与共享化，将逐渐取代过去封闭式的技术特性。同时，众包还必须依托后台系统的功能技术实现，众包将逐步被更多互联网领域采用，并对互联网领域的技术和市场产生一定的影响[9]。基于众包模式的搜索使得新一代搜索方式将人的智慧和经验融入其中，当用户在使用智能终端进行搜索时，也会相应地输入用户自身的行为数据，这些众包用户生成的信息会送到云端做数据挖掘，进一步完善数据库信息，参与的用户越多，所搜集到的数据信息就越精准全面。可见，众包模式作为新兴的信息资源采集和获取方式，有广泛的应用前景。

2. 基于众包模式构建视觉资源必要性与可行性

视觉对象资源库的建设是数字图书馆为用户提供移动视觉搜索服务的基础，新视觉资源的获取是视觉对象资源库的生命力和价值的所在。图书馆、博物馆、档案馆、搜索引擎、门户网站、网络社区等都包含了大量的视觉资源，然而这些资源分布过于分散，需要大量的检索和筛选才能更好地支撑面向大众的社会信息服务及面向学科的科研知识服务。此外，目前数字图书馆的资源大多还是人工标引的形式，当面向大数据环境时，海量的数字资源、各种各样的非结构化数据为图书馆员和编目工作者的工作增加了难度。同时，由于相关训练集尚不发达，很多情况下对于高精度识别和匹配的视觉对象机器标引的效果也并不理想。众包模式为当前的困境提供了解决方案，通过众包模式借助于大众参与共同完成资源库构建工作，既节约了图书馆视觉对象资源构建的成本，同时也提高了大众的参与热情，获取了无限的新型视觉资源。

网络技术的发展与移动设备的普及为数字图书馆开展众包服务提供了基础，数字图书馆拥有大量用户群体，且随着用户主动参与意识提高，海量的用户提供各种有用的数据资源也为图书馆众包模式实现提供了可能，同时由于图书馆不以营利为目标，很多用户愿意自发参与馆藏资源建设，贡献自己的力量并实现自我价值。众包模式可存在基于数字图书馆资源的各种应用中，国外图书馆已经通过实践证明了众包模式在图书馆资源建设中的可行性[10]。因而大数据时代数字图书馆可以通过众包的理念和方法获取新的视觉资源，并行之有效地建设视觉对象资源库。

3. MVS 视觉资源构建众包模式应用

将众包技术与智能终端相结合蕴含着巨大的经济及社会价值，移动视觉搜索移植众包理念，借助大众参与及信息分享，使得大众参与者在获得信息的同时，也帮助实现数据库信息的扩充。

1）MVS 众包模式应用

位于洛杉矶的创业公司 Image Searcher 开发了一个图像识别应用 CamFind，这是一款移动终端图像搜索 APP，CamFind 结合了专有图像识别技术，用关键词对图片进行标记，从而实现了 80%的查准率。不同于以往的娱乐化搜索，CamFind 搜索似乎有了更多的使用价值——利用人工智能的方式来识别图像。例如，用户在马路上碰到一只宠物狗，用 CamFind 来识别和了解该宠物信息，智能终端后台基于 Computer Vision 搜索到用户刚才拍摄的物体，准确地识别出搜索对象的颜色、质地、轮廓等信息并提供相关搜索结果。用户可对搜索的结果进行翻页浏览，还可收听有关宠物的音频资料。此外，它还结合了众包模式来解决问题，如果 APP 需要识别的图像不清晰，那么 CamFind 将会让相关专家为用户反馈图像识别的信息结果，这些专家都是 Image Searcher 的员工，当专家也没有办法给出准确答案时，APP 后台会将问题发送给所有用户，让用户参与共同识别图像。同时，任何用户都可以对他人提交的图像识别结果进行改进，即参与识别图像的用户越多，反馈的结果将会越准确。研究发现，CamFind 在进行图像识别时，可以在 12s 以内给出一个准确的答案。如果这个图像是曾经识别过的，那么当再一次识别时只需几毫秒就能完成识别[11, 12]。

2）资源构建众包模式应用

为了进一步丰富和完善馆藏数字资源，上海图书馆向读者开放全国首家“家谱知识服务平台”，推出基于关联数据技术的开放的数字人文服务。关联数据是国际互联网协会推荐的一种规范，用来发布和链接各类数据和信息，可以使用户能够借助整个互联网的计算设施和运算能力，直接通过搜索就可以准确、高效地查找、分享这些相互关联的信息和知识[13]。用户可以通过该平台在线查询自己的家族信息，如在“家谱数据库”网页，选择相应的检索提问式，并搜索某个姓氏，便能在下侧列表区中，显示检索的命中记录，用户点击相应的检索命中记录，就可以获取姓氏概况、先祖名人、相关家谱等信息。针对专业学者和爱好者，网页也标注了家谱的馆藏信息以供进一步的研究[14]。上海图书馆“家谱知识服务平台”支持基于用户生成内容（user generated content，UGC）的知识生成和积累，运用众包模式吸引对家谱信息感兴趣的研究专家、学者、民间团体贡献知识，任何对家谱知识感兴趣的研究专家、学者都可以通过撰写相关意见信息进行家谱知识的交流互动，经过认证的专家可直接对错误的数据进行修改，经审核通过后发布在网页上，同时系统会记录用户的每一次修改信息，使数据在使用过程中不断增值，不断地完善和修正家谱信息资源，从而使资源价值最大化[15]。

2.1.2　移动视觉搜索的众包模式分析

用户参与图书馆数字资源建设的重要性和必要性是不言而喻的[16]，这种大众参与的数字图书馆建设方式旨在通过用户参与丰富馆藏资源、提高馆藏资源利用率、提高用户体验并增强用户的忠诚度。目前，数字图书馆由于其非营利性质，移动视觉资源隶属新型资源类型并且无法从其他机构直接获取，要完成海量视觉资源的收集与分类，不仅超出了工作人员的能力范围，而且耗费成本较高，因而需要引入众包模式，借助于大众参与的力量来完成相关资源建设任务，使图书馆利用大众将分散的资源进行聚集，降低资源库构建的成本。同时，网络普及率提高以及用户主动参与意识增强的信息环境，也为数字图书馆移动视觉资源构建中众包模式的运用提供了有力的保障。

数字图书馆移动视觉对象资源库的建设过程中要考虑三方面的问题，从移动视觉资源角度，应注重视觉资源的主题选择、资源征集与整理，例如，基于特定主题的图片与视频资源收集等；从参与者角度考虑，应关注如何通过设计物质和奖金激励、积分以及用户排名等激励模式提高用户主动参与的热情；从资源质量方面考虑，应关注所搜集的视觉资源的内容纠错与质量评估。因此，通过众包模式实现数字图书馆移动视觉资源库构建也需要解决以下三个研究问题。

（1）数字图书馆视觉对象资源库建设的众包任务应该如何设计？众包模式强调任务驱动，所以任务机制，包括任务的设计、分解、分配会在一定程度上影响众包的最终实施结果。

（2）在通过众包模式进行数字图书馆视觉对象资源库建设的过程中，应该如何激励用户参与众包活动？用户参与是众包任务成败的关键，在数字图书馆视觉对象资源库的建设中也不例外，用户的参与动机和众包的激励机制都显得尤为重要。

（3）在数字图书馆视觉对象资源库建设的过程中，应该如何进行众包结果的质量控制？众包是群体智慧的体现，但事实上，由于参与众包任务的用户在知识水平、理解能力、表达能力等方面的不同，也会导致众包任务完成时质量的参差不齐，质量控制也是必不可少的环节。

上文指出，通过众包模式实现数字图书馆视觉对象资源库建设过程中存在三个研究问题，分别是众包任务设计、众包激励机制和众包建设质量控制，为解决这三个研究问题需要细化众包模式研究，具体如图 2.1 所示。

1. 众包任务设计

众包中强调任务驱动，任务的设计、分解、分配都影响着众包的最终实施结果。组织应根据自身的需求和任务的类型，对众包模式的任务粒度进行分解和优化。就目前而言，图书馆的众包项目主要分为三类：公众参与资源标引，如图片中动物信息的相关描述；文字录入或纠错，如对纸质的书稿与书信的电脑存档；参与元数据方案定义用以避免某个人或某几个人在选择合适元数据要素时的偏见[17]。从数字图书馆的视觉对象资源库建设角度而言，众包任务设计主要是帮助移动视觉搜索引擎丰富和完善知识库、关联信息库，特别是资源的采集、标引和描述。具体任务如下。

1）对已有视觉资源的标注

对互联网中已有的相关图片、视频资料进行标引，人工设定标签、关键词包括视觉对象描述符，在用户上传或扫描相关视觉对象信息后，能搜索到相同或相似的图片信息。例如，亚马逊土耳其机器人发布的一条关于花草图片的标注任务，用户基于图片的信息内容，对相关植物图片的种类信息等进行标识。此外，在对视觉对象资源库进行标引的过程中，还要考虑到采集视觉资源的内容及粒度属性，一般来讲众包的任务分为常规任务、创造性任务和复杂任务[18]，一般常规任务对参与者没有较高的信息能力和技术含量的要求，如上述关于花草图片的标注任务，这种简单的图片标注任务任何用户都可以参与其中，而创造性任务和复杂任务则需要满足相关能力要求的众包参与者来完成，如日文动漫海报的信息标引则通常需要参与者具有相应的知识技能。在某些微型众包环境下，有些用户不愿意或者没有能力参与到长期的复杂的资源搜集任务中，因而，对于这种粒度比较大的任务，可将其分解成简单的可被参与者快速完成的任务。同样，对于简单的资源标注任务，也可基于众包任务的内容将其合并在一起作为一个整体任务来完成[19]。

2）对视觉资源对象的关联数据匹配

对于已经形成视觉对象描述符的相关图片、视频，根据其具体内容（所涉及的关键词），进行关联数据的匹配，从而将图片结合传统搜索引擎的数据库链接到具体的信息。例如，当用户用手机拍摄到某本图书时，将该视觉对象作为搜索对象，执行移动视觉搜索，就会反馈关于本书的作者、出版社、经授权许可的电子图书、教学课件、视频、图片、实体信息资源在实体图书馆中的藏书地点，以及该图书作者的其他著作或论文等关联信息。在移动视觉搜索过程中，同一个视觉资源的关联信息可能存在着多元化、异构化及冗余性等特征，因而为了从视觉对象资源库中检索出符合用户信息服务需求的信息，就必须研究移动视觉搜索对象与资源库对象间的关联性，详细地分析视觉资源对象间的相似性与差异性，找出符合资源对象信息的最优匹配结果，从而提高视觉资源的检索效率[20]。

3）新资源的产生和上传

对于新增的数字化资源，如馆藏纸质资源的电子化，现实世界的视觉资源（如图书馆、博物馆的三维模型），经过用户处理的视觉资源等，可基于众包模式汇聚大众力量参与完成资源的构建。移动视觉搜索技术一旦“移动”起来后，其功能不可小觑，我们几乎全天携带移动设备，在生活中发现新东西的概率比在网页浏览时发现的概率要大，新颖的有价值的视觉资源的产生和上传，极大地丰富了现有视觉对象资源库，并且增加了移动环境下多用户交互式知识交流和信息共享，开启了人们探索数字化世界的新方式，同时与传统的现金购买资源的模式相比，基于众包模式的资源采集将互联网中闲散的资源进行合理的整合，不仅提高了资源采集效率，同时也降低了成本。

因此，如何针对上述具体任务类型进行任务设计，将其发布在已有的众包平台或者针对特定众包任务专门设置的众包平台，号召大众积极参与，是移动视觉资源构建需要解决的问题。用户既可以是信息资源的接收者，也可以是信息资源的开发者和建设者。用户在进行移动视觉搜索的同时，可以对自身上传信息进行有选择性的标引和关联数据的匹配。同时，如何结合移动终端的特点和数字图书馆移动视觉搜索服务的目标，帮助用户利用碎片化时间进行贡献，也是任务设计中值得关注的要点。

2. 众包激励机制设计

对于一个成功的众包项目，其最重要的就是拥有一个活跃且忠诚度高的用户社区，大众用户行踪不定，留住他们比吸引他们难得多。目前，Web 2.0 网站的用户激励模式主要由物质和金钱激励、积分与等级提升激励、资源-积分-资源激励、用户排名激励四种构成[21]。数字图书馆资源构建的众包项目具有自身的特征，由于数字图书馆隶属非营利组织，因而资金激励不足，数字图书馆馆藏资源多倾向于科技文献等专业资料，项目较为专业化导致大众没有兴趣参与，同时参与者人数较少、众包项目数据量较多需要长期参与其中。数字图书馆的视觉数据资源隶属新型信息资源，因而众包模式设计中应关注符合移动视觉资源的激励模式。

1）外在动因分析

众包模式的成功运用需要大量用户的参与，因此在图书馆众包项目确定后，往往需要采取一定的激励措施来吸引用户主动参与，包括外部激励、感知有用性等[22]，用户也会出于改善就业前景、利益互惠、学习或仅仅为了得到认可等目的而主动参与众包项目[23]。用户在了解相关众包任务后会形成一定的期望，当参与任务后会根据自己的经验来确定期望是否得到满足，从而确定是否参与。从感知有用性的角度来讲，大多数用户特别是青年学生可能没有足够的耐心去阅读文字信息，而图书馆视觉资源的标注与描述具有可视化的特征，向用户提供简要的图片与视频信息等，用户在开展“搜索即学习”的过程中，不仅提升了用户的学习速度，也帮助用户建立多角度全方位的知识学习机制，从视觉与娱乐的双重体验来提升感知有用性。此外，基于图片标注的众包任务的激励机制研究表明，货币激励具有较强的显著性[24]，因而可根据现实情况对某些复杂的视觉资源标引任务提供金钱或奖品等物质奖励。

2）内在动因分析

除了外在动因，对众包参与行为内在动因进行解析也必不可少。数字图书馆众包项目满足公众兴趣尤为重要，相关研究基于享受乐趣、虚拟社区感、自我肯定、提高能力等内在动机来对用户持续参与行为进行分析，其结果表明用户参与完成众包任务不仅是为了满足物质需求，还包括内在动因的实现。图书馆可定期举办相关的视觉资源征集活动，让用户自己完成并对视频资料进行整理，鼓励用户拍照上传并写下自己的描述，也可分享到图书馆官方网址或者公众账号上，以吸引更多的用户参与，图书馆可针对排名靠前的内容发起投票，让观众自主决定想要浏览的内容，对于排名靠前的用户，图书馆可通过免费借阅图书或者共享非公开的文稿信息来鼓励用户持续参与，同时亦可提倡用户之间相互推荐，对于不同地域的用户也可采用不同的激励措施。

3）激励策略分析

探索更加有效的激励策略也是众包项目完成的关键。例如，“游戏化”模式就是当下热议的提高用户参与度和忠诚度的手段[25]。随着传统的激励政策的失效，未来的激励制度将更多地关注参与者的自我激励，而一些设计巧妙、引人入胜的游戏就建立在对人类的动机和心理的研究之上，可以最大限度地激发用户参与的兴趣。这种游戏设计思维在基于众包模式的视觉对象资源库的建设过程中有着很大的应用空间，如在视觉资源的搜集过程中，可采用游戏化的晋级模式，在用户上传资源的过程中不断送出奖励与积分，引导用户不断向前推进，让众包的协作，变成一件实现自我价值的事情。

因此，需要从内在动因和外在动因两个角度，可结合自我决定理论的分析框架进行划分，探讨影响用户参与数字图书馆视觉对象资源库众包任务的要素及要素间的关系，并设计相应的激励策略鼓励用户的自发参与。同时，还要对用户停止参与图书馆众包任务的原因进行调查，现有的用户行为研究中，对用户参与动因的研究比较多，而关于用户停止参与和迁移的行为动因研究相对少。根据赫兹伯格的双因素理论，使用和不使用行为往往有不同的深层次原因。同时，还要对众包项目参与中的恶意行为进行了解，众包存在一定的风险，并且这种风险不可避免，基于博弈论的思想在竞争情境中来研究众包中恶意行为的正常性，有助于未来众包市场中激励模式的决策。

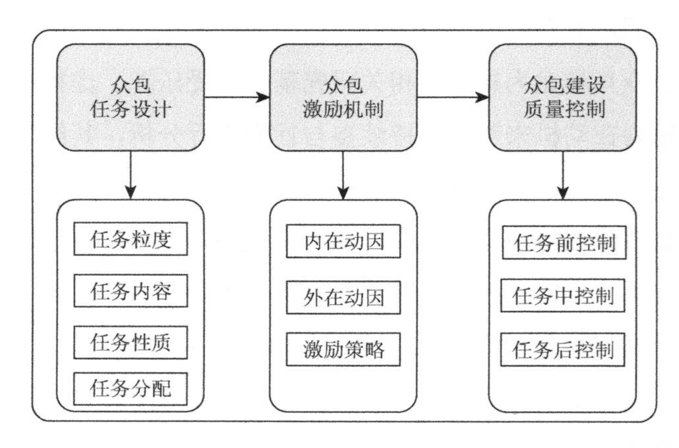

图 2.1　众包模式研究

3. 众包建设质量控制

网络环境下，场景的复杂性与用户的不确定性使得众包服务出现许多弊端，例如，由于参与者自身素质的差异，视觉资源的上传、标注和描述的结果质量参差不齐，对于需要相关专业知识的众包项目如英文视频信息的标引，由于参与者相应的英文知识储备水平不同，所收集到的视觉资源的质量可能会良莠不齐；另外有些参与者由于工作懈怠，为了使自己的利益最大化，可能随机甚至错误地提交一些无关的信息资源。因此，运用众包模式进行视觉对象资源库建设时，众包的结果要进行质量控制和反复确认修正，以保证其准确性和可信度，从而为移动视觉搜索服务提供保障。目前，众包的数据管理很大程度上是自动和人工相结合的方式，质量控制也成为众学者关注的核心问题之一[26]。通过对数字图书馆视觉对象资源库建设的众包质量控制进行系统性分析，将众包过程中的质量控制按时间维度划分为三类——任务开始前、任务进行中和任务完成后，并分别阐述视觉对象资源库众包建设过程中质量控制的具体方法。

1）在任务开始前识别参与者质量

为了测量和提高众包任务结果的质量，许多研究者提出了不同的测量指标，但是对参与者本身的素质却经常被忽视。由于视觉资源多数基于 UGC 而生成，对视觉资源的搜集受到用户主观意识与知识储备的影响，因而搜集的高效性很大程度上取决于参与者自身的素质。对大众参与者质量的测试和分析可以帮助我们开展行之有效的招募策略，最大化众包参与者的整体质量，同时也有助于避免众包中存在的选择偏见现象。吕英杰等[27]基于多指标决策算法对参与者的任务完成能力进行有效的评估，为组织选择适合的知识型人才，在资源搜集之前识别参与者能力，如分析一个众包参与者的搜索历史、偏好、知识背景、标引历史等信息，也可测试参与者对资源标引的了解程度，包括资源分类体系、关键词、主题词等，基于识别的参与者能力形成个性化推送。

2）在任务进行中识别欺诈者

图书馆视觉资源构建的众包过程中，如果用户的质量水平较高，那么他所标注或上传的图片、视觉等资源质量可能更好，但是由于用户的知识水平在最初是不可识别的，甚至有些参与者对于相关视觉资源根本不了解，仅仅是为了报酬，因而在众包任务执行过程中识别欺骗者极其重要，可将众包项目集合划分为多个子阶段，在任意工作阶段结束后，通过参与者与组织工作组投票值一致的方法对参与者的质量进行评估，从而检测出不合格的参与者[28]。同时，组织可以在任务中随机添加一些常识问题[29]，如在为馆藏增补资源进行标引时，可添加一些简单的动植物或人物图片让用户进行标引，根据用户提交结果测试用户是否为欺诈者，若为欺诈者则进行剔除，而对于那些高质量的参与者，可给予一定的积分与奖励（如免费借阅图书等）。在任务进行中识别欺诈者，不仅可以提高众包结果质量，还可以节约任务完成的时间与金钱成本，需要注意的是，在添加常识问题时，要避免被用户发现。

3）在任务完成后保证结果质量

由于众包参与者是非固定且不可识别的，甚至有些用户在完成组织提出的众包任务后，很可能就此离开，不会再和组织有任何关系，因而对于用户在智能设备上标引或上传的视觉资源，需要进行搜集整理，然后对资源结果的质量进行评估，可利用投票原则、贝叶斯理论、期望最大（EM）算法等。基于成本和精确性的验证机制来研究众包任务结果质量的研究表明，对于低成本的常规性任务，可采用投票原则的方法，而对于高成本众包任务结果的评估则需要采用专家组评定的方法[30]。如果用户提交的资源标引结果质量较差或者有误，图书馆可以拒绝赋予用户相应的奖励，同时为了避免用户争辩，采取分开奖励的办法，例如，对于一个图片资源标引任务，可采用两种奖励方式：将 2 分作为金钱报酬，另外 1 分作为可累加的积分等级，只有用户提交的结果质量较高，才会提升用户的积分等级，从而保证完成任务的质量。

此外，由于依赖一个用户给出的答案很难确保任务结果质量，因而同一视觉资源可采用多人多次标引的方式，帮助查询结果内容不断修正，还可以对资源标引进行标准化、规范化设定，出台相应的标引规范，提高整体的资源库建设效率，同时也有助于提高视觉对象的识别质量。

4. 比较分析

借助于先进的互联网技术，依靠大众的智慧来开展移动视觉资源建设，为数字图书馆的事业发展迎来了新的契机。与传统的资源建设模式相比，众包模式在图书馆视觉资源建设中有非常广阔的应用前景，在面向基于 MVS 的视觉资源的收集方式、收集成本、参与时间及价值体现方面具有相当大的优势（表 2.1）。

表 2.1　两种视觉资源构建模式比较

项目	传统视觉资源构建模式	众包视觉资源构建模式
收集方式	图书馆员与编目工作者	大众参与者
收集成本	成本高	成本低
参与时间	特定工作时间	任何时间
价值体现	面向工作人员	面向大众

收集方式：采用传统方法进行视觉资源的构建多依赖于组织机构内部完成，在某些特定需求下也会向相关机构购买视觉资源（如某些高校课程的教学视频），而众包模式扩大了组织的边界，资源构建的参与者不再局限于图书馆员和编目工作者，而是面向社会大众，任何对数字图书馆资源感兴趣的用户都可参与资源构建工作。

收集成本：传统基于组织内部人员构建视觉资源的过程中，某些图片、视频等资料的征集、整理经常需要耗费相当多的人力、物力，对于有些特色音频、视频等资料，图书馆甚至不知道去哪里搜索，而众包项目的参与者来自世界各地，知识背景也各不相同，为图书馆实现资源建设提供了丰富的信息资源，节约了资源建设的成本。

参与时间：依赖图书馆员与编目工作者进行视觉资源构建工作时，基于很多现实情况，资源的收集工作受到工作时间的限制，而众包模式跨越了时间与空间的概念，用户只要有空闲时间，便可以随时随地进行图片的上传、标引与描述工作，网络环境很好地消除了地域与时间的间隔。

价值体现：图书馆视觉资源的可视化使得其内容大多通俗易懂，基于众包模式的大众参与者在自愿帮助图书馆构建视觉资源的同时，也了解了大量自己感兴趣或者有用的资料内容，不仅吸引了用户对图书馆的参与，同时为图书馆资源和服务增加价值，也相应地提高了数字图书馆的知名度与关注度。

从上述相关分析可以看出，与传统依靠组织员工进行资源构建的方式相比较，基于众包模式的视觉资源构建，不仅点燃了大量用户参与图书馆视觉资源建设的热情，同时保障了高质量视觉资源的建设。

2.1.3　小结

移动视觉搜索技术结合大众主动参与，不断拓宽了组织和参与者之间的沟通桥梁，大众参与者的知识共享为网络环境下组织的资源建设提供了高质量的信息，本书阐述了基于众包模式的新兴视觉资源构建方式，这种模式以信息技术为支撑，以互联网服务模式为指导，在现存视觉对象资源库建设的基础上，探索高效的基于移动视觉搜索的视觉对象资源库的建设机制，采用众包理念作为新资源获取的有效方法和手段，重点从众包模式的任务设计、众包模式的激励机制及众包模式的质量控制三方面开展深入分析和探索，最终提出数字图书馆移动视觉搜索的资源建设机制，将众包与数字图书馆业务职能融合会为数字图书馆带来全新的发展。接下来的章节将综合理论分析与实证探索，运用文献调研、案例分析、深度访谈、社会计算实验等方法，通过定性分析探索移动视觉搜索资源库众包建设过程中的影响因素，并提出相应的策略与建议，结合定量分析对众包项目进行评估，验证数字图书馆移动视觉搜索资源库的众包策略，并最终提出数字图书馆众包模式视觉资源建设的对策和解决方案。

2.2 移动视觉资源建设众包游戏化的激励机制

由于数字图书馆的众包项目存在的一些特点如缺少资金激励、项目较为专业化导致大众没有兴趣、参与者少等，在数字图书馆视觉对象资源库众包建设过程中，探索更有效的激励策略能够有效地激发用户的参与动因，提高众包项目的完成质量。在本节的研究中，首先探讨用户参与视觉对象资源库众包任务的激励要素及要素间的关系，然后针对其中的娱乐性激励，设计相应的游戏化激励机制，以鼓励用户自发参与众包任务。

2.2.1 众包中的激励机制

每个众包参与主体的重要性都不容小觑，一方面需要对接包方与发包方进行恰当的激励，以鼓励参与者发挥集体智慧以更高效地完成任务；另一方面也需要完善对中介机构的支持，以协助挑选出更优秀的、更符合发包方需求的作品，从而提高众包平台的整体工作效率。以下主要从金钱激励、娱乐性激励、积分与等级提升激励、荣誉激励机制进行梳理。

1. 金钱激励

Web 2.0 环境下，金钱激励方式可为平台在短期内汇聚人气，快速增加注册用户量与网站访问量；然而，金钱激励只能是短期行为，一旦物质与金钱激励的承诺难以满足，则会严重伤害到用户的感情，并造成网站访问量直线下降[31]。对于非营利性的图书馆众包项目来说，金钱激励是一种极具风险的选择，增加了发包者的经济负担，容易造成用户对物质的过分追求，用户积极性保持的时间也相对较短。此外，金钱激励的操作性也十分复杂，因为要想达到预期效果必须依赖多种因素。每个人对金钱及为得到金钱所愿付出代价的反应是不同的，钱多钱少所带来的激励效果也有明显的不同。有时，钱仅仅是稍微少点，可能就等于白花，毫无激励效果可言。

2. 娱乐性激励

娱乐性激励[32]是通过将众包任务以游戏的方式设置，用户在参与众包活动中能够感受到一种发自内心的愉悦与乐趣，得到愉悦感与自我满足感，刺激参与者的积极性。他们也可以通过参与活动更好地了解自己并提升自身的相关能力，还可以锻炼开发其创新能力。同时，可以设计游戏的等级升级活动，如众包平台将任务的信息进行组织，按照难易程度进行排序，完成不同层次等级的任务可获得不同程度的任务奖励[33]。相关研究结果表明，个体驱动中的感知娱乐性、沉浸感、外部奖励和自我效能对用户参与行为起积极影响，其中，感知娱乐性和外部奖励的影响更为显著[34]。

3. 积分与等级提升激励

积分与等级提升激励[35]是外在奖励的一种，它和众包用户的财富值密切相关。众包平台可以建立平台市场，众包项目的用户通过完成任务所获取到的财富值可以在此进行消费。由于用户所拥有的财富值与等级能力都不同，用户可以根据实际情形选择合适的礼品或者抽奖活动等。对于平台市场中实际存在的礼品而言，市场会给予平台个性化定制的 VIP 礼物，而虚拟礼品是为用户参与众包项目所准备的各种小手段，如能够表征用户消费习惯的金卡、银卡等。这些不但能够激发用户参与的热情，还可以培养用户参与的忠诚度。

4. 荣誉激励机制

在“众包”概念的提出者 Jeff Howe 眼中，物质性、经济性的重赏并不是众包的必备驱动因素。众包的基础是用户的剩余精力，是一种兴趣驱动模式。众包只需要切合参与者的兴趣爱好，只需要赋予参与者足够的成就感和荣誉感，就可以号召大批用户为之效力，小米就是这种思想最成功的践行者[36]。在传统的产品开发流程中，开发指令的上传下达、企业与消费者之间的信息反馈是个非常漫长的过程。通常是由营销人员收集并分析消费者意见，传递流程要经过产品经理、主管领导、与研发团队等一一审批。这种流程低效而冗长，可能造成一定的市场负面影响。小米的选择是在研发初期就让研发人员直面消费者，要求研发人员能充分地与用户互动，并收集意见。而论坛的发烧友们也因为这种备受重视的参与感，充当起免费的系统测试员和产品经理，唯一的激励就是自己提交的意见能被小米采纳，并在下一次版本更迭中实现。

2.2.2 移动视觉搜索的游戏化激励机制分析

从用户体验的角度出发，移动视觉搜索的推广和持续使用强烈依赖于用户内在动因的刺激和激励机制的设计。游戏化作为一种有效的激励机制，能够在很大程度上提升用户的沉浸感、临场感、可用性和满意度等指标。因此，在大数据环境下针对移动视觉搜索开展游戏化机制的设计，无论是在技术创新还是服务模式创新上，都有着较强的理论和实践价值。本书将通过探索移动视觉搜索中各个阶段的游戏化元素及相应的动因示能，提出了大数据时代移动视觉搜索的游戏化框架。

1. 游戏化模式及应用概述

游戏化（gamification）概念的雏形最早在教育学领域形成，早在20世纪80年代，游戏在教育技术和学习中的应用已经得到了学者的关注[37, 38]。McGonigal[39]在其著作*Reality is Broken: Why Games Make Us Better and How They Can Change the World*中归纳出游戏的4个决定性特征：目标、规则、反馈系统和自愿参与，并进一步阐述了游戏可以弥补现实世界的不足和缺陷，以及游戏化可以让现实变得更美好。游戏化这一名词是在2011年前后才被广泛使用的，Deterding等[32]对游戏化的内涵进行了系统详细的阐释，进一步将游戏化的精髓界定为在非游戏情境下使用游戏设计元素，这一观点为学界和业界的许多学者所认同。游戏化学习的前身是基于游戏的学习（game-based learning，GBL）、教育游戏（education game）和严肃游戏（serious game）等理念。2011年召开的游戏开发者大会（game developers conference，GDC）将游戏化推向了热点，并推动了游戏化在互联网、教育、金融、社交、医疗等领域的应用。Gartner公司在其研究报告中指出，截止到2014年，全球福布斯排行榜前2000强中有70%的企业至少拥有一项游戏化的应用；截止到2015年，有超过50%的管理创新流程的组织机构会运用游戏化模式[40]。

游戏化的兴起可以归因于几个综合因素，包括更低的技术门槛、个人数据追踪技术、杰出的成功案例及游戏媒介的流行等[41]。游戏化概念的核心在于用户体验的提升和促进[42]。游戏化并非单纯地开发和设计游戏，而是游戏元素在其他领域的深化和拓展。Deterding 等[32]认为游戏化广义上指的是一种现象，该现象强调将游戏化元素进行深入挖掘和设计，从而能更好地刺激参与者和使用者的内在动机、沉浸感、满足感和体验感。Zichermann 和 Cunningham[43]在其著作 *Gamification by Design*：*Implementing Game Mechanics in Web and Mobile Apps* 中提出一种基于游戏的趣件机制（funware mechanics）营销策略，即利用奖励、挑战和竞争等手段，以提高用户的忠诚度，为企业谋求更大的效益。随后，他们将趣件（funware）更名为游戏化，将趣件机制修正为游戏化机制，并将游戏化元素细分为由积分（points）、等级（levels）、勋章（badges）、排行榜（leaderboards）等组成的激励模式，并进一步指出游戏化模式就是将游戏思维和游戏化元素引入非游戏的领域，以增加用户黏性和解决实际问题。Huotari 和 Hamari[41]则更加强调游戏化给用户带来的游戏性体验，避开了对游戏机制、游戏设计元素等概念的直接表述，将游戏化定义为运用游戏般的体验来强化服务和功能，以创造更多的用户价值，并指出如果一个游戏化项目仅仅体现在游戏机制的植入，却没有给用户带来游戏性的愉悦体验，这个项目则不能被称为真正意义上的游戏化。美国一家为企业提供游戏化服务的专业互联网公司 Bunchball 在其发布的游戏化白皮书中指出，游戏化在企业中的应用主要表现在把一切可以利用的游戏化元素（静态和动态的）整合到门户网站、商业服务、在线社区、商业智能、企业的营销竞争等方面，以此来驱动用户行为并提高用户关注度[44]。譬如，FourSquare 以虚拟的分数和积分激励用户签到并共享其位置信息；Nike + 运用排行榜机制和点赞功能鼓励用户参与日常运动并共享行为数据；Microsoft Ribbon Hero 以勋章、等级和关卡设计的方式帮助用户发现 Microsoft Office 的特性以提高工作效率。

2. 移动视觉搜索中的游戏化元素及动因示能

从 MVS 的广义定义来看，MVS 从机理上侧重于数据驱动和任务导向，这一创新信息服务模式需要在移动环境下对视觉资源的建设、组织和展示进行充分研究。从产品设计的角度，无论是重量级的可穿戴设备还是轻量级的 APP 应用，资源的采集和建设是 MVS 开展的前提和基础，资源的有效组织和规划是 MVS 优化性能的必要途径和手段，资源的展示和交互是 MVS 提升用户体验的重要尝试。可以说，这一过程遵循了创新服务中“从无到有，从有到优”的经典模式。然而，从 MVS 现实的商业案例来看，很多问题始终是这一新兴信息服务的瓶颈，如资源建设中的冷启动现象、资源组织中的标准化问题及资源展示中的可用性和易用性问题。同时，MVS 服务还必须充分考虑用户和情境这两个维度，即用户差异化的信息需求、使用习惯、知识结构、兴趣偏好等，以及不同情境的特征和边界等问题。鉴于此，MVS 的采纳、使用、推广和完善强烈依赖于对动因的探索和深入挖掘，尤其是对内在动因的示能化设计中，即对内在动因通过产品具象化和固化的方式设计出一系列可供操作的功能和控件[45-47]。从游戏化的目标和元素来看，其侧重于内在动因的特质正好可以解决 MVS 遇到的一些问题。MVS 中的游戏化元素应当基于以用户为中心的设计准则，在 MVS 的每一个阶段和步骤，都要把用户列入考虑范围并重视用户体验。然而值得注意的是，由于 MVS 是一种新兴的信息服务模式，无论是从产品还是从应用的角度，都很难完全符合用户以往的认知和使用风格。因此，技术的变革和模式的创新势必会带来一些不适感，传统观念中一味强调产品迎合用户的思维模式可能未必适用。相反，在互联网时代，很多时候用户的习惯、偏好及行为是可以被牵引、调整或重塑的。设计情感是指与人造物的设计相关的人类情感探索，它包含了一切人与物交互过程中因人造物的设计而带来的情感体验[48]。鉴于此，本书更倾向于采用 Norman[49]提出的情感化设计的观点。人是具有情感的社会群体，情感也是设计中最基本和最重要的因素之一。Norman[49]将情感化设计划分为本能水平的设计（即感官的、感觉的、直观的、感性的设计）、行为水平的设计（即思考的、易懂的、可用性的、逻辑的设计）和反思水平的设计（即感情、意识、情绪和认知的设计，关注产品信息、文化或者产品效用的意义）。情感化设计能够在极大程度上激活并催生用户的使用动机，游戏化元素在这一过程中提供了一系列可供操作的信号，这类信号是基于动因激励而开展的行为暗示，我们将其称之为“示能性”（affordance）。生态心理学家 Gibson[50]提出并将示能性界定为某一事物或环境可以提供进行某种动作的能力。Norman[51]进一步在人机交互的情境中强调了示能性的被感知特性和可理解特性。Zhang[52]随后提出了动因示能的概念，深入挖掘内在动因的四个主要来源，即心理、认知、社会和感情，并就信息通信技术的设计提出一系列设计准则。游戏化元素设计的主要目的是凸显产品的动因示能性，通过动因示能性提供更好的交互服务，并带来更强的用户沉浸感、体验感和满足感。

Blohm 和 Leimeister[53]将游戏化元素按照游戏动态（game dynamics）划分为七个类别，分别是行为说明、积分系统、排名、等级、团队任务、时间压力和形象认同，并与相应的用户动因进行联系，包括求知欲、成就感、社会认可、认知刺激和自我决定等。本书将针对 MVS 的三个主要阶段，即视觉资源建设、视觉资源组织和视觉资源交互展示，进行游戏化元素的梳理和归纳，并从理论上映射到动因示能性的不同维度，具体如表 2.2 所示。

表 2.2　MVS 游戏化元素及动因示能

MVS 阶段	游戏化元素	游戏化目标	MVS 具体事例	动因示能
视觉资源建设	积分系统、勋章系统	成长激励	1. 用积分数值反映用户在参与视觉资源采集中的贡献度； 2. 用勋章制度对用户进行任务奖励，能在一定程度上解决移动视觉资源建设的冷启动问题，代表用户阶段性的进展； 3. 积分数值能在一定程度上与虚拟社区中的其他资源挂钩，甚至可以和线下的其他福利进行价值兑换	成就感、社会交换、外部刺激
	排行榜、等级系统	成长激励、状态获知、竞争	1. 通过建立用户生成视觉内容的排行榜来促进用户分享和生成内容的动机； 2. 通过动态等级系统来告知用户目前在 MVS 虚拟社区中的位次	自我认同感、社区认同感、社会认可
视觉资源组织	任务时效、时间压力	挑战、及时反馈	1. 视觉资源组织过程中通过设计任务的时间来刺激用户完成的速度和效率； 2. 基于社会化标注的视觉资源组织中对于时间进度的控制有助于在短期内发挥群体智慧的能动性	认知刺激、沉浸度
	任务反馈	及时反馈	1. 视觉资源组织中让用户能随时看到完成的进度及对任务完成的评价； 2. 在 MVS 中设计适当的关卡及达到关卡的门槛来刺激用户参与的动机	感知可控性
	社交行为、利他行为、团队合作	行为引导	1. 视觉资源组织中需要用户群体协作完成一些资源描述工作，如通过众包社会化标注的方式对一些图片进行人工识别； 2. 视觉资源组织中一些用户自发参与语义组织的工作，如公众科学中的利他行为	社交性、利他性、互惠性、社区归属感

续表

MVS 阶段	游戏化元素	游戏化目标	MVS 具体事例	动因示能
视觉资源交互展示	叙事能力、故事设计	行为引导	1. 通过讲故事的方式把烦琐冗长的视觉资源展示融入更多趣味性； 2. 通过设计场景，将平铺直叙的交互情节赋以更丰富的物境和意境	娱乐性、趣味性、可玩性
	探索行为、彩蛋机制	行为探索	1. 通过设计具体任务并让用户完成，从而增强用户对于视觉搜索后内容的理解和接受； 2. 隐藏一些线索，给用户自我发掘的空间，带给用户意想不到的效果	求知欲、好奇心、用户期望度
	多媒体选择、动态情境设计	行为探索	1. 对 MVS 后获得的信息，充分给予用户自主选择的权力，包括阅读的方式和阅读的粒度； 2. 展示用户的行为和状态等数据的信息平台，可以被 MVS 社区内其他用户所了解； 3. 以富媒体的方式给予用户反馈，包括用户的成长，状态的变化，以及场景的个性化设定等	感知可控性、自主性、自我决定

3. 移动视觉搜索的游戏化框架

随着大规模语言文字及多媒体数据库建设技术的不断改进，以及数字文本标引的标准化与格式化、数字新媒体呈现技术、元数据（metadata）与关联数据（linked data）方法的迅速发展，信息累积呈指数增长，人类世界进入了一个崭新的大数据（big data）时代。移动视觉搜索无论是从资源建设、实现方法上，还是从服务模式上都彰显了大数据的时代特征。从实践操作的层面而言，MVS 的游戏化设计会因实体、环境、用户和目标的不同而有所差异。例如，基于可穿戴设备的 MVS 会更关注位置信息触发的指令、动作和服务，而基于 APP 的 MVS 可能会更侧重于语义信息关联性所带来的叙事结构和多粒度任务模式。然而从理论层面，MVS 的游戏化框架在有机组成上存在着共性，即任务、规则、事件和场景这四个要素。任务是 MVS 的出发点，任务的规划、展示、分解和部署都是游戏化设计的重中之重。用户在执行 MVS 的过程中对于任务的感知可能是有意识的，也可能是无意识的。规则是 MVS 游戏化的灵魂，规则一方面可以依托于具体特定的任务，另一方面也可以抽象于任务而作为一种泛在的体系和价值观存在。规则驱动、牵引或约束着任务，并创造了任务进展过程中的挑战，而挑战的完成则能为用户带来成就感和自我实现感。事件是 MVS 游戏化的各类触发机制，其可以是自然发生的，也可以是人造的，由于 MVS 强调实体化和对象化，对于事件的描述、刻画及发展可以作为游戏化设计的主线，同时也能通过事件将线上的虚拟场景和线下的实例进行关联映射。场景是 MVS 实施和应用的空间。对于 MVS 这类增强现实的技术而言，游戏化设计应当充分满足不同阶段的物境、情境和意境的变化，从而提升用户的沉浸感并促进用户的持续使用意愿。目前，在游戏化框架方面，有学者已经做了一些尝试性探索。例如，Aparicio 等[54]基于自我决定理论（self-determination theory）构建了游戏化框架，侧重于自我决定理论中的自主性（即个人行为意识）、胜任感和社会关系三方面，并将游戏化框架分成四部分。第一部分是主要目标的识别，即描述游戏化的原因；第二部分是横向目标的识别，即系统寻求提供的内在动机因素；第三部分则基于自我决定的相关概念来决定具体游戏机制的使用；第四部分是关于在应用系统中如何评价这个框架。Blohm 和 Leimeister[53]整合了一些基于服务的游戏化策略（service-based gamification strategy）的研究，该框架由两部分组成，一个是基于预期使用目标的核心部分，另一个是基于游戏设计元素的游戏化分层。这个框架阐述了游戏化是怎样影响内在动机和外在动机从而改变用户行为或者引导用户行为的。Nicholson [55]提出一种以用户为中心的框架（user-centered frame work），该框架是基于内部动机而非外部动机的有意义的游戏化，研究总结出一系列能够促进由内在动机驱动的游戏化策略，以提高用户有意义参与的核心理论，包括由自我决定理论演化而来的有机整合理论（organismic integration theory）、情境相关理论（situational relevance theory）、情境动因示能性（situated motivational affordance）、基于通用设计的学习（universal design for learning）理论等，Nicholson 在此基础上构建了游戏化设计的理论框架并将若干理论进行了融合。Sakamoto 等[56]提出了基于价值的游戏化框架，意图激励和利用用户的内在动机。该框架由五个价值标准组成：信息价值，作为提示和必需品；移情价值，基于虚拟角色和社交催生的同理心；劝诱价值，一种特殊形式的信息，基于现有的行为和结果提供未来的展望；经济价值，与收集和拥有权相关；观念价值，基于故事和其他信息所间接支持的价值观和理念。然而，这些已有的游戏化框架存在一定的局限性。首先，现有框架基本都建立在动因理论的基础上，强调基于内在动机的设计理念。虽然体现出较强的理论依据，但并没有真正深入到游戏化设计的操作层面。其次，现有框架忽略了游戏化设计的历程观，即游戏化设计并非一蹴而就的行为，应该充分考虑到用户在接受、采纳和使用数字产品的交互过程中不同阶段和环节的具体需求及扮演的不同角色。最后，现有框架大多属于元设计（meta-design）框架，并没有紧密结合具体的产品或者服务开展领域化的游戏化设计模式，更多还停留在认识论层次上的指导和参考。本书认为大数据时代移动视觉搜索的游戏化框架设计应当遵循由内而外的模式，如图 2.2 所示。

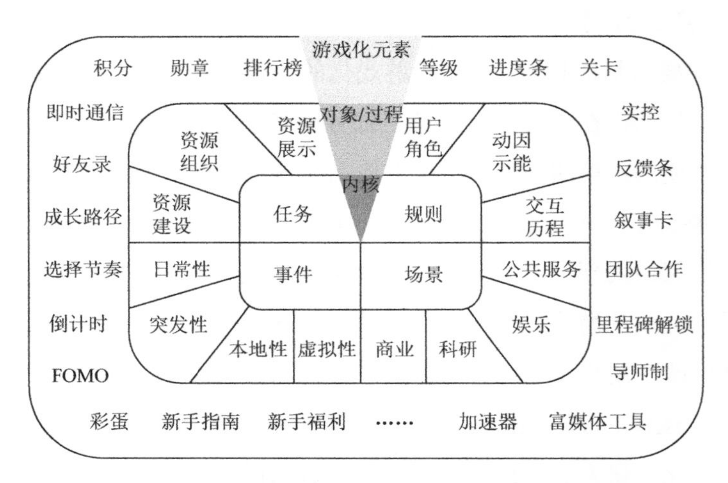

图 2.2　面向大数据的移动视觉搜索的游戏化框架

首先，需要确定 MVS 的游戏化内核，即任务、规则、事件和场景四个要素。相比传统的动因理论设计框架，这四个要素能够更全面地展现 MVS 游戏化设计的时间和空间维度，更好地帮助开发者和管理者认识 MVS 游戏化设计的目标、需求和路径。其次，在对内核进行分解的基础上，需要进一步明晰 MVS 游戏化设计的对象或过程。例如，在考虑任务要素的时候，应该深入到 MVS 规划设计的不同阶段，包括视觉资源建设、视觉资源组织和视觉资源展示三个环节。每个阶段的任务目标、设计愿景、主要职能和评价手段都有所不同。视觉资源建设重在积累，视觉资源组织重在序化，而视觉资源展示重在可视化，这三个环节涉及的具体游戏化元素各有不同。在考虑规则要素的时候，应该从本质上对用户参与 MVS 中扮演的不同角色进行探索，尤其是基于大数据的用户角色分类。在此基础上，才能将动因示能配合用户分类进行更好地梳理和剖析，从而提炼出 MVS 游戏化设计的准则。值得注意的是，游戏化设计规则要充分考虑到用户参与的历时性，从而将更多动态性因素融入框架设计中，认识到把 MVS 游戏化规则匹配到用户交互的历程上不是一次性工作。在考虑事件要素的时候，需要回到搜索行为的特征上去，针对不同类型的事件进行 MVS 游戏化框架的确立。例如，日常性事件较之于突发性事件在任务设计和规则制定方面要更为成熟，因此日常性事件应该更好地体现出搜索的完备性，而突发性事件应该更好地体现出搜索的时效性和敏捷性，相应的游戏化元素的设计也应该有所侧重。本地性事件更多基于一些实体对象和现场开展，从游戏化模式而言，其可能更多需要一些增强现实的技术理念。相比而言，虚拟性事件并不一定基于真实的实体对象和过程，还可以用于模拟、演化和预警等任务，从游戏化模式而言，其可能更多需要虚拟现实（VR）的技术和理念。在考虑场景要素的时候，需要从 MVS 的用途出发设计相应的游戏化框架。

目前在商业和娱乐领域的 MVS 应用较多且产品化相对领先，而在科研和公共服务领域的工作还尚在起步阶段。近几年随着数字人文理念的推广和实践[57]，未来的 MVS 应用会涌现出一批针对科研和公共服务领域的产品，而游戏化模式的设计可以更好地在这些产品中大展拳脚。如果说内核要素是 MVS 的游戏化目标，对象/过程是 MVS 的游戏化触发机制，那么具体的游戏化元素则是实施和开展游戏化设计的落脚点。需要强调的是，由于游戏化元素各异且支撑的动因也各有不同，因此没有必要也很难在一项 MVS 中将所有的游戏化元素逐一设计并运用。相反，设计者应该充分考虑到游戏化设计的成本和效益的平衡，从而能在不同的 MVS 项目中有所侧重地设计并运用游戏化元素，以达到最佳的激励效果。本书描述的 MVS 游戏化框架，旨在从理论上系统梳理在 MVS 中开展游戏化设计需要考虑的一系列关键问题，也能帮助 MVS 实践者在相关产品和服务的规划设计阶段进行有效定位，从中提炼出更细节的科学问题进行深入探索。

最后，我们认为大数据时代 MVS 的游戏化框架设计需要依赖于数据科学的驱动，传统的启发式评估法、观察法和访谈法可能不足以支撑 MVS 中任务的多样性、规则的复杂动态性、事件的演化性及场景的切换性。因此游戏化框架设计需要以海量数据的统计分析作为基础，尤其是与可穿戴设备结合后用户的体征数据、行为数据、交易数据及各项参数数据等，这也在很大程度上体现出大数据的特色及对于海量数据收集、分析和处理的现实需求。

2.2.3 小结

除了技术上的创新和突破，MVS 在管理模式、运作机制和服务理念上也要相应迸发出更多的火花，因为 MVS 不仅仅是一个技术问题，更反映着用户的现实需求和社会的发展需要。本书内容立足于 MVS 的用户体验和交互设计，提倡在 MVS 的各个阶段，如视觉资源建设、视觉资源组织和视觉资源交互展示中，充分考虑并体现产品和服务的可用性、沉浸感和满足感。因此，游戏化机制在针对用户内在动因的探索过程中无疑是一个有力的抓手。本书系统归纳了 MVS 中的游戏化元素及其对应的动因示能，并提出面向大数据的 MVS 游戏化设计框架，倡导由内而外的设计思路。在后续研究中，我们将重点关注数字人文视角下 MVS 的游戏化机制设计及应用，通过案例分析和行动研究的方法进一步提炼游戏化设计准则，并采用现场实验的方法验证相关准则的可行性。

2.3 移动视觉资源建设众包任务的分配机制

众包是一个集思广益的过程，也是群体智慧的体现，但事实上，参与众包任务的用户在知识水平、理解能力、表达能力等方面的不同，也会导致众包任务完成时质量的参差不齐，质量控制是必不可少的环节。因而，虽然众包模式弥补了计算机图像识别存在的误差，但由于接包方自身能力的差异，视觉资源标引和描述的结果质量参差不齐，甚至可能有误，运用众包模式进行视觉对象资源库建设，众包的结果要进行质量控制和反复确认修正，以保证其准确性和可信度，为移动视觉搜索服务奠定基础[26]。

我们拟从任务分配的角度，对数字图书馆视觉对象资源库建设的众包质量控制方法进行研究。采用数学建模方法了解参与者（即接包方）对任务的偏好程度，并基于所分析的接包人偏好，运用提出的任务匹配方法进行任务分配，给相应的任务找到合适的接包人。然后通过分析接包人的搜索历史、偏好、兴趣、知识背景、标引历史等兴趣信息，进行众包任务的个性化分配，从而提高整体的资源库建设效率及视觉对象的识别质量。

2.3.1　众包用户偏好的识别

在众包平台中，用户参与是一种自由的选择，发包方和接包方之间很少依靠传统委托代理理论中的合同或者契约的形式去约束执行力和效率，因此，众包的成功实施不仅依赖于参与者对项目的采纳和投入，同时更需要能找到合适的参与者来完成任务，尤其是对于一些特定的任务，并不能保证大众都具有完成任务所需的相应技能。所以，众包项目中的任务和用户之间的匹配度越高，众包活动的成功概率则越大。从众包平台和系统的角度，如果能够在任务的分配和推送过程中为发包方找到合适的用户或者用户群体，则能够累积较好的平台效应和网络效应。本书拟针对众包社区中用户的属性特征，尤其是兴趣偏好和任务的属性特征之间的匹配进行深入探索。目前常用的众包用户个人信息获取方式主要是通过系统向用户预设一系列问题，然后根据用户的反馈收集其兴趣偏好。然而，出于隐私和网络安全顾虑，很多众包用户可能并不愿意提供过多的详细信息，故用户信息显式获取方法在数据的精确性及完整性方面有所欠缺[58]。此外，随着用户经验的增加及能力的提高，用户的偏好和需求也可能随之改变，从而引起用户选择行为的改变，而传统静态用户特征的获取方式在演化上存在较大的局限性。鉴于此，我们尝试基于用户的属性特征及客观发生的交互行为展开研究，具体运用众包用户提供的显性偏好信息及用户的选择行为，分析众包用户对任务需求属性的敏感性，并集合二部图原理构建众包用户潜在偏好模型，进一步挖掘出用户行为规律中所包含的隐性偏好信息。

1. 众包用户偏好识别相关研究

新兴媒体环境下，随着网络众包用户的增加，携带着大量知识的在线劳动力也发展起来，企业可以充分利用网上丰富的劳动力资源完成工作任务。Zhao 和 Zhu[59]在众包研究重心层面探索性地提出了众包研究的 3P 层次即 paradigm-process-platform，从宏观到微观的角度剖析了众包研究的核心。通过发起一些众包任务，组织可以轻松地获取大量的具有多样化技能的外部参与者，并汇聚大众智慧，且不同的众包市场其目标也不相同，如99Designs图片设计网站、Threadless在线T恤设计平台[60]。在应用众包模式解决问题时，众包项目的参与者可以是个人，也可以是群体，众包用户以竞争性的、集体的、协作的或者竞争合作的方式提交他们的反馈结果[23]。Zhao和Zhu[61]在前期研究中指出众包任务匹配的关键就是发现或者挖掘合适的用户或社区群体，使得用户的兴趣与能力能够满足任务需求，从而有效地解决给定的众包问题。Ho等[62]认为当参与者类型多样时，众包任务与参与者间存在一种自适应性匹配，这种匹配有助于众包任务的精确完成。在众包活动中，对个人的兴趣偏好及历史任务完成情况的收集整理，有助于在下一次交互中选择出与用户匹配程度最高的任务[63]。因此，对于众包任务而言，找到合适的用户或用户群体，不仅有助于提高任务解决方案的正确性，也能够提高任务与用户间资源配置的效率[64, 65]。

在众包用户与任务的匹配过程中，对用户的兴趣信息进行预测和挖掘，可以进一步了解用户的个性化特征，从而更好地为资源配置服务。在对用户偏好进行预测和挖掘的众多方法中，协同过滤算法[66]应用最为广泛，协同过滤算法的基本思想是通过计算用户之间的相似性来找到目标用户的近似邻居，然后通过近似邻居的兴趣偏好来预测目标用户的兴趣偏好。从用户角度出发，过滤技术使得用户偏好挖掘可以依据聚类实现[67]。刘远超等[68]基于训练文本集中存在的多主题类别问题，提出一种基于聚类分析策略的文本偏好挖掘方法。孔繁超[69]基于个性化信息服务中用户偏好随时间变化的特性，采用聚类、关联规则等技术，对用户偏好进行动态挖掘。林霜梅等[70]提出了一种根据词性标注的信息将词频法与词频-逆向文件频率（term frequency inverse document frequency，TF-IDF）方法相结合的特征选择方法，能实时捕捉并记录用户最新的兴趣需求，从而准确地推荐出符合用户兴趣的信息。朱小宁等[71]通过对在线社交网络的挖掘推断用户兴趣，并同时考虑用户能力进行任务推送，从而实现精准任务分发。有些学者基于数学方法进行用户的偏好挖掘分析，如基于整数规划[72]、二部图[73]等方法解决众包用户与任务的分配问题。

在基于属性特征对用户偏好进行测度和分析方面，学者也从不同的角度展开相应的研究。词频-逆向文件频率[74]选择了特性、包装、价格等几个属性来研究其与用户偏好间的关系。贾大文等[75]把众包用户对具体媒体对象的偏好转化成对媒体对象所蕴含属性元素的偏好。李聪和梁昌勇[76]采用奇异值分解（SVD）及映射等方法生成每个用户的属性值偏好矩阵。Horvath[77]通过对用户属性特征的挖掘，引入了三个学习任务（精确性、顺序性和迭代性）用于偏好学习分析。随着众包网络平台的广泛应用，用户生成内容使得用户的偏好特征能够通过其主动参与体现，同时任务的需求特征也能够被较为全面地揭示。因而，众包任务及其用户的属性特征在网络环境下也较容易获取。敏感性分析是一种定量研究属性的变动对模型输出值影响程度的方法[78]，在众包环境下，众包任务所具有的属性特征与用户所具有的偏好特征影响了用户的选择行为，因而这种相关要素之间的影响关系可以基于敏感性分析来实现。基于此，可以在现有分析的基础上，通过众包任务所具有的属性特征及用户对众包任务的客观性选择行为结果，基于敏感性分析揭示众包用户对各属性特征的敏感性程度大小；并运用所分析的敏感性程度对用户的隐性偏好进行挖掘，进而预测出用户偏好及倾向的选择行为。这有助于众包用户与任务间的资源配置，提升众包任务完成的成功率。

2. 基于属性特征的敏感性分析

1）众包任务类型及符号描述

众包的类型主要分为竞赛型众包与协作型众包，不同形式的众包适合不同的问题类型。其中竞赛型众包要求每个用户具有一项众包任务所涉及的所有技能，用户自主选择想要完成的任务，并从中选取最佳答案作为众包的解决方案[79]。协作型众包则是不同的用户共同参与到一项任务中，用户通过提供自己擅长的技能共同协作完成任务，最终提交的任务解决方案只有一个[80]。由此可见，竞赛型众包适合单枪匹马作战，任务由个人承担。竞赛可以激发人类的工作热情，很多时候用户参与竞赛所获得的奖励远不如用户所付出的成本，但是仍然会有很多人非常积极地参与竞赛。在竞赛型众包中，通过众包用户的主动参与所获得的特征信息，可对用户所具有的偏好特征与众包任务所需求的属性特征间的匹配展开相应的研究。我们只考虑某个用户独立完成某项众包任务的情形，而暂时不去考虑不同众包用户的兴趣特征间的互补，因此本书研究主要围绕竞赛型众包形式展开。

考虑 L 个众包用户 U，表示为 $U=\{U_1, U_2, \cdots, U_L\}$，$M$ 个众包任务 T，表示

为 $T=\{T_1, T_2, \cdots, T_M\}$，其中每个众包任务都具有 N 个任务特征属性 F，即 $F=\{F_1, F_2, \cdots, F_N\}$，众包任务的属性特征大多通过一些需求关键词来表示，如某品牌服装公司发布的网站设计任务，设计要求在该服装网站中用户可以添加“我的商品”，并通过微信公众号链接，设计语言要求为中英双语。完成这样一个网页设计任务，就可能需要用户掌握一些基本的网页编辑语言、熟悉绘制图片的工具及具备相应的英语技能，因而这一众包任务的需求特征就可以通过一些需求关键词，即“html 网页编辑”“交互设计”“DW 绘图能力”等来表示。

每个众包任务所要求的需求特征对于众包用户而言，隶属于所拥有的偏好特征。例如，开发一个服装公司的网站可能需要“网页编辑”“绘图设计”等需求技能。而相对于某些众包用户而言，用户可能同时具备一定的绘图设计能力及网页编辑能力，因此从用户的角度，“网页编辑”“绘图设计”这些属性特征表达的意义是完成该众包任务所具备的知识技能。若一任务的某个需求特征正好符合某一用户的偏好特征，则任务的需求特征与用户的偏好特征间就达成了一种匹配。将众包任务与用户共享同一个属性数据集，因而相应的每个用户也同样具有 n 个偏好特征 F，如图 2.3 所示。

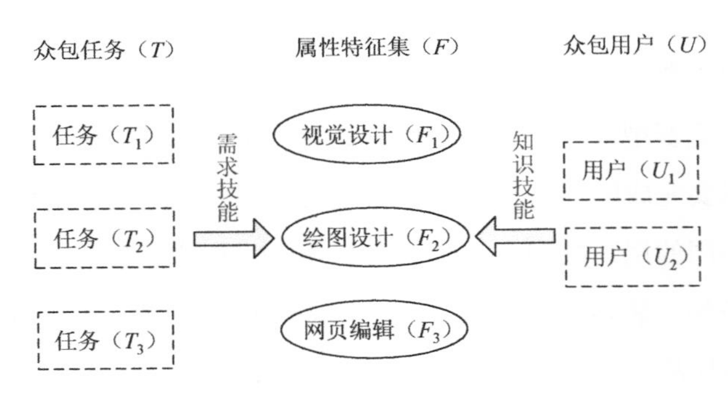

图 2.3　用户和任务属性特征图

假设文本的“众包任务-属性特征”矩阵为 $\boldsymbol{R}_{\mathrm{TF}}$：

$$\boldsymbol{R}_{\mathrm{TF}}=\begin{bmatrix} F_{11}^T & F_{12}^T & \cdots & F_{1N}^T \\ F_{21}^T & F_{22}^T & \cdots & F_{2N}^T \\ \vdots & \vdots & & \vdots \\ F_{M1}^T & F_{M2}^T & \cdots & F_{MN}^T \end{bmatrix} \tag{2-1}$$

式中，矩阵 $\boldsymbol{R}_{\mathrm{TF}}$ 的每一行表示众包任务，相应的每一列表示众包任务具有的属性特征。矩阵 $\boldsymbol{R}_{\mathrm{TF}}$ 中的每个元素的值为 F_{ik}^{T}（$i=1,2,\cdots,M$；$k=1,2,\cdots,N$）表示众包任务 T_i 的属性特征 F_k 的值。

每个众包用户可根据自己的经验和偏好对相应的众包任务进行评分，并决定是否选择完成该众包任务。众包用户对于评价高的任务将给予较高的分值，相应的评价低的任务也将给予相对较低的分值，将众包用户对任务的评价矩阵表示为 $\boldsymbol{P}_{\mathrm{UT}}$:

$$\boldsymbol{P}_{\mathrm{UT}}=\begin{bmatrix} P_{11} & P_{12} & \cdots & P_{1M} \\ P_{21} & P_{22} & \cdots & P_{2M} \\ \vdots & \vdots & & \vdots \\ P_{L1} & P_{L2} & \cdots & P_{LM} \end{bmatrix} \tag{2-2}$$

式中，矩阵 $\boldsymbol{P}_{\mathrm{UT}}$ 的每一行表示众包用户，每一列表示相应的众包任务。矩阵 $\boldsymbol{P}_{\mathrm{UT}}$ 中每个元素的值为 P_{ji}（$j=1,2,\cdots,L$；$i=1,2,\cdots,M$），表示众包用户 U_j 对相应众包任务 T_i 的评价分值。

2）基于多元回归的属性特征敏感性分析

多元回归分析是研究多个变量之间关系的回归分析方法，回归模型中的系数可以解释各因变量对自变量的影响程度[81]。我们尝试基于用户对众包任务的实际评价结果，与众包任务所具有的属性特征进行多元回归分析。用户的评价结果可以作为多元回归中的因变量，而众包任务的需求特征作为多元回归中的自变量，多元回归中的系数则是众包用户对各属性特征的敏感性程度。

任务所具有的属性特征影响着众包用户对于任务的评价与选择，我们用众包用户对各属性特征的敏感性来衡量这种影响性程度。可根据“众包任务-属性特征”矩阵 $\boldsymbol{R}_{\mathrm{TF}}$ 及众包用户对于任务的评价结果 $\boldsymbol{P}_{\mathrm{UT}}$ 作回归分析，得出众包用户对于任务属性特征的敏感性程度，进而揭示影响众包用户选择行为的相关因素及其影响程度。

为了分析某一众包用户对相应任务属性特征的敏感性程度，将“众包任务-属性特征”矩阵 $\boldsymbol{R}_{\mathrm{TF}}$ 的每一行与“众包用户评价”矩阵的每一列分别作回归分析。其中，矩阵 $\boldsymbol{R}_{\mathrm{TF}}$ 的每一行是某一众包任务的所有相关属性的描述，矩阵 $\boldsymbol{P}_{\mathrm{UT}}$ 的每一列是某一众包用户对众包任务的评价。因此，基于多元回归分析原理[82]，

对所有众包用户运用该方法进行分析，即

$$
\begin{aligned}
P_{1i} &= S_{i1}^{U} \cdot F_{11}^{T} + S_{i2}^{U} \cdot F_{12}^{T} + \cdots + S_{iN}^{U} \cdot F_{1N}^{T} \\
P_{2i} &= S_{i1}^{T} \cdot F_{21}^{T} + S_{i2}^{T} \cdot F_{22}^{T} + \cdots + S_{iN}^{T} \cdot F_{2N}^{T} \quad i=1,2,\cdots,M \\
&\vdots \\
P_{Pi} &= S_{i1}^{U} \cdot F_{L1}^{T} + S_{i2}^{U} \cdot F_{L2}^{T} + \cdots + S_{iN}^{U} \cdot F_{1N}^{T}
\end{aligned}
\tag{2-3}
$$

则可得到“众包用户对任务需求属性的偏好敏感性”矩阵：

$$
\boldsymbol{S}_{\mathrm{UF}} = \begin{bmatrix} s_{11}^{U} & s_{12}^{U} & \cdots & s_{1N}^{U} \\ s_{21}^{U} & s_{22}^{U} & \cdots & s_{2N}^{U} \\ \vdots & \vdots & & \vdots \\ s_{M1}^{U} & s_{M1}^{U} & \cdots & s_{MN}^{U} \end{bmatrix} \tag{2-4}
$$

矩阵 $\boldsymbol{S}_{\mathrm{UF}}$ 中的元素 $S_{ij}^{U}(i=1,2,\cdots,M; j=1,2,\cdots,N)$ 表示第 i 位众包用户对第 j 个任务需求属性的敏感性程度大小。上述众包用户对任务属性特征的敏感性分析结果体现了众包用户对属性特征集中相应属性特征的需求程度。

3）基于敏感性分析的用户偏好挖掘模型构建

敏感性分析度量的是众包任务所拥有的各个需求属性特征对于众包用户选择行为的影响。对于众包任务而言，众包用户具有的各种偏好特征是完成该众包任务所需的需求属性技能。因而，用户所具有的偏好特征也应该影响用户对于任务的评价与选择。基于二部图中矩阵相乘原理，运用上述众包用户对于属性的敏感性分析矩阵 $\boldsymbol{S}_{\mathrm{UF}}$ 及众包用户对任务的评价矩阵 $\boldsymbol{P}_{\mathrm{UF}}$，可以得到这一需求程度。其度量的是各属性特征相对于完成某一众包任务而言其重要性程度大小，用 $\boldsymbol{X}_{\mathrm{TF}}$ 表示。

二部图是图论中的一种特殊模型，主要包含两类节点，允许不同类的节点间相连，自然界中很多系统都可被描述为二部图[83]。在二部图的应用中，同一类型节点之间的相互关系成为研究领域的热点[84]。在本书中，可以利用用户的客观评价和用户的偏好特征组成的二部图来研究任务对于属性特征的需求程度。因此，基于二部图矩阵相乘原理，得到的“众包任务–属性特征”需求程度矩阵 $\boldsymbol{X}_{\mathrm{TF}}$ 为

$$
\boldsymbol{X}_{\mathrm{TF}} = \boldsymbol{P}_{\mathrm{UT}}' \times \boldsymbol{S}_{\mathrm{UF}} = \begin{bmatrix} x_{11} & x_{12} & \cdots & x_{1N} \\ x_{21} & x_{22} & \cdots & x_{2N} \\ \vdots & \vdots & & \vdots \\ x_{M1} & x_{M1} & \cdots & x_{MN} \end{bmatrix} \tag{2-5}
$$

式中，矩阵 $\boldsymbol{X}_{\mathrm{TF}}$ 中的每一个元素值 x_{ij} （$i=1, 2, \cdots, M$；$j=1, 2, \cdots, N$）表示属性特征集中每个需求属性特征 F_{ij}^{U} 对于完成各众包任务 T_i 的重要性程度大小。

最后，基于上述的众包用户对于属性特征的敏感性矩阵 $\boldsymbol{S}_{\mathrm{UF}}$ 及众包任务对于属性特征的需求程度矩阵 $\boldsymbol{X}_{\mathrm{TF}}$，运用二部图矩阵相乘原理，即可得众包用户对任务的偏好预测模型，即

$$\mathbf{PR}=\boldsymbol{S}_{\mathrm{UF}}\times\boldsymbol{X}'_{\mathrm{TF}}=\begin{bmatrix} s_{11} & s_{12} & \cdots & s_{1N} \\ s_{21} & s_{22} & \cdots & s_{2N} \\ \vdots & \vdots & & \vdots \\ s_{M1} & s_{M1} & \cdots & s_{MN} \end{bmatrix} \tag{2-6}$$

式中，矩阵中的每一个元素值 s_{ij} （$i=1, 2, \cdots, M$；$j=1, 2, \cdots, N$）表示本研究模型所得到的社区中每个众包用户对于众包任务的预测偏好值。将本研究预测的偏好值与初始用户对于任务的评价值相比较，剔除初始矩阵中的已有偏好，基于一定的阈值选择评分高的估计值作为众包用户的潜在偏好，即为本研究最终预测的用户隐性的偏好信息。

2.3.2　基于用户偏好挖掘的资源任务分配

众包系统中，一般存在两种众包任务类型，竞赛型众包与协作型众包。竞赛型众包要求每个用户具有一项众包任务所涉及的所有技能，任务由个人承担。协作型众包则是由不同的用户共同参与到一项任务中，用户通过提供自己擅长的技能共同协作完成任务。本研究所构建的众包任务推荐模型，从任务的需求特征出发，试图剖析需要多人协作完成的众包任务类型。

本研究尝试基于所挖掘的众包用户偏好信息，结合任务的需求特征与用户能力特征的匹配性，构建相应的协作型众包任务推荐模型。在众包系统中，特定的众包任务 T 完成的效果越好，说明用户对该任务具有较强的兴趣偏好。因而，在所有满足众包任务的需求特征的用户群组中，其对任务的偏好程度越大，说明该群组与众包任务间的匹配效应越大。

用户群组对特定众包任务的匹配效应由用户对于任务的偏好及用户与任务之间的特征匹配共同决定。相应的用户在这些需求特征上的分布集合为$\{F_1^T, F_2^T, \cdots, F_j^T\}$，

$f(F_j^T)$ 表示用户 U 在相应需求特征上的属性值。本研究中众包任务完成的匹配效应f由用户对于任务的偏好PF及众包用户在任务需求特征上的分布 $f(F_j^U)$ 共同决定。在对众包任务进行用户推荐时，任务的需求特征是首要考虑的因素，因而，基于任务特征进行用户的选择时，应该从满足任务需求特征的用户群体中进行选择，即要使得用户的能力特征与任务的需求特征相匹配。

综上分析，本研究中基于用户的偏好及任务需求特征所构建的任务推荐模型可表示为

$$\max E = \{\cup_{F_j}^U \mid \mathrm{PF}_1 + \mathrm{PF}_2 + \cdots + \mathrm{PF}_j\}$$
$$\text{s.t.} \quad \{\cup_{F_j}^U \mid f(F_j^T) - f(F_j^U) = 0\} \tag{2-7}$$

式中，PF_j 表示用户对于特定任务的偏好权重，$j = 1, 2, 3, \cdots, k$；$f(F_j^T) - f(F_j^U) = 0$ 表示用户的能力特征与任务的需求特征相匹配；$\cup_{F_j}^U$ 表示满足特定任务 T 需求特征 F_j^T 的所有用户的集合。模型的最终决策目标为从集合 $\cup_{F_j}^U$ 中选择满足与特定任务匹配效应最大的用户组合。

2.3.3 实验分析

基于上文所构建的众包用户隐性偏好挖掘模型，为了验证模型的有效性，本节拟用实例进行分析。采用社会媒体环境下，用户主动参与博客内容的评价形成的标注数据集“BlogCatalog”。本研究的数据集来源于博客分类网站（www.blogcatalog.com），适合于作网络数据分析和预测。数据集涉及无向网中的 90000 个用户、用户博客、每个博客的标签关键词，以及能够体现用户兴趣的标注。数据部分结构描述如表 2.3 所示。

表 2.3 数据结构描述

User id	Products	Categories of the products	Rating
5247778	'Wader Basics Tow Truck'	'Family'	5
5247778	'Arthur in a pickle-Marc Brown'	'Books'	4
5647565	'Straightheads（DVD）'	'DVDs'	4
3338	'Oxford（England）'	'Travel'	4

续表

User id	Products	Categories of the products	Rating
6496990	'Top Gun（Blu-ray）'	'DVDs'	5
6496990	'Upsy Daisy Wants to Sing-BBC'	'Books'	4
5241292	'Die Hard 4.0（DVD）'	'DVDs'	5
5241292	'Free All Angels ECD-Ash'	'Music'	2
5750745	'Take a Break's Fate & Fortune'	'Entertainment'	3
5241315	'Lush Christmas Massage Bar'	'Beauty'	4
5217966	'Frankfurt Hahn，Frankfurt'	'Travel'	3
6232809	'HP L1702'	'Computers'	4

User id 表示网络用户，由于涉及用户隐私，因而网络用户的表示方法用编号进行代替。Products 表示博客的主题，在本研究中表示用户完成的众包任务。Categories of the products 为博客分类关键词，在本研究中表示任务的属性特征。网络用户对于相应的博客主题是否具有相应的属性进行标注评分，Rating 评分的取值范围为 1～5 分，5 分最高，表示博客的主题与标签关键字相关度最高；1 分最低，表示博客的主题与标签关键字相关度最低。

对于本研究的样本数据集，运用社会网络分析工具 UciNet，基于属性特征对众包任务及众包用户进行社区划分，选取博客分类网站用户即社区众包用户 6 个、网站博客主题即社区众包任务 12 个及相应的每个博客内容的标注关键词所涉及的属性特征 10 个，由于数据集涉及用户的隐私性，因而数据集中对用户的表示用数字编号代替，如表 2.4～2.6 所示。

表 2.4　社区众包用户表

用户	众包用户 1	众包用户 2	众包用户 3	众包用户 4	众包用户 5	众包用户 6
用户编号	5247778	5647565	3338	5769137	6496990	5241292

表 2.5　社区众包任务表

众包任务	任务 1	任务 2	任务 3	任务 4	任务 5	任务 6
描述	Pyrex Oblong Roaster	Wader Basics Tow Truck	Straw Craft: More Golden Dollies-M. Lambeth	Arthur in a pickle-Marc Brown	Straight heads（DVD）	The Daughter of Time-Josephine Tey

续表

众包任务	任务 7	任务 8	任务 9	任务 10	任务 11	任务 12
描述	Rebecca Wheatley-The New Me Workout（DVD）	Oxford（England）	Cashback（DVD）	Movie Collector: DVD Database Software	Free All Angels ECD-Ash	Take a Break's Fate & Fortune

表 2.6 属性特征表

属性	属性 1	属性 2	属性 3	属性 4	属性 5	属性 6	属性 7	属性 8	属性 9	属性 10
描述	House & Garden	Family	Books	DVDs	Travel	Software	Food & Drink	Beauty	Music	Entertain ment

1. 众包用户对于属性特征的敏感性分析

由于本研究中数据集是二值数据，所以不存在量纲的影响，不需要对原始数据进行无量纲化。根据本研究众包用户对任务属性特征敏感性分析方法，运用评价矩阵 $\boldsymbol{P}_{\mathrm{UT}}$ 及“众包任务-属性特征”矩阵 $\boldsymbol{R}_{\mathrm{TF}}$ 计算社区性众包用户对相应任务属性特征的敏感性值，可以得到如图 2.4 所示的结果。

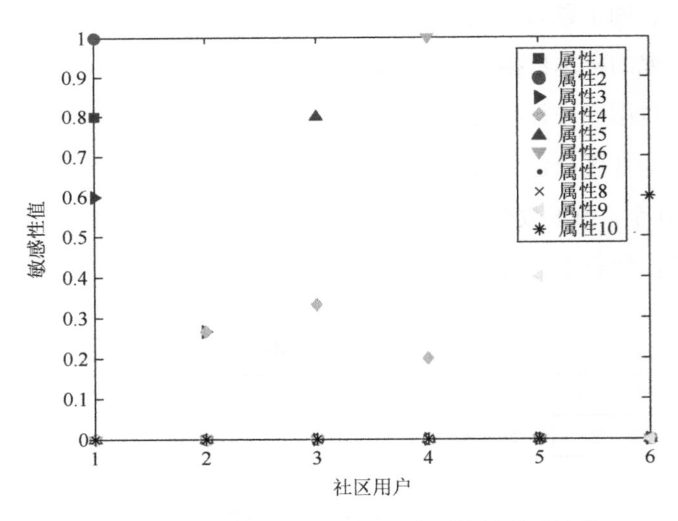

图 2.4 社区性众包用户对于任务属性的敏感性值

图 2.4 表示样本集中的每位用户对众包任务属性特征的敏感性，且敏感性值大于 0 的用户所对应的系数在回归中的显著性指标都小于 0.001，因而敏感性计算

的回归结果较有效。从图中可以看出，不同的用户对不同的属性特征有不同的偏好敏感性，如用户 1 对属性 1、属性 2、属性 3 的敏感性较高，用户 2 对属性 3 和属性 4 的敏感性较高。其中对属性敏感性值较高（大于 0.5）的用户共有 4 位，在样本集中的编号分别为用户 1、用户 3、用户 4、用户 6。

基于该实验结果分析可知，用户 1 与用户 2 都对任务属性 3（Books）具有较高的敏感性，说明用户 1 与用户 2 都对读书具有较高的兴趣。由于他们之间都对读书存在兴趣偏好，那么用户 1 与用户 2 间可能具有相同的其他兴趣偏好。因而，在众包活动中，在对其进行众包任务分配时，可对用户 1 与用户 2 分配同一类型的且与音乐相关的众包的任务。同时用户 3、用户 4、用户 5 兴趣偏好比较分散，如众包用户 3 对于旅游（Travel）比较感兴趣，众包用户 4 对于软件（Software）比较感兴趣，而众包用户 5 对于音乐（Music）比较感兴趣。在实验结果中，用户相互之间共同兴趣爱好较少，说明对于这些用户的兴趣而言，仍有进一步挖掘的潜能，因而可针对这些用户之间的兴趣偏好作进一步分析，并挖掘出用户潜在的其他兴趣偏好。在众包活动中，这种可能挖掘出其他隐性偏好的用户即为重点关注的潜在用户资源。对这部分用户进行偏好分析不仅能够全面细致地了解用户的兴趣需求，同时这些偏好也极有可能是用户自身并没有意识到的，有助于挖掘用户自身的潜力。从整体上分析，用户 1、用户 3、用户 4、用户 6 对众包任务价值属性敏感性较高，说明这些用户对于社区中任务的属性需求较高，用户的活跃度较高。在众包活动中，这部分用户可作为重点市场分析对象，在进行任务分析与发放时，这部分用户可作为试点对象先行发放任务。本研究通过用户自身的属性特征与任务的需求特征形成映射，基于敏感性分析准确地描述了用户所具有的属性特征与其选择行为之间的关系。通过对影响众包用户任务选择行为的因素进行分析，有助于帮助众包平台运营商解决任务设计、任务分配、目标用户选择等问题。

2. 基于敏感性分析的众包用户偏好预测

众包用户偏好预测值的具体计算方法：基于二部图原理将矩阵 $\boldsymbol{S}_{\mathrm{UF}}$ 中元素与矩阵 $\boldsymbol{X}_{\mathrm{TF}}$ 中的对应元素相乘，即可得到用户对于众包任务的偏好预测值，实验结果如图 2.5 所示。

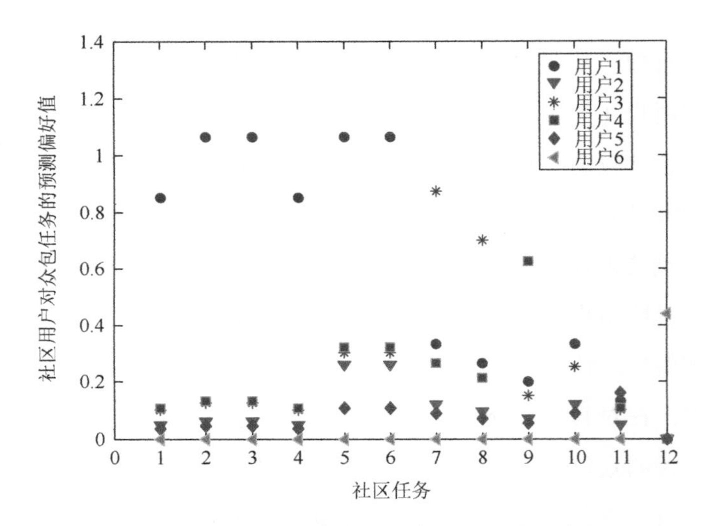

图 2.5 社区用户对众包任务的预测偏好值

图 2.5 为本研究预测的用户对众包任务的评价矩阵，本研究模型所得用户对众包任务的评价矩阵是集合了用户的偏好特征、任务的属性特征及用户的选择行为共同作用的结果。由图 2.5 可知，对于用户 1 而言，除了对任务 1、任务 2、任务 3、任务 4（在初始评分矩阵中较高）具有较高的评价外，其对任务 5、任务 6 也具有较高的评分。因而，可以得出用户 1 对任务 5 与任务 6 具有潜在的兴趣偏好。同理，可以得到其他用户对于众包任务的评分情况。

基于该实验结果，从用户角度分析，用户 1 在 12 个任务中对 7 个众包任务都具有较高的偏好值，说明对用户 1 本身而言，可能知识涉猎比较广泛，属于“全能型选手”。在众包活动中，这种用户对于平台或者发包方来说是非常有益的，若能长期保持这种用户的忠实度，不仅可以节约平台资源配置成本，还可以提高众包任务的完成效率。用户 6 在初始矩阵与预测矩阵中评分一致，说明在任务社区中用户 6 只对“Take a Break’s Fate & Fortune”这一任务感兴趣。在众包活动中，对于社区中这种兴趣单一的用户，根据用户的兴趣需求对其进行个性化的任务分配，可以提高任务分配的准确性，实现精准营销。从任务角度分析，社区用户对任务 5、任务 6、任务 7 普遍具有较高的偏好值，说明在任务社区中任务 5、任务 6、任务 7 所涉及的“电影”“小说”等娱乐主题具有一定的普适性。在众包活动中，这种娱乐性众包任务比较适合普通大众完成，并不需要相关的专业知识。因而这类任务对于平台与发包方来说，其需求成本比较小。从整体上分析，本研究所预测的社区性用户对任务的偏好具有较高的密集性，且社区性众包用户对于任务的兴趣并不是唯一的、孤立的，说明用户对任务都具有一定程度的需求偏好，而不是单纯意义上的喜欢与不喜欢，这也比较符合用户兴趣多元化的实际情况。

3. 基于用户隐性偏好的众包任务推荐分析

为了进一步了解本研究众包任务推荐模型的推荐结果，从 10 个众包任务中选取特定任务 T_4 进行实验分析。任务 T_4 具有“Internet”“family”“fashion”共 3 个需求特征，基于这些需求特征选择与任务 T_4 匹配度最大的用户或者用户组合。首先，从上文中众包用户偏好分析结果中提取各众包用户对于任务 T_4 的偏好程度，如图 2.6 所示；然后，以满足任务 T_4 所有需求特征为基准选择相应的众包用户组合，并结合众包用户的偏好计算各用户组合与任务 T_4 的匹配度，如图 2.7 所示。

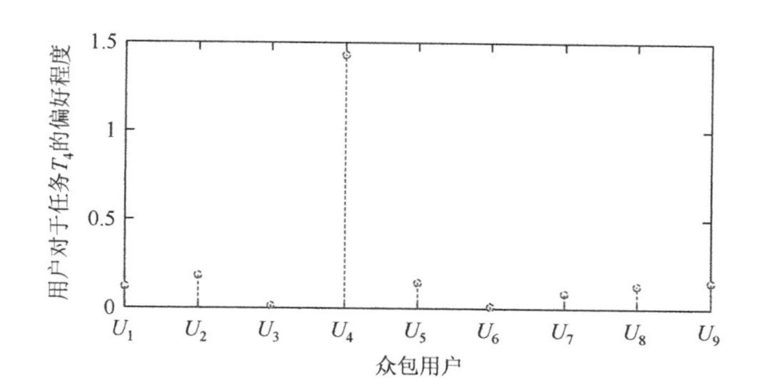

图 2.6　众包用户对于任务 T_4 的偏好程度

由该实验结果可知，从任务需求属性与用户的能力属性整体性出发，用户 U_4 对于任务 T_4 的偏好程度最大，说明用户 U_4 对任务 T_4 的了解程度最大。因而，应该首选用户 U_4 进行任务推荐。用户 U_2、U_5、U_8、U_9 对于任务 T_4 具有较小的偏好程度，说明他们对于任务 T_4 可能具有部分程度的了解。用户 U_3、U_6 对于任务 T_4 的偏好程度接近 0，说明这些用户对于任务 T_4 可能不是很了解，因此并不适合将其推荐给该任务。

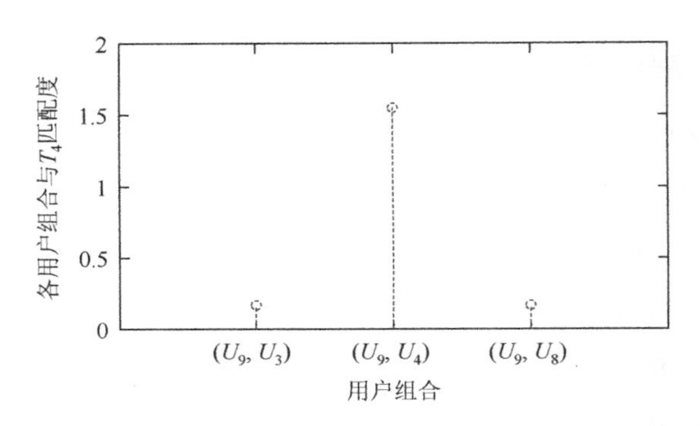

图 2.7　各用户组合与任务 T_4 的匹配值

以满足任务 T_4 的 3 个需求属性特征为基准，选取相应的众包用户组合：（U_9，U_3）、（U_9，U_4）、（U_9，U_8）。分别计算它们与任务 T_4 的匹配度，由图 2.7 实验结果可知，最大组合匹配度为用户 9 与用户 4，即任务 T_4 可推荐给用户 9 与用户 4 共同完成。

4. 模型有效性分析

图 2.8 为初始社区用户对众包任务的评分矩阵，将初始的众包用户评分结果与本研究的实验预测结果进行对比可知，原始数据集中众包用户对于任务评分较高的值在本研究的模型预测结果中仍然具有较高的评价，说明了本研究模型预测的准确性。此外，为了进一步验证任务推荐模型的有效性，除了上文中的样本数据集，还基于不同的用户社区选取了其他 3 组数据进行对比。将本研究所构建的模型与传统协同过滤推荐算法进行对比实验，并使用评价指标平均绝对偏差 MAE 进行比较。其中 MAE 度量的是所有单个观测值与算术平均值的偏差的绝对值的平均，与平均误差相比，平均绝对误差由于离差被绝对值化，不会出现正负相抵消的情况，因而，平均绝对误差能更好地反映预测值误差的实际情况，MAE 越小则表明评分预测越准确、评价质量越高。实验结果如图 2.9 所示。

图 2.9 中，“6*U*-12*T*”表示该组数据中包含用户 6 个，任务 12 个。由实验结果可知，基于本研究偏好分析的任务推荐具有更小的 MAE 值，说明了本研究模型的有效性。

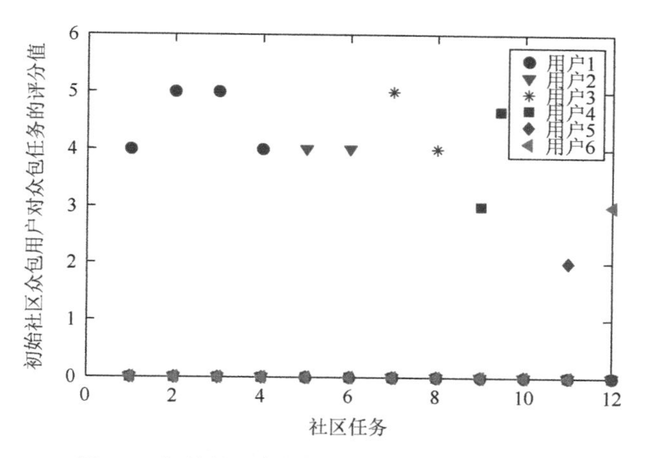

图 2.8　初始社区众包用户对众包任务的评分值

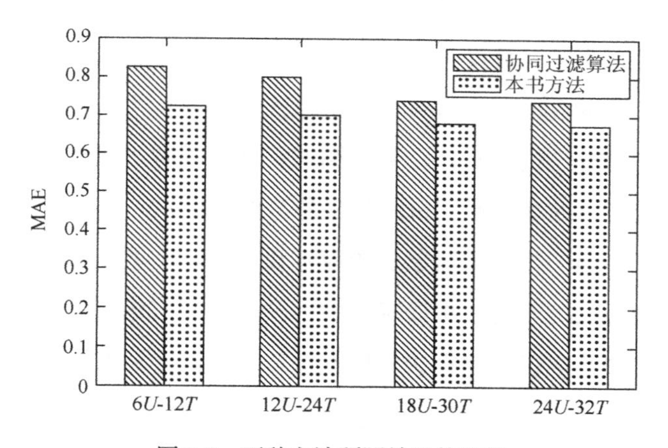

图 2.9　两种方法预测效果的比较

随着移动互联网的飞速发展和数据量的急剧增长，用户的隐性数据价值受到越来越多的重视。本研究所构建的偏好挖掘模型，能够预测出隐藏在用户行为背后的用户偏好信息，并对众包任务进行进一步的优化配置。同时也有助于众包平台依据发包方的任务特征而相对合理地将任务分配给相应的接包方，对确保众包项目成功完成具有重要意义。

2.3.4　小结

基于敏感性分析及二部图原理，提出了众包用户隐性偏好挖掘及任务分配方法。为了提高分析的准确性，首先基于众包任务属性特征及众包用户对众包任务的客观性评价结果进行敏感性分析，揭示了社区性众包用户对任务属性的敏感性程度。然后基于二部图矩阵相乘原理构建众包用户偏好挖掘模型。该模型不仅能够全面准确地理解众包用户兴趣偏好，还能挖掘众包用户潜在的偏好信息，使得众包任务的分配更具有针对性，从而增加众包任务分配的准确性。

本研究所提出的任务分配方法可以有效提高整体的资源库建设效率，同时也可以提高视觉对象的识别质量。此外，基于社区性对众包用户及任务对模型进行分析，有助于有效的市场细分及个性化推荐。

2.4 本章小结

本章重点研究面向大数据的数字图书馆移动视觉搜索的资源库建设机制。结合当前大数据环境下数据密集型科学研究范式的发展特点，主要探讨数字图书馆视觉对象资源库建设与资源融合、数字图书馆移动视觉搜索众包模式应用、数字图书馆移动视觉搜索的众包激励机制与任务分配机制。

（1）对于数字图书馆视觉对象资源库建设方面，主要从移动视觉搜索相关概念及技术、移动视觉搜索的成果概况、国内外数字图书馆资源建设，以及基于移动视觉搜索技术的数字资源建设研究概况进行分析。经研究对比，移动视觉搜索与传统信息搜索不同，移动设备的性能、处理能力等特性对移动搜索的过程提出了更高的要求。在移动设备处理能力的瓶颈尚未突破的情况下，一套好的资源组织方式能够有效地管理并提取数据，从而增强移动搜索的能力。因此，在视觉资源建设的研究基础上，需要进一步探索数字图书馆移动视觉搜索的资源组织机制。

（2）对于数字图书馆图博档数字资源融合研究方面，目前国内外数字图博档资源整合已有部分成果向公众开放，但学术研究均处于发展初期，不足之处较为明显，主要表现在研究方向的单一和研究团体的孤立。我国在数字图博档资源整合领域一方面需保持自身研究优势，继续深入探索，另一方面需把握国际前沿研究方向，拓宽研究广度；同时，积极寻求项目合作，从不同学科领域、不同国家和地区的学者处汲取图博档资源整合新思路，更好地推进三馆信息资源尤其是多媒体资源的建设与整合。

（3）对数字图书馆移动视觉搜索众包模式应用方面，在现存视觉对象资源库建设的基础上，探索高效的基于移动视觉搜索的视觉对象资源库的建设机制，采用众包理念作为新资源获取的有效方法和手段，重点从众包模式的任务设计、众包模式的激励机制及众包模式的质量控制三方面开展深入分析和探索，最终提出数字图书馆移动视觉搜索的资源建设机制。研究表明，移动视觉搜索与众包模式的结合跨越了传统的组织界限，为实现任务或项目目标提供了丰富的人力资源，同时克服了视觉资源规模大、数量多、分布广泛的问题，并提高了多源异构资源的采集效率。

（4）对于数字图书馆移动视觉资源建设的游戏化激励机制方面，对用户参与视觉对象资源库众包任务的激励要素及要素间的关系进行了探讨，主要从金钱激励、娱乐性激励、积分与等级提升激励、荣誉激励机制进行梳理。在此基础上，系统归纳了移动视觉搜索中的游戏化元素及其对应的动因示能，并提出面向大数据的移动视觉搜索游戏化设计框架，倡导由内而外的设计思路。研究发现，对于非营利性的图书馆众包项目来说，金钱激励是一种极具风险的选择，增加了发包者的经济负担，而个体驱动中的感知娱乐性、沉浸感、外部奖励和自我效能对用户参与行为起积极影响。众包只需要切合参与者的兴趣爱好，赋予参与者足够的成就感和荣誉感，就可以号召大批用户为之效力。

（5）对于数字图书馆移动视觉资源建设的众包任务分配机制研究方面，主要基于敏感性分析及二部图原理，构建了众包用户隐性偏好挖掘及任务分配方法。为了提高分析的准确性，首先基于众包任务属性特征及众包用户对众包任务的客观性评价结果进行敏感性分析，揭示了社区性众包用户对任务属性的敏感性程度。然后基于二部图矩阵相乘原理构建众包用户偏好挖掘模型。该模型不仅能够全面准确理解众包用户兴趣偏好，还能挖掘众包用户潜在的偏好信息，使得众包任务的分配更具有针对性，从而增加众包任务分配的准确性。

参 考 文 献

[1] 邓珊妮，陶景霞. 众包在国外图书馆中的应用及启示[J]. 湖南社会科学，2013，(1)：264-266.

[2] 李书宁，方春燕. 特色数字馆藏用户参与建设模式研究[J]. 图书与情报，2014，(1)：59-64.

[3] 李书宁. 用户情景敏感数字信息服务的概念模型[J]. 图书情报工作，2011，(7)：47-51.

[4] 东方. 众包在国外图书馆中的应用及有益启示[J].新世纪图书馆，2012，（12）：38-40.

[5] 段凌宇，黄铁军，高文. 移动视觉搜索技术研究与标准化进展[J]. 信息通信技术，2012，（6）：51-58.

[6] Howe J. The rise of crowdsourcing[J]. Wired Magazine，2006，14（6）：1-4.

[7] 李书宁，曾姗. 国外图书馆数字馆藏众包建设实践调查与分析[J]. 图书情报工作，2014，58（23）：83-90.

[8] 人民网. 李克强：不断加强网络基础设施建设 提高网络普及率[EB/OL]. http://politics.people.com.cn/n/2014/1120/c70731-26063761.html[2015-11-23].

[9] 陈杰. 搜索引擎移植“众包理念”[N]. 科技日报，2013-01-16（10）.

[10] 张亭亭，赵宇翔，朱庆华.数字图书馆移动视觉搜索的众包模式初探[J]. 情报资料工作，2016（4）：11-18.

[11] Shu C. Visual Search App CamFind Passes 1M Downloads，Makes Its API Public[EB/OL]. http://techcrunch.com/2013/10/31/camfind/[2021-11-25].

[12] Camfind.Camfind[EB/OL].http://camfindApp.com/[2016-05-24].

[13] 刘炜. 关联数据：概念、技术及应用展望[J]. 大学图书馆学报，2011，（2）：5-12.

[14] 黄启哲. 上图推出“家谱知识服务平台”[N/OL]. 文汇报，2016-02-18. http://ex.cssn.cn/ts/ts_wxsh/201602/t20160218_2871143.shtml[2020-10-20].

[15] 施晨露. “家谱知识服务平台”上线[EB/OL]. http://www.sh.chinanews.com/whty/2016-02-05/852.shtml?qq-pf-to = pcqq.group#userconsent#[2021-10-13].

[16] 李书宁. 用户参与的图书馆数字资源建设研究[J]. 图书馆杂志，2011，（12）：21-25.

[17] 关富英，李书宁. 众包——图书馆特色资源建设路径新选择[J]. 图书馆杂志，2015，（2）：58-62.

[18] 霍绪艳. 中国众包发展现状研究[J]. 商情，2011，（47）：117-117，134.

[19] Kittur A，Smus B，Khamkar S，et al. Crowdforge：Crowdsourcing complex work[C]// Proceedings of the 24th annual ACM symposium on User interface software and technology.ACM，2011.

[20] 张兴旺，黄晓斌. 国外移动视觉搜索研究述评[J]. 中国图书馆学报，2014，40（3）：114-128.

[21] 黄敏，都平平. Lib2.0 用户参与激励机制初探[J]. 国家图书馆学刊，2010，（2）：60-65.

[22] 仲秋雁，王彦杰，裘江南. 众包社区用户持续参与行为实证研究[J]. 大连理工大学学报（社会科学版），2011，（1）：1-6.

[23] Zhao Y，Zhu Q. Effects of extrinsic and intrinsic motivation on participation in crowdsourcing contest：A perspective of self-determination theory[J]. Online Information Review，2014，38（7）：896-917.

[24] Chandler D，Horton J. Labor allocation in paid crowdsourcing：Experimental evidence on positioning，nudges and prices[C]//Proceedings of the 11th AAAI Conference on Human Computation，2011：14-19.

[25] 凯文・韦巴赫，丹・亨特，周逵，等. 改变未来商业的新力量[J]. 新经济导刊，2014，（7）：74.

[26] 张志强，逄居升，谢晓芹，等. 众包质量控制策略及评估算法研究[J]. 计算机学报，2013，36（8）：1636-1649.

[27] 吕英杰，张朋柱，刘景方. 众包模式中面向创新任务的知识型人才选择[J]. 系统管理学报，2013，（1）：60-66.

[28] 岳德君，于戈，申德荣，等. 基于投票一致性的众包质量评估策略[J]. 东北大学学报（自然科学版），2014，（8）：1097-1101.

[29] 冯剑红，李国良，冯建华. 众包技术研究综述[J]. 计算机学报，2015，（9）：1713-1726.

[30] Hirth M，Hoßfeld T，Tran-Gia P. Analyzing costs and accuracy of validation mechanisms for crowdsourcing platforms[J]. Mathematical and Computer Modelling，2013，57（11）：2918-2932.

[31] 封玮，邓小昭. 试论 Lib2.0 与图书馆个性化服务[J].图书情报工作，2009，53（3）：78-81.

[32] Deterding S，Dixon D，Khaled R，et al. From game design elements to gamefulness：Defining gamification[C]// Proceedings of the 15th international academic MindTrek conference：Envisioning future media environments.

ACM，2011：9-15.

[33] Ueyama Y，Tamai M，Arakawa Y，et al. Gamification-based incentive mechanism for participatory sensing[C]// Pervasive Computing and Communications Workshops，2014 IEEE International Conference on. IEEE，2014：98-103.

[34] 陈强. 大数据环境下企业竞争情报的众包模式研究[D]. 武汉：武汉纺织大学，2015.

[35] 黄洁萍，曹安琪. 知识型众包社会大众参与行为动机及激励机制[J]. 北京理工大学学报（社会科学版），2018，20（4）：88-96.

[36] 全怀周. 重赏之下，必有勇夫——众包模式下的激励机制[EB/OL]. http://www.sohu.com/a/113661224_343325 [2016-09-06].

[37] Malone T W. What makes things fun to learn？A study of intrinsically motivating computer games [J]. Pipeline，1981，6（2）：50-51.

[38] Gee J P. What video games have to teach us about learning and literacy[J]. Computers in Entertainment（CIE），2003，1（1）：20-25.

[39] McGonigal J. Reality is Broken：Why Games Make Us Better and How They Can Change the World [M]. New York：Penguin，2011：8.

[40] Gartner.Gartner Says By 2015，More than 50 Percent of Organizations That Manage Innovation Processes Will Gamify Those Process [EB/OL]. https://www.gartner.com/newsroom/id/1629214？brand = 1，2011[2015-04-22].

[41] Huotari K，Hamari J. Defining gamification：A service marketing perspective [C]//Proceeding of the 16th International Academic MindTrek Conference. ACM，2012：17-22.

[42] 鲍雪莹，赵宇翔. 游戏化学习的研究进展及展望[J]. 电化教育研究，2015，（8）：45-52.

[43] Zichermann G，Cunningham C. Gamification by Design：Implementing Game Mechanics in Web and Mobile Apps [M]. Seattle：O'Reilly Media，Inc.，2011：46-55.

[44] Bunchball.What is Gamification？[EB/OL].http://www.bunchball.com/gamification[2015-02-10].

[45] Deci E L，Koestner R，Ryan R M. Extrinsic rewards and intrinsic motivation in education：Reconsidered once again [J]. Review of Educational Research，2001，71（1）：1-27.

[46] Zhao Y，Liu J，Tang J，et al. Conceptualizing perceived affordances in social media interaction design[J]. Aslib Proceedings，2013，65（3）：289-303.

[47] 赵宇翔，张苹，朱庆华. 社会化媒体中用户体验设计的理论视角：动因支撑模型及其设计原则[J]. 中国图书馆学报，2011，（5）：38-47.

[48] Norman D A. Affordance，conventions，and design[J]. Interaction，1999，6（3）：38-42.

[49] Norman D A. The way I see it：Signifiers，not affordances[J]. Interaction，2008，15（6）：18-19.

[50] Gibson J. The Ecological Approach to Visual Perception[M]. Boston：Houghton Mifflin，1979：24-28.

[51] Norman D A. The Psychology of Everyday Things[M]. New York：Basic Books，1988：79-82.

[52] Zhang P. Motivational affordances：Fundamental reasons for ICT design and use[J]. Communications of the ACM，2008，21（11）：145-147.

[53] Blohm I，Leimester J M. Gamification：Design of IT-based enhancing services for motivational support and behavioral change [J]. Business & Information Systems Engineering，2013，（6）：1-5.

[54] Aparicio A E，Vela F L G，Sanchez J L G，et al. Analysis and application of gamification [C]//Proceedings of the 13th International Conference on Interaction Persona-Ordenador，ACM，2012：121-122.

[55] Nicholson S. A user-centered theoretical framework for meaningful gamification[C]//Proceedings of Games + Learning + Society 8.0，2012：41-47.

[56] Sakamoto M，Nakajima T，Alexandrova T. Value-based design for gamifying daily activities[C]//International Conference on Entertainment Computing. Heidelberg：Springer，2012：421-424.

[57] 董政娥，陈惠兰. 数字人文资源调查与发展对策探讨[J]. 情报资料工作，2015，（5）：103-109.

[58] 李肇明. 基于个人兴趣的用户偏好建模[D]. 昆明：云南大学，2013.

[59] Zhao Y，Zhu Q. Evaluation on crowdsourcing research：Current status and future direction[J]. Information Systems Frontiers，2014，16（3）：417-434.

[60] Nakatsu R T，Grossman E B，Iacovou C L. A taxonomy of crowdsourcing based on task complexity[J]. Journal of Information Science，2014，40（6）：823-834.

[61] Zhao Y C，Zhu Q. Conceptualizing task affordance in online crowdsourcing context[J]. Online Information Review，2016，40（7）：938-958.

[62] Ho C J，Jabbari S，Vaughan J W. Adaptive task assignment for crowdsourced classification[C]//International Conference on International Conference on Machine Learning. JMLR.org，2013：1-534.

[63] Feldman M，Bernstein A. Cognition-based task routing：Towards highly-effective task-assignments in crowdsourcing settings[C]//35th International Conference on Information Systems（ICIS），Auckland，New Zealand，2014.

[64] Yuen M C，King I，Leung K S. Task matching in crowdsourcing[C]//IEEE International Conferences on Internet of Things，and Cyber，Physical and Social Computing，2012：409-412.

[65] Geiger D，Schader M. Personalized task recommendation in crowdsourcing information systems — Current state of the art[J]. Decision Support Systems，2014，65（1）：3-16.

[66] Herlocker J L，Konstan J A，Terveen L G. Evaluating collaborative filtering recommender systems[J]. ACM Transactions on Information Systems，2004，22（1）：5-53.

[67] 胡昌平，邵其赶，孙高岭. 个性化信息服务中的用户偏好与行为分析[J]. 情报理论与实践，2008，31（1）：4-6.

[68] 刘远超，王晓龙，刘秉权，等. 基于聚类分析策略的用户偏好挖掘[J]. 计算机应用研究，2005，22（12）：21-23.

[69] 孔繁超. 个性化信息服务中用户偏好的动态挖掘[J]. 情报理论与实践，2009，32（6）：111-113.

[70] 林霜梅，汪更生，陈弈秋. 个性化推荐系统中的用户建模及特征选择[J]. 计算机工程，2007，33（17）：196-198.

[71] 朱小宁，双锴，程祥. 基于用户兴趣和能力实现任务分发的众包平台[J]. 中国科技论文，2014：1-8.

[72] Minder P，Seuken S，Bernstein A. Crowdmanager-combinatorial allocation and pricing of crowdsourcing tasks with time constraints[C]//Workshop on Social Computing and User Generated Content in conjunction with ACM Conference on Electronic Commerce，Valencia，Spain. ACM，2012：1-18.

[73] Karger D R，Oh S，Shah D. Budget-optimal crowdsourcing using low-rank matrix approximations[C]//Communication，Control，and Computing（Allerton），2011 49th Annual Allerton Conference on，2011.

[74] Olson J C. Consumer Behavior & Marketing Strategy[M].Boston：McGraw-Hill Irwin，2010.

[75] 贾大文，曾承，彭智勇. 一种基于用户偏好自动分类的社会媒体共享和推荐方法[J]. 计算机学报，2012，35（11）：2381-2391.

[76] 李聪，梁昌勇. 基于属性值偏好矩阵的协同过滤推荐算法[J]. 情报学报，2008，27（6）：884-890.

[77] Horvath T. A model of user preference learning for content-based recommender systems[J].Computing & Informatics，2012，28（4）：453-481.

[78] Frey H C，Patil S R. Identification and review of sensitivity analysis methods[J]. Risk Analysis，2002，22（3）：

553-578.

[79] Boudreau K J，Lakhani K R. Using the crowd as an innovation partner[J]. Harvard Business Review，2013，91（4）：60-69.

[80] Afuah A，Tucci C L. Crowdsourcing As A Solution To Distant Search[J]. Academy of Management Review，2012，37（3）：355-375.

[81] Kleinbaum D，Kupper L. Applied regression analysis and other multivariate methods[J]. Journal of Marketing Research，2008，15（3）：292.

[82] 何晓群，刘文卿. 应用回归分析[M]. 北京：中国人民大学出版社，2007：58-79.

[83] 张新猛，蒋盛益. 基于加权二部图的个性化推荐算法[J]. 计算机应用，2012，32（3）：654-657.

[84] Zhou T，Ren J，Medo M. How to project a bipartite network？[J]. Physics，2007，76（4）：70-80.

第3章 数字图书馆移动视觉搜索资源的组织机制

3.1 移动视觉搜索资源类型与组织特征

3.1.1 移动视觉搜索资源组织的必要性

移动视觉搜索是采用移动设备传感器提取视觉对象，通过移动网络进行视觉对象资源库检索的信息获取方式，作为一种数据驱动＋任务导向型互联网服务模式，移动视觉搜索优化了视觉资源的建设、组织和呈现方式，推动了互联网资源收集、组织和管理方式的创新与变革。

在资源搜索方式上，移动视觉搜索通过各种智能终端摄像头获取图形化的检索对象，通过与后台文字、图片、视频等多媒体资源特征匹配获取检索结果，并输出结构化的信息和知识，在搜索场景、搜索设备和搜索信息方面具有明显的移动化特征。在搜索资源类型上，移动视觉资源通常是以数字化形式记录，通过多媒体形式表达，分散存储在计算机集群上的多媒体信息集合，对非结构化信息的识别和匹配需要大量形状、色彩、色调、纹理等非文字性要素。

移动视觉搜索上述两方面特征决定了其对视觉资源的组织，需要采用新的知识描述、整合和可视化技术，要重点解决多源、异构视觉资源的存储和管理问题。

视觉资源的描述、组织是进行移动视觉搜索研究的基础，现有技术主要分为两种类型：一是通过特征提取算法采集图像、视频的全局一致性和局部一致性紧凑描述子，在此基础上进行相似度计算；二是建立视觉资源特征与文本信息间的关联，并通过对文本信息的语义搜索扩展视觉资源的搜索范围和深度。

第一种方式主要通过视觉特征进行资源描述、存储和利用，检索过程中容易忽视视觉资源背后隐藏的语义信息；第二种方式能够在检索过程中充分利用现有语义信息，有利于机器理解视觉资源内部和概念之间的深层语义关系，具有更好的资源搜索范围和搜索效率。

为实现语义搜索功能，需要对图像和视频内容进行人工标注，在海量标注数据的基础上，采用机器学习和深度学习等方法进行参数优化，以获得最为准确的检索项与数据库匹配算法模型。语义网、关联数据等是主要的资源描述工具，其采用 RDF、OWL 等本体语言进行资源语义描述，通过与可视化技术结合，可以揭示资源之间的深层语义关系，提高视觉资源描述质量和搜索效率。

3.1.2 移动视觉搜索资源的内容形式与组织类型

1. 移动视觉搜索资源内容的形式特征

不同于传统信息检索以“检索框”为入口的固化检索形式，移动视觉搜索以各种智能终端摄像头为检索入口，其输入方式和输出结构都发生了明显变化，具有典型的场景移动化、设备移动化和信息移动化特征。移动视觉搜索主要依靠手持设备采集检索对象，通过移动网络检索获取目标结果，整个过程输入对象是以图像、视频为代表的多媒体数据，输出结果为结构化的信息、知识或服务，这些内容最终通过手持终端以多媒体、AR、VR 的方式呈现。

移动视觉搜索资源是以数字化形式记录，以多媒体形式表达，通过分布式技术存储在计算机集群之上的信息集合，传达的内容包括形状、色彩、色调、纹理等众多非文字性要素[1]，在视觉资源形态、存储与组织需求等方面有别于传统的互联网数据组织模式。

2. 移动视觉搜索资源的组织类型

针对移动视觉搜索，视觉资源的组织模式可以分为两类：一是将多媒体资源转化为文本信息，按照文本信息检索的策略进行处理。该方法需要对图像、视频内容进行人工标注，在海量标注数据的基础上进行检索项与数据库的匹配。移动视觉搜索主要采用 RDF、XML 等格式组织数据，为提高移动视觉搜索效率，可以将检索频率高的图片、视频等资源提前转化为语义描述形式，并存储于关系型数据库或图数据库中，通过领域本体模型建立视觉资源的语义关联[2]。二是直接处理多媒体信息，先根据图像、视频内容生成紧凑特征描述子，在此基础上直接进行图像特征匹配。图像特征需要存储图像具有的颜色、纹理、形状、空间结构等诸多特征，视频特征则需要存储关键帧和帧序列等。

移动视觉搜索资源的组织、处理需要充分考虑网络传输速度和设备处理性能，要在能够满足信息交互实时性、可视性等需求基础上，搭建性能最优的移动视觉搜索平台。此外，移动视觉搜索是由用户需求驱动并依赖于应用场景的独特信息获取方法，整个搜索过程具有典型的信息生态链特征，因此可以从信息生态的视角提出移动视觉资源组织、利用的最优方案。

3.1.3 信息生态系统视角下的移动视觉搜索系统

1. 信息生态系统理论概述

自 1993 年以来，万维网通过超链接编织了覆盖全球的信息网络，然而随着网页文件及多媒体信息的不断积累，缺乏系统规划的网络信息无序发展，大量重复信息、垃圾信息充斥着互联网，信息超载、信息侵犯、信息垄断和信息污染等问题严重影响了互联网生态系统。

1997 年，Davenport 和 Prusak 首次提出信息生态这一概念[3]，认为组织内部的信息利用受环境、资源等诸多因素影响，需要进行系统化的分析。信息生态系统是用系统方法来研究信息生态问题，李美娣[4]最早对信息生态系统进行了剖析，提出了信息子、信息素、信息场、信息域等概念；娄策群等[5]研究了信息生态系统的演进。综合现有研究，信息生态系统主要借鉴自然生态系统和系统科学的相关理论对信息系统进行研究，从生态维度研究生物间以食物链所形成的制约、依赖、相生、相克和平衡关系在信息系统中的体现，在系统维度研究宏观环境、微观组分和系统架构对信息系统的影响。

从系统结构分析，信息生态系统可分为三个层次：①信息生态系统外部环境，包括政治、经济、科教文化等；②信息生态系统环境，包括信息本体、制度、技术和时空；③信息生态主体，包括信息生产、消费、传递和监管等。

信息生态系统理论将信息人的概念引入信息资源管理，强调人的信息需求是生态系统发展的驱动力，不同信息主体通过其信息行为共同促进系统发展，形成共生关系。其中，生产者考虑决策构思、信息采集、整理、分析和成果物化；传递者考虑信息搜集、组织、分析和提供信息的方式；消费者的信息需求和信息获取利用能力存在差异，不同消费者的信息提问、消化、吸收模式也存在差异。此外，信息生态系统存在监管者，负责对不良信息进行清除，对不良行为进行阻止。信息生态系统中的众多主体既有价格、质量、服务上的竞争关系，也存在外包、共建、共享等合作关系。

2. 移动视觉搜索信息生态系统分析

移动视觉搜索信息生态系统由技术、需求和社会多重驱动。互联网信息由传统超链接组织的网页文本转变为文本、语音、图像、视频等多种媒体资源共存共生的大数据环境，网民需求由文本导向的信息检索转变为文本、图像、视频并存的移动视觉搜索，AR、VR 等新技术的出现激发了更多移动视觉搜索场景，形成了移动视觉搜索的复杂生态系统。

1）移动视觉搜索信息生态系统的特征

相比于传统文本信息检索系统，移动视觉搜索信息生态系统呈现以下新特征。

（1）搜索信息本体由文本转换为图像和视频，这对底层数据的组织、检索算法和设备都提出了新的要求，提供了更为丰富的应用场景；

（2）搜索设备由个人计算机转变为各种移动设备，信息的输入、处理、传输和输出模式发生了根本变化；

（3）搜索需求由以普遍性为主转变为以专业性为主，视觉搜索简化了搜索流程，借助摄像头等视觉设备获取图片或视频信息，无须转化为文本信息，可直接进行视觉特征匹配，进而转化为各种知识服务，如交通违章查询、药品价格、适应病症查询等；

（4）搜索目标从信息转变为结构化、系统化、场景化的知识或服务，不同于文本搜索需要自行进行信息过滤与筛选，移动视觉搜索具有更深的搜索场景和更具体的搜索目标，如微软花卉识别软件能够提供与特定花卉相关的各种知识，博物馆通过视觉搜索可以提供文物解说服务；

（5）承载搜索的数据资源由链接组织转变为语义组织，超链接组织的万维网资源为文本检索提供了可靠的排序方式，而移动视觉搜索依赖于图片特征的匹配，需要为知识或服务预置语义环境。

2）移动视觉搜索信息生态的数据组织

移动视觉搜索信息生态的变化对底层数据组织提出新的要求，主要体现在运作模式、主体关系和应用场景三方面。

（1）从运作模式分析，移动视觉搜索的数据组织模式从传统的客户端/服务器（C/S）或浏览器/服务器（B/S）架构，转变为以平台为核心的服务器/平台/客户端（S/P/C）模式。信息资源组织围绕 TCP/IP、HTTP 协议展开，采取请求/响应的服务范式，信息资源的获取主要是客户端与服务器端的交互，构成了当前移动视觉搜索的主要架构[6]。然而，移动视觉搜索的特征匹配不同于文本信息搜索，对信息的查全率和查准率要求更高，较小的特征匹配误差可能导致结果完全不相关。同时，从搜索效率和准确度来看，依靠单一服务器端存储海量的视觉资源并不现实，需要改变松散的以超链接为基础的信息组织模式。

如图 3.1 所示，S/P/C 模式将视觉资源置于云平台，视觉资源的匹配在云端完成，服务器主要实现知识与服务的提供。例如，国内图书馆馆藏资源之间存在着重叠，数字化之后会出现大量冗余。利用移动视觉搜索技术搭建统一图书馆数字

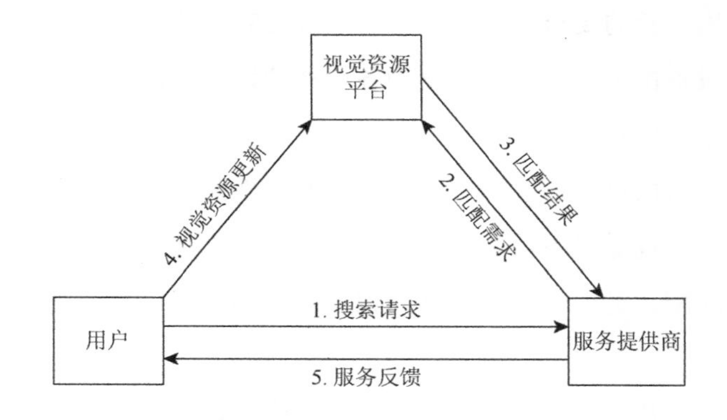

图 3.1　移动视觉搜索的 S/P/C 系统架构

资源平台，可以通过图像匹配技术合并冗余资源，丰富网络图书资源获取途径，降低数字资源存储、维护和更新成本。

（2）从主体关系分析，移动视觉搜索的参与主体包括：用户、服务提供商、平台提供商和设备制造商，视觉资源的组织需要考虑主体在系统中的角色和行为。其中，用户包括网民、读者和机构，他们可以提出多种类型的知识服务需求，并通过移动视觉搜索设备获取所需内容。服务提供商包括 APP 服务商、专业服务机构，他们负责为视觉资源与知识服务建立关联，实现语义封装与可视化展现。平台提供商负责整合视觉资源，消除资源冗余并实现快速资源匹配。设备制造商包括手机、平板电脑、各种专用设备及视频监视器的制造商，这些设备主要用于采集和传输视觉资源。

（3）从应用场景分析，移动视觉搜索的应用场景类似于自然生态系统的食物链（图 3.2），是信息消费者需求通过信息生态链得以满足的实例化。在进行信息资源组织架构设计的过程中，要充分考虑信息消费各环节需求及输入、输出接口。其中，信息生产者完成图片、视频数据的采集、组织和标签化，涉及视觉信息资源的尺寸、色度、灰度、帧数、压缩算法等基本指标；服务封装者接收信息并将信息转化为场景化的服务或功能，涉及信息的组织存储、特征抽取、知识关联、业务逻辑处理等；设备生产者提供通用或定制的设备，涉及信息的采集模式、

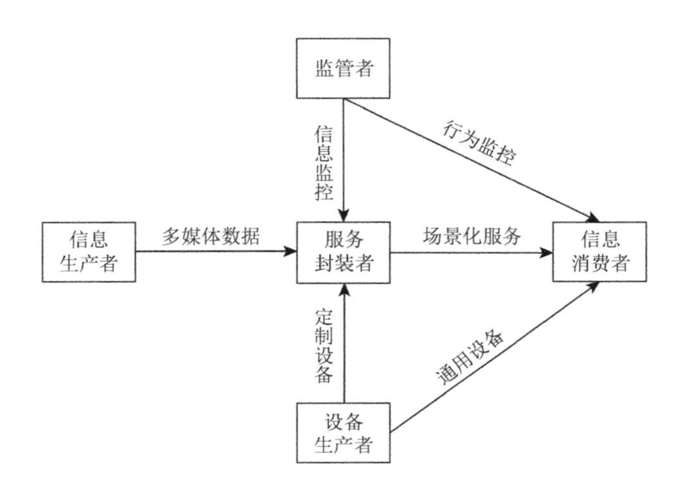

图 3.2　移动视觉搜索生态系统应用场景

预处理和传输；信息消费者生成消费信息并获取服务，涉及信息的可视化、交互等；监管者对信息内容及信息行为进行监控，涉及信息内容过滤和行为规则制定。

虽然不同应用场景有相似的信息生态链，但服务封装者向信息消费者提供的场景化服务普遍存在差异，不同场景对底层数据资源的组织具有不同要求，需要区别处理。

3.1.4 信息生态视角下的移动视觉搜索资源组织模式

1. 移动互联网场景下的视觉资源组织

移动互联网场景的基本逻辑为以图识物和组图关联，典型的应用包括微软识花、百度识图、淘宝拍立淘等。在 S/P/C 架构下（图 3.3），移动互联网场景的信息生态链：用户产生信息需求并通过客户端拍摄图像或视频，相关视觉信息上传到服务器，服务器提取图片全局和局部特征形成紧凑描述子，将特征描述与平台端视觉特征库进行比对更新，根据特征一致性排序获取相似对象并从视觉对象库检索目标图像。在此基础上，将目标图像与视觉知识库关联，获取目标图像的知识，通过可视化形成知识表示，传输到终端显示。

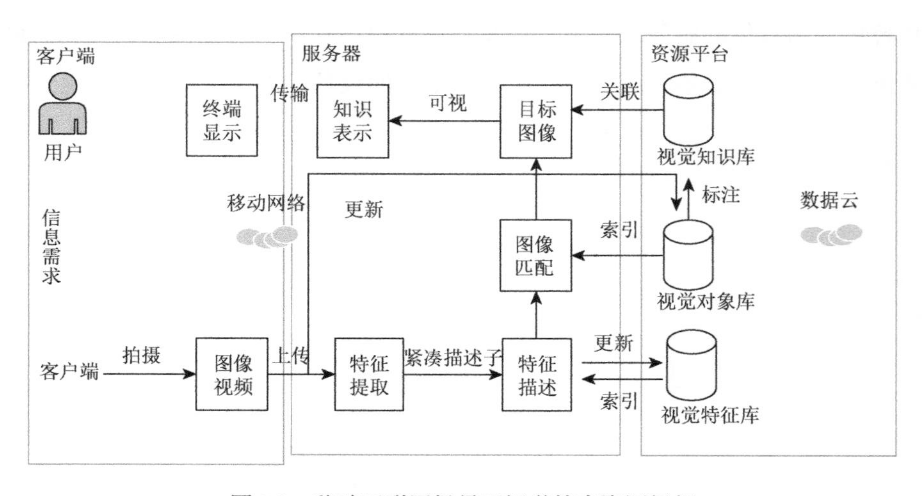

图 3.3 移动互联网场景下视觉搜索资源组织

在此场景下，移动视觉搜索的信息资源组织分为三层：客户端设置采集视觉资源的尺寸、灰度、色调、编码格式等信息；服务器端实现视觉资源的特征提取、匹配和知识表示，包括图像的编码算法、压缩算法、匹配算法等；平台端实现视觉资源的组织与存储，其中视觉特征库存储视觉资源的特征数据以便图像快速匹配，视觉对象库存储原始图像数据以便有序化目标图像生成，视觉知识库实现目标图像与知识的关联以便形成可视化知识展现，三者以视觉图像为核心实现所搜索视觉资源与信息、知识的有序关联。

2. 专业领域场景的视觉搜索资源组织

移动互联网场景下，用户利用简单终端实现视觉资源的实时搜索，通用的软硬件限制了复杂的业务逻辑实现，难以满足用户在专业领域以视觉资源获取服务的需求。同时，许多专业场景积累了大量用户需求、视觉资源和辅助设备，这为知识服务模式变革奠定了基础。以图获取服务的模式不同于简单的以图识物，具有独特的视觉资源组织方式。

如图 3.4 所示，专业领域场景视觉搜索服务采用 C/S 架构，其信息生态链：用户通过专业设备或下载特定软件拍摄视觉对象，一是扫描二维码直接获取服务，二是拍摄图像视频上传到服务器，由服务器解析图片并将图片与服务进行关联，用户根据服务器反馈的关联服务列表选择指定服务，最后通过终端获取服务。

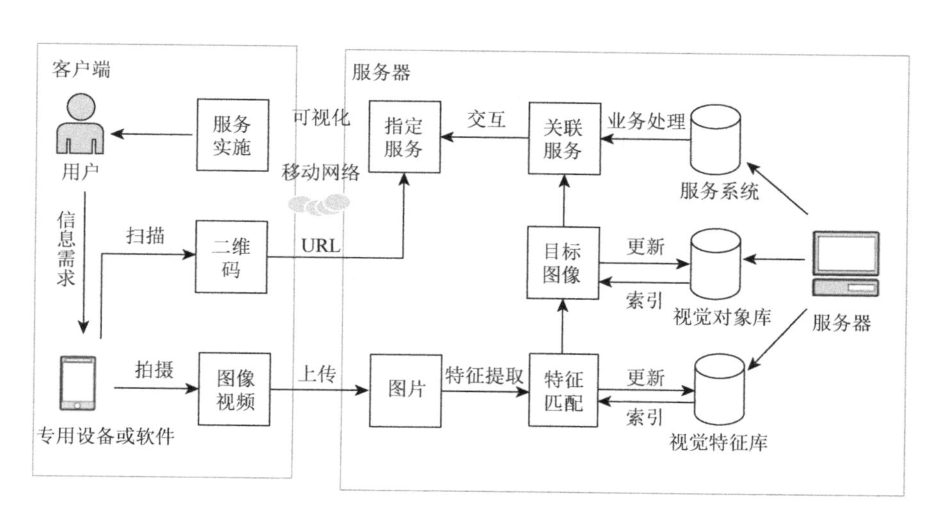

图 3.4　专业领域场景下视觉搜索资源组织

URL 表示统一资源定位系统

资源的组织强调交互性、体验性和系统性，视觉资源作为入口与服务进行关联，服务的提供往往分层展开，具有较强的互动功能，并通过 AR、VR 等技术实现沉浸的体验效果。客户端通过专用软件或设备实现视觉资源的格式控制，服务器端涉及两个层面视觉资源的组织，一是图像特征抽取、存储与匹配逻辑；二是服务系统业务处理逻辑，具有领域特征。

例如，在博物馆领域，首都博物馆实施的视觉搜索系统通过拍摄文物图片可在手机软件中选择语音解说、视频解说、网页浏览和查看文物相关信息等。国外博物馆也有在三维动画场景还原、触觉模拟、嗅觉模拟等方面的尝试。在图书馆领域，可以通过手机软件或专用设备拍摄图书封面照片实现精确检索，获取图书作者、内容、评价相关的信息，查询书籍存放位置，实现相关图书推荐，了解图书借阅信息，以及实现社交功能。

3. 流媒体场景的视觉搜索资源组织

移动互联网和专业领域两类场景需要加载知识或服务，并存储静态的视觉对象用于与用户检索对象进行比对。然而，在大数据环境下，对视觉对象的标注和分类需要大量的人工和计算成本，且用户的移动视觉搜索并非完全局限在静态模式的识别上，流媒体技术可以实现对海量视频文件或非结构化文件的信息检索[7]。流媒体场景的基本逻辑是以图（视频）识图（视频），通过流媒体服务器将后端视觉资源分片存储，用户所输入的视觉对象直接与后端视觉资源片段匹配，形成检索结果，这对后端服务器性能要求较高。

流媒体场景能够满足搜索需求专业性强、实时性要求高的用户，用于视频检索、目标搜索与目标检测，如在突发事件应急处置过程中（图 3.5），现场人员拍摄现场照片或视频，服务器将照片进行压缩和特征提取，并与流媒体服务器进行匹配，服务器反馈处置的照片或视频，用户选择对应视频指导应急处置。流媒体场景下信息资源的组织要求动态性与实时性，服务器通过摄像头等外部设备实时获取并以片段形式增量更新视觉数据，用户通过手持设备动态获取服务器中的流媒体信息，涉及视频的关键帧提取、帧间差异测算、图像相似性测算等算法。

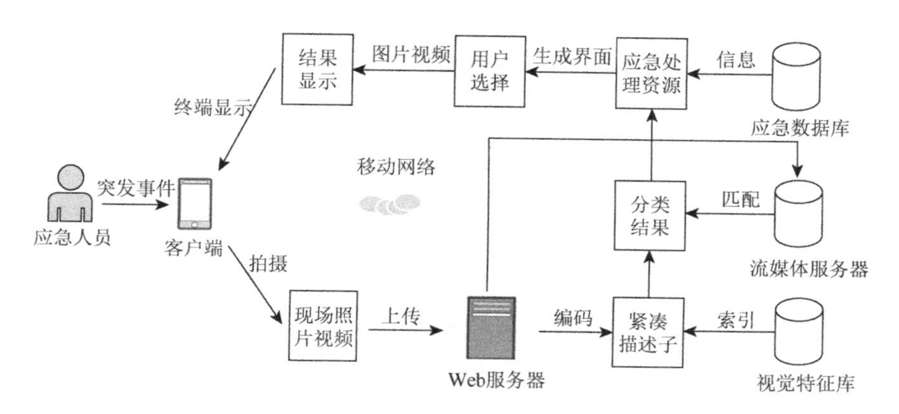

图3.5 突发事件应急管理的视觉搜索资源组织

3.1.5 小结

本节内容从信息生态系统视角分析了移动视觉搜索在运作模式、主体关系和应用场景方面的特征，认为移动视觉搜索的资源组织模式将逐步由C/S和B/S架构向C/P/S架构演进，通过平台共享的方式组织视觉资源有利于提高视觉搜索的查全率和查准率。从用户需求视角出发分析了移动视觉搜索的信息生态链，认为不同场景需要采用不同的数据资源组织模式，从移动互联网场景、专业领域场景和流媒体场景分析了移动视觉资源的组织特征，三种场景的相似之处在于，客户端统一采集视觉资源的尺寸、灰度、色调和编码格式，服务器端完成视觉资源的特征提取、紧凑描述子计算和图像匹配，需要建立视觉特征库。不同之处在于，移动互联网场景强调图片与信息的关联，需要人工标注；专业领域场景强调图片与服务的关联，需要提供较好的交互性；流媒体场景强调快速视频相似度计算，能实时提供海量动态更新的视觉数据检索。

3.2 移动视觉搜索资源描述与组织方式

3.2.1 基于VRAL本体的数字图书馆文内视觉资源描述框架

1. 文内视觉资源搜索概述

文内视觉资源（visual resources in academic literatures，VRAL）主要指学术文献（如学术专著、学术期刊、学位论文等）文内图表资源的集合。作为学术文献中重要的可视知识单元，VRAL 已经逐渐汇集成为学术视觉资源大数据[8]，成为情报学领域新的学术知识服务价值增长点。在移动互联环境下，学术用户对文内视觉资源即时、准确、关联获取的需求不断增加，需求情境化更趋明显。例如，在学术会议与讲座、学术研讨与学习、学术成果展览等情境下，知识密集型的学术交流往往借助于文内视觉资源这一重要载体，集中传播学术研究成果。

手机抓拍成了上述情境下学术用户即时记录知识的重要手段。然而，拍照记录的文内视觉资源是脱离了该资源所在上下文及文献载体的孤立资源，学术用户普遍希望能够即时、准确地获取该文内视觉资源的相似资源、相关描述、文献原文及出处等关联信息。通过提供文内视觉资源的移动视觉搜索（简称 VRAL-MVS）服务，能够实现文内视觉资源需求与供给的高效对接，形成图文聚合的学术知识服务网络，使情报学领域能够提供更深层次的学术知识价值链服务。

相较于普通图像检索，VRAL-MVS 具有以下显著特点。首先，VRAL 是学术导向的视觉资源，来源于学术研究成果，析出于学术文献，服务于众多学术用户；其次，VRAL 呈现出多样化的资源类型与特征；最后，普通图像检索主要基于图像底层视觉内容特征（如颜色、纹理等）、图像自身语义内容特征（如图像中的对象及其空间关系等）、图像元数据来实施。

要实现对 VRAL 的有效检索，除上述特征外，VRAL 自身还常常携带着文字形式的语义概念，这些语义概念通过光学字符识别（OCR）技术可将其识别析出。此外，VRAL 所处的上下文（context）信息（如图题、图的注释、图的参考句及所在段等）也提供了重要的 VRAL 学术主题相关阐释，从中可抽取出丰富的学术语义特征，因而成为图的高层语义特征的标注来源。

通过 OCR 技术识别或从上下文中抽取的语义特征，成为理解与检索 VRAL 的重要信息线索。因此，构建 VRAL-MVS 系统时，充分考虑图的底层视觉内容特征、图的元数据、图自身的语义内容特征（包括图自身携带的语义概念），并将图的上下文信息纳入，形成丰富的图像语义关联，能全方位揭示 VRAL 的特征，提供具有语义发现、更加智能化的服务。

2. 基于 VRAL 的移动视觉搜索资源描述

资源描述与组织是实现 VRAL-MVS 的关键环节，而从用户需求出发进行资源的描述与组织是一种有效思路。为此，首先需要构建 VRAL-MVS 系统的需求层次识别框架，实现需求与资源的映射；在此基础上提出 VRAL 本体，实现对资源的语义描述与组织。

1）系统的需求层次识别

搜索者对 VRAL-MVS 系统不同层次的需求可映射到 VRAL 相应的资源中，以形成需求层次识别框架（图 3.6）。

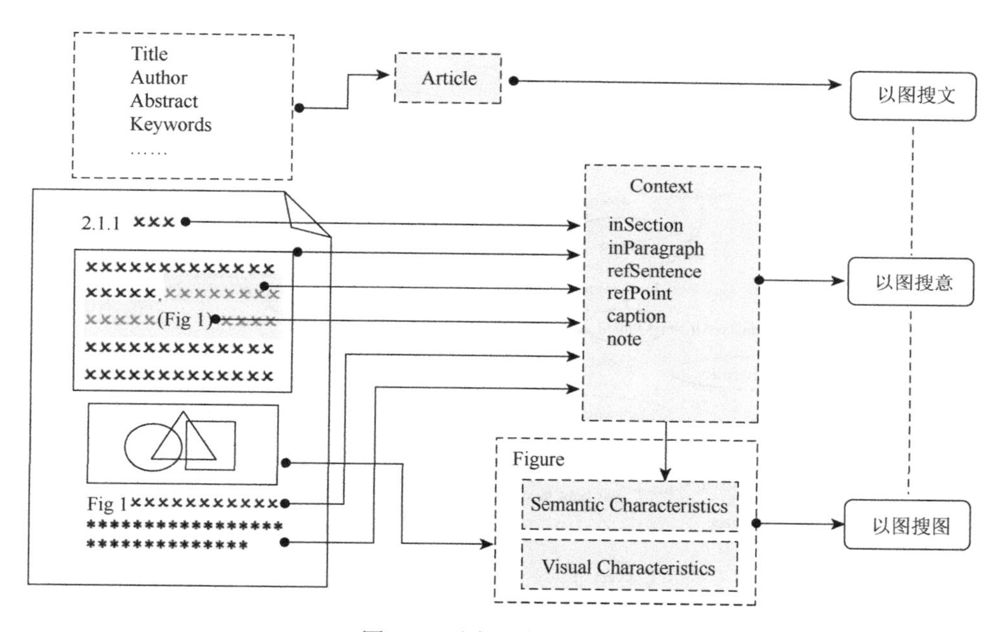

图 3.6　需求层次识别框架

如图 3.6 所示，需求层次识别框架的特征包括底层视觉特征（Visual Characteristics）和高层语义特征（Semantic Characteristics），高层语义特征可以从图自身携带的文字中进行识别，也可以从图所在的上下文中抽取。以图搜图指通过图像的底层视觉特征和高层语义特征进行相似性匹配，是最为常见的视觉资源搜索需求。图的上下文（Context）包括：图题（caption）、图的注释（note）、图的参考点（refPoint）、参考句（refSentence，即参考点所在的描述句）、所在段（inParagraph，即参考句所在的段落）、所在节（inSection，即图所在的节），上下文信息一方面可用于对图像进行描述，满足用户以图搜意的需求；另一方面可以从中抽取关键词用以标注图的高层语义，实现 VRAL 的学术语义扩展。原文（Article）指图所在的文献，在 VRAL-MVS 系统中对其加以识别与关联，可以满足用户以图搜文的需求。

2）VRAL 本体构建

以需求层次识别框架为基础，结合文内视觉资源的学术特征，构建 VRAL 本体（图 3.7）。该本体命名空间为 http://www.vralstudy/ontologies/vral#，主要包括

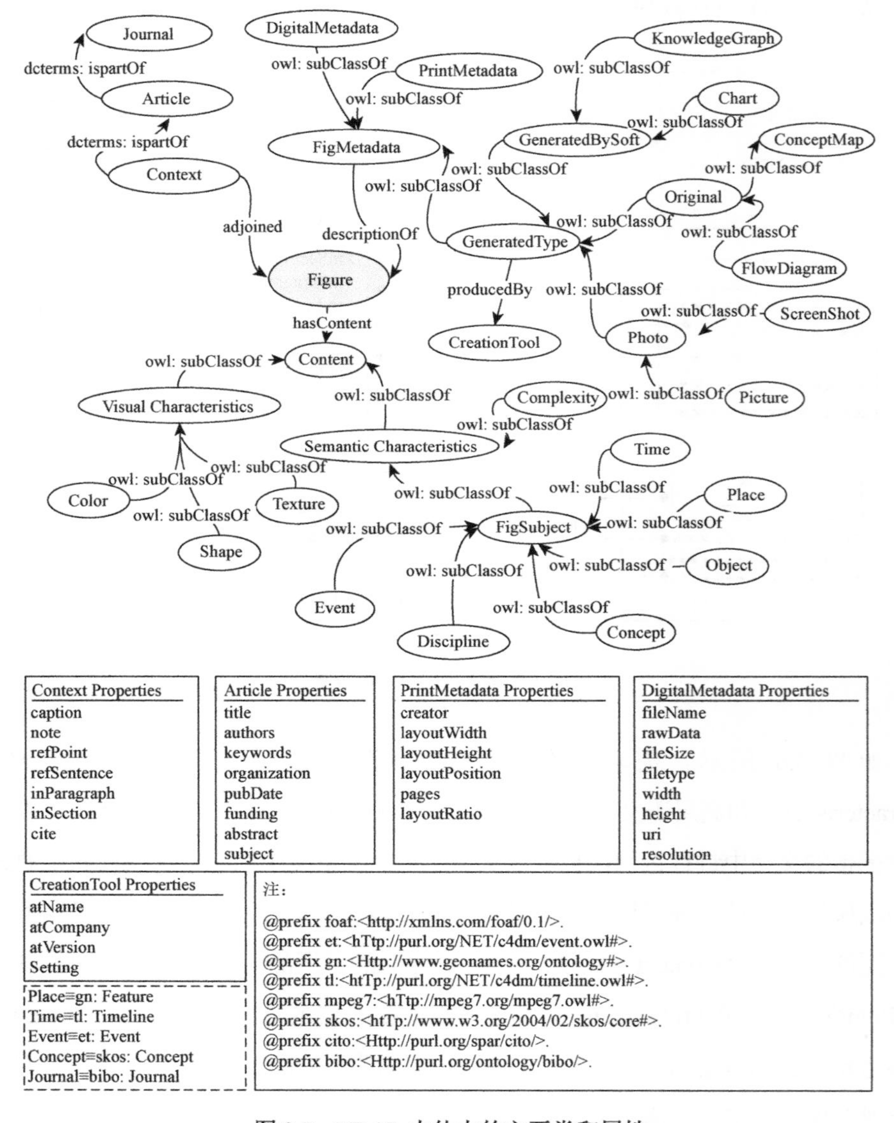

图 3.7　VRAL 本体中的主要类和属性

32 个类，同时引入 FOAF、Event、GeoNames、TimeLine、MPEG-7、SKOS、CiTO、BibO 共 8 个外部本体[9-11]。VRAL 本体主要涉及图（Figure）的内容（Content）、图的元数据（FigMetadata）、上下文（Context）、原文（Article）及期刊（Journal）几个大类。总体上，VRAL 的各类中涉及人和组织的相关属性均采用 FOAF 本体描述。

Figure 内容（Content）下有两个重要子类，分别是 Visual Characteristics 和 Semantic Characteristics，前者包括颜色（Color）、形状（Shape）、纹理（Texture）三个子类，后者则包括图的主题特征（FigSubject）和复杂度（Complexity）。参考 MPEG-7，颜色、形状和纹理还可划分出相应子类，这些子类可直接复用 MPEG-7 的视觉特征描述符（Visualdescriptor）。例如，MPEG-7 的颜色（Color）类下包括子类 ColorStructure、ColorLayout、DominantColor、ScalableColor 等，VRAL 本体中不再展开。

主题特征可细分为图内容所涉及的时间（Time）、地点（Place）、对象（Object，如人物）、事件（Event）、概念（Concept）和学科（Discipline）子类，可从原始图中的语义概念文本信息中识别，也可从图的上下文（Context）中抽取，它们等同于 Event、GeoNames、TimeLine、SKOS 四个外部本体中的类（图 3.7 注释）。复杂度特征源自文献中对文内视觉资源特征属性的判别，其判别规则涉及图内容中元素的多少、色彩的丰富程度、图中涉及关系的多少等方面，属于图的更高层的抽象语义，其具体属性包括简单、适中和复杂三个级别，属性的判定需要人工标注的介入。

Figure 的元数据（FigMetadata）在 VRAL 本体中划分为三个子类，分别是数字化图的元数据（DigitalMetadata）、纸质印刷图的元数据（PrintMetadata）及图的生成类型（GeneratedType）。区分数字化与纸质印刷图的原因是实际学术期刊可能为原生数字期刊，也可能为纸质期刊，其图资源元数据会有所不同。

对于图的生成类型（GeneratedType），按照论文作者在图内容生成时采用的不同方式，划分为软件生成图（GeneratedBySoft）、原创图（Original）和照片（Photo）三类，VRAL 本体中也借鉴此分类划分出三个相应子类。其中，软件生成图下还可划分出知识图谱（KnowledgeGraph）、统计图（Chart）等诸多子类，原创图也可划分出概念图（ConceptMap）、流程图（FlowDiagram）等子类，照片的子类有Picture及屏幕截图（ScreenShot）等。

鉴于图的生成类型与学科、软件工具等密切相关，特别是软件生成图和原创图均会使用到相应的制作工具（如CiteSpace、Excel、SPSS、Visio等），因此VRAL本体中设计了制作工具（CreationTool）类，该类的属性见图3.7。

VRAL本体对于Figure的上下文（Context）、原文（Article）及所在期刊（Journal）分别设类。其中期刊（Journal）类等同于BibO本体中的Journal类；Context类的属性见图3.7，分别包括图题（Caption）、图注（Note）、参考点（RefPoint）、参考句（refSentence）、所在段（inParagraph）、所在节（inSection）和引用（Cite）共7个属性，需要特别说明的是，引用（Cite）属性主要指该Figure是引用他人的图片，其引用关系使用CiTO本体描述；Article的属性详见图3.7。

总体上，VRAL本体的Content类及其子类成为以图搜图的关键，Context类可对应以图搜意的需求，Article和Journal类则可对应以图搜文的需求。基于VRAL本体，通过从原始数据（原文和图）中提取底层视觉特征，并进行语义特征和元数据的识别、抽取与标注，可形成VRAL本体库，进而构建特征索引，实现VRAL-MVS系统的资源描述与组织。

3. 基于VRAL本体的移动视觉搜索性能检验

1）系统架构与检索流程

如图3.8所示，VRAL-MVS系统在移动端实现与用户的检索交互，包括拍照上传和检索结果交互两个模块。服务器端主要实现MVS相关资源的特征提取、VRAL本体库构建、特征索引及检索匹配。总体流程上，学术用户通过手机拍照上传感兴趣的图即查询图（query image，QI），即可获得与上传图片匹配的一系列按照相关度降序排列的图片，实现以图搜图；用户点击检索结果图片中的上下文描述链接，即可了解该图的相关学术描述，实现以图搜意；点击原文链接，即可获得图所对应的原文，实现以图搜文。此外，用户还可通过系统检索到图的元数据信息和其语义标签。

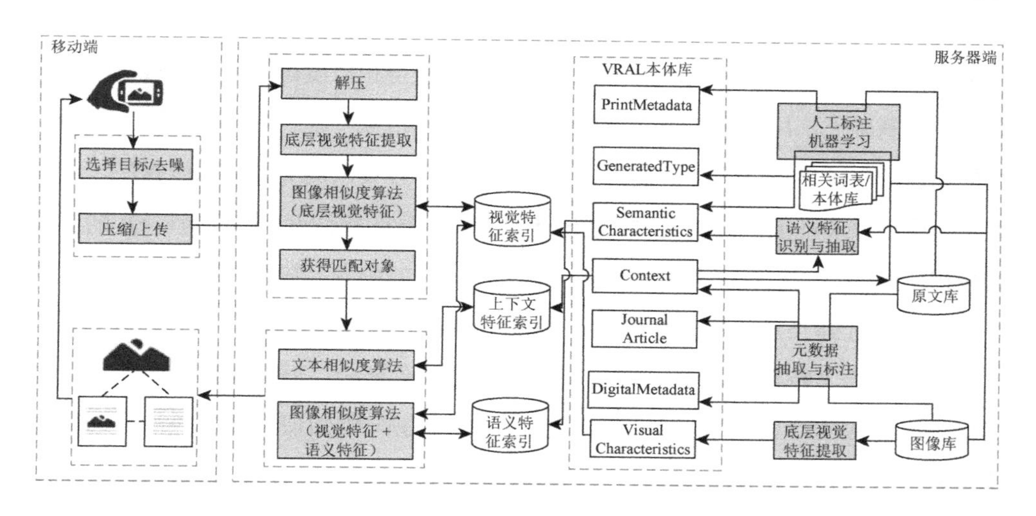

图 3.8　VRAL-MVS 系统详细架构

VRAL 本体库主要在对原文库和图像库进行特征提取基础上构建而成。具体而言，通过对图像库的底层视觉特征进行提取，可以构建 Visual Characteristics 类的实例；对数字图像元数据进行特征抽取与标注，可以构建 Digital Metadata 类的实例。对原文库元数据进行特征抽取与标注，可以构建 Context、Article 和 Journal 三个类的实例。对原始图像的涉及语义概念的文本信息进行 OCR 识别，同时对 Context 类进行语义特征抽取与标注，可以形成 Semantic Characteristics 类的实例，其间需要借助对应领域的相关词表或本体库（包括通用本体库和领域本体库）。

对于语义特征中的复杂度（Complexity）、元数据中图的生成类型（Generated Type）等较为抽象特征的标注，需要结合 Context 和图像库，利用人工标注或机器学习的方法来实现。对于纸质印刷图的特征（如版面占用率）的标注，也可利用人工标注或机器学习（如通过机器学习自动识别图像边界以计算版面占用率）的方法来实现。在 VRAL 本体库构建基础上，可形成相关的视觉特征索引、上下文特征索引及语义特征索引。

移动端拍照上传模块可提供拍照或调用手机照片上传的功能。针对照片中的背景噪声问题，可采用交互式的目标选择技术，对照片进行有目标的噪声过滤，并对选择后的目标照片进行压缩上传，以提升检索准确率和传输效率。

服务器端接收上传照片后，首先进行解压和图像底层特征提取，通过设计底层视觉特征的图像相似度算法，从 VRAL 本体库中获得相似度排序第一的最佳匹配图像。在此基础上，用户可根据自身需求选择“文本相似”或“图像相似”，以确定相似图像的相关度排序方案。其中，“文本相似”方案采用文本相似度算法，用向量空间模型来表征上下文的文本，通过计算文本向量的相似度，检索到与 QI 的上下文最相似的上下文集合，并得到这些上下文所关联的图像，按相关度降序排列。

若用户选择“图文相似”方案，则采用融合了图像内容特征（包括底层视觉特征与高层语义特征）与上下文文本特征的相似度算法，根据二者不同的权值方案来生成相应的检索结果。例如，用户拍照提交了一幅知识图谱的照片，而他需要搜索的是与该图片研究领域相关的同样复杂度的知识图谱。“复杂度”属于高层语义特征，需要利用基于图像内容特征的相似度算法。“研究领域”“知识图谱”可以利用上下文文本特征相似度算法，两种算法相互融合能够提供更好地满足用户需求的图文相似检索。

由于搜索结果在移动端呈现，受屏幕大小限制，结果呈现采用分层聚合、多级交互的方式，先呈现若干按相似度排序的图像及其概要信息，并给出其上下文、原文、元数据和语义标签（semantic tags）的链接。之后，用户通过点击链接的方式可进一步获取其相关描述信息和原文。最终，以图搜图、以图搜意和以图搜文的需求得以满足。

2）原型系统构建与验证

为验证 VRAL-MVS 系统框架效果，我们开发了一套原型系统，在 Android 平台上进行了验证，同时利用开放获取期刊 PLOS ONE 作为数据来源进行示例。PLOS ONE 是美国生物医学期刊，该刊收录的学术文献涉及生物与生命科学、计算机与信息科学、地球科学、生态与环境科学、工程与技术、医学与健康科学等多个领域。作为开源期刊（OA 期刊），PLOS ONE 的数据加工精细且可免费获得，特别值得一提的是该刊对文内视觉资源的加工精细程度高于同类数据库，为研究数据采集和加工奠定了良好的基础。

我们首先采集了该刊 2006～2016 年累计 171571 篇论文，超过 70 万幅图片。考虑到仅为原型系统展示的需要，因此选取其中 Ontology 研究主题下的部分数据集作为示例进行数据加工以备检索。

如图 3.9 所示，用户如果对实验展示的 Ontology 图感兴趣，启用移动端 VRAL-MVS 的 APP 进行拍照、目标选择并上传 QI 至服务器，即可获得以图搜图的检索结果页。用户在结果页点击“文本相似”或“图文相似”按钮，即可按照对应的相似度排序并反馈检索结果。同时，该结果页下每一个检索结果都关联着图、上下文（如图题、图的注释等）、元数据（如图的生成类型、宽高与格式等）、语义标签（如复杂度标签等）和原文，点击图题链接可详细查看关联的上下文信息，点击 Tags 标签可以查看图的语义特征（如对象、事件、时间、概念、图的复杂度、通过 OCR 识别的图的语义概念等），点击 Source 来源链接则可获得图所在的原文。

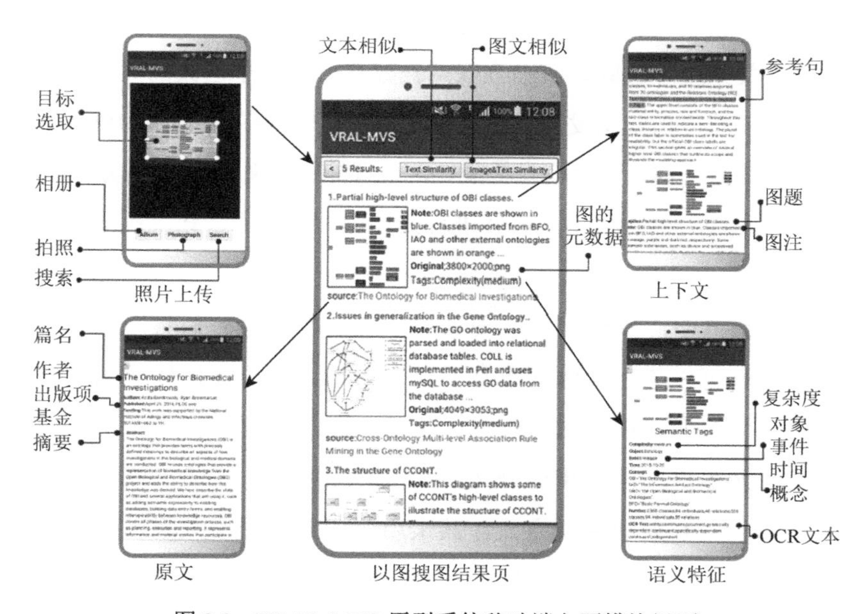

图 3.9　VRAL-MVS 原型系统移动端主要模块界面

3.2.2　基于 BIBFRAME 本体的数字图书馆资源语义化整合

数字图书馆作为数字资源的存储、组织和传播中心，实现了图书馆功能向互联网的延伸，代表了图书馆未来的发展方向。然而，在网络信息高速发展的今天，数字图书馆仍然面临着异构资源无法整合、资源搜索语义缺失等多个方面的发展困境。

语义搜索是基于语义网技术提出的全新的资源搜索方法，能够从语义层面识别用户的检索请求，以机器可理解的方式对资源及资源间的关系进行语义描述和组织，并通过逻辑推理实现资源的语义化整合与搜索[12]。本体是实现语义搜索的基础，其与关联数据的结合可以有效地解决多来源、多领域、多类型资源的整合问题。书目框架（BIBFRAME）是美国国会图书馆提出的新一代编目本体。与机读编目格式标准（MARC）元数据不同，BIBFRAME 采用本体的方式对资源进行描述，并通过关联数据进行发布。

1. 语义搜索概述

语义搜索的出现源于语义网这一概念的提出，根据蒂姆•伯纳斯•李的构想，语义网环境下所有的资源具有唯一的资源标识符（resource identifier，URI），资源之间通过语义关系进行关联，整个互联网被聚合成为一个巨大的数据库，通过语义搜索为各个领域提供知识发现和决策支持服务[13]。语义搜索作为语义网环境下新一代的知识获取方式，涉及信息检索、人工智能、语义网挖掘等众多研究领域，许多研究者将本体、关联数据、自然语言处理等技术应用于语义搜索，取得了丰硕的研究成果[14]。

在资源组织方面，本体是语义搜索的基础，本体中的抽象概念可以对资源进行聚类，属性可以描述资源间丰富的语义关系，基于本体构建的概念模型是结构化、语义化资源组织的重要工具。目前，许多研究者探索了本体在非结构化信息描述、元数据转换和移动语义搜索中的应用[15]。在语义编码方面，关联数据是本体发布和映射的主要方式，其采用三元组对语义关系进行描述，通过资源描述框架（resource description framework，RDF）对概念模型进行编码，并支持以 RDF 图的形式进行基于推理的关系发现和语义检索[16]。在自动化处理方面，自然语言处理技术提供了高效和智能的语义处理，可以解决搜索过程中的语义标注[17]。

语义搜索具有广阔的发展前景，许多研究者从互联网、生物、医疗、旅游等众多领域探索了其在网络内容监管[18]、极地数据分析[19]、用户生成内容挖掘[20]、学科知识服务[21]等方面的应用。在数字图书馆领域，研究认为语义搜索同样具有重要的价值：在海量资源管理方面，基于本体的资源描述可以更好地实现数字图书馆资源的组织与整合；在编目数据序列化方面，基于关联数据的编目信息具有更好的通用性和可读性。通过关联数据云技术，数字图书馆可以更方便地分享馆藏信息，提高互联网环境下的资源可见度；在资源语义检索方面，基于语义的检索方式可以更有效地发掘资源内涵、理解用户需求，提供更全面、更准确的知识发现服务。

数字图书馆在实现语义搜索方面存在着巨大的优势：一方面，数字图书馆采用结构化的资源描述和组织方式，专业人员编辑的书目数据提供了丰富的语义信息，这些信息在揭示资源内涵方面发挥着重要的作用；另一方面，语义网一直是图书馆领域的研究热点，许多受控词表、本体模型已经通过关联数据进行发布。BIBFRAME 是美国国会图书馆基于关联数据发布的新一代编目本体，其代表了编目格式未来的发展趋势。

2. BIBFRAME 概述

1）BIBFRAME 的提出与发展

2011 年 5 月，美国国会图书馆开始了“书目框架转换活动”计划，旨在解决传统 MARC 数据向关联数据的转化问题。次年 11 月，又发布了书目框架的模型草案（BIBFRAME1.0），随后陆续修订、完善了元数据、转换工具、测试数据集等相关内容。

BIBFRAME 提出后受到了业界极大的关注，美国国会图书馆联合英国国家图书馆等机构对 BIBFRAME 的功能性和交互性进行了大量研究和测试，并于 2016 年 1 月提出了最新的修订版本 BIBFRAME2.0。

BIBFRAME 作为新一代的图书馆编目标准，其目标是打破传统联机公共目录检索（OPAC）系统的封闭性，实现互联网资源与图书馆资源的整合与共享，使图书馆真正融入以互联网为核心的现代信息社会。对此，BIBFRAME 采用了全新的资源描述和组织方式。

2）构建层次化的概念模型

BIBFRAME2.0 将资源统一抽象为作品、实例和单件三个核心类，其他的类和属性均与这三个类进行关联（图 3.10）。作品是对资源本质的概念化描述，与其相关的是主题、责任者、事件等内容。实例反映的是作品的一个具体版本，与其相关的是作品的出版信息。单件反映的是作品的一个具体副本，与其相关的是副本的馆藏信息。

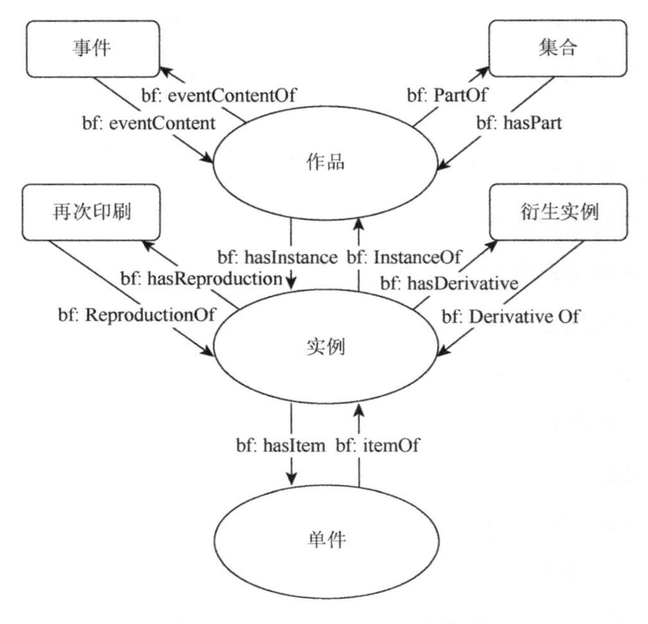

图 3.10　BIBFRAME 层次模型

3）明确定义实体类型和属性

BIBFRAME 明确规定了作品、实例支持的实体类型，并以子类的形式进行规范。例如，明确规定作品支持的实体为文本、地图、音频等 11 种类型。实例支持的出版物为印刷版、手稿、电子版等 5 种类型。在实体关系方面，BIBFRAME 在描述的通用性和专业性上做出了平衡，制定了合理的属性用于描述实体内部和实体间的关系。

4）采用语义网和关联数据技术

BIBFRAME 接受了语义网的思想，采用实体-关系的方式构建概念模型，实现了编目数据的层次化组织。在概念模型和内容规则方面，BIBFRAME 充分借鉴了已有的 RDA、Schema.org 等标准，坚持复用已有的本体术语，从而保持了数据的兼容性；在编码方式方面，采用 RDF/RDFS、OWL 等关联数据和本体描述语言进行编码和发布，为基于关联数据的资源整合和 SPARQL 搜索提供了支持。

3. BIBFRAME 的应用

为推动 BIBFRAME 的发展，美国国会图书馆开发了 BIBFRAME 的编辑、比较和转化工具，并联合英国国家图书馆等机构发布了 BIBFRAME 的数据集。此外，美国国会图书馆还开通了针对 BIBFRAME 的应用注册服务，目前已经有 15 家机构参与其中。

BIBFRAME 的快速发展同样引起了国内图书馆领域学者的关注。刘炜和夏翠娟[22]、夏翠娟[23]等国内较早开展相关研究的学者详细介绍了 BIBFRAME 的内涵和特点，并对其在语义网和家谱本体方面的应用进行深入的研究；安晓丽[24]研究了 BIBFRAME 对图书馆工作带来的变革；娄秀明和危红[25]介绍了从 MARC 到 BIBFRAME 编目格式的发展历程，并对 BIBFRAME 的实践进行了探索；胡小菁[26]深入分析了 BIBFRAME 模型变化的原因，并对其发展方向进行了研究；李勇文[27]对 BIBFRAME 的数据模型、应用规则等进行分析，提出了 BIBFRAME 的实践策略。

4. 基于 BIBFRAME 的数字图书馆资源语义整合框架

1）功能需求

数字图书馆语义搜索主要实现三个方面的功能：①实现互联网资源的语义化描述与整合。数字图书馆需要满足网络用户、数字出版商和图书馆同行等的信息交互与共享需求，为了提供完整、准确的知识服务，语义搜索系统要能够适应不同的资源描述方式，实现异构资源的组织与整合。②实现用户需求的语义化解读。用户在访问数字图书馆时通常采用自然语言进行检索，语义搜索系统要能够识别检索语句中的实体对象和深层语义，理解用户真正的检索需求。③实现资源的语义化搜索。语义搜索系统要支持对语义关系的描述和基于推理的检索，提供全面、准确的知识发现服务。

2）系统架构

针对上述需求，可以提出基于 BIBFRAME 的数字图书馆语义搜索框架（图 3.11），该框架主要包括七个核心模块，箭头显示了资源的构建过程和检索过程。资源的构建过程主要通过模型构建、模型映射、模型编码和语义存储四个模块实现。首先，模型构建模块负责基于 BIBFRAME 构建资源描述的概念模型，模型映射模块负责对外部数据进行整合，由于外部数据通常采用不同的描述格式，所以需要采用差异化的映射方式。然后，模型编码模块对上述模块生成的描述信息进行关联数据编码，生成机器可理解的 RDF 文件。最后，语义存储模块将生成的 RDF 数据存入三元组数据库，并提供添加、删除、查找等数据管理功能。

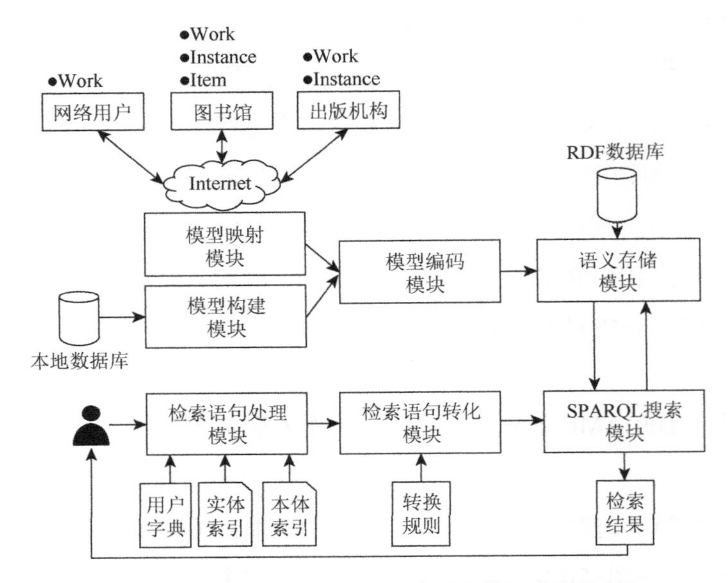

图 3.11　基于 BIBFRAME 的数字图书馆语义搜索框架

资源的搜索过程主要通过检索语句处理、检索语句转化和 SPARQL 搜索三个模块实现。首先，检索语句处理模块对用户检索式进行语义分析，通过自然语言处理技术提取其中的本体术语和命名实体。然后，检索语句转化模块对提取到的本体和实体词汇进行标注，并将其转化为 SPARQL 检索语句。最后，SPARQL 搜索模块对数据库进行检索，并将结果返回用户。

3）系统模块

（1）模型构建模块

该模块主要负责基于 BIBFRAME 构建概念模型对图书馆本地资源进行描述，具体功能包括：本体模型构建和实体构建。本体模型构建主要根据 BIBFRAME 构建概念描述模型。因为 BIBFRAME 已经进行了较为详细的类和属性定义，所以构建过程中主要对类的约束、关系（等价、互斥）和属性特性（功能、传递、对称、反身）等进行定义。实体构建主要定义实体所属的类，以及实体之间的属性关系。

（2）模型映射模块

模型映射模块主要负责从结构和内容两个方面对外部异构信息进行整合。BIBFRAME 提供了作品、实例、单件构成的层次模型，每个核心类分别对应了不同的描述主题（表 3.1），能够实现不同粒度的资源描述。

表 3.1　BIBFRAME 分层功能信息表

层次	功能	主要概念	整合对象
Work 层	反映作品的概念本质	主题、作者、语言、事件、集合等	网络用户
Instance 层	反映材料的发布信息	ISBN、载体类型、风格、分类方式等	出版机构
Item 层	反映副本的馆藏信息	排架号、馆藏地、持有者、二维码等	图书馆同行

整合策略：系统需要根据外部资源类型选择合适的概念层次对信息进行整合。对于海量的 UGC，由于缺少明确的出版和馆藏信息，可以在作品层进行描述，通过添加标题、作者、主题等信息实现数字图书馆对网络资源的整合。出版机构可以在作品层和实例层进行描述，实现数字图书馆与出版机构资源的交互与共享。图书馆同行之间的信息整合可以在作品、实例、单件三层进行，实现完整的书目信息整合。

整合方法：在结构方面，对于非结构化的外部信息，系统需要根据整合策略为其补充相应的描述信息。对于基于不同本体的异构信息，系统首先需要设置本体之间的等价关系（等价类、等价属性、等价实体），然后通过推理实现本体模型和实体数据的整合。在内容方面，利用 BIBFRAME 提供的主题、事件、集合等抽象概念，可以从内容上对资源信息进行整合。

（3）模型编码模块

模型编码模块主要通过关联数据的方式对之前构建的概念、实体模型进行编码，生成机器可识别的 RDF 文件。概念、实体模型的关联数据编码主要包括两项内容：①为所有的类、属性和实体定义全网唯一的 URI，实现资源的唯一定位。

②生成 RDF 编码。RDF 是万维网联盟（W3C）组织发布的语义网资源描述标准，采用三元组方式（主语、谓语、客体）对资源间的关系进行描述，生成机器可理解的关系模型。目前，DC、DCTERMS、BIBFRAME 等元数据和本体词汇集均已经通过 RDF 进行发布。

（4）语义存储模块

语义存储模块负责对生成的 RDF 数据进行存储和管理。由于 RDF 特殊的数据结构，传统的关系数据库无法对其进行有效管理，所以需要专门的三元组数据库进行存储。三元组数据库主要采用 SPARQL 语言进行管理，能够提供对 RDF 数据的插入、删除、修改和查询操作。区别于传统数据库的处理方式，三元组存储器主要通过图模式匹配的方式执行 SPARQL 操作。

（5）检索语句处理模块

检索语句处理模块负责检索句的命名实体提取和本体标注[28]。因为编目信息中已经包含了完整的本体和实体定义，所以系统主要采用基于规则和用户词典方式进行分词。具体方法是将全部的命名实体和本体词汇存入用户词典，以优化用户检索语句的分词。分词后所有的命名实体和本体词汇将被单独切分，对此还需要构建实体索引和本体索引。实体索引以类为单位进行构建，索引表的名称为类的名称。本体索引主要包括本体名称和 URI 两个关键字段，分别存储类和属性的相应信息。通过对分词结果进行实体和本体检索，系统就可以识别检索语句中的命名实体和本体词汇。

（6）检索语句转化模块

SPARQL 转化负责将提取的命名实体和本体标注结果转化为 SPARQL 语句进行语义搜索。SPARQL 是 W3C 针对 RDF 提出的查询标准和数据访问协议，主要由 PREFIX、SELECT、FROM 和 WHERE 四部分构成。PREFIX 用于设置前缀，SELECT 用于设置检索的对象，FROM 用于设置检索的位置，WHERE 用于设置检索的条件。检索语句的转换涉及较为复杂的句法分析，此处仅针对简单句提出了若干转换规则，对于复杂句的处理还需要更深入的处理。

（7）SPARQL 搜索模块

SPARQL 搜索模块负责对构建的 SPARQL 检索式进行语义检索。区别于传统的检索方式，SPARQL 检索的对象是 RDF 三元组。检索过程中，SPARQL 搜索引擎首先将数据库存储的三元组数据转化成 RDF 图，然后通过图搜索算法进行检索。目前，常用的 SPARQL 搜索引擎是 Apache 开发的 Fuseki。另外，也可以通过调用 JeanAPIs 对 JenaTDB 进行检索。为了提高系统检索质量，还可以采用推理机提高系统的语义发现能力。目前，JeanAPIs 主要支持基于规则的推理，而 RACER、FaCT ++ 、Pellet 等则可以在 OWL2RL 规则的约束下进行更为专业的推理。

5. 数字图书馆资源语义整合框架测试

为验证上述语义整合框架的效果，我们搭建了基于该框架的验证系统，并设计了多个实验对系统运行效果进行检验。

1）验证系统的搭建

（1）本体模型的构建及序列化

采用 Protégé 5.0 对概念模型进行构建，并在模型的基础上进行实体和实体属性的定义。概念模型主要基于 BIBFRAME 进行构建，除此之外还复用了 DC、EVENT、FOAF 等常用的本体词汇集。根据实验需要，选取了网络用户、图书馆和出版机构等多个来源的信息，如书籍的出版信息、馆藏信息和用户评论等，构建完成后系统生成 RDF 格式的序列化文件。

（2）检索语句处理及转换

采用 NLPIR2016 进行检索语句的分词，用户字典采用系统自带的 UserDict 文件；命名实体索引和本体索引采用 MySQL 5.7.14 数据库进行存储和检索；SPARQL 转换通过 JAVA 代码实现。

（3）RDF 存储与检索

采用 JenaTDB + Fuseki + Tomcat 的架构。JenaTDB 主要负责 RDF 数据的存储；Fuseki 是开源的 SPARQL 搜索引擎，提供 RDF 查询服务；Tomcat 主要提供 Web 服务，在使用前需要先导入 Fuseki 的 WAR 文件。

2）实验测试

为了验证系统效果，我们设计了三个实验分别对系统语义描述、语义整合和语义检索功能进行测试。

（1）语义描述功能测试

为验证系统语义描述功能，从豆瓣、中国图书网、中国国家图书馆等网站采集了与书籍相关的书评、出版和馆藏信息，然后采用 BIBFRAME 概念模型对上述资源进行描述。实验结果表明，BIBFRAME 提供了丰富的类和属性定义，Work、Instance 和 Item 三个核心类能够较好地满足书评信息、出版信息和馆藏信息的描述需要。

同时，测试也显示 BIBFRAME 具有适度的描述弹性，在描述责任者、分类标记、作品名称时，允许使用者自己定义需要的类型。例如，BIBFRAME 设置了 Contribution 类和 role 属性，通过定义 Contribution 实体和该实体 role 属性的值，使用者可以定义需要的贡献者类型。此外，VarientTitle、Source 也都采用了类似的定义方法，能够对已有的标题和标记类型进行扩展。

（2）语义整合功能测试

为验证系统语义整合功能，我们收集了多个来源的图像、视频、报告、期刊等资源的描述信息，每种信息均采用了不同的本体描述结构。为解决异构信息整合问题，采用 owl: equivalentClass、owl: equivalentProperty 和 owl: sameAs 对异构本体进行映射，并通过 FaCT + + 推理机和 BIBFRAME 中的事件类实现了资源在结构和内容上的整合。为验证整合效果，尝试以“2001 年 7 月 13 日北京申奥成功”为事件进行检索，结果显示了所有与该事件相关的资源信息（图 3.12）。测试结果表明基于等价关系的本体映射和 BIBFRAME 的概念、属性能够对异构资源进行有效的整合。

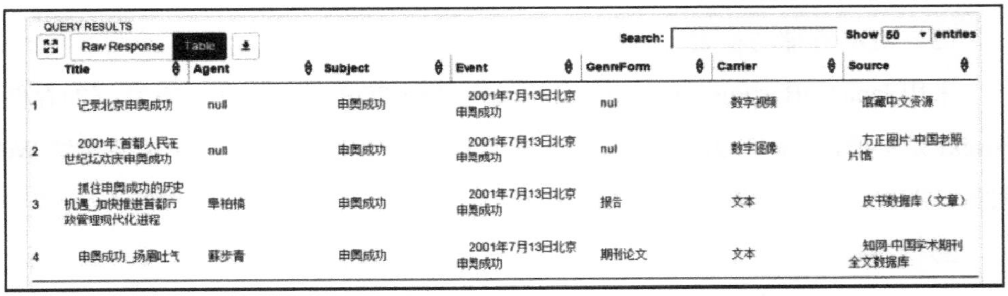

QUERY RESULTS

Raw Response | Table

Search: Show 50 entries

	Title	Agent	Subject	Event	GenreForm	Carrier	Source
1	记录北京申奥成功	null	申奥成功	2001年7月13日北京申奥成功	nul	数字视频	馆藏中文资源
2	2001年_首都人民在世纪坛欢庆申奥成功	null	申奥成功	2001年7月13日北京申奥成功	nul	数字图像	方正图片-中国老照片馆
3	抓住申奥成功的历史机遇_加快推进首都行政管理现代化进程	阜柏楠	申奥成功	2001年7月13日北京申奥成功	报告	文本	皮书数据库（文章）
4	申奥成功_扬眉吐气	蘇步青	申奥成功	2001年7月13日北京申奥成功	期刊论文	文本	知网-中国学术期刊全文数据库

图 3.12　资源横向整合测试结果

（3）语义检索功能测试

为了验证系统的语义检索功能，精心设计了多条检索语句进行实验，以测试系统各个环节的运行效果。系统通过对检索语句分词实现了实体和本体词汇的单独分割，通过对 SPARQL 搜索结果进行验证（图 3.13），确认系统获取了较为准确的结果，达到了预期的语义检索效果。

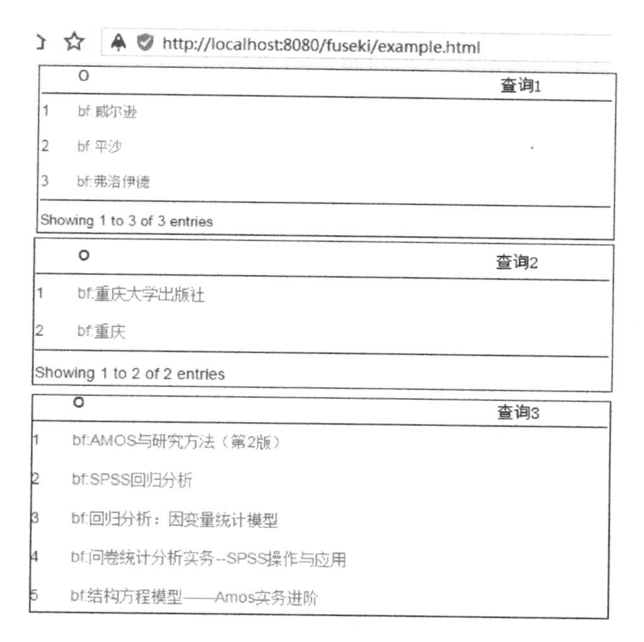

图 3.13　SPARQL 查询结果

上述实验结果表明，基于 BIBFRAME 提出的数字图书馆语义搜索框架具有较好的科学性和有效性，根据其构建的验证系统能够较好地实现数字图书馆资源的语义描述、组织和检索，满足了预期的资源整合和发现需求。

3.2.3　基于语义关联的数字图书馆移动视觉搜索资源聚合

随着用户行为习惯的改变和对图书馆服务质量要求提高，我国图书馆在资源和服务的聚合方面取得了显著的成绩。不少图书馆 OPAC 系统已实现将传统纸质馆藏和中外文电子图书资源进行关联，使用户可以一站式实现纸质与电子图书的检索和利用，有效提高了电子图书的可见度和利用率。

目前，图书馆资源整合和服务多是基于 PC 客户端实现的，然而随着网络传输技术的进步和移动智能终端的普及，移动搜索代表着一种更为普遍的搜索形式。下面将针对如何实现不同情境下图书馆移动视觉搜索资源和服务的聚合，实现与传统 PC 端检索无缝连接，最大限度地方便用户以视觉信息为入口利用图书馆资源与服务，实现移动时代图书馆资源和服务的有效升级拓展进行详细论述。

1. 数字图书馆移动视觉搜索资源聚合需求

在资源方面，图书馆移动视觉搜索需要以图书馆不同情境下的视觉信息为检索入口，除了视觉资源文本识别这一搜索途径外，视觉对象资源库的建设及匹配是图书馆移动视觉搜索服务开展的基础。图书馆资源主要包括纸质馆藏、电子图书、电子期刊、视频、图片等，不同类型、语种和来源的馆藏资源在组织方式和元数据字段等方面存在较大差异。

图书馆移动视觉搜索的对象主要包括纸质馆藏、电子图书和视频图像等，面对海量馆藏资源，如何使新建视觉对象资源库与原有资源库进行有效聚合，用户可以通过统一入口查阅所有资源变得十分重要。

以往图书馆多强调资源的聚合，资源聚合确实是服务整合的基础，但这种服务多是建立在 PC 端利用的前提下。移动时代的到来对图书馆的服务带来了新的挑战，图书馆如果要更加成功地切入到移动服务中，就需要考虑以情景为中心，以视觉信息为线索，将 PC 和移动两种不同的服务形式进行有效的聚合，真正实现以用户为中心，以资源为基础的全方位应用情境的融合服务。

2. 数字图书馆移动视觉搜索资源聚合理论

图书馆移动视觉搜索所需要聚合的资源除了包含传统的 OPAC 馆藏资源、电子图书库、多媒体数据库，还包括新建视觉对象资源库，资源聚合就是将这些异构、多维资源以视觉信息的输入为中介，通过一定的方式进行有序的组织关联和深度挖掘，以达到最大限度利用开发资源的目的。数字资源多维度聚合和数据关联等理论为图书馆开展移动视觉搜索研究奠定基础。

1）图书馆移动视觉搜索资源多维度聚合

随着数字信息资源多维度聚合理论的产生，信息资源的组织模式从单一信息来源向多维度信息来源变革、从分类理念向多维聚类理念变革[29]。这些变革的发生满足了用户的个性化需求，也使数字资源聚合的效果最大化。图书馆移动视觉搜索资源的多维度聚合是指运用资源聚类、分析和组织的理论、方法及技术，基于不同的移动视觉搜索资源获取利用维度和目的，对多种不同的移动视觉搜索资源进行聚集、整合和再组织，以通过图像信息的输入获取相关资源全貌的过程。

图书馆移动视觉搜索资源主要涉及结构维度、内容维度和群聚维度三个维度的聚合。结构维度关注移动视觉搜索资源组织中的概念关系，主要指各种类型的本体框架，其在揭示知识组织结构方面的有效性已得到普遍认可。Murtagh 等[30]认为本体所提供的层级结构能够归纳知识概念间的形式框架，这种形式框架可用于辅助建立文本中的概念层级。国内不少学者也尝试基于本体对相关资源进行整合，如基于元数据本体对特色资源进行深度聚合、基于本体对公共数字文化资源进行整合、利用资源本体揭示馆藏资源的语义关系、基于本体对农业领域分布式海量资源进行整合，这些研究都将为移动视觉搜索资源结构维度的聚合提供支持[31]。

内容维度关注异构移动视觉资源描述知识间的关联关系，这种关联关系可以是知识单元间的关联关系，也可以是知识群落间的关联关系，或者是资源间、语义间或数据间的关联关系[32]。这种关联将不同来源的异构移动视觉资源进行概念、关系、属性等元素的映射，建立不同元素间的映射关系，或者将不同主题的相同实体的属性、关系等进行合并。

群聚维度包括大量用户对视觉对象资源库自由添加的标签和分类，由于图书馆移动视觉搜索视觉对象资源库的建设采用众包的方式效率更高[33]、成本更低、可行性更强，所以对这些资源库的标注必然要采用分众分类法（folksonomy）。该方法允许用户自由标注资源，并通过“统计上浮”的原理使反映群体意识的用户标签成为标签云。分众分类法在管理和组织用户自生成资源方面效果较好，它为语义网识别提交了大量有益元数据，提供了有利于大众集体组织和发现知识的契机，使用户从使用者的视角来整合标注词汇，弥补了图书馆在知识组织技术手段和人力资源方面的不足。

2）图书馆移动视觉搜索资源的数据关联

图书馆数字资源的聚合实质上是将异构多源的数字化资源按照一定的方式进行关联，主要关联方式有语义关联和数据发现关联两种。语义关联主要以资源主题内容为核心，分层次、多维度地对资源进行组织，基于相关实体进行多维度关联。数据发现关联偏重挖掘数字化资源之间的引证关系，利用耦合关系实现资源的聚合，可以基于相同实体进行多维度关联[30]。数据发现关联应用于图书馆数字资源的整合在学界有普遍共识。传统以 MARC 为代表的图书馆元数据在语义性和关联性方面存在着严重不足，而关联数据则可以把书目中的概念和实体通过语义描述和链接实现资源内容的充分揭示，可以把图书馆的资源和外部相关数据资源链接起来实现对资源的聚合，扩展资源范围并且改进用户服务[34]。

图书馆馆藏资源的关联数据化主要通过URI命名机制、关联数据词汇集创建、馆藏语义描述和关联数据发布四个方面为馆藏资源聚合提供数据基础。在这一过程中，资源的 URI 开放复用在数字资源的聚合机制中扮演基础角色，RDF 链接是资源聚合的核心[35]。语义关联可以从多个维度揭示资源中蕴含的知识规律。将语义网技术应用于图书馆信息资源的整合中，通过本体与关联数据驱动的资源语义整合框架可以实现对图书中不同数据集合资源的语义整合，以及馆藏资源与外界资源链接的集成，可以形成无限延伸的开放资源整合体系[36]。

3. 基于语义关联的数字图书馆视觉资源多维聚合

图书馆移动视觉搜索资源的聚合主要基于语义聚合技术，以视觉图像信息的匹配为前提，以视觉对象资源库的数据单位为基础，通过与其他各种本地、外部数据资源的语义关联，实现对视觉资源和图书馆各类数字资源的深层次语义聚合并展示。图书馆移动视觉资源的聚合，有利于借助移动视觉搜索这一符合移动环境下用户行为需求的检索手段，促进图书馆数字资源的利用。

在明确基于语义关联的图书馆移动视觉搜索资源多维聚合相关理论的基础上，提出基于语义关联的图书馆 MVS 资源多维聚合模型，将图书馆移动视觉搜索资源聚合分为基础数据层、资源描述层、语义聚合层和用户应用层 4 个部分（图 3.14）。

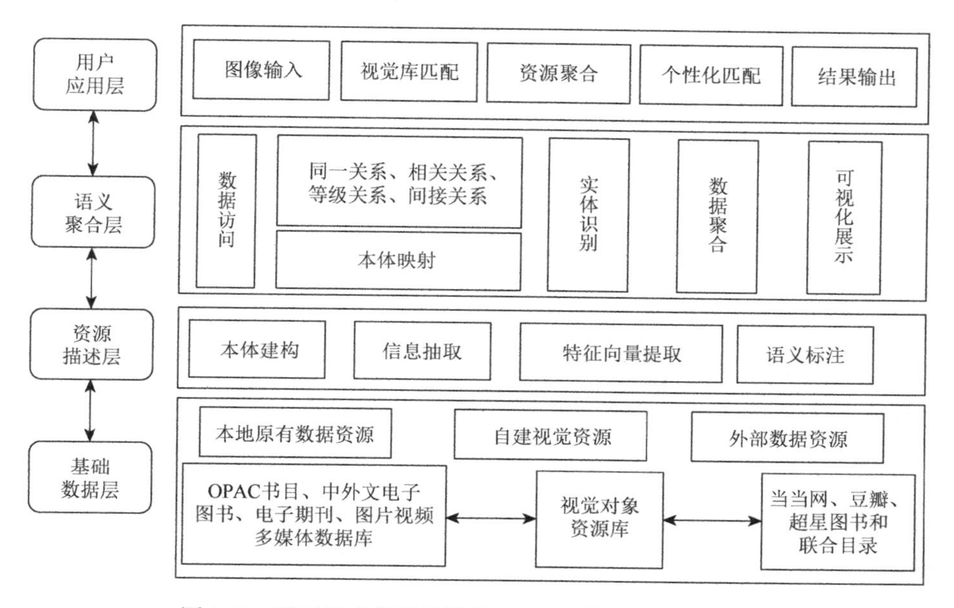

图 3.14　基于语义关联的图书馆 MVS 资源多维聚合模型

1）基础数据层

基础数据层包括本地原有数据资源、自建视觉资源和外部数据资源三部分。本地原有数据资源包括图书馆拥有的 OPAC 书目、中外文电子图书、电子期刊、图片视频多媒体数据库；自建视觉资源是专门用于图书馆环境下视觉搜索的视觉对象资源库；外部数据资源是指能够链接到关联数据网中与图书馆移动视觉资源有关的各种数据资源集合，如当当网、豆瓣、超星图书和联合目录等网站。

这些资源存储形式不一，在进行数据关联时要采用不同的方法进行转换。自建视觉对象资源库是建立在图书馆不同利用情境基础上，主要从用户的视角采用众包模式采集的用于图像匹配的资源，它是进行图书馆移动视觉搜索的中介和前提。基于众包的视觉对象资源库建设要充分考虑各种图书馆利用情境、各层次用户利用行为和各种异构资源的彼此关联。在收集形式上要将众包和图书馆自建结合在一起，图书馆自建作为引导和模板，众包作为重心和主要手段，要充分利用用户群体智慧收集视觉资源，并采用分众分类的方式添加标注相关元数据信息。

2）资源描述层

资源描述是将异构多源的图书馆移动视觉搜索图像资源、文本资源等进行统一描述，明确不同信息要素之间的关联，保障不同结构、类型资源描述的统一性，为机器识别操作和语义聚合提供便利。各种资源（尤其是视觉对象资源库资源）在本体构建的基础上，通过信息抽取加工，提取其中的特征向量，构建能兼容不同文献类型、规范统一的元数据库。

在对数字资源进行描述的过程中，要对不同类型数字资源进行语义标注，这些标注有助于系统识别多源异构信息之间的语义关系。目前，图书馆传统的各种本地资源和外部资源的描述已被广泛讨论[37-39]，而针对以视觉搜索为目的且需与图书馆各类资源进行聚合的图片资源库的描述研究较少。

以众包为主要方式获得的视觉对象资源库一般采用分众分类法，虽然基于用户自身认知能够更好地发挥用户的创新意识，提高资源整理效率，降低时间和财力成本，但是却不得不受用户认知随意性的影响，这为资源聚合结果带来不稳定性[32]。视觉对象资源库建设要全面考虑本体的专业性，元数据的完整性，以及资源语义的关联性，采用统一资源描述标准生成机器可识别的格式，并通过整合元数据信息实现对检索资源的多维语义识别。

3）语义聚合层

语义聚合是在前期各类移动视觉搜索数字资源描述的基础上，充分揭示各种不同数字资源之间的语义关联，实现视觉资源与其他各类图书馆资源的信息聚合。语义聚合是图书馆移动视觉搜索的核心，其可以促进多源异构信息之间的交流和互操作，并以统一的标准将各信息要素关联起来展示给用户。

语义聚合在访问各类数字资源的基础上，应当以视觉对象资源库元数据为中心，对数字资源各元素之间的同一关系、相关关系、隶属等级关系、间接论述关系等进行本体映射和语义分析。然后，提取视觉对象资源库语义元数据和其他各异构信息的接口，自动半自动地进行实体识别，如对题目、作者、国际标准连续出版物号（ISSN）、国际标准书号（ISBN）、出版社等的自动识别。最后，在解决视觉资源与其他资源之间语义冲突的基础上，形成语义关联聚合的数据供用户应用层使用。

在上述映射关联过程中，4 种不同维度的语义关联发挥着重要作用。其中，同一关联指具有类似特征、属性或内涵的分布异构资源的关联，相关关联指存在因果、逻辑等关系资源的关联，等级隶属关联指从属于相同类别、学科或者主体等关系的关联，间接关联指不同于上述三种关联形式，且需要通过语义处理或者计算机模拟的关联[40]。

4）用户应用层

经过对视觉对象资源库和其他各类数据资源的描述、语义关联聚合，需要构建面向用户的应用界面，提供图书馆移动视觉搜索服务。用户图像输入的接口可以和图书馆移动终端检索界面融合，使用户能够自行选择传统文本输入或者图像输入。检索入口的便捷性对图书馆移动视觉搜索服务的可用性极为重要，在设计移动视觉搜索入口时尽可能吸取以往图书馆移动服务路径过于复杂造成用户利用障碍的教训，充分考虑用户移动利用行为习惯，开放性地融入用户常用的 APP 接口。

在图像匹配方面，移动视觉搜索系统会将每一次用户输入的图像及图像中可以识别的信息与已经构建的视觉对象资源库的图像或数据进行匹配。在这一过程中，如无匹配的相关信息，系统要将用户输入的图像自动纳入到视觉对象资源库中并利用分众分类的方式对图像信息进行描述和关联聚合，通过这一循环迭代模式能够优化视觉资源采集方式，提升视觉对象资源库对用户的针对性和可用性，构建全面丰富且动态更新的视觉对象资源库。

在视觉对象资源库检索匹配的基础上，系统自动将与匹配图像相关联的其他各类资源聚合起来，并结合对用户个人信息的情景感知，将个性化、针对性的检索结果输出给用户使用，在这一过程中可视化的工具可以帮助用户查看资源聚合的模型，了解各种相关资源的情况。

3.2.4　小结

本节基于 VRAL、BIBFRAME 等本体框架，从移动视觉搜索资源的语义化描述、整合和聚合三个方面进行了介绍。首先，从文内视觉资源的“供给-需求-服务”三方视角出发，通过整合学术用户不同层次的需求，融合文内视觉资源的底层视觉特征、高层语义特征与上下文文本信息特征，提出了文内视觉资源移动视觉搜索（VRAL-MVS）框架，探讨了系统架构与检索流程，并通过 PLOS

ONE 数据集验证了该框架在解决视觉资源统一描述上的有效性。其次，提出了基于 BIBFRAME 的数字图书馆语义搜索框架，详细说明了资源的语义化描述、组织和搜索过程，以及各模块的具体功能，通过实验验证了该语义搜索框架在整合不同来源数据上的科学性和有效性。最后，从多维度聚合和语义关联两个方面分析了数字资源聚合理论，提出基于语义关联的图书馆 MVS 资源多维聚合模型，为解决数字图书馆移动视觉搜索资源的语义化聚合提供了方法和策略。

3.3 移动视觉搜索关联数据技术

3.3.1 关联数据技术概述

根据蒂姆·伯纳斯·李对语义网的构想，关联数据将为所有资源分配唯一的 URI，资源之间通过三元组进行关联，互联网被整合成为一个巨大的关联数据库，通过语义搜索进行资源检索和知识发现。关联数据作为语义网的核心构件，其与本体技术的结合可以有效地解决资源的语义描述和组织问题，是语义搜索的基础。关联数据已经成为 W3C 推荐的信息发布、共享和链接规范，在电子商务、新闻传播、搜索引擎等领域得到广泛的应用。

在图书馆领域关联数据得到广泛的应用，许多受控词表和本体模型已经通过关联数据进行发布。美国国会图书馆采用关联数据的方式发布了《美国国会图书馆标题表》（LCSH），德国国家经济图书馆发布了经济学词表 STW。此外，DC、FOAF、EVENT 和 SKOS 等常用的元数据和本体词汇集也已经通过 RDF 进行发布。BIBFRAME 是美国国会图书馆发布的新一代编目格式，其与关联数据的结合将可以有效地解决图书馆资源的语义描述和组织问题，推动图书馆知识服务向语义化和关联化的方向发展。

3.3.2 基于关联数据的数字图书馆移动视觉搜索系统框架设计

1）数字图书馆移动视觉搜索系统框架

受软件开发领域中的模型－视图－控制器（MVC）架构模式启发，研究者提出了一种基于关联数据的数字图书馆移动视觉搜索框架——MVSMVC（图 3.15），这个框架包含三个模块：模型模块（Model）是整个框架的核心和基石，这是由数字图书馆视觉资源在经过语义化描述和关联处理后所构成的全面互联的数据集。视图模块（View）主要负责提供用户检索的入口和检索结果的展示功能。控制器模块（Controller）实现视图和模型的交互，负责搜索特征提取、查询条件构建等工作。

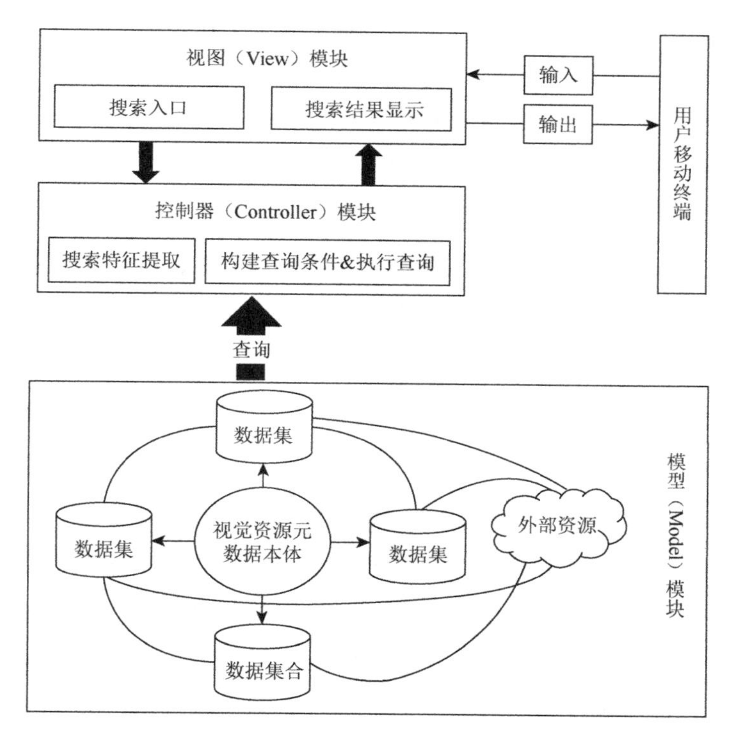

图 3.15　基于关联数据的数字图书馆移动视觉搜索框架——MVSMVC

如图 3.15 所示，MVSMVC 框架中最核心、也是最复杂的工作集中在模型模块，这与数字图书馆的技术现状与关联数据的运用紧密相关。在数字图书馆环境下，通过关联数据数字图书馆研究者可以实现数据层的全面互联，不仅能够更为有效地为用户提供关联信息，还可以简化控制层的操作，让其专注于查询特征提取等工作，而这些工作在商业领域已经有了相对成熟的方案。因此，数字图书馆的研究者应当重点关注模型模块设计、构建工作，充分发挥它们在移动视觉搜索体系中的核心优势。

2）模型模块

模型模块在整个框架中是最基础、最复杂的模块。在模型模块中，每一个数字图书馆都应当采用元数据本体对其内部视觉资源进行描述，并将其转换为视觉资源关联数据，进一步实现数据之间的互联。同时，不仅单个数字图书馆内部的视觉资源需要形成互联，不同数字图书馆之间的视觉资源也应当建立关联。在符合关联数据相关标准的基础上，应当逐步实现与互联网外部资源的互联，从而形成系统的、全面的、完整的关联数据集。

视觉资源元数据本体的构建是模型模块的基础，元数据在网络信息资源组织中发挥着重要的作用，其功能是对信息对象的内容和位置进行描述，从而为信息对象的存取与利用奠定基础。视觉资源主要包括两大类：静态视觉资源即普通静态图像，动态视觉资源即视频或者动图。与普通文本资源相比，视觉资源元数据具有独特的内容特征。

数字图书馆联盟（Digital Library Federation，DLF）使用面向对象的方法对数字对象进行分析，将数字图像的元数据分为三类：描述性元数据（description metadata）、结构性元数据（structural metadata）、管理性元数据（administrative metadata）。其中，描述性元数据用于发现、识别和定位数字图像；结构性元数据定义对象的内部组织及如何链接和显示该对象；管理性元数据包括数字图像的产生信息（如扫描日期）、识别信息（文件名、存储和传递格式压缩方案等）、版权信息等。

对于数字图书馆而言，构建视觉资源关联数据集包括以下几个步骤(图 3.16)。

（1）资源发现：数字图书馆普遍具有一定数量的馆藏视觉资源，迫切需要采用新的搜索技术提高视觉资源检索和利用效率。但是，在数字图书馆领域移动视觉搜索技术的应用尚不成熟，现有馆藏视觉资源无论是从技术上或是经济上都不足以支撑移动视觉搜索技术的大规模使用。对此，数字图书馆应当按照视觉资源格式要求，加大馆藏视觉对象资源库建设，可以通过再处理（拍照、扫描等）技术丰富和扩展自身的视觉对象资源库，从而为移动视觉搜索技术的应用奠定基础。

（2）确定 URI 标识方案：关联数据要求使用通用 URI 作为 Web 资源的唯一标识名称，确定 URI 标识方案是进行 RDF 描述和关联的第一步，在这一过程中

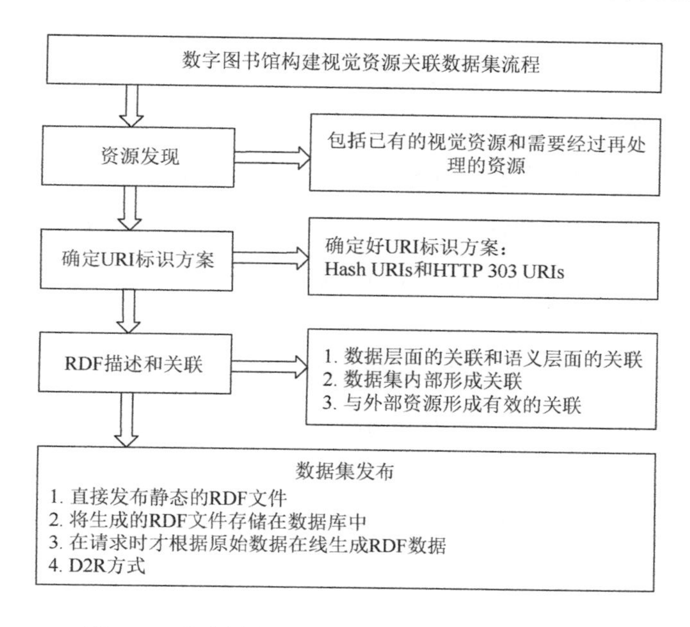

图 3.16　数字图书馆构建视觉资源关联数据集流程

尤其需要注意非信息资源的 URI 标识问题。非信息资源指的是实体对象或抽象概念（如文献资源、个人、组织机构、地点、事件、术语等），在关联数据中它们同样需要采用 URI 的方式进行命名，由于 URI 地址仅仅作为身份标识，所以无法直接被 HTTP 协议引用。为使 URI 能够被 Web 访问，可以采用 Hash URIs 和 HTTP 303 URIs 技术解决该问题。

（3）RDF 描述和关联：RDF 描述和关联是实现数据关联化的核心过程，数据对象关联应当包括数据层面的关联和语义层面的关联，同时不仅需要数据集内部形成关联，还需要与外部资源形成有效关联。W3C 在“图书馆关联数据孵化小组”官网发布了多个与关联数据实现相关的技术和工具，可以帮助完成 RDF 描述和关联数据生成工作。

（4）数据集发布：关联数据集有多种不同的发布技术，数字图书馆需要根据自身数据集合的大小和更新频率来选择恰当的发布技术：第一种方法是直接发布静态的 RDF 文件，这种情况适用于数据量小、更新频率较低的情况；第二种方法同样基于生成的 RDF 文件，但是将 RDF 文件存储在 RDF 数据库中，这种方法适用于数据量较大的情况；第三种方法并不直接形成 RDF 数据，而是在请求时才根据原始数据在线生成 RDF 数据，这种方法适用于更新频率高的情况，但是当数据量较大时，对系统的负载要求较高；第四种方法是 D2R 方式，它是语义网中非常流行的一个工具，它主要包括 D2RServer、D2RQEngine 和 D2RQMApping 语言等几个核心部分，其中的 D2RQEngine 能够将关系型数据库中的数据转换成 RDF 格式，这种方法适用于将关系数据库存储的数据内容发布成关联数据。

3）视图模块

视图模块主要是与用户进行交互的模块，包含两方面的重要职责。一方面是为用户提供人性化的搜索入口。与传统搜索框式的搜索入口不同，移动视觉搜索的视图模块应当提供更多元、更便捷的搜索入口，移动视觉搜索的用户终端不仅包括手机，还包括各种可穿戴设备，最典型的就是 Google Glass 这类“增强现实”产品。另一方面视图模块还需要为用户呈现更生动、更易懂的搜索结果，并且将关联信息进行充分展示。

视图涉及的问题主要是信息可视化问题。传统信息搜索大多依靠文本输入，近几年才有部分搜索引擎增加了图片搜索功能。移动视觉搜索的检索来源主要是图像和视频，因此两者在搜索结果的呈现方面存在显著差别。传统搜索更多采用基于文本的、线性列表的方式组织和显示结果，移动视觉搜索更倾向于采用图形界面来展示结果，这种方式不仅较为生动直观，也可以更好地揭示事物间的横向联系和结构关系。

4）控制器模块

控制器模块是模型模块和视图模块之间的桥梁，其职责主要包括提取检索对象描述符，构建查询条件并执行查询，最后将查询结果传递给视图。由于 MVSMVC 中模型模块本身就是语义化和高度关联的数据集，因此控制器模块的职责有了较大的简化。在移动视觉搜索中，用户提交的检索对象一般以图片为主，即以图搜图或以图搜文的模式是很常见的，而图像特征提取在计算机领域已经有了较多的研究成果，数字图书馆在构建移动视觉搜索框架时还需要引入已有的一些较为成熟的技术。

由于关联数据要求使用 RDF 进行描述，对于构建查询条件和执行查询操作，除了要依赖于检索对象的特征提取结果，还要借助专用的 RDF 查询语言。目前，使用最广泛的 RDF 查询语言是 W3C 的 SPARQL，它允许从 RDF 库中查询三元组，关联数据集中的数据都是用 URI 来表示，因此 SPARQL 查询出来的结果也是 URI。通过 URI 可以连接互联网中的任何数据，这就突破了关系数据库查询语言一次只能在单个数据库中查询的局限，整个 Web 对于 SPARQL 语言而言是一个巨大的知识网络，这一特点使得用户能够更快捷地获取相关信息，只要关联数据集中存在相应的信息，便可以轻松实现跨越空间的信息获取。

3.3.3　基于关联数据的数字图书馆移动视觉搜索系统模块设计

1. 数字图书馆移动视觉搜索系统结构

视觉资源分为静态图像（图片）和动态图像（视频）两种类型，由于移动环境下很难对动态图像进行搜索，所以现有的移动视觉搜索研究普遍以静态图像为检索对象，对于动态图像可以将其分散为多张静态图像进行检索，这里提出的移动视觉搜索系统也以静态图像为检索对象。该框架主要包括 8 个核心模块，实线箭头显示资源构建过程，虚线箭头显示资源搜索过程，如图 3.17 所示。

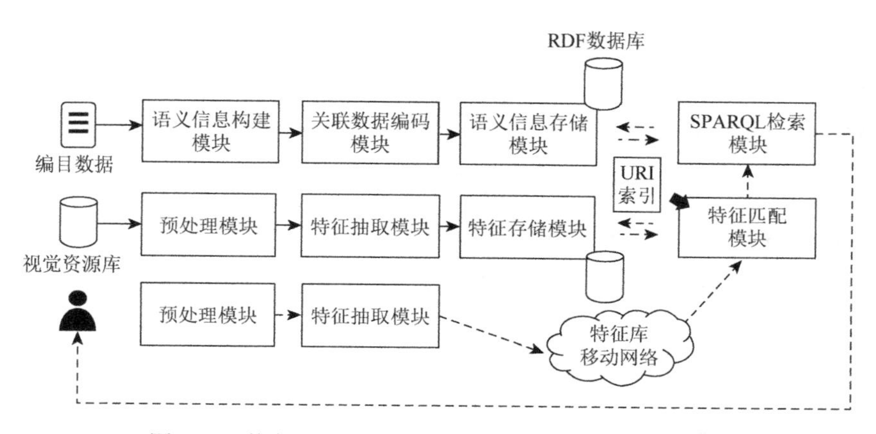

图 3.17　数字图书馆移动视觉搜索系统模块与处理流程

1）资源构建过程

视觉资源构建主要包括视觉特征构建和语义信息构建两个部分。

视觉特征构建涉及预处理、特征抽取和特征存储三个模块。首先，预处理模块对不同类型的馆藏视觉资源进行处理，生成适合特征抽取的格式；其次，特征抽取模块对预处理后的视觉资源进行特征抽取；最后，特征存储模块生成该视觉资源的特征文件，并进行统一管理。

语义信息构建主要涉及语义信息构建、关联数据编码和语义信息存储三个模块。首先，语义信息描述模块根据图书馆领域最新的本体模型对视觉资源进行语义描述；其次，关联数据编码模块对生成的语义信息进行序列化，生成机器可识别的 RDF 文件；最后，语义信息存储模块对生成的 RDF 文件进行存储，并提供必要的数据管理服务。

上述内容主要分析了视觉特征和语义信息的构建过程，然而要实现二者的关联还必须构建视觉资源的 URI 索引。URI 索引指定了视觉特征和语义信息之间的关联，是视觉搜索和语义搜索融合的关键。

2）资源搜索过程

视觉资源的搜索过程主要包括视觉搜索和语义搜索两个环节，涉及特征匹配和 SPARQL 检索等模块。在视觉搜索环节，系统首先采用与馆藏视觉资源相同的预处理和特征抽取方法对检索对象进行特征提取；其次，特征匹配模块将提取到的检索特征与特征库进行匹配，确定相似度最高的视觉资源；再次，特征匹配模块对 URI 索引数据库进行检索，获取相似度最高资源的 URI；随后，进入语义搜索环节，SPARQL 检索模块根据获取的 URI 构建语义检索式，并对三元组数据库进行检索；最后，系统将检索结果以可视化的方式返回用户。

上述内容分析了视觉资源的发现过程，在实际应用中其可以与手机、Google Glass 等移动设备传感器结合，通过感知用户检索意愿，自动捕捉用户眼前场景并进行搜索，搜索结果最终通过视觉、文字等方式呈现给用户。

2. 数字图书馆移动视觉搜索系统模块

1）预处理模块

预处理模块主要分为移动端和服务器端两个部分。移动端预处理模块主要负责对检索图像的像素、纹理、灰度等进行调整，以适应特征抽取的需要。服务器端预处理模块则需要面对更加丰富的馆藏视觉资源类型，如照片、电影、插图等。对于图像的处理可以按照与移动端相同的方式进行，而对于视频资源的处理则可以将其看作静态图像的集合进行处理。然而，在移动网络环境下，逐帧的检索方式会消耗大量的处理时间，对此可以从视频中提取有代表性的图像进行预处理，从而将对视频资源的搜索转化为对少数图像的搜索。

2）特征抽取模块

特征抽取模块同样分为移动端和服务器端两个部分，虽然其功能都是对视觉资源特征进行描述和抽取，但移动端主要负责对检索图像进行处理，抽取的特征需要上传服务器进行特征匹配；服务器端主要负责对馆藏视觉资源进行处理，抽取的特征交由特征存储模块构建特征库。目前，视觉资源存在多种不同的特征描述和抽取方法，如基于颜色、纹理等的全局特征和基于关键点的局部特征等。对此，系统需要结合资源的类型选取合适的一种或多种特征进行抽取。

3）特征存储模块

特征存储模块主要负责生成检索需要的视觉特征文件，并对这些文件构成的特征库进行管理。受特征匹配方式的影响，特征库的构建方法存在较大差异。尺度不变特征变换（scale invariant feature transform，SIFT）算法是一种局部特征抽取和匹配方法，其采用 128 维的特征向量对关键点进行描述，并通过计算欧氏距离进行匹配。特征存储模块需要为每一个视觉资源生成由关键点描述信息构成的特征文件，并进行统一的命名和管理。基于视觉词袋模型的匹配方法除了需要提取视觉特征，还需要对特征进行聚类生成视觉词汇，并通过视觉特征直方图对资源进行匹配。视觉特征存储模块除了需要存储视觉特征，还需要在此基础上构建视觉词典，并生成每个资源的视觉直方图。

4）特征匹配模块

特征匹配模块主要负责特征匹配和 URI 提取两项功能。针对不同的特征描述方法，特征匹配可以采用欧氏距离、汉明距离、视觉直方图等多种方法，相似度最高的图像即为视觉搜索环节的结果。URI 是关联数据为馆藏资源分配的唯一标识，是实现视觉搜索向语义搜索转移的关键。为了获取视觉搜索结果的 URI，需要构建指定视觉特征和语义信息关联的 URI 索引。URI 索引表记录了每一个视觉特征对应的馆藏实体，通过对特征名检索可以获得对应的实体 URI 名称。

5）语义信息构建模块

语义信息构建模块负责对馆藏视觉资源进行语义描述和组织。为适应数字图书馆领域需要，研究者提出了基于BIBFRAME的数字图书馆视觉资源概念模型。BIBFRAME是美国国会图书馆发布的新一代书目本体，提出了由作品、实例和单件构成的概念模型，以及丰富的类和属性定义。为了提高资源描述能力，数字图书馆视觉资源概念模型还需要复用EVENT、FOAF、SKOS等常用本体词汇集。

数字图书馆视觉资源概念模型构建主要包括类、实体和属性三个方面的定义。类的定义除了名称、描述外还包括类的层次、约束和关系。实体主要依托类进行定义，并通过属性进行关联。属性分为数值属性和对象属性，数值属性的定义包括属性的定义域、值域和层次，对象属性除上述三点外还包括对特性的定义。主要的类和属性定义见表3.2。

表3.2　概念模型主要的类和属性

层次	名称
Work	相关的类：Agent（Person、Organization、Meeting、Jurisdiction、Family）、Collect、Event、GenreForm、Identifier、Notation（MovementNotation、Script）、Place（OriginPlace）、WorkTitle、Topic、type、Contribution、Source 相关的对象属性：genreForm、notation、place、subject、summary、tableOfContents、title、type、hasInstance、hasPart、reference、referenceBy、isPartOf 相关的数值属性：awards、date、identifiedBy、place
Instance	相关的类：Identifier、Carrier、Contribution、GenreForm、IntendedAudience、TableOfContents 相关的对象属性：carrier、genreForm、intendedAudience、notation、place、subject、summary、tableOfContents、title、publisher、type、copyRightOwner、instanceOf、hasItem、hasReproduction、reproductionOf、hasDerivative、derivativeOf 相关的数值属性：awards、date、editionStatement、identifiedBy、place、imageType、textCoding、textLanguage、trackCoding、trackLanguage
Item	相关的类：Barcode、Identifier、ShelfMark 相关的对象属性：barcode、contribution、electronicLocator、genreForm、heldBy、place、shelfMark、subject、title、itemOf 相关的数值属性：custodiaHistory、date

6）关联数据编码模块

关联数据编码模块主要负责对概念模型进行序列化，生成机器可识别的RDF文件。编码过程主要包括以下两个方面。

（1）URI分配：URI是关联数据为每个类、属性和实体分配的唯一标识，能够对资源进行全局定位，是构建 URI 索引、实现视觉搜索和语义搜索融合的关键。

（2）RDF 编码：RDF 是 W3C 发布的语义网资源描述框架，是关联数据主要的编码格式。RDF 采用三元组的方式对类、实体和属性进行描述，生成的编码文件需要上传语义信息存储模块。概念模型构建了 owl: sameAs 属性的 4 个子属性：sameEventAs、sameSubjectAs、sameAgentAs 和 sameCollectAs，分别用于相同事件、主题、作者和集合的实体关系描述。

7）语义信息存储模块

语义信息存储模块主要负责对关联数据编码的语义信息进行存储和管理。由于关联数据采用特殊的 RDF 格式，所以需要专门的三元组数据库进行存储。区别于传统的关系型数据库，RDF 采用 XML 的语法规则，用户可以方便地对数据结构和内容进行调整，具有更好的灵活性。为了对三元组数据库进行管理，W3C 组织提出 SPARQL 语言用于对 RDF 数据进行添加、删除和查询等管理操作。目前，常用的三元组数据库是 Apache 公司发布的 Jena TDB。

8）SPARQL 检索模块

SPARQL 检索模块主要负责对视觉搜索的结果进行语义搜索，获取视觉资源的语义信息，进行基于主题、作者等关系的扩展搜索。搜索过程主要包括以下两个环节。

（1）构建 SPARQL 检索式：将 URI 嵌入事先制定的 SPARQL 检索规则，并提交 SPARQL 引擎。根据用户不同需要，知识管理员可以设定多条检索规则，如主题检索、事件检索、时间检索等。

（2）进行语义检索：SPARQL 语言具有灵活的语法结构，用户可以对三元组（主语、谓语、客体）中的任何部分进行检索。区别于传统的数据库检索方式，SPARQL 搜索引擎采用图模式匹配的方式进行检索，具有更高的关系检索效率。

3.3.4　数字图书馆移动视觉搜索系统验证

为了验证上述移动视觉搜索框架，我们搭建了具有视觉特征处理和语义信息搜索功能的验证系统，并选取一定的视觉资源构建样本库、特征库和语义信息库，对系统的运行效果进行检验。验证系统架构如图 3.18 所示。

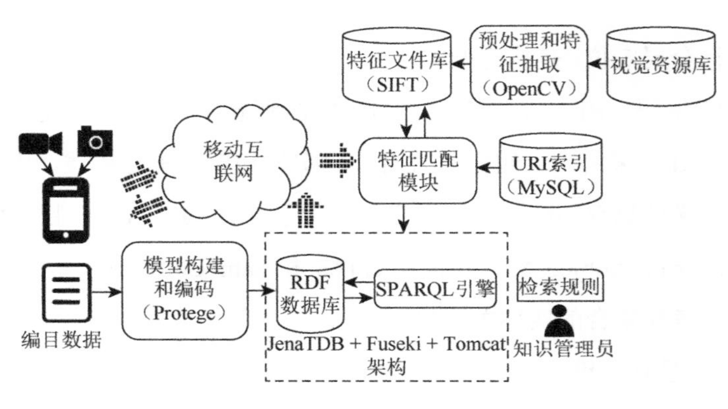

图 3.18 移动视觉搜索系统架构

1. 验证系统的搭建

1）样本图像库的构建

选取 20 个系列、122 本图书的封面作为图像库样本。首先，对选中的 122 本图书封面进行数字化；其次，对生成的数字图像进行规范化处理，调整图像的格式、分辨率等；最后，对每一张图片进行编码，分配唯一的图像号。

2）特征库构建和图像特征匹配

采用 OpenCV-2.4.13 开发特征提取和特征匹配模块，通过 MySQL 5.7 存储图像的 URI 索引。OpenCV 针对 Java 环境提供了专门的 JAR，导入项目并设置 DLL 库的引用路径即可以进行调用。SIFT 特征的提取主要包括：特征点检测和特征点抽取两个环节。特征点检测主要通过调用 FeatureDetector 对象的 detect 函数，特征点抽取通过调用 DescriptorExtractor 对象的 compute 函数。服务器端图像库特征抽取后存入特征文件库，移动端检索图像特征抽取后上传服务器进行图像匹配。

特征匹配主要包括：特征点匹配和特征点筛选两个环节。通过调用 DescriptorMatcher 对象的 match 函数进行匹配，匹配结果保存在 MatOfDMatch 对象中。针对匹配结果通过设置距离阈值，筛选出较好的匹配点。具体的特征匹配代码如图 3.19 所示。

根据匹配结果选择匹配点数量最多的特征文件，通过特征名检索获取该资源的 URI，如图 3.20 所示。

```
--a.特征抽取过程--
Mat image_mat1 = Highgui.imread("image1_lib.pgm");//读取视觉资源库图像
Mat desc1 = new Mat();//建立MAT对象以存储图像特征描述
FeatureDetector fd1 = FeatureDetector.create(FeatureDetector.SIFT);//建立特征检测对象
MatOfKeyPoint mkp1 =new MatOfKeyPoint();//建立关键点对象
fd1.detect(image_mat1, mkp1);//进行特征检测
DescriptorExtractor de1 = DescriptorExtractor.create(DescriptorExtractor.SIFT);//建立特征抽取对象
de1.compute(image_mat1,mkp1,desc1 );//提取sift特征

--b.特征匹配过程--
Mat image_mat1 = Highgui.imread("image1_search.pgm");//读取视觉资源库图像
Mat desc1 = new Mat();//建立MAT对象以存储检索图像特征描述
...
DescriptorMatcher match1 = DescriptorMatcher.create(DescriptorMatcher.FLANNBASED );//建立匹配对象
MatOfDMatch matchs = new MatOfDMatch();//建立匹配结果对象
match1.match(desc1,desc2, matches);//进行匹配，匹配结果保存在matches对象中
```

图 3.19　特征抽取和匹配过程

```
--URI 提取--
public static final String url = "jdbc:mysql://localhost:3306/example_db";
public static final String name = "com.mysql.jdbc.Driver";
...
public DBHelper(String sql) {
Class.forName(name);//指定连接类型
conn = DriverManager.getConnection(url, user, password);//获取连接
pst = conn.prepareStatement(sql);//准备执行语句
...
sql = "select uri from uri where uri="http://" http://www.semanticweb.org/visualsearch/
ontologies#image1"";//SQL语句
db1 = new DBHelper(sql);//创建DBHelper对象
ret = db1.pst.executeQuery();//执行语句,得到结果集
```

图 3.20　URI 提取过程

3）概念模型的序列化

使用 Protégé 5.0 进行概念模型的构建。概念模型序列化主要包括 4 个过程：构建概念类和类之间的层次关系；构建对象属性和数值属性，设置 Domain、Ranges 和 Characteristics；添加 Instance，构建类的实例；构建实例之间的关联。序列化结果如图 3.21 所示。

4）检索平台搭建

采用 JenaTDB + Fuseki + Tomcat 的架构模式，搭建过程包括 4 个步骤：配置 Tomcat 服务器；在 Tomcat 中导入 Fuseki 的 WAR 文件，将其发布为 Web 服务；开发检索界面和 SPARQL 检索模块；SPARQL 根据匹配图像 URI 进行语义信息检索和扩展检索。SPARQL 扩展检索式如表 3.3 所示，调用过程如图 3.22 所示。

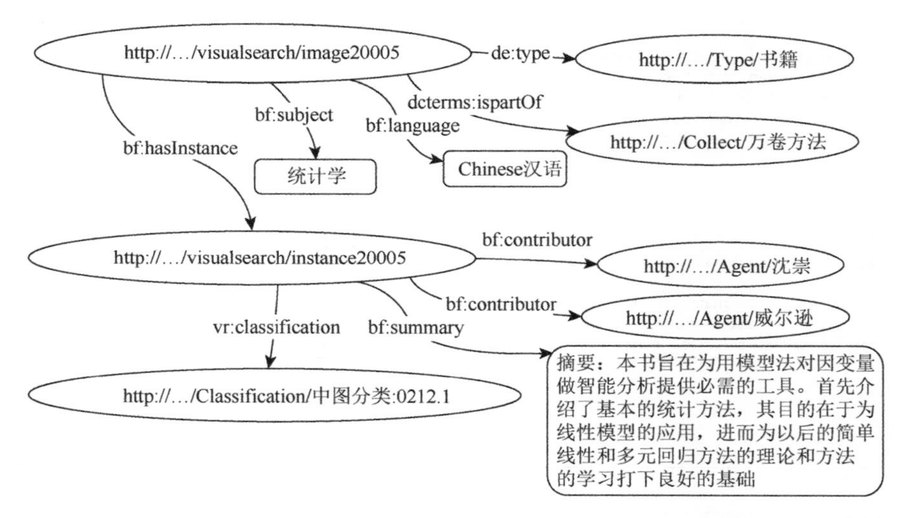

图 3.21　概念模型 RDF 图

表 3.3　SPARQL 扩展检索式

类型	检索式
前缀	PREFIXvr：<http://www.semanticweb.org/visualsearch/ontologies#>
语义信息	SELECT？oWHERE{vr：image00001？p？instace.？instacevr：title？o.}
相同事件	SELECT？oWHERE{vr：image00001vr：sameEventAs？event.？eventvr：title？o.}
相同主题	SELECT？oWHERE{vr：image00001vr：sameSubjectAs？subject.？subjectvr：title？o.}
相同作者	SELECT？oWHERE{vr：image00001vr：sameAgentAs？agent.}
相同集合	SELECT？oWHERE{vr：image00001vr：sameCollectAs？Collective. ？collectivevr：collectiveTitle？o.}

```
--SPARQL检索--
String service = "http://localhost:8080/fuseki/visualsearch/query" ;//定义fuseki查询接口
String queryString = "select  ?   where {?work?p?o} " ;//定义检索式
try (QueryExecution qexec = QueryExecutionFactory.sparqlService(service, queryString)) {
ResultSet results = qexec.execSelect() ;//获得查询结果
results = ResultSetFactory.copyResults(results) ;
ResultSetFormatter.out(System.out, results) ;
```

图 3.22　SPARQL 检索过程

2. 实验测试

选取一张含有图书封面的图片作为检索对象提交系统。图像匹配后，排序前 10 位的匹配结果如图 3.23 所示。

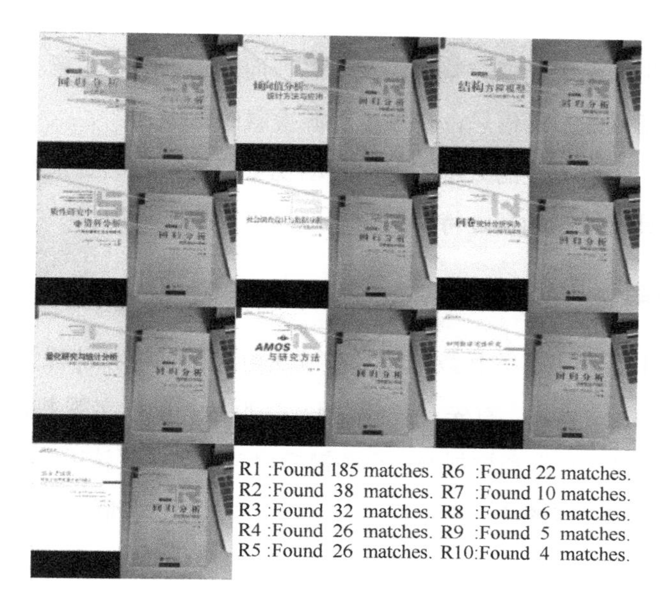

图 3.23　图像匹配结果

根据匹配结果可以发现排名靠前的图像均为同一系列的图书，在封面设计上具有较高的相似性，而相似度最高的图像与检索图像为同一本图书，匹配结果准确。系统提取相似度最高图像的 URI 进行语义信息搜索和扩展搜索，结果如图 3.24

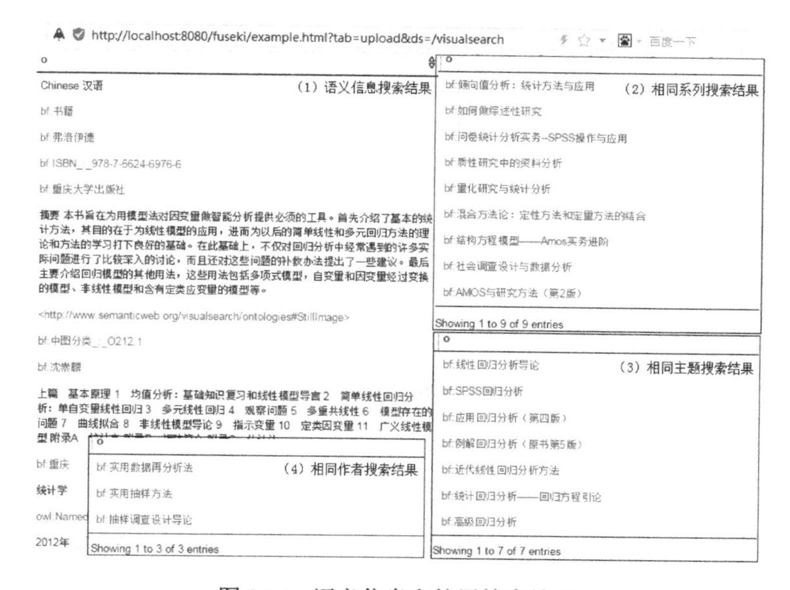

图 3.24　语义信息和扩展搜索结果

所示，搜索结果显示了图像完整的语义信息，而基于系列、主题和作者的搜索则显示了与图像相似的书籍信息，扩展了资源检索的范围。

实验表明，之前搭建的数字图书馆移动视觉搜索系统达到预期的视觉＋语义的搜索效果，具有较高的视觉特征匹配精度和语义搜索能力。

3.3.5 小结

本节内容主要介绍了关联数据技术在解决数字图书馆移动视觉资源语义关联和语义搜索中的关键作用。首先，提出了基于关联数据的数字图书馆移动视觉搜索框架，分别对模型、视图和控制器三个关键模块功能进行了论述。在此基础上，介绍了具有语义发现功能的移动视觉搜索方法，该方法通过关联数据对特征信息和语义信息进行关联，能够解决移动视觉搜索资源的语义化描述、组织和搜索问题。

3.4 移动视觉搜索可视化技术

3.4.1 关联数据与知识图谱

1. 关联数据与知识图谱概述

随着互联网的快速发展，网络数据呈现出爆炸式增长的态势。与此同时，互联网内容具有大规模、异质多元、组织结构松散等特点，给人们有效获取信息和知识提出了挑战。知识图谱以其强大的语义处理能力和开放组织能力，为互联网时代的知识化组织和智能化应用奠定了基础。知识图谱不仅可以将互联网中的信息表达成更接近人类认知世界的形式，而且提供了一种更好的组织、管理和利用海量信息的方式。

知识图谱的发展得益于多个领域的研究成果，是知识库、自然语言处理、语义网技术、机器学习、数据挖掘等众多知识领域交叉融合的产物。作为人工智能时代重要的知识表示方式之一，知识图谱能够打破不同场景下的数据隔离，为搜索、推荐、问答、解释与决策等应用提供基础支撑。目前，与知识图谱相关的概念较多，如知识地图（knowledge map，KM）、关联数据（linked data，LD）、图数据库（graph database，GD）等，在此需要对这些概念加以区分。

知识地图指借助于统计学、图论、计算机技术等手段，以可视化的方式来展示学科体系的内在结构（主题共现、合作团队、引用关系等）、学科特点、前沿热点、发展趋势等信息的一种计量学方法。严格上讲，知识地图是一种计量学方法，不能称为知识图谱。

2006年，蒂姆·伯纳斯·李提出了“关联数据”这一概念，旨在通过URI和本体让机器读懂知识，用于推动数据公开，建立数据之间的链接以形成数据关系网。关联数据描述了通过发布可链接的URI来关联网络各类资源的方法，知识图谱作为后来者是在关联数据的基础上提出和发展的。

图数据库是以图形方式表示节点、属性和关系并进行存储和提供管理功能的数据库，如Neo4j、ArangoDB等，属于NoSQL数据库中的一种，能够提供高性能的图数据查询和图数据挖掘。图数据库的结构定义相比RDF数据库更为通用，可存储通用的三元组（S，P，O）数据，是存储知识图谱和关联数据的有力工具。

2. 关联数据与知识图谱应用

1）知识图谱在商业领域的应用

知识图谱一经提出便迅速成为工业界和学术界的研究热点，涌现出大量的知识图谱应用和知识库。目前，微软和谷歌拥有全世界最大的通用知识图谱，Meta拥有全世界最大的社交知识图谱，阿里巴巴和亚马逊则分别构建了庞大的商品知识图谱，百度知识图谱致力于构建最大最全的中文知识图谱，美团NLP中心正在构建全世界最大的餐饮娱乐知识图谱“美团大脑”。此外，DBpedia、Freebase、Yago等大规模链接数据库（知识图谱）已成为众多知识库链接的首选目标，国内也出现了CN-DBpedia、PKUBase、zhishi.me、BeliefEngine等多个百科全书式知识图谱。

知识图谱可以作为自动问答系统的知识来源，由此企业研发了Siri、IBM Watson、微软小冰、Google Allo、公子小白等多种成熟的自动问答系统和聊天机器人。在学术界，知识图谱也成为众多学者研究的热点。除了研究各种自动问答系统，知识图谱还被用于构建学术图谱研究。例如，清华大学发布了知识计算开放平台（THUKC），平台涵盖语言知识、常识知识、世界知识、认知知识的大规模知识图谱及典型行业知识图谱；清华大学和微软研究院联合发布了全球最大学术图谱“开放学术图谱（OAG）”；上海交通大学 Acemap 团队知识图谱小组采用 RDF 进行数据描述，发布了学术知识图谱 AceKG，包含超过 1 亿个学术实体、22 亿条三元组信息。

2）知识图谱在图情领域的应用

在图情界和数字人文领域，研究较多的是语义知识图谱，即关联数据技术。在国内，上海图书馆推出的家谱知识库、古籍循证平台、名人手稿知识库等一系列数字人文项目将关联数据技术和国际图像互操作框架（IIIF）作为核心技术；北京大学严承希通过符号分析法对中国历代人物传记资料库（CBDB）数据集中宋代人物的政治关系进行可视化分析；武汉大学曾子明将关联数据技术应用于敦煌视觉资源关联展示；侯西龙等将关联数据技术用于非物质文化遗产知识管理研究中。

在国外，欧洲数字图书馆 Europeana、Getty 数字博物馆、威尼斯时光机器项目、芬兰数字人文关联开放数据基础设施等都已成为数字人文领域应用关联数据技术的典范。2015 年 6 月 18 日，英国国家图书馆、新西兰国家图书馆、牛津大学图书馆、哈佛大学等 29 个非营利性图像资源存储机构共同成立国际图像互操作组织，旨在确保全球图像存储的互操作性和可获取性，对以图像为载体的书籍、地图、卷轴、手稿、乐谱、档案资料等在线资源进行统一展示和使用。

3. 语义知识图谱（关联数据）与广义知识图谱对比

语义知识图谱（关联数据）和广义知识图谱都可用节点和边来表示实体和关系，在概念上二者常被混淆。下面主要从概念和技术两个层面对语义知识图谱和广义知识图谱进行对比分析。

1）概念层面的对比

广义知识图谱和关联数据在概念层面存在多方面的差异。如表 3.4 所示，广义知识图谱用节点和关系所组成的图谱为真实世界的各个场景直观地建模，运用“图”这种基础性、通用性的“语言”，“高保真”地表达多姿多彩世界的各种关系。该类知识图谱一般以属性图为基本的表示形式，强调的是节点和边，节点上有属性（键值对），边也可以有属性。边有名字和方向，并总有一个开始节点和一个结束节点，节点可以有内部结构（三元组）。三元组数据通常存储在 Neo4j

图数据库中，常用 Cypher 查询语句。

广义知识图谱主要用来解决存储和索引问题，并不能解决知识表示和全网络服务问题，因此仍然存在数据孤岛问题。广义知识图谱的主要优点是容易学习和实现，特别适用于社交网络，具有强计算性，运行效率高。其缺点是不同知识图谱之间缺乏统一标准，难以互通，应用中语义模糊。凡是有关系的地方都可以使用到广义知识图谱，目前主要集中在社交网络、金融、保险、电子商务、物流等领域。

表 3.4　广义知识图谱与关联数据概念层面对比

对比项	广义知识图谱	关联数据
主要功能	存储、搜索	编码、关联
组成	Pattern	Schema
特点	大数据	智慧数据
应用	挖掘	推理
能力	计算	认知
作用域	数据孤岛（Data Silo）	万维网（WWW）
软件举例	Neo4j	OpenLink Virtuoso
应用举例	脸书 Social Graph	谷歌 KG

关联数据表示的语义知识图谱同样存在节点和边的概念，节点用来表示类（实体），边用来表示属性。连接不同类的属性称为对象属性（object property），连接类对应的属性值的属性称为数据属性（datatype property）。实体必须以 uri 命名，本体用来表示概念之间的关系。不同的图谱之间具有标准的 SPARQL 查询语言，可解决跨域查询。关联数据的主要优点是基于描述逻辑的数学基础，有着标准化的规范词表，图谱之间易于交互；其缺点主要是高复杂性、学习门槛高。目前，关联数据技术已广泛应用于数字人文研究、生物医学知识库构建、政府数据开放、规范数据发布等。

2）技术层面的对比

构建知识图谱的目的是获取大量的、让计算机可读的知识，在互联网飞速发展的今天，知识大量存在于非结构化的文本数据、半结构化的表格和网页及生产系统的结构化数据中。表 3.5 中列出了广义知识图谱中常用的技术：知识建模、知识获取、知识融合、知识存储、知识计算、图挖掘和图计算以及可视化技术。

表 3.5　广义知识图谱与关联数据技术层面对比

广义知识图谱	主要作用	关联数据
知识建模	为知识和数据进行抽象建模	本体构建
知识获取	从不同来源、不同结构的数据中进行知识抽取，形成知识存入知识图谱	RDF 结构化
知识融合	将不同来源、不同结构的数据中抽取的知识融合成一个统一的知识图谱	关联数据
知识存储	用于数据存储，同时支持上层的知识推理、快速检索、图实时计算等应用	RDF 存储
知识计算	通过各种算法，发现其中显式或隐含的知识、模式或规则	知识推理
图挖掘和图计算	图遍历、路径计算与探寻、权威节点分析、族群分析、相似点发现等基于图的分析与计算	图遍历计算
可视化技术	结合可视化工具进行数据分析	可视化技术

（1）知识建模：设计本体进行知识和数据的组织。

（2）知识获取：根据设计的本体，将不同来源、不同格式的数据转换为 RDF 结构。

（3）知识融合：借助自然语言处理、实体识别、机器学习等算法建立起不同来源实体之间的关联关系。

（4）知识存储：RDF 数据常存储于三元组数据库（TripleStore）中，三元组数据库也可以看成是 NoSQL 数据库的一种。

（5）知识计算：应用逻辑描述推理（TBox 和 ABox）进行隐式数据的推理与发现。

（6）图挖掘和图计算：三元组数据库作为 NoSQL 数据库的一种，可以进行一些基于图的计算，如图遍历、路径计算等。

（7）可视化技术：作为展示层的应用，可以结合 D3.js、ECharts 等可视化插件。当知识图谱以图的形式展现后，信息一目了然，符合人脑对现实世界的认知模型。

3.4.2　关联数据与知识图谱在书信网络人际关系挖掘中的应用

1. 数字图书馆书信资源概述

近年来，古文资源的数字化工程展开了很多探索，如上海图书馆的中国家谱知识服务平台和全国报刊索引。在数字化的古文资源中，古代名人的书信文献也是不可或缺的一部分。数字化的古代书信，主要由元数据和书信正文两部分组成。书信的元数据一般包括收信人姓名、寄信人姓名、写信日期、写信地址及寄信地址五个元素。

古代名人书信主要可分为三类：一是亲人之间的家书，较为真实地记录了人物的成长轨迹和精神世界；二是友人交流的私人书信，较为详细地记载了人物的社会往来和兴趣爱好等信息；三是君臣、同僚往来的公文书信，较为审慎地描述了人物的政治抱负、价值取向和思想动向。

古代名人书信有两个主要特征：时效性和单一性。名人书信多具有鲜明的时代特色，与特定历史事件息息相关。书信的收录者在整理的过程中，往往聚焦于名人个体单方向传递的书信[41]，然而由于年代、环境、家庭等因素，档案收集的多为名人个人所写所寄的存稿，而未收录他人所写的书信。

2. 书信资源研究现状

1）书信网络

时间网络，又被称为时变网络（time-varying networks）或动态网络（dynamic networks），主要关注网络中的节点和边在特定时间或者主题下的波动性，例如，疾病网络中病毒传播的关键点、社会网络中的个人影响力等。时间网络中的基本研究元通常包括节点之间的互动、互动发生的时间点及互动持续的时间。如果互动持续的时间足够短，可以近似为即时互动，如电子邮件、微信等，则网络可以表示成一组联系；而每一个联系，可以看成是由参与互动的节点及互动发生的时间点组成的集合。如果互动的持续时间较长如通话等，网络则可以表示成一系列快照，每一张快照都是特定时间窗内的网络区间图。

根据书信体文献的语料库规模，对于书信网络的研究可分为个人书信研究和群体书信研究。个人书信网络，主要包含某一特定人物所写和所收的书信集，属于星形结构的自我中心网络，网络的中心就是该人物。群体书信网络涵盖了同时代其他人物的书信往来，属于社会中心网络，亦可看成是无数张个人书信网络的集合。许多学者对书信网络进行了研究。严承希和王军[42]基于符号分析法，建立宋代的政治网络，阐述了宋代政治网络的政治关系演化模式。张旋等[43]以章回小说内容递进的层级为隐含的时间次序，建立社会网络，分析主角人物之间的亲密关系，但旨在复杂爱情模式的预测，并不着重分析网络的动态性。Blei 和 Jordan [44]从统计建模的角度，将话题定义为一组固定词汇的概率分布，即在相同语境下共现频繁的词群。研究还将主题模型定义为一种能够从大规模文本语料中自动挖掘出隐含主题信息的概率模型。

2）话题模型

话题模型作为大规模文本的话题导航工具，已经广泛应用于数字人文研究中，主要可分为共时和历时研究两类。共时研究关注某一特定历史时期的话题，Meeks[45]运用话题模型工具分析 50 篇关于数字人文的文章，将结果可视化为文本话题网络。通过话题网络，他们可以观察文本、话题、词语如何相互关联。相比共时研究，历时研究更侧重于话题的动态性，Nelson[46]通过观察话题随时间的变化，来分析美国南北战争期间 Richmond 市的政治社交环境；Mimno[47]在 24 本期刊中观察话题随时间的变化，以及期刊之间的差异性随时间的改变。Du[48]调查了数字人文（digital humanities，DH）大会有关话题模型应用的 53 篇文章，发现这些文章多侧重于话题概览和可视化效果，但对于模型应用的技术细节如语料库的预处理、如何选取主题数量、如何去衡量主题的质量等并没有涉及，因而相关研究的可靠性和可复制性存在争议。

3. 书信网络研究算法模型

1）算法模型

在这里我们提出了一种针对书信网络的研究算法模型，下面将详细说明该书信网络的描述方法、检测指标和验证过程。

一封书信可以表示为一个六元组集合：$l=(S,R,t,l_s,l_r,c)$。S 表示寄信人集合，R 表示收信人集合，t 表示写信日期，$l_s \in L$ 和 $l_r \in L$ 分别表示寄信和收信地点，$c \in C$ 表示对应信件内容。研究将书信网络模型，定义为重边的超图 $H=(V,E)$，

节点集合 V 表示收发信人，边集合 E 表示人物间的通信往来。每条边 $e=\langle H_e,T_e,i\rangle$ 包含一组节点，i 表示每封信的索引，$H_e\subseteq V$ 表示有向边的边头，即每封信的收信人，$T_e\subseteq V$ 表示边尾，即寄信人，且 $H_e\cap T_e=\varnothing$。

为了更加精确地分析书信网络中节点个体的通信行为，可以用两种表示方式，即信联（contacts）和时间子图（graphlets），从时间的维度来描述网络。

信联。给定书信网络 H，从节点 i 发送到节点 j 的一个信联 ct，定义为一个四元组集合 $\mathrm{ct}=\{(i,j,t,d)\mid t\in T,d\in N\}$。$T$ 表示写信日期，而 d 表示每个信联的 ID，用来区分相同通信人之间，可能存在的多封书信往来。我们预设书信网络 H 的时间跨度是有限的，开始时间为 $t_{\mathrm{s}}\in T$，结束时间为 $t_{\mathrm{e}}\in T$。这样 H 可以表示成一组发生在时间区间 $[T_{\mathrm{s}},T_{\mathrm{e}}]$ 的信联集合。

时间子图。研究定义了两个函数 $f_e(e,t)$ 和 $f_v(v,t)$ 来描述特定时间出现的特定节点或边。如果时间 t 出现边 e，$f_e(e,t)=1$，反之为 0。同样的，如果时间 t 出现节点 v，$f_v(v,t)=1$，反之为 0。边 e 出现的所有时间点的集合则表示为 $D(e)=\{t\in T\mid f_e(e,t)=1\}$，而节点 v 出现的所有时间点的集合则表示为 $D(v)=\{t\in T\mid f_v(e,t)=1\}$。

给定书信网络 H，一个时间子图 g 定义为一组在时间区间 $[T_{\mathrm{s}},T_{\mathrm{e}}]$ 出现的所有边和节点的集合：$g=(V_{[t_i,t_j]},E_{[t_i,t_j]})$。其中 $t_i,t_j\in T$，$V_{[t_i,t_j]}=\{v\in V\mid f_v(v,t)=1, t_i\leqslant t\leqslant t_j\}$ 且 $E_{[t_i,t_j]}=\{e\in E\mid f_e(e,t)=1,t_i\leqslant t\leqslant t_j\}$。为了将时间子图中相同节点间的多条边压缩成一条单独的边，研究将给定边 e 的权重 $w_{g(e)}$ 定义为该边在时间子图里的出现次数：$w_{g(e)}=|\{e\in E\mid f_e(e,t)=1,t_i\leqslant t\leqslant t_j\}|$。时间子图的时间颗粒度可以根据数据的实际情况而定，如年、月、日等。

2）检测指标

大部分古代书信语料库只包含写信的时间点，而不是从写到寄再到收的时间区间，因而常用的动态网络度量方法如时间路径或者时间中心度等，并不适用于特定的书信网络。考虑到古代书信体文献的这种特殊性，一方面设计了信联活跃度，检测网络中个人通信行为的规律性；另一方面定义了节点的刷新率，用来度量不同子图区间节点活动的差异性。

信联区间和信联活跃度。给定书信网络 H 中连续的两个信联 (i,j,t_m,d_m) 和

(i,j,t_n,d_n)，它们之间的信联区间可以定义为$[t_m,t_n]$，$t_m \leqslant t_n$，$d_m \leqslant d_n$，且$|t_n - t_m| \leqslant \varphi$。任意两节点 i 和 j 之间的信联集合可以表示成$\sigma(i,j)=\{[t_1,t_2],[t_2,t_3],\cdots,[t_{k-1},t_k]\}$。研究使用四分位方法，计算阈值$\varphi$，帮助研究过滤时间跨度过长的信联区间。在此基础上，给定任意节点i和j之间的k个信联区间，信联活跃度计算如下：

$$\mathrm{RC}(i,j)=\frac{\sum(t_k - t_{k-1})}{|k-1|} \tag{3-1}$$

信联活跃度越小，两个节点的互动越频繁；反之，越稀少。

节点的刷新率。给定书信网络 H 中任意两张区间子图g_i和g_j，节点的刷新率可以定义为子图g_i的节点未出现在子图g_j的概率。$|V_{g_i}|$指代子图g_i里的节点数，$|V_{g_j}|$指代子图g_j里的节点数。$|V_{g_i} \cap V_{g_j}|$指代两张子图里重复的节点数。

$$R_{g_i}^{v}=1-\frac{|V_{g_i} \cap V_{g_j}|}{|V_{g_i}|} \tag{3-2}$$

$R_{g_i}^{v}$的值在 0 和 1 之间。如果$R_{g_i}^{v}=0$，区间子图g_i里的节点在子图g_j里保持不变；如果$R_{g_i}^{v}=1$，g_i里的节点均未在g_j里出现。

4. 书信关联网络构建

每封信的内容$c \in C$可以表示成一组词序列$\{w_1,w_2,\cdots,w_n \mid w \in W\}$，其中$w_n$指代文本中的$n$个词信中的一个话题$\theta$，定义为一组词汇的概率分布$\{p(w \mid \theta)\}_{w \in W}$，且$\sum_{w \in W} p(w \mid \theta)=1$。研究假定所有书信文本中有$k$个主题，且所有主题的集合为$Z$。那么一封信 c 中的话题分布可以定义为$\{p(\theta \mid c)\}_{\theta \in Z}$。研究用$n_{w,c}$指代信 c 中出现词 w 的频次，而 c 中 w 出现在 topic θ 下的频次为$n_{w,c,\theta}$，c 中 topic θ 下所有词的数量为$n_{c,\theta}=\sum_{w} n_{w,c,\theta}=\sum_{w} n_{w,c}\, p(\theta \mid c)$。

书信网络中每条边都赋予了相应的属性$\{(d,t,l_s,l_r,c,\{\theta_1,\theta_2,\cdots,\theta_k\}) \mid d \in N, t \in T, l_s \in L, l_r \in L, \mathrm{aw} \in V, c \in C, \theta \in Z\}$。为了区分相同的通信人之间可能存在的多封书信往来，研究用字母d来表示每封信的 ID。考虑到一封信可能有多个寄信人，但只有一个是写信作者。研究定义函数$\mathrm{top}: E \rightarrow \{\theta_1,\theta_2,\cdots,\theta_k\}$来标注超图中的每条边每封信的话题分布。

尽管获得语料的渠道有限制，书信网络多为个人规模，本研究仍想探索网络中潜在的群体人际关系，换言之，如果两位通信人之间的书信，话题相似度达到一定阈值，那么这两人在网络中被认为是关联的。于是本研究主要基于书信网络模型，计算话题关联度和相似度，构建书信关联网络，意在通过个人网络的书信话题关联，推测群体的社交网络，“窥一斑而知全豹”。

话题关联度。为了调查通信人相关的书信里涉及的各种话题，我们设计了话题关联度。给定书信网络 H，节点 v（任意通信者）的话题关联度定义为他参与的所有书信中的话题分布集合 $\{p(\theta \mid v)\}_{\theta \in Z}$。研究用 $\tau(v)$ 指代所有与节点 v 相连的边集合。于是节点 v 和话题 θ 的关联度，可以计算为通信人所有书信中话题 θ 下的词语数量占总词数的比例：

$$p(\theta \mid v)=\frac{\sum_{e \in \tau(v)} n_{\theta,e}}{\sum_{e \in \tau(v)} \sum_{w \in c=\mathrm{con}(e)} n_{w,c}}=\frac{\sum_{e \in \tau(v)} \sum_{c=\mathrm{con}(e)} n_{c,\theta}}{\sum_{e \in \tau(v)} \sum_{w \in c=\mathrm{con}(e)} n_{w,c}} \tag{3-3}$$

式中，$n_{\theta,e}$ 指代附加到边 e 上的 topic θ 下的所有词语，而 $\sum_{w \in c=\mathrm{con}(e)} n_{w,c}$ 指代文本 c 中的所有词语。

话题相似度。为了比较通信人在书信话题上的异同，采用 Kullback-Leibler divergence（KL 散度）[49]和 Jensen-Shannon（JS）距离[50]计算话题关联度之间的相似性。KL 散度衡量给定变量的两种概率 p 和 q 分布之间的差异情况，计算方法如下所示：

$$\mathrm{KL}(p,q)=\sum_{x \in X} p(x) \ln \frac{p(x)}{q(x)} \tag{3-4}$$

但是 KL 散度不满足对称性，于是对称的 JS 距离作为 KL 散度的改进，解决了非对称的问题，计算方法如下所示：

$$\mathrm{JS}(p,q)=\frac{1}{2}\left[\mathrm{KL}\left(p,\frac{p+q}{2}\right)+\mathrm{KL}\left(q,\frac{p+q}{2}\right)\right] \tag{3-5}$$

书信关联网络。基于上述的两种计算方法，可以设计如下的邻接矩阵 $M(V \times V)$。

$$M_{ij}=\begin{cases}1 & \exists v_i, v_j \in V, \mathrm{JS}[p(\theta \mid v_i), p(\theta \mid v_j)] \geqslant \eta \\ 0 & \text{其他}\end{cases} \tag{3-6}$$

v_i和v_j对应书信网络中的任意两个节点，如果这两个节点的话题相似度达到一定阈值，那么项$M_{ij}=1$，反之为0。当项M_{ij}值为1，就在书信关联网络中v_i和v_j之间添加一条边。基于邻接矩阵$\boldsymbol{M}$，将书信关联网络定义为无向图$G_h=(V_h,E_h)$，节点$V_h\subseteq V$指代通信人，边$E_h\subseteq V_h\times V_h$指代通信人之间的话题关联关系。

5. 实验分析

1）书信网络的动态分析

由于数据获得渠道的限制，这里所开展的实验是在个人书信集的基础上实施的。研究选取岳麓书社2011年出版的《曾国藩全集》中曾国藩的个人书信集（家书除外）（1841～1872 年）。《曾国藩全集》共三十一册，其中书信就有十二册，可见书信在曾氏传世文字中的分量。曾国藩的书信内容丰富，既有治军为政之道，又有人生处世之理，是研究其人及清末历史的重要资料。

在语料预处理的过程中，研究发现元数据中的日期信息，多为年号加月加日的组合形式，如“道光三十年正月二十八日”，非现今通用格式。于是采用台湾“中央研究院数位文化中心”提供的日期转换工具，将所有元数据中的写信时间转换成现今标准格式（年月日）。转换后写信时间可以精确到年，共8347封书信，本次实验的时间颗粒度设定为年。

信联活跃度。考虑到数据集里的信皆为曾国藩一生所发，并没有别人所写所寄给他的书信，于是将实验中曾国藩与其余通信人之间的信联活跃度，作为这些通信人在本数据集的信联活跃度。同时，研究适当过滤了语料中书信总数和通信年份过少的通信人，防止对结果的准确性产生干扰。研究同时计算了信联活跃度和中心度，精选了得分排名前10的通信人。

如表3.6所示，曾国藩的通信人范围极广，既包含朋友、同事、属下、心腹，也包含无交往的仰慕者和投奔者。信联活跃度排名靠前的大部分都是湘军将领中的核心人物，出于政治军事人脉的需要，曾国藩长期与他们保持着频繁的消息往来，是合乎史实的。中心度可以帮助研究找到静态网络中最重要的节点，而时间网络中的信联活跃度与中心度的排名基本吻合，证明了该方法的有效性。

表 3.6　信联活跃度和中心度计量结果排名前 10 的通信人

信联活跃度	中心度
胡林翼	胡林翼
左宗棠	彭玉麟
彭玉麟	左宗棠
李续宜	李鸿章
张运兰	杨岳斌
鲍超	乔松年
乔松年	吴坤修
李鸿章	李续宜
官文	官文
杨岳斌	李瀚章

高峰和低谷。图 3.25 从左至右分别展示曾国藩每年通信人的数量、每年所写所存的信件数量以及书信网络中每年的节点刷新率变化。比较明显的通信高峰和低谷，在图中均用圆圈圈出。

如图 3.25（a）、（b）所示，曾国藩的通信并不是随着年岁的增长和仕途的顺畅（“十年七迁，遍兼五部”）而呈现一路上升的趋势。其实他的一生用书信来刻画也是起起伏伏、动荡不定的。例如，1853 年左右，当时曾国藩正在为出征太平天国做准备工作，如湘军组建、广东买炮、水师筹建等，需要诸如师门、兄长、好友等诸多人脉。网罗各方人才，是当务之急，因此曾国藩的通信人数和通信量的突然暴涨是合理的。但 1855～1857 年，战事刚起，曾国藩座船被俘，文卷册牍俱失，父亲又去世，国事家事的打击下，研究推测曾国藩的通信人数和信件数量由此大幅度减少，如图 3.25（a）、（b）所示，出现低谷拐点。到了 1864～1866 年，湘军攻陷南京，太平天国宣告失败，曾国藩受到朝廷嘉奖，主修江南贡院，建江南制造总局，裁撤湘军，任两江总督。战事刚平，万业皆待复兴，事务繁多，通信人数和通信量达到最高峰，也是和史实相互印证的。

节点刷新率。将图 3.25（c）和图 3.25（a）、（b）相比较可以发现，三者既有相似，如 1854 年左右节点刷新率的高峰，在图 3.25（a）、（b）中也有展现，这和当时出征太平天国的事件相互印证，曾国藩调度作战，信息互通必不可少；但也

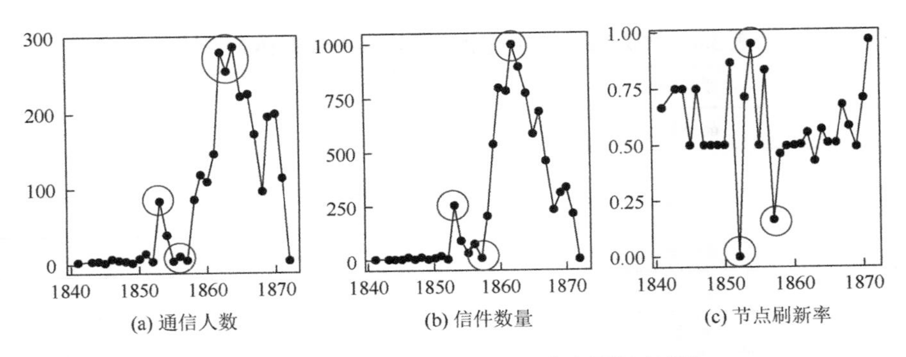

图 3.25　通信人数、信件数量、节点刷新率变化

有差异，1852 年和 1857 年左右节点刷新率均出现明显低谷，在图 3.25（a）、（b）中却并不明显。1852 年曾国藩的母亲去世，1857 年曾国藩父亲去世。曾国藩曾两次上书，请求在家守丧。推测也正因为此，他只处理要务及与熟人必要的通信，无心扩大交际圈，导致节点刷新率的两次下跌。

书信中的静与动。考虑到古代汉语并没有统一的分词规范和工具，且现代汉语的分词工具并不能直接运用于古代汉语，于是我们基于 *N* 元语法（*N*-Gram），从书信正文里提取了一元和二元字序列，并统计出现频率，将高频的字序列可视化。如图 3.26 所示，研究选取了五个有代表性的时间子图，从时间轴的角度，一览曾国藩近一生的通信行为模式。研究观察到，1864 年太平天国覆灭之前，曾国藩的书信主要围绕镇压太平天国这一主题，频频出现如“贼”“水师”“兵勇”等字词；而 1864 年之后，随着战事结束，曾国藩先后任两江总督和直隶总督，关注点也从战争转到了民生大计。诸事丛杂，日理万机，高频字“贼”不再是出现频率最高的，取而代之的则是如“亢旱”“秋收”“民困”等关于社稷的字词。

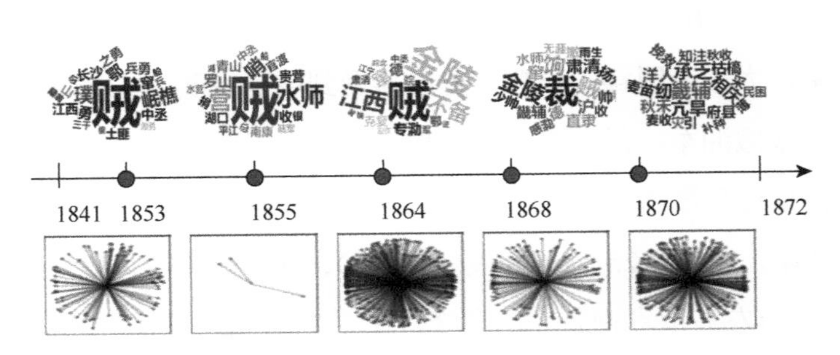

图 3.26　曾国藩书信网络时间子图以及对应关键字序列

纵观曾国藩一生的书信网络，可以称得上是“动中有静”。每一次信件数量和节点刷新率的变化，都与他所涉及的历史事件有着千丝万缕的联系和巧合，因此这两种方法的有效性得到了证明，即基于书信元数据和书信网络，在没有书信文本的支持下，可以较为准确地分析大规模书信中的通信人互动模式，挖掘书信网络中个人通信行为的持续性和稳定性。

2）话题关联分析

本次实验共选取 6146 封书信，涉及 165 位通信者（曾国藩除外），其中每位通信者至少是 10 封曾国藩书信的收件人，保证实验数据的充分性，实验的具体流程如图 3.27 所示。虽然，现代汉语分词已取得较大进展，但是古籍文本分词由于受到古代汉语词汇特征、语义、语法等限制，始终没有形成一种行之有效的方法。研究采用 *N* 元语法结合中文分词工具 jiebaR、自建古汉语词典和停用词词典对书信开展一到二元字词组抽取工作。在此基础上，通过 TF-IDF 算法再次过滤文本中常见而意义不大的字词组，预处理之后的一到二元字词组共 2287 个。

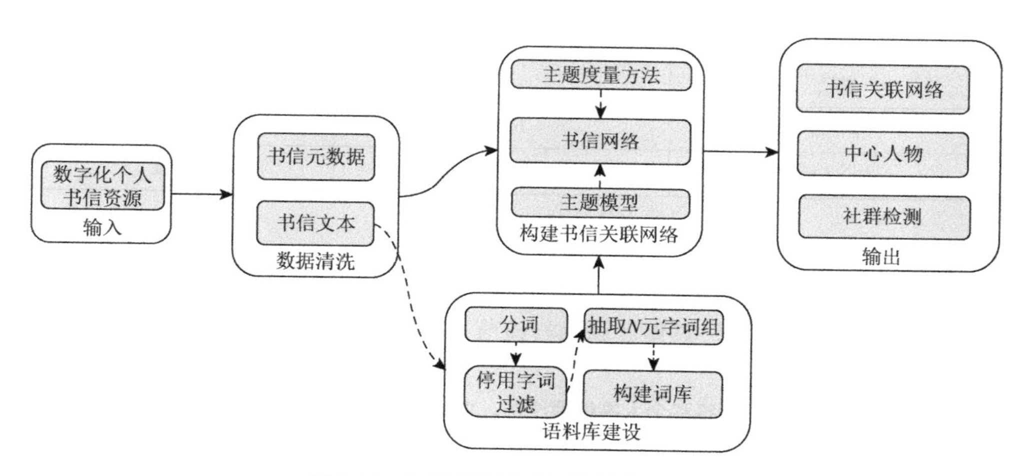

图 3.27　构建书信关联网络的实验流程

综合选取三种方法，即最大似然估计、话题之间的距离计算和话题之间的连贯性的方法，确定本次实验所有语料中的话题数为 38 个，生成曾国藩书信的话题模型，计算不同收信人之间的话题关联度和相似度（本次实验的话题相似度阈值定为 0.45），构建书信关联网络。

书信关联网络。本次实验的书信关联网络包含节点 165 个，边 2128 条，如表 3.7 所示。书信关联网络相比于曾国藩的个人书信网络而言，虽然信件数明显减少，但边数和直径都有增加，而且中心人物由曾国藩变为郑元璧。郑元璧其人，系庚子进士，曾任陕西道御史，刚正不阿，清廉如水；也曾是曾国藩幕府机构湖南东征筹饷局的主要负责人之一，与其他幕僚一起筹备粮饷装备，组建湘军。为官之外，他也很重视书院教育，曾在多所书院任教监管，并捐书捐银。他的家风优良，曾“一门两举三进士”。曾国藩在与他的书信中，涉及地方官事务、后勤保障、政治军事等话题。因此，可以推断其良好的家世、丰富的工作经历和推崇教育的治学理念，让他在诸多话题上和其他通信人（尤其是幕府同僚）有明显关联，也是符合历史史实的。

表 3.7　曾国藩的个人书信网络和书信关联网络的基本属性

书信网络基本属性	个人书信网络	书信关联网络
节点数	1004	165
边数	1896	2128
直径	2	3
信件数	14231	6146
中心人物	曾国藩	郑元璧

隐藏的人物。研究采用中心度的网络度量方法，衡量书信关联网络中节点（人物）在网络中的重要性，具体计算为与该节点相接的边数（表 3.8）。

表 3.8　书信关联网络和个人书信网络中，中心度计量结果排名前 10 的通信人

书信关联网络	个人书信网络
郑元璧	胡林翼
孔祥珂	彭玉麟
吴文镕	左宗棠
张澬山	李鸿章
吴安谷	乔松年
联福	杨岳斌

续表

书信关联网络	个人书信网络
王鑫	吴坤修
董似榖	李续宜
俊达	官文
奕䜣	李瀚章

如表 3.8 所示，关联网络中排名前 10 的人物，与曾国藩个人书信网络的人物排名截然不同。相较于左宗棠、李鸿章等为大众熟知的晚清政治家，这些通信人虽然知名度相对较低，但是细究起来，不可小觑。孔祥珂是孔子嫡孙，家世显赫，并曾参与抗击捻军；吴文镕不仅是曾国藩的恩师，还是湘军将领胡林翼和江忠源的举荐者；董似榖是亦官亦商的晚清首富盛宣怀的岳父，书法作品流传至今；恭亲王奕䜣是洋务运动的主要领导者。这些人物相比曾国藩个人书信网络中排名靠前的人物，毫不逊色，因而出现在书信关联网络的中心，也是适宜和恰当的。

群星璀璨的社群。为了发现网络中紧密连接的节点社群，下面采用 Louvain 社群发现算法探索书信关联网络中隐含的社群结构。Louvain 算法基于模块度（modularity）的相关概念，通过两步迭代，即模块度优化和社群聚合，最大化整体图的模块度，该算法效率高，准确率也有保证[51]。据此，本次实验的书信关联网络，最终可分为三个社群，如图 3.29 所示。相比左图曾国藩的个人网络而言，书信关联网络不再是“一家独大”的星形结构，而是“三足鼎立”的社群关系。这三个社群并不相互孤立，群内外皆有连接。每个社群中，中心度最高的通信人均在图 3.28 中用黑字标出，在书信关联网络中，研究用不同颜色代表不同的社群，并在图 3.29 中展示了 3 个社群各自的特色话题下的高频词汇。

如图 3.29（a）所示，最大的社群包含 56 人（郑元璧所在群），该社群政治家居多，如奕䜣、毛鸿宾、丁宝桢等；该社群的特色话题，既包含如“金陵”“江南”“沪”“直隶”“畿辅”等地名术语，又包含如“委员”“蒇事”“吏治”“报销”“章程”等时政术语，着重于各地地方官的行政事务、官员委任及信息传递，这与该社群中政治家居多的现象吻合。

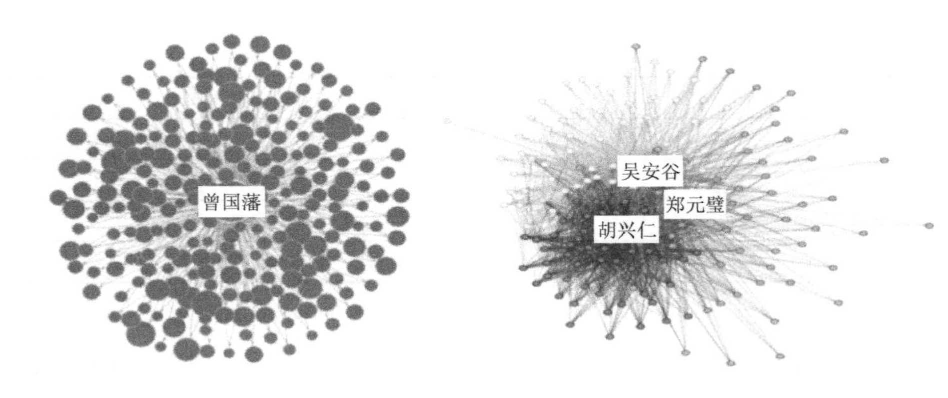

图 3.28　曾国藩的个人书信网络和书信关联网络

委员 捐官 挽回 吏治 畿辅 精力 直隶 荩 惧 慰 未能 金陵 久 目光 一案 沪 办理 蒇事 江南 勤 无事 焦灼 收 去岁 盐 章程

(a) 郑元璧所在群

运河 今岁 戢 二麦 陨越 壁 精力 秋禾 釐 甘霖 淮 珮 亢旱 相庆 节禧 秋节 逆 窜 裨补 承乏 畿辅 播种 迓 贼 沙河 春夏 无术 精力衰颓 济宁

(b) 吴安谷所在群

皖 徐州 山东 李幼泉 焦灼 撤 夹击 周口 捻匪 刘军 皖北 驻军 黄州 会剿 游击之师 捻 调度 清江 平善 河南 贼 鄂 纵横 马队 收 徐州 东路 逆 金口

(c) 胡兴仁所在群

图 3.29　书信关联网络特色话题词群

图 3.29（c）为胡兴仁所在群，成员多为湘系人物，如刘蓉、郭嵩焘、唐训方等人皆为湘军幕府核心成员。该社群的特色话题包含如“贼”“捻匪”“逆”等对起义军的蔑称，以及“会剿”“夹击”“调度”等军事作战词汇，侧重于对起义军的镇压，与社群中湘军居多的情况吻合。最小的社群包含 54 人（吴安谷所在群），该社群的特色话题，不仅涉及民生，包含“秋禾”“播种”“二麦”“亢旱”等农耕术语和“春夏”“秋节”“甘霖”等季节和气候术语，也涉及军事，包含如“贼”“逆”等对起义军的蔑称，与吴安谷江西按察使和督粮道的身份相符，也和群里的众多人物，如钟谦钧、左宗棠、刘铭传等的生平事迹是关联的。

同时，研究发现该社群中许多成员不仅在朝为官，也是当时酷爱诗书的文人雅士，如吴嘉宾、张曜孙、耆龄等，虽然吴安谷相关的史料并不多，基于社群推测他可能也对文学有浓厚兴趣，于是查阅相关文献，发现他确实曾经编过一本吴煊的《读史笔记》，因而研究推测是合理的。

3.4.3 基于关联数据和知识图谱的数字图书馆资源可视化技术

近些年，语义网和关联数据技术已成为国内外数字人文领域研究的技术首选，越来越多的数据集被发布成关联数据。国外，比较知名的如以维基百科的词条为基础的 DBPedia 和 WikiData 等平台，以发布规范档数据为主的 VIAF、LOC、Freebase 等平台；国内，上海图书馆的数字人文系列近几年逐渐推出家谱知识库、古籍循证平台、人名规范档、书目系统等多个关联数据集，这些数据集的发布都依赖于各自的发布平台，查看和调用数据时需要去不同的平台进行访问，当需要将多个数据集集中发布时，一般的做法是将不同数据集的 RDF 数据导入某一个统一的数据库进行发布，这将带来数据更新的同步问题和维护成本的增加。因此，需要建立一套关联数据服务平台（linked data service platform，LDSP）来进行 RDF 数据的统一发布和知识图谱服务。

1. 关联数据服务平台框架

1）LDSP 功能框架

基于语义技术的应用平台通常需要借助语义框架来实现，常用的开源语义框架有 ApacheJena 和 OpenRDFSesame。这里提出了一种 LDSP 框架，该框架从底向上分为基础设施层、语义关联层、知识服务层和应用平台层四层结构。

如图 3.30 所示，从结构层次看，基础设施层主要结合一些开源工具和开放本体，将多源异构的数据转换为 RDF 结构的数据，实现资源语法层面的统一；语义关联层需要对同类资源的不同本体进行对齐，建立不同资源之间的语义关联，实现资源语义层面的统一；知识服务层可以结合本体、知识图谱和机器学习方面的理论和算法，提供资源语义相关的知识服务；应用平台层作为资源与用户交互的直接入口，为用户提供更为精准的分析数据，助力科学研究。

从语义服务看，LDSP 的四层结构中包含了语义平台相关的六大关联数据服务，这些服务既可独立开展服务，又可联合提供服务。关联数据转换服务（linked data transformation service，LDTS）位于基础设施层，是整个语义平台的基础和根基，为语义关联层提供标准数据支持；关联数据检索服务（linked data query service，LDQS）作为语义关联层的主要服务模块，是整个语义平台的桥梁和心脏，为知

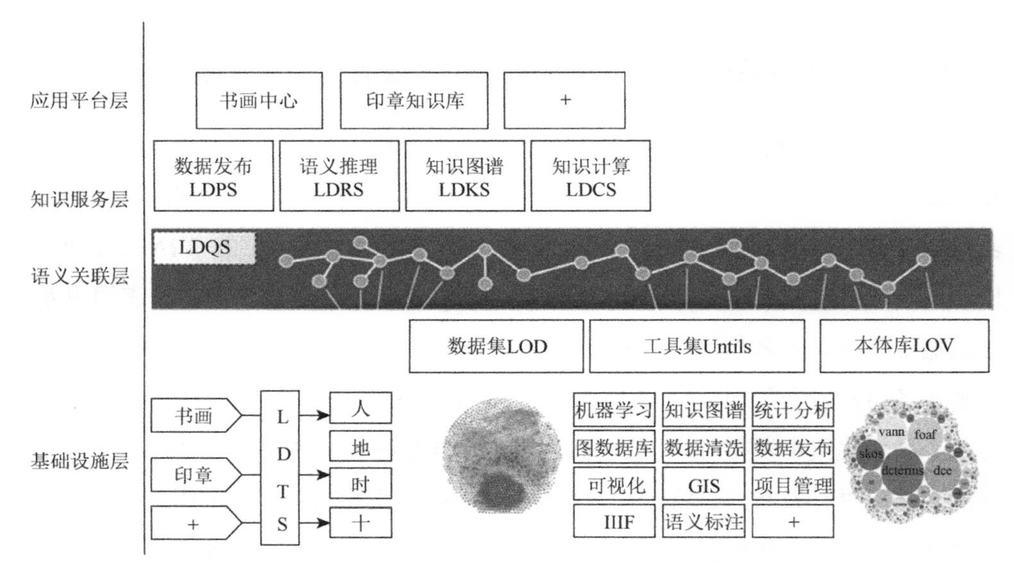

图 3.30　关联数据服务平台功能框架

识服务层提供链接的语义数据；关联数据发布服务（linked data publishing service，LDPS）、关联数据推理服务（linked data ratiocinating service，LDRS）、关联数据知识服务（linked data knowledge service，LDKS）和关联数据计算服务（linked data computing service，LDCS）则是整个语义平台的价值体现，为最终的应用平台层提供方法和手段。

2）LDSP 模块堆栈

如图 3.31 所示，人们熟知的语义网技术堆栈主要包括超文本网络技术（URI/IRI、HTTP、UNICODE、AUTH）、标准化语义网技术（RDF、RDFS、OWL、SKOS、SPARQL、RIF）和尚未实现的语义网技术（LOGIC、PROOF、TRUST）。这里将 LDSP 功能涉及的六大服务功能近似对应到语义网技术堆栈。

LDTS 对应于技术堆栈中的语法层，即实现 RDF 序列化格式。

LDPS 对应于技术堆栈中的知识表示结构层，用 RDF 模型展示数据结构。

LDQS 对应于技术堆栈中的检索层，即用 SPARQL 进行 RDF 数据的获取。

LDRS 对应于技术堆栈中的 RIF 规则交换层，实现语义推理。

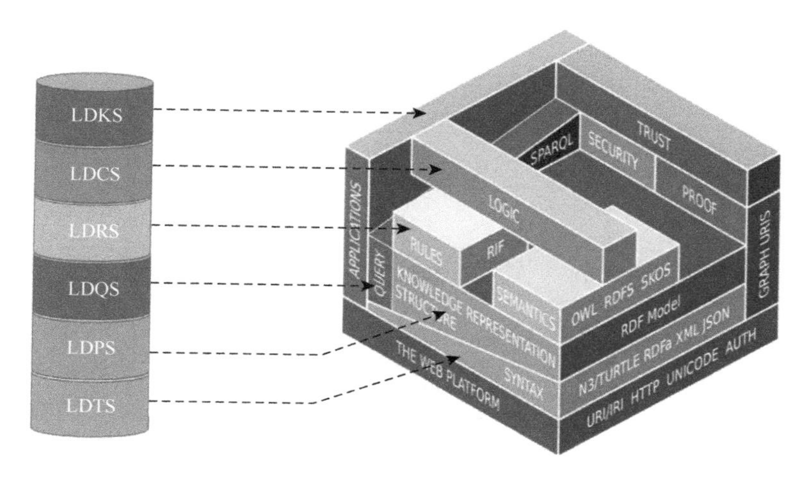

图 3.31　语义平台关联数据服务堆栈

LDCS 对应于技术堆栈中的逻辑层，提供公理和规则，实现图的运算和逻辑操作。

LDKS 对应于最终的应用层，语义平台涉及的众多技术都将为最终的语义知识和服务提供技术支持。

3）LDSP 服务模块

（1）关联数据转换服务

高质量的、规范的、结构化数据是构建语义环境的基础，开放数据的五星模型乃至扩展的七星模型为语义环境的数据提供了标准和要求。LDTS 主要将不同结构的原始数据转换为统一格式的 RDF 结构数据，LDTS 可以根据不同的数据结构类型（结构化、半结构化和非结构化），采用不同的实现方法（图 3.32）。可以看出，不管是什么类型的数据，都需要经过类和属性的映射才能转化为 RDF 数据，只是在实现方式上有所区别。

结构化数据指可以使用关系型数据库表示和存储，表现为二维形式的数据。一般特点是数据以行为单位，每一行可以看成是一个实体（资源）的信息，每一列可以看成是该实体的一个属性信息。对于结构化数据，通常采用 RDB2RDF 的方法进行转换，如使用 D2R 工具、R2RML 映射语言等。Excel 和 CSV 文件也具有结构化数据的特点，可以使用 OpenRefine 进行 RDF 转换。

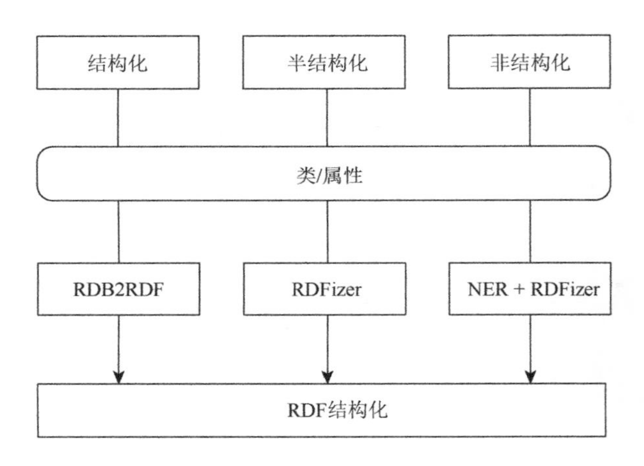

图 3.32 LDTS 转换服务实现方式

半结构化数据可以看成是结构化数据的一种形式，并不符合关系型数据库的数据模型结构，但包含相关标记，可以用来分隔语义元素，以及对记录和字段进行分层，也称为自描述的结构。半结构化数据特点是属于同一类实体可以有不同的属性，组合在一起时属性顺序并不重要，典型的半结构化数据有 XML 和 JSON。对于这类数据，也有一些工具可以用来实现 RDF 转换，称为 RDFizer 实现，如 XML2RDF、XMLWrApper、JSON2RDF。

非结构化数据指没有固定结构的数据，如各种文档、图片、视频/音频等。对于非结构化的文本数据，需要结合自然语言处理（NLP）和实体识别（NER）技术，抽取出结构化数据，再进行 RDF 转换，如使用 OpenSemanticETL、TextRunner、Deepdive 等工具。而对于图像和音频视频文件的结构提取，主要先通过目标检测识别出资源实体，再进行转换。

（2）关联数据检索服务

LDQS 可以在已经关联的不同来源的资源中实现分布式资源的联邦检索（federated query）和数据混搭（mashup），而联邦检索正是关联数据区别于传统数据获取方式的最突出优点。不同数据源资源之间的语义关联，通常通过本体对齐和资源关联两步来完成。

本体对齐：不同数据源中的资源描述的是同一实体，但是在资源创建时，往往采用的本体并非一致，因此需要采用某种统一的本体来兼容这些数据源资源。

可以通过将不同数据源资源的类和属性分别对应到某个常用本体中，实现资源的本体对齐。

资源关联：不同机构在将实体数据进行 RDF 结构化的过程中，往往会用各自机构的域名来定义资源的 URI 地址，这些资源之间就需要进行关联操作。可以使用 LIMES、SILK、LDIF 等工具和框架来进行不同资源之间的自动化关联，主要原理是通过机器学习和字符相似度的一些算法来进行资源属性值的对比。

实现不同资源的关联后，整个 Web 就成为一个巨大的数据库（Web of data），资源之间的获取和融合完全在网络环境中完成，人们不再去关心获取的资源位于何地、存储在哪个服务器中，这也是数据去中心化的思想。关联数据的联邦检索可以方便地从多个关联的资源中进行信息的分布式获取和无缝融合，但是在使用过程中，联邦查询的效率问题对于实时性较强的系统来说，具有一定的挑战性，往往需要从服务器的设置、数据库的配置、SPARQL 的组织等多角度进行优化。

（3）关联数据发布服务

连接、开放、共享将成为大数据时代、人工智能时代、万物互联时代不变的主题。对于语义平台也是如此，LDQS 中实现了与外部数据源的融合，打通了不同数据之间的信息“孤岛”，试想如果关联的数据集没有开放共享，研究又如何去关联融合？关联数据的目的简单理解是“用来连接分散的数据源”，只有将数据源开放或发布出来成为数据网络中的一个节点，才能真正释放数据的价值，也是数据技术（DT）时代的根本推动力。

如图 3.33 所示，LDPS 将遵循 W3C 的开放标准（关联数据四原则）进行数据发布。关联数据常用发布方式有基于静态的 RDF/XML 文件发布、基于数据库的第三方工具转换（D2R 平台、Openlink Virtuoso、Triplify、Pubby 服务器等）、基于 API 或 WebService 的第三方转换（Linked Data API、OAI2LOD Serve 等）、基于 CMS 的 RDFa 方式（Drupal 的 RDF 模块）。

静态文件的发布方式通常针对小的或者归档数据集，如本体文件的发布、DBPedia 历史版本的归档等；使用 D2R、Virtuoso、Pubby 等方式只是实现了 RDF 数据的 Restful 检索，使用时需要熟悉 SPARQL 查询语言，技术门槛较高，同时也没有完全遵循关联数据四原则，如资源 URI 不能在网络中直接流通，只是作为 ID 存储于数据库中。

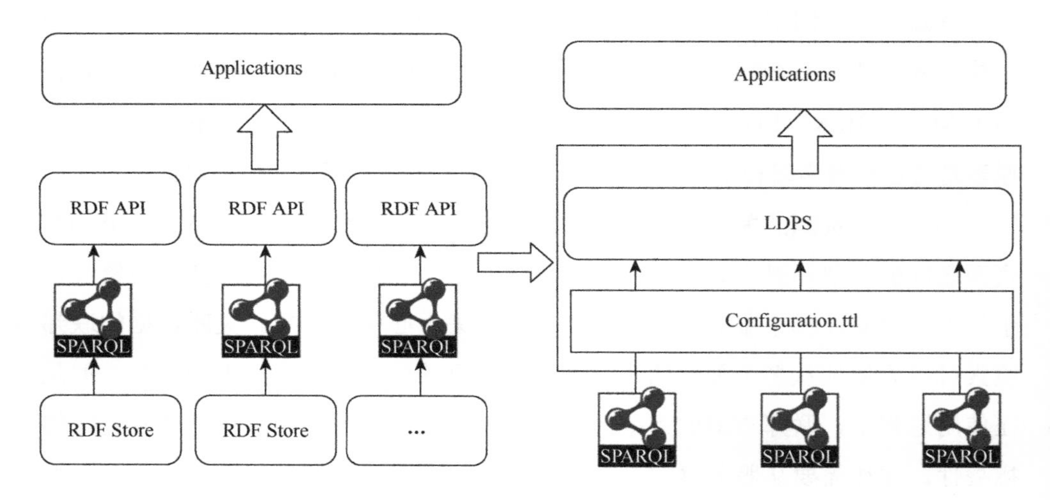

图 3.33　LDPS 实现单平台多节点发布

这些发布模式太过依赖发布平台和本地环境，使用的工具存在限制数据集大小或不提供技术更新等问题，使得数据同步维护成本增加，同时用户的体验也不好。LDPS 平台基于 LODView 进行二次开发，通过简单的节点（SPARQL Endpoint）配置，实现多数据源节点的轻量挂接，达到单平台多节点（one platform multiple endpoints，OPME）发布（图 3.33）。

（4）关联数据推理服务

语义平台与传统系统最大的区别体现在数据的智慧性，关联数据采用本体进行知识组织，而本体强大的描述能力和丰富的组织结构为语义推理提供了功能。OWL 是目前最规范（W3C 制定）、最严谨（采用描述逻辑）、表达能力最强（是一阶谓词逻辑的子集）的本体语言，主要基于 RDF 语法，使表示出来的文档具有语义理解的结构基础。关联数据推理服务可根据已存在的三元组依据一定的规则或算法，从结构化数据中挖掘、发现、推演，增强数据集中包含的信息，LDRS 的推理可以从语义逻辑层面和数据存储层面两方面来实现。

与 OWL 相关的常用推理引擎有 CLIPS（或 Jess）、RACER、FaCT＋＋、Pellet、

Jena，我们提出的语义平台主要基于 ApacheJena 框架构建，因此可以使用 Jena 中的推理引擎在语义逻辑层面来构建 LDPS 服务，该层面的推理实现需要具备语义模型的编程能力，技术门槛较高。根据推理机实现的技术不同可以分为基于本体的推理和基于规则（rule）的推理。

基于本体的推理主要用来实现传递属性、对称属性、逆等关系属性的知识推理。此类推理引擎需要针对具体的本体语言进行推理，因此针对性强、效率高，如 Jena 中提供的针对 RDFS、OWL 的推理引擎，这类推理机制相对容易集成到 LDRS 服务中，以提供基于本体的逻辑推理。

基于规则的推理方式，则需要根据不同系统、不同用户的需求进行规则的定义，再利用推理机进行推理。Jena 中除了实现本体推理外，还可以利用基于规则的推理引擎实现一般用途的推理，该推理引擎支持基于规则的 RDF 图推理，并提供正向链接、反向链接和混合执行模型。

由于 RDFS 和 OWL 模式是 RDF 图，因此可以将这些模式加载到三元组存储中，在数据存储层面进行语义推理，该层面的推理实现需要具备 SPARQL 操作的能力。这里以 Virtuoso 数据库为例，简要说明在数据存储层面实现 LDRS 服务的流程。首先，制定规则图（rule graph），将需要推理的属性关系存储到规则图中（如属性对称关系）；其次，使用 RDFS_RULE_SET 加载制定的规则图；最后，使用 SPARQL 进行 RDF 数据获取时，将会根据加载的规则图进行推理。

（5）关联数据知识服务

LDKS 借助知识图谱和可视化等相关技术，将不同知识库中的多源数据集进行融合和图形化展示，帮助用户更好地从关联的数据源中挖掘、分析隐含知识，并提供多维知识服务。LDKS 的实现可以借助于 LODLIVE 工具，该工具提供了使用关联数据标准（RDF 和 SPARQL）来浏览 RDF 资源的关联链接，浏览到的资源多少完全取决于能获取多少。

不同资源之间的关联通常采用 owl: sameAs 属性进行连接，owl: sameAs 是 OWL 的内置属性，经常用于跨标识资源和跨分布式数据集之间的关联数据集成。LDKS 服务可采用专有的 SAMEAS 图（GRAPH）来进行关联链接的存储，图 3.34 为传统方式进行 SAMEAS 链接和使用 SAMEAS GRAPH 方式的结构对比。

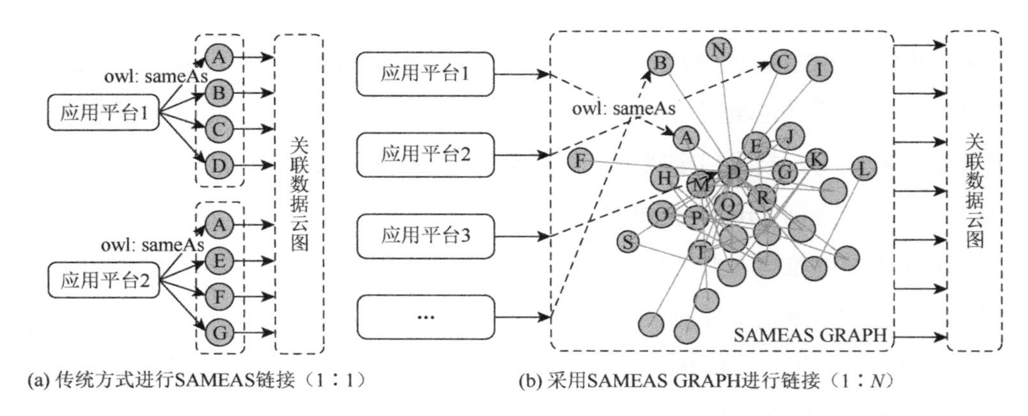

(a) 传统方式进行SAMEAS链接（1∶1）　　(b) 采用SAMEAS GRAPH进行链接（1∶N）

图 3.34　SAMEAS 链接和 SAMEAS GRAPH 链接结构对比

图 3.34（a）为传统方式进行 SAMEAS 链接模型，此时 SAMEAS 与每个应用系统相关，如在应用平台 1 与外部资源 A、B、C、D 进行关联，关联的 RDF 三元组信息存储在应用平台 1 的数据库中，关联后可以从关联数据云图中获取关联资源的详细信息；同理，应用平台 2 与外部资源 A、E、F、G 进行关联。这种方式存在如下问题：第一，关联的数据源数量有限，仅限于应用平台已知数据源，如应用平台 1 只能关联到 A、B、C、D，并不清楚数据源 E、F、G 是否可以关联。此时可看成是一个 SAMEAS 输入后有一个对应的关联资源 URI 链接输出（1∶1）。第二，关联的数据源维护困难，随着待关联数据源的增加，需要在每个应用平台中维护新的关联信息，如应用平台 1 中需要和 A、B、C、D 四个数据源进行关联匹配，当增加新的数据源 H，应用平台 1 需要与数据源 H 进行资源的关联匹配。

图中 3.34（b）为采用 SAMEAS GRAPH 进行中转（过渡）的链接模型，最大的区别是将所有的 SAMEAS 关系放入独立的图（GRAPH）中进行存储，这样做的优点如下：第一，关联的资源丰富，应用平台 1 只需要和 SAMEAS GRAPH 中的某一个节点（数据资源）关联，如关联到数据源 A，通过 SAMEAS GRAPH 就可以获取相关联的其他资源，具体能够关联到多少数据源，完全由整个数据网络中已经关联的其他节点决定，可以最大程度获取更多的关联信息，即一个 SAMEAS 输入可以输出多个关联资源的 URI 链接（1∶N）。第二，关联的运维成本较低，这种方案完全将应用平台级的关联匹配工作交由

SAMEAS GRAPH 来完成，而 SAMEAS GRAPH 中的关联信息又来源于网络，因此可看成是分布式的链接众包模式，也体现了关联数据去中心化的理念和优势。

（6）关联数据计算服务

语义平台中的数据由 RDF 三元组依据本体结构进行组织，数据之间具有一定的智慧和语义能力，为了更好地实现从无序的大数据到有序的知识转变，需要对网络中蕴含的开放知识进行有效的计算，平台将挂接 LDCS，以更好地提供 LDRS 和 LDKS 服务。通过 LDCS，可对网络大数据环境下海量碎片化的数据进行自动的、实时的结构化与体系化组织，对知识进行深度语义关联。

知识计算，从过程角度来讲，可包括三个方面的计算：知识获取阶段的计算、知识关联阶段的计算、知识学习阶段的计算。在知识获取阶段，通过对开放的数据进行结构化与体系化组织，形成少量的知识；在知识关联阶段，通过专家经验或机器学习算法，实现知识的多维语义关联，进一步完善和补充知识；在知识学习阶段，通过不断地学习知识间的关联信息，机器实现对知识的进一步组织和表达，使得知识从人类可读、可理解转化为机器可读乃至机器可理解，并将上述过程不断地进行重复与迭代，获取新的知识并更新旧的知识，最终实现机器的自主学习。

RDF 三元组作为很好的知识计算模型，可以非常方便地呈现复杂的显式知识，也可结合图存储、图计算和数据挖掘技术，提升知识计算能力来进一步获得隐式的或推断的知识。图存储可以灵活存储复杂关联关系，支持深度超过 1 层的关系进行遍历查找或基于算法进行实时数据关系挖掘；基于图谱的计算主要有属性计算、关系计算、实例计算、图遍历、中心节点分析、路径发现等。除了图的一些计算外，LDCS 还可以集成深度学习模型和框架助力科研人员快速构建深度学习和语义开发环境。

2. LDSP 轻量级实现方案：SinoPedia 平台

1）平台框架

SinoPedia 平台框架从下而上为数据接入层（Data Layer）、功能服务层（Platform Service Layer）、资源链入层（Resource Linking Layer）三层（图 3.35）。

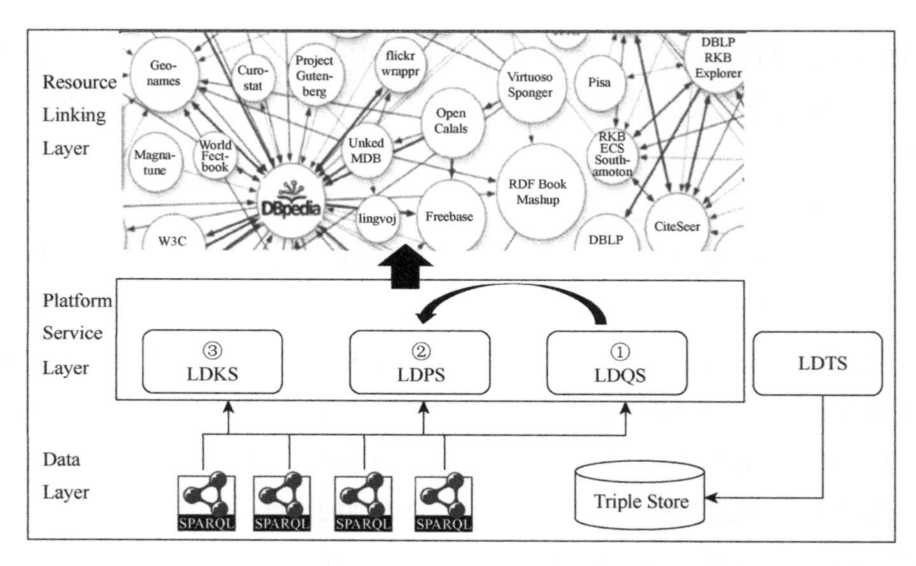

图 3.35　SinoPedia 服务平台框架

（1）数据接入层

该层指明了 SinoPedia 的主要数据源，其中数据来源主要分自建数据和接入数据两大类。自建数据为平台收录的资源词条，这些词条主要来自上海图书馆数字人文系统、DBPedia 和其他网络资源。其中上海图书馆数字人文系统中的数据和 DBPedia 数据为 RDF 数据，网络资源数据为 Excel、XML 等多种数据格式。这些异构数据目前采用线下转换的方式，将多种数据类型的数据转为 RDF 数据，并导入三元组数据库，目前知识库所用三元组数据库为 OpenLink Virtuoso 7.2.4.2。接入数据则为网络中其他在线的关联数据资源，这些资源通过 SPARQL Endpoint 提供访问，在 SinoPedia 中可以简单地通过相关配置文件进行资源接入。

（2）功能服务层

该部分给出了 SinoPedia 的核心功能模块，主要由 SOOOPA 检索模块(LDQS)、LODVIEW 发布模块（LDPS）和 LODLIVE 发现模块（LDKS）三大部分组成，其中各自模块的功能为 SOOOPA 检索模块直接连接 SinoPedia 的三元组数据库，来提供站点资源的检索服务和接入资源的转发服务；LODVIEW 和 LODLIVE 模块则需要连接不同的站点资源，这些站点资源为已发布的开放的关联数据集（SPARQL Endpoint)。LODVIEW 发布模块主要用来提供不同数据源中关联数据的发布和内容协商服务，连接的站点资源可以是开放的数据集，也可以是需要账户认证的数据集；LODLIVE 发现模块则以可视化的知识图谱方式提供不同数据源之间关联数据的浏览服务，要求接入的数据集为开放资源。

（3）资源链入层

SinoPedia 目前包含人、地、时、机构等资源类型，并做了和外部关联开放数据集的关联，如 DBPedia、GeoNames、NobelPrize、WikiData、上海图书馆人名规范档知识库等。当外部资源链接到 SinoPedia 资源后，即可获取 SinoPedia 中该资源的 RDF 数据和其他相关联的外部数据。

2）LDPS 发布服务

LODVIEW 系统是基于 Spring 和 Jena 的 Web 应用程序，可以与 SPARQL 端点一起以关联数据的发布标准来发布 RDF 数据。SinoPedia 在 LODVIEW 代码的基础上做了二次开发，以支持单个 LODVIEW 平台接入多个 SPARQL 端点，这样 SinoPedia 就可以充当外部资源的发布中心。不同站点的资源可以采用 SinoPedia 域名统一管理和发布，即在 SinoPedia 上显示不同站点资源，并针对这些接入站点资源提供关联数据的内容协商服务（主要有 RDF/XML、JSON、NT、KnowledgeGraph）。

为了赋予不同站点资源唯一的身份标志，需要在 SinoPedia 中对这些站点资源进行重写。当外部 SPARQL 端点接入知识库后，知识库将会统一生成全局的资源 URI，知识库中采用的资源 URI 规则为 http://sinopedia.library.sh.cn/${site}/${pattern}，其中变量${site}为每个接入站点的标识（表 3.9）。

表 3.9 不同接入站点的资源标识

数据源	SPARQL Endpoint	SinoPedia 资源标识
诺贝尔奖知识库	http://data.nobelprize.org/sparql	Nobel
第一次世界大战知识库	http://ldf.fi/ww1lod/sparql	WW1
Getty 艺术与建筑叙词表	http://vocab.getty.edu/sparql	Getty
地理信息知识库	http://geo.linkeddata.es/sparql	Geo

${pattern}为资源在原始站点的命名规则，如表 3.10 所示。诺贝尔奖知识库中

“李政道”资源地址为 http://data.nobelprize.org/resource/laureate/69，对应到 SinoPedia 中对应的地址为 http://sinopedia.library.sh.cn/nobel/resource/laureate/69，这里主要将原始域名替换为 SinoPedia 域名，并加入站点标识 nobel，这样实现了不同站点资源的统一管理。表 3.10 给出目前接入站点的不同资源 URI 映射，在进行印章知识库发布时，也将采用站点接入方式进行发布。

表 3.10　不同接入站点资源分配

资源名（来源）	资源原始 URI	SinoPedia 资源 URI
李政道（诺贝尔奖知识库）	http://data.nobelprize.org/resource/laureate/69	http://sinopedia.library.sh.cn/nobel/resource/laureate/69
1stArmy（第一次世界大战知识库）	http://ldf.fi/ww1lod/635e1f7d	http://sinopedia.library.sh.cn/ww1/ww1lod/635e1f7d
DiamondBrook（Getty 艺术与建筑叙词表）	http://vocab.getty.edu/tgn/1135223	http://sinopedia.library.sh.cn/getty/tgn/1135223
Lago（地理信息知识库）	http://geo.linkeddata.es/resource/Lago/Sein%2C%20Lago%20del	http://sinopedia.library.sh.cn/geo/resource/Lago/Sein%2C%20Lago%20del

原始的 LODVIEW 在其配置文件中仅可配置一个资源地址，SinoPedia 中对此做了扩展，以支持多站点的接入方式。配置文件中，在 conf: Configuration 类中定义了需要绑定的站点资源，这里给出 Nobel（endpoint_nobel）和 Geo（endpoint_geo）这两个外部接入资源的配置；绑定的站点资源都是独立的 conf: Endpoint，互相结构关系如图 3.36 所示。

Conf: Configuration 类中保留了 LODVIEW 之前的系统配置信息，包括一些检索语句属性（defaultQueries、defaultRawDataQueries 等），以及相关资源属性（imageProperties、longitudeProperties、latitudeProperties、linkingProperties 等）。Configuration 类通过 bindEndpoint 属性和实际接入的站点进行关联，可以同时关联多个站点。Conf: Endpoint 则为扩展的站点配置类，包括 label（站点标识）、authUsername（连接账号）、authPassword（账号密码）、IRInamespace（资源命名空间）、httpRedirectPrefix（资源跳转前缀）、endpoint（站点 url）等。

目前 SinoPedia 中已经接入了众多国内外的开放数据集，如国外的 Getty、Geo、Nobel、WW1、VIAF、LOC 等，国内的有上海图书馆 SHLIB 中的古籍、家谱、人名规范档，以及华东师范大学的数字方志集成平台和中国近现代书画印本数据库。

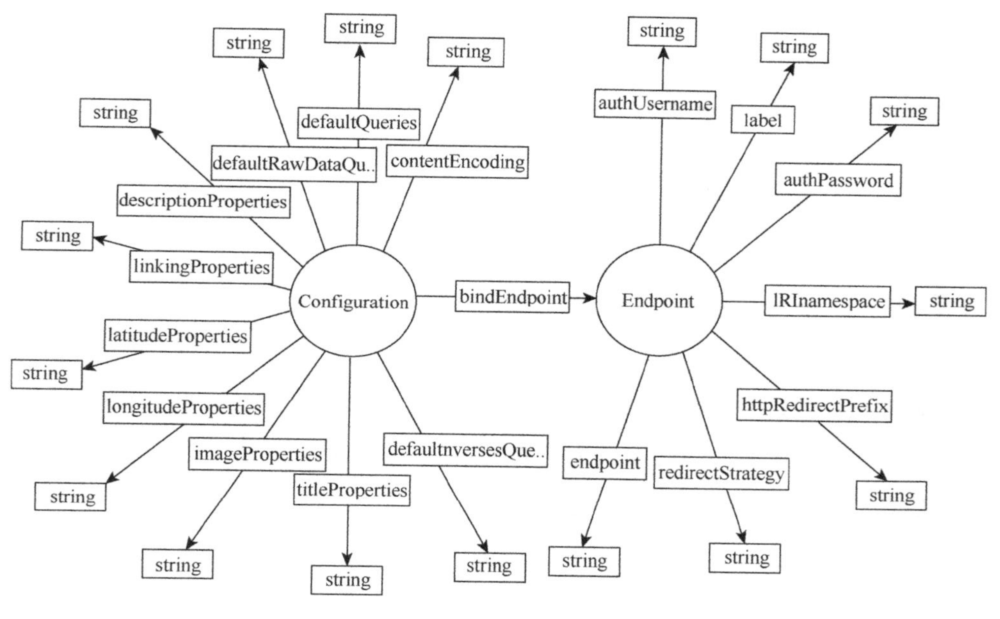

图 3.36　LODVIEW 配置文件扩展

3. LDKS 知识图谱和发现模块

LDKS 知识图谱和发现模块主要基于 LODLIVE 插件完成，该插件旨在使用简单的图谱界面和使用关联数据标准来浏览相关的多源 RDF 资源。以“李政道”为例（图 3.37），“李政道”在 SinoPedia 中已经关联到“上海图书馆（人名规范

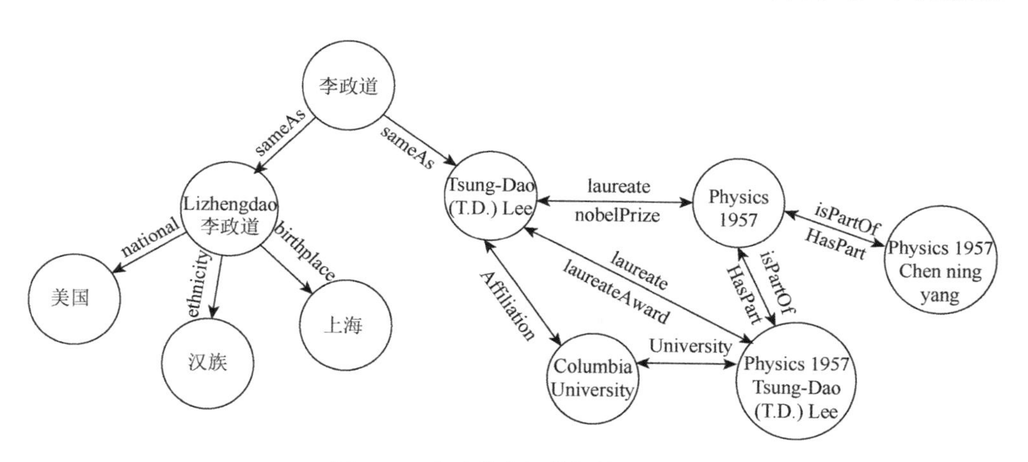

图 3.37　李政道多源数据关联图谱

档）”“DBpedia”“NobelPrize.org”等在线资源。通过 SinoPedia 的图谱展示功能可以查看不同资源数据的整合情况，利于信息的发现。

使用 LODLIVE，可以通过 A 站点资源可以查看 B 站点和 C 站点资源，形成了不同数据源的信息整合，当不同的数据整合到一起后，甚至可以发现有意义的信息。如图 3.38 所示，同样在李政道词条中，NobelPrize 站点资源中打开李政道的出生地“中国”和“上海”，会发现出生在上海的诺贝尔奖得主共有三人（李政道、高锟、埃德蒙·费希尔）；而出生在中国的诺贝尔奖得主则有十人，其中除了熟悉的高行健、杨振宁、莫言、屠呦呦、崔琦外，沃尔特·豪泽·布喇顿和根岸英一也出生于中国。因此通过不同数据集中关联数据的展示，可以发现资源更多的信息，以支持数字人文方面的研究。

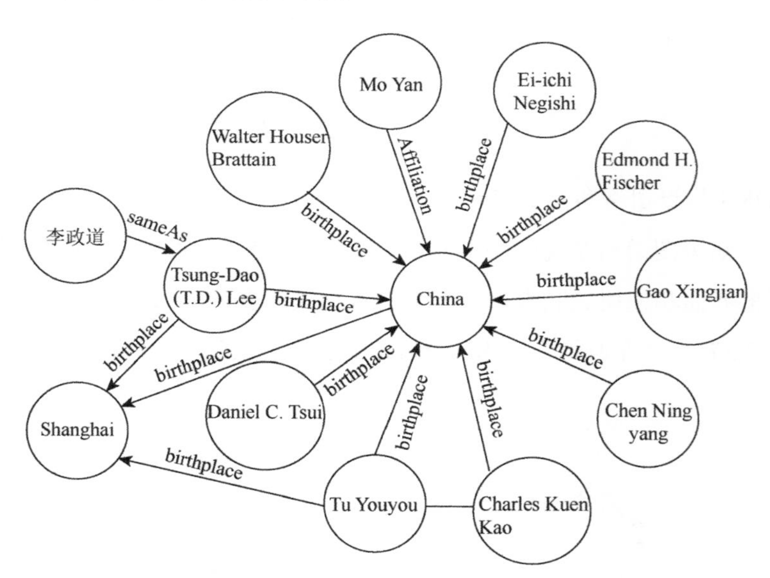

图 3.38　出生在“中国”和“上海”的诺贝尔奖得主

SinoPedia 目前已收纳 73 万左右的实体、近 554 万的 RDF 三元组，涉及人、机构、地理、朝代等多个类别，并与多个外部资源做了关联（图 3.39）。其中，与 DBPedia 的链接占 95.7%，数目达 694300 条，DBPedia 已成为众多资源链接的核心。通过链接到 DBPedia 可以方便地与 Wikidata、YAGO、FREEBASE、VIAF、DNB 等资源进行关联。

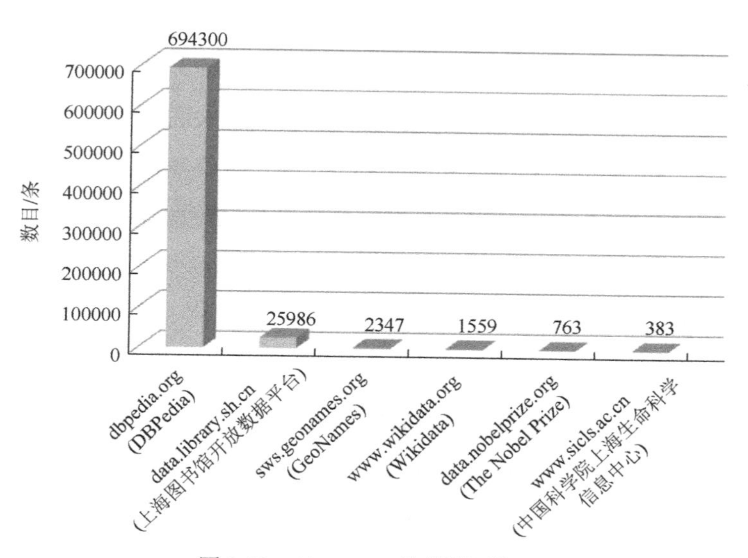

图 3.39　SinoPedia 关联资源统计

SinoPedia 有部分数据来自于上海图书馆的数字人文系统，两者相关联的数据大概有 25986 条，是总数据的 3.9%。SinoPedia 之所以没有像国内一些高校或企业那样采用网络爬虫技术抓取百度百科、知乎和类似网站的数据，并转换成 RDF 来提供一定范围的知识图谱服务，是因为这些爬取的数据不是公共领域的数据，即便支付一定的费用，也不可能享有完全开放使用的权利。国内即便是用户贡献内容的网站，内容大都属于网站公司，而不是创建者可以任意支配或声明的。这种现象已成为国内开放数据服务的主要瓶颈，SinoPedia 的研发也是为了打破这项制约，目前 SinoPedia 中的资源数据以 W3C 的标准完全开放。

传统图书馆可以看成是传统社会的大脑中枢，通过提供各类基于馆藏的知识服务而起到整个社会的知识中枢的作用，数字图书馆要继续成为人类社会的知识中枢。仅仅向读者直接提供数字化的信息是远远不能满足当今社会日新月异的发展，还要向网络上的各类“代理”提供数据和知识，并进一步将整个网络整合为一个统一的知识库，这就是 SinoPedia 这类概念术语服务的价值所在。

数字学术（digital scholar）领域由于对信息体的规范性和互操作性有较高的要求，尤其是近年来正在成为热点的数字人文。本部分研究构建的 SinoPedia 平台不仅可以作为独立的知识库进行资源检索，还可以作为关联数据发布中心（linked data hub）来发布多源的关联数据集，并提供相关资源的关联数据发布和内容协商服务。关联数据的发布可以看成是语法层的统一，而关联则可以实现不同资源的语义层的统一，SinoPedia 平台通过集成 LODLIVE 模块实现对关联的多源数据进行知识整合和知识图谱展示，已成功接入了多个关联数据源端点，实现了在单一平台中展现不同数据源（本地和外部）的 RDF 数据，减少了不同数据集数据浏览时反复跳转的问题。

目前，SinoPedia 平台已经上线，并在馆所多个数字人文项目中进行数据集的在线发布和知识图谱链接服务，主要有家谱知识库中近 7 万种家谱数据的发布、关联数据书目平台中 140 多万本书目数据的发布和知识图谱服务、人名规范档中 180 多万人物信息的发布、CBDB 中 42 万多人物信息的发布和知识图谱服务、1.5 万余种印章知识库的信息发布和知识图谱服务，以及开放数据平台中地理信息、机构信息等数据的发布。

3.4.4 小结

本节主要对数字图书馆移动视觉搜索资源的可视化技术进行了介绍。首先，对关联数据和知识图谱两个研究领域的产生与发展进行了论述，详细解释了关联数据与知识图谱的异同；其次，关联数据和知识图谱不仅能够描述知识之间的语义关系，也可以用于知识的推理和挖掘，可以采用上述技术对馆藏名人书信资源进行分析，以发掘文字背后隐含的社会史实；最后，分析了关联开放数据的发展现状，提出了关联数据服务平台设计框架和实现方案，在语义描述的基础上进一步探索了视觉资源的可视化技术。

3.5 本章小结

本章从视觉资源类型与组织特征、描述与组织方式、关联数据技术、可视化技术四个方面对数字图书馆移动视觉搜索的资源组织机制进行了系统阐述。3.1 节对资源类型与组织特征的介绍中，对移动视觉搜索涉及的资源类型和组织形式进行了梳理，从信息生态理论的视角分析了数字图书馆移动视觉搜索的运作模式、主体关系和应用场景方面的特征，指出移动视觉搜索资源组织模式正逐步由 C/S 和 B/S 架构向 C/P/S 架构演进，这种趋势能够推动平台资源向共享式的资源组织模式发展，有助于提高视觉搜索的查全率和查准率。然后从用户需求视角出发，分析了移动视觉搜索的信息生态链，指出不同场景需要采用不同的数据资源组织模式，移动互联网场景、专业领域场景和流媒体场景需要采取不同的视觉资源组织方式。

3.2 节对资源描述与组织方式的研究中，采用语义网和关联数据技术提出了基于 VRAL、BIBFRAME 等本体的资源描述框架，对移动视觉搜索资源的语义化描述、整合和聚合提出了解决方案。首先，从文内视觉资源的“供给-需求-服务”三方视角出发，提出了融合底层视觉特征、高层语义特征与上下文文本信息特征的文内视觉资源移动视觉搜索框架，详细介绍了系统的架构与检索流程，验证了系统的有效性。其次，提出了基于书目框架的数字图书馆语义搜索框架，详细说明了资源的语义化描述、组织和搜索过程，以及各模块的具体功能，通过实验验证了该语义搜索框架在整合不同来源数据上的科学性和有效性。最后，从多维度聚合和语义关联两个方面分析了数字资源聚合理论，提出基于语义关联的图书馆 MVS 资源多维聚合模型，为解决数字图书馆移动视觉搜索资源的语义化聚合提供了方法、策略。

3.3 节对数字图书馆移动视觉搜索关联数据技术的研究中，从系统构建的视角出发，详细论述了关联数据在数字图书馆移动视觉搜索系统中的应用技术和实现方法，验证了关联数据技术在解决数字图书馆移动视觉资源语义关联和语义搜索中的关键作用。首先，研究基于 MVC 架构提出了一种基于关联数据的数字图书馆移动视觉搜索框架，揭示系统主要涉及模型、控制器和视图三个关键模块，同时研究也对模块功能进行了分析，详细解释了视觉资源的发现过程、URI 标识方案、RDF 描述和关联方法，以及数据集的发布策略。在此基础上，研究提出一种具有语义发现功能的移动视觉搜索方法，该方法通过关联数据技术解决移动视觉搜索资源的语义化描述、组织和搜索问题，实现视觉资源特征信息和 RDF 语义信息的关联，通过在视觉特征匹配的基础上进行关联数据语义搜索，提高系统对视觉资源语义信息的识别、理解和搜索能力。

3.4 节对数字图书馆移动视觉搜索可视化技术的研究中，重点对关联数据在视觉搜索资源可视化方面的应用进行研究。首先，研究对关联数据和知识图谱两个研究领域的产生与发展进行了论述，详细解释了关联数据与知识图谱的异同；其次，关联数据和知识图谱不仅能够描述知识之间的语义关系，也可以用于知识的推理和挖掘，对此研究采用关联数据技术对馆藏名人书信网络进行三元组描述，通过对信联活跃度、节点刷新率、话题关联度、话题相似度、书信关联网络等指标的分析，发掘书信文字背后隐含的社会史实；最后，研究分析了关联开放数据的发展现状，提出了关联数据服务平台设计框架和实现方案，在语义描述的基础上进一步探索了视觉资源的可视化技术。

参考文献

[1] 曾娜，吴建华，朱学芳. 数字时代图像档案的组织管理研究[J]. 现代情报，2012，(4)：14-18.

[2] 张兴旺，郑聪. 领域导向的数字图书馆移动视觉搜索引擎建设研究[J]. 图书与情报，2016，(5)：40-47.

[3] Davenport T H，Prusak L. Information ecology：Mastering the information and knowledge environment[J]. Academy of Management Executive，1997，15（3）：86-90.

[4] 李美娣. 信息生态系统的剖析[J]. 情报杂志，1998，(4)：3-5.

[5] 娄策群，曾丽，庞靓. 网络信息生态链演进过程研究[J]. 情报理论与实践，2015，(6)：10-13.

[6] 张兴旺，黄晓斌. 国外移动视觉搜索研究述评[J]. 中国图书馆学报，2014，(3)：114-128.

[7] 邱亮，夏慧明，储久良. 基于时域梯度相似度的视频质量评价模型[J]. 计算机工程与科学，2018，(4)：707-711.

[8] 胡蓉，唐振贵，赵宇翔，等. 文内视觉资源的分析框架与计量探索[J]. 情报学报，2017，36（2）：141-151.

[9] Brickley D，Miller L. FOAF vocabulary specification[EB/OL]. http://xmlns.com/foaf/spec/[2017-07-20].

[10] Raimond Y，Abdallah S. The event ontology[EB/OL]. http://motools.sourceforge.net/event/event.html[2017-07-20].

[11] info@geonames.org. Geo Names ontology[EB/OL]. http://www.geonames.org/ontology/documentation.html[2022-11-14].

[12] 苏明明，宋文. 基于本体的语义搜索引擎解决方案研究新进展[J]. 现代图书情报技术，2008，(11)：24-28.

[13] 文坤梅，卢正鼎，孙小林，等. 语义搜索研究综述[J]. 计算机科学，2008，35（5）：1-4.

[14] 郭卫宁，司莉. 国外语义搜索引擎调查与分析[J]. 图书情报工作，2013，57（23）：121-129.

[15] Shin S，Ko J，Eom S，et al. Keyword-based mobile semantic search using mobile ontology[J]. Journal of Information Science，2015，41（2）：178-196.

[16] Stanchev L. Semantic search using a similarity graph[C]//Semantic Computing（ICSC），2015 IEEE International Conference on Image Process. Quebec：IEEE，2015：93-100.

[17] Berlanga R，Nebot V，Perez M. Tailored semantic annotation for semantic search[J]. Web Semantics：Science，Services and Agents on the World Wide Web，2015，(30)：69-81.

[18] Laura L，Me G. Searching the web for illegal content：The anatomy of a semantic search engine[J]. Soft Computing，2015，(534)：1-8.

[19] Li W，Bhatia V，Cao K. Intelligent polar cyberinfrastructure：Enabling semantic search in geospatial metadata catalogue to support polar data discovery[J]. Earth Science Informatics，2015，8（1）：111-123.

[20] 柯叶青，马志柔，伍海江，等. 一种简历语义搜索系统的实现方法[J]. 计算机科学，2015，42（12）：56-59.

[21] 盛东方，孙建军. 基于语义搜索引擎的学科知识服务研究——以 GoPubMed 为例[J]. 图书情报知识，

2015，(4)：113-120.

[22] 刘炜，夏翠娟. 书目数据新格式 BIBFRAME 及其应用[J]. 大学图书馆学报，2014，32（1）：5-13.

[23] 夏翠娟. 面向语义网的书目框架（BIBFRAME）：功能需求及实现[J]. 大学图书馆学报，2014，32（6）：61-69.

[24] 安晓丽. BIBFRAME 图书馆工作的变革[J]. 图书馆建设，2015，(10)：40-42.

[25] 娄秀明，危红. 书目格式的过去与未来——从 MARC 到 BIBFRAME 研究[J]. 图书馆杂志，2015，(5)：25-31.

[26] 胡小菁. BIBFRAME 核心类演变分析[J]. 中国图书馆学报，2016，42（3）：20-26.

[27] 李勇文. 书目框架（BIBFRAME）在中文书目数据中的应用范式探讨[J]. 图书情报工作，2016，60（2）：101-105.

[28] 欧石燕，唐振贵. 面向图书馆关联数据的自动问答技术研究[J]. 中国图书馆学报，2015，41（6）：44-60.

[29] 李佳军. 高校数字化信息资源多维度聚合搜索服务与应用研究[J]. 情报科学，2017，(4)：93-96.

[30] Murtagh F，Mothe J，Englmeier K. Ontology from local hierarchical structure in text[J]. Computer Science，2007：1-35.

[31] 彭佳，郑巧英，张晗，等. 基于元数据本体的特色资源深度聚合研究[J]. 图书馆杂志，2016，(11)：82-89.

[32] 周姗姗. 基于 Folksonomy 模式的数字资源多维度聚合研究[D]. 长春：吉林大学，2014.

[33] 张亭亭，赵宇翔，朱庆华. 数字图书馆移动视觉搜索的众包模式初探[J]. 情报资料工作，2016，(4)：11-18.

[34] 丁楠，潘有能. 基于关联数据的图书馆信息聚合研究[J]. 图书与情报，2011，(6)：50-53.

[35] 游毅，成全. 试论基于关联数据的馆藏资源聚合模式[J]. 情报理论与实践，2013，(1)：109-114.

[36] 欧石燕，胡珊，张帅. 本体与关联数据驱动的图书馆信息资源语义整合方法及其测评[J]. 图书情报工作，2014，(2)：5-13.

[37] 孙辉，王颖，张智雄. 基于工具书语料的国史知识库构建和检索[J]. 现代情报，2016，36（1）：64-73.

[38] 孙建军，徐芳. 基于关联数据的学科网络信息深度聚合框架构建[J]. 图书馆，2015，(7)：50-54.

[39] 梁少星. 基于语义关联的实例相似度计算方法及应用研究[J]. 现代情报，2015，35（8）：151-156.

[40] 张建红. 基于语义关联的海量数字资源知识聚合与服务研究[J]. 图书馆工作与研究，2016，(8)：44-47.

[41] 吕瑞花，韩晶晶，韩露. 基于元数据的科技名人档案编目[J]. 科技导报，2013，31（14）：64-69.

[42] 严承希，王军. 数字人文视角：基于符号分析法的宋代政治网络可视化研究[J]. 中国图书馆学报，2018，44（5）：87-103.

[43] 张旋，梁循，李志宇，等. 金庸小说中主角复杂爱情模式的识别与分析[J]. 中文信息学报，2019，33（4）：109-119.

[44] Blei D M，Jordan M I. Latent Dirchlet allocation[J]. Journal of Machine Learning Research，2003，3（1）：993-1022.

[45] Meeks E. The Digital humanities as a movement expressed in a method enshrined in a tool[EB/OL]. https://dhs.stanford.edu/[2022-11-14].

[46] Nelson R K. Mining the dispatch [EB/OL]. https://dsl.richmond.edu/dispatch/[2022-11-14].

[47] Mimno D. Computational historiography：Data mining in a century of classics journals[J]. Journal on Computing and Cultural Heritage，2012，5（1）：1-19.

[48] Du K. A survey on LDA topic modeling in digital humanities[EB/OL]. https://dev. clariah.nl/files/dh2019/boa/0326.html[2019-09-02].

[49] Kullback S，Leibler R A. On information and sufficiency[J]. Annals of Mathematical Statistics，1951，22（1）：79-86.

[50] Lin J. Divergence measures based on the Shannon entropy[J]. IEEE Transactions on Information Theory，1991，33（1）：145-151.

[51] Barabasi A L，Posfai M. Network Science[M]. Cambridge：Cambridge University Press，2016：355-375.

第 4 章　数字图书馆移动视觉搜索的人机交互机制

4.1　移动视觉搜索的人机交互技术

4.1.1　移动视觉搜索人机交互技术基础

随着移动互联网飞速发展及移动智能终端日益普及，移动搜索已成为信息检索领域的研究热点，尤其是移动视觉搜索（MVS）这种新一代信息搜索技术更成为信息检索领域非常重要的前沿课题。目前，从必应学术、谷歌学术、百度学术以及 Web of Science、LISA、EI、ACM、CCF 和 CNKI 等数据库检索的文献来看，学术界和工业界对 MVS 人机交互技术的相关研究，主要集中在关键点检测、特征提取与表示、特征索引与匹配、几何一致性验证，以及架构、算法、系统、数据集等技术基础方面。这些研究涉及图像检索基本流程的各个方面或模块，如图 4.1 所示[1]。

1. *移动视觉搜索人机交互技术理论基础*

1）关键点检测

特征提取通常从图像中找到突出的关键点开始[2]，然而移动终端拍摄的随意性以及外界环境因素的影响造成了巨大的视觉变异，这就要求关键点在背景杂乱、前景遮挡、物体变形、抖动模糊、视角变化（方位变化）、尺度变化（放缩变化、焦距变化、距离变化）、旋转变化、光照变化等条件下是可重复的。为了实现尺度

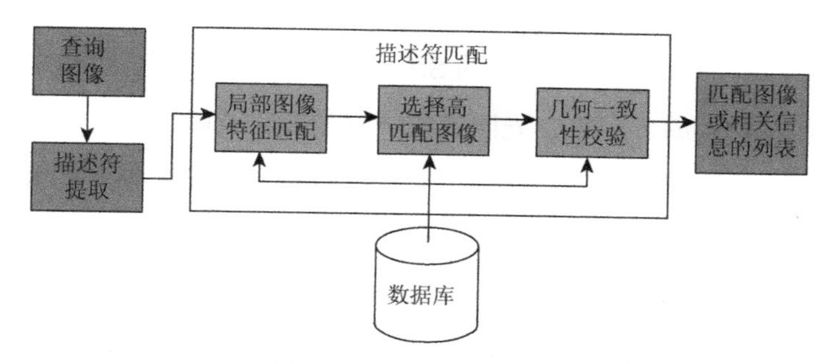

图 4.1　MVS 基本流程[1]

的不变性，通常使用图像金字塔在多个尺度上计算关键点[3]；为了实现旋转不变性，每个关键点周围的补丁都定向在主梯度的方向上[1]；并通过归一化每个补丁中灰度值像素的均值和标准差来补偿光照变化[2, 4]。

国外关于关键点检测子的研究成果颇丰。Harris 和 Stephens[5]提出一种基于图像灰度的关键点检测子——Harris Corner；Mikolajczyk 和 Schmid [6]考虑了尺度空间理论，提出了一种应用高斯拉普拉斯进行自动尺度选择的关键点检测子——Harris-Laplacian；Lowe[3]在尺度不变特征变换 SIFT 算法中应用高斯差分滤波器，提出了尺度不变特征变换高斯差分关键点检测子——SIFT DoG。此外，还有一些关键点检测子，诸如加速鲁棒特征（speeded up robust feature，SURF）[7]、良好特征追踪、最大稳定极值区域、中心环绕极值、加速分段测试特征、Hessian affine 及 Hessian blobs 等。还有学者在一个共同的框架中评估了不同的关键点检测子[8]，诸如 SIFT、方向可调滤波器、差分不变量、复数滤波器和不变矩等，结果显示，基于 SIFT 的描述符表现最佳，方向可调滤波器在低维描述符中性能最佳。

2）特征提取

全局特征是指图像如强度直方图等的整体属性，常见的全局特征包括颜色特征、纹理特征和形状特征。此外，全局特征描述不适用于图像混叠和有遮挡的情况。局部特征则是从图像局部区域中抽取的特征，包括边缘、角点、线、曲线和特别属性的区域等。常见的局部特征包括角点类和区域类两大类描述方式。尽管传统全局特征（颜色、形状、纹理等）可能会产生较好的效果，但是在移动环境下全局特征已无法满足对视觉特征的新需求[9]。基于此，本研究主要介绍局部特征提取。

自从 1999 年以来，Lowe[10]提出的 SIFT 描述符仍是计算机视觉中最流行的描述符，该描述符对放缩、旋转、光照变化、视角变化及噪声失真具有高度的判别力和鲁棒性。然而，SIFT 描述符的尺寸比较大，有时甚至比捕获图像还大，这使得它不适合直接用于 MVS 系统。因此，后续研究主要集中于如何将 128 维的 SIFT 描述符降低到低维空间[11]。例如，Datar 等[12]的局部敏感哈希 SIFT，Ke 等[13]的主成分分析 SIFT，以及 Shakhnarovich[14]的相似敏感编码 SIFT 等。此外，还有一些学者提出了梯度位置和方向直方图、压缩梯度直方图、二进制鲁棒独立基本特征、二进制鲁棒不变可扩展关键点和快速视网膜关键点等描述符。然而，MVS 是在带宽有限的无线网络环境下进行的，大数据量传输带来的上行查询传输延迟，将直接影响用户体验。近年来，众学者的研究工作更多地关注描述符紧凑提取[15-17]、描述符改进[18, 19]等方面。此外，还有学者从分层结构化多视图特征[20]、局部强度比较[21]和 3D 对象识别[22]等方面开展了描述符相关研究。

3）特征表示

视觉对象特征表示是 MVS 的关键环节。为进一步减少无线网络传输流量、降低网络延迟，MVS 领域的特征表示研究主要包括二进制哈希、特征量化等。在二进制哈希研究方面，Chang 等[23]提出了一种基于哈希位袋（bag of Hash bit，BoHB）的 MVS 系统，在该系统中整个图像被表示为 BoHB；Qi 等[24]提出了一种参数少、低延迟和高精度的深度哈希方法，用于构建 MVS 的二进制哈希代码；Zhang 等[25]提出了一种基于 BoHB 并遵循客户机-服务器体系结构的渐进式传输 MVS 框架。此外，Zhao 等[26]为了达到高精度、低存储和快速响应时间的目标，提出了一种基于人类视觉系统的显著性机制和稀疏编码原理的 MVS 框架。在特征量化研究方面，Zhang 等[27]为了解决 MVS 的准确性和快速传输问题，提出一种与费希尔向量（Fisher vector，FV）互补的方法；Lin 等[28]提出了一个多码本学习和查询专用码本生成的方法，以减少极低比特率 MVS 中产生的词汇编码中的冗余码字；Zhou 等[29]提出了一种用于大规模移动图像搜索的无码本方法；Zhang 等[30]提出了基于时空的 FV 用于查询视频，其长度与基于图像的 FV 相同；Chen 等[31]针对在移动端提取紧凑视觉描述符时，树结构向量量化器会占用较大内存的问题，提出了一种修剪树结构向量量化器方案。此外，还有学者为了减少无线网络传输流量、降低网络延迟，开展了基于分层稀疏编码[32]、多层级小波分解[33]和词汇分解[34]等方面的相关研究。

4）特征索引

为了实现 MVS 在大型图像数据库中快速而准确的匹配，必须对大型图像数据库中局部特征进行索引。目前主要有两种索引方法[35]：第一种方法涉及尝试搜索近似最近邻（approximate nearest neighbor，ANN）。例如，Lowe[3]采用最优节点优先策略对 SIFT 描述符进行 ANN 搜索；而高维空间内的 ANN 搜索主要通过哈希技术来实现[9]，如局部敏感哈希[36, 37]。第二种方法涉及词袋（bag-of-words，BoW）模型[38-40]，通过量化特征空间以实现更快的速度。然而，随着图像数据库大幅度地增加，BoW 和倒排索引会占用大量内存空间。目前，众学者主要通过压缩倒排索引或稳定点过滤方法来减少倒排索引文件的大小。例如，Chen 等[41]针对倒排索引占用大量内存会阻碍图像数据库的可伸缩性，并减慢内存拥塞服务器上的进程等问题，提出了一个基于图像检索的倒排索引压缩方法；Wang 等[42]针对 SIFT 等高维局部特征的索引机制不够快，而大量低维特征不能保证高精度的问题，提出了一种用于 MVS 的全自动离线稳定点过滤方法。

5）几何一致性验证

为了解决 BoW 模型出现错误匹配的问题，几何验证[3, 43, 44]成为获得合理检索精度的重要后处理步骤，特别是对于低分辨率图像。为此，众学者提出了许多几何一致性验证方法，这些方法主要分为两类[45]：①局部几何信息一致性验证；②全局几何信息一致性验证。在局部几何信息一致性验证研究方面，Luo 和 Lang[46]认为两个真正匹配的局部特征不仅应该在相似的空间上下文中，而且还应具有一致的空间关系，因此同时引入上下文相似性和空间相似性来描述几何一致性；Gao 等[47]为了防止查询扩展中的查询偏移，预先消除扩展特征引起的错误匹配，将每个特征的代表性视点用于有效的几何一致性验证，以支持快速和准确的特征匹配。此外，Lyu 等[20]提出了使用多视图基础矩阵对层级提升算法进行适当的几何验证。在全局几何信息一致性验证研究方面，1981 年由 Fischler 和 Bolles[48]提出的随机抽样一致性（random sample consensus，RANSAC）算法是最流行的全局几何信息一致性验证方法。Yang 等[49]在移动地标图像搜索系统中使用了 BoW 模型和倒排文件进行索引和匹配，为了进一步消除误报，该系统在后处理步骤中采用基于RANSAC 的几何验证。RANSAC 算法尽管精度较高，但是需要耗费比较多的计算时间。为此，Jégou 等[50]提出了弱几何一致性验证方法，该方法以牺牲一定的精度为代价，极大地提高了验证速度。此外，还有学者基于几何统计方法[51]和 3D 几何评分[52]开展了相关研究。

2. *移动视觉搜索人机交互架构基础*

在 MVS 体系结构研究方面，众学者主要开展了 C/S 体系结构及 MVS 框架（模型）体系结构研究。例如，Girod 等[1]针对移动图像检索应用程序带来的一系列独特挑战，提出了三种可能的 C/S 体系结构；张兴旺和黄晓斌[53]对 Girod 等[1]的 C/S 体系结构进行了总结和完善，将 MVS 分为标准架构、本地化架构和混合架构三种基本架构；Vajda 等[54]比较了不同的移动图像搜索体系结构。此外，张兴旺和郑聪[55]提出了一种领域导向的、自适应的、可演化的数字图书馆 MVS 引擎架构；赵宇翔和朱庆华[56]提出了大数据时代 MVS 的游戏化框架；董晶和吴丹[57]提出了一个基于 MVS 技术的智慧公共文化服务模型；曾子明等从不同视角出发构建了智慧图书馆 MVS 服务模型[58, 59]，以及大数据环境下面向科研用户的 MVS 整体模型[60]。在模式机制研究方面，众学者为了能够在数字图书馆更好地利用这种服务模式，从不同视角开展了数字图书馆 MVS 服务模式和机制建设等方面的研究。例如，Zhu 和 Ma[61]从图书馆和信息科学的视角对数字图书馆 MVS 机制设计和应用模式进行了研究，具体涉及数字图书馆 MVS 的资源构建机制、资源组织机制、人机交互机制、服务模式及实际应用；张兴旺和李晨晖[62]分析了数字图书馆 MVS 机制建设的关键要素；李晨晖等[63]对文化遗产数字图书馆 MVS 机制建设进行了研究；张亭亭等[64]提出了基于众包模式的数字图书馆移动视觉资源构建机制。此外，还有学者归纳了基于 MVS 的图书馆、档案馆、博物馆（libraries, archives and museums，LAM）资源融合服务模式[65]。

3. *移动视觉搜索人机交互算法基础*

在 MVS 搜索算法研究方面，众学者为了增强用户搜索体验、提高系统检索性能，主要开展了 MVS 相关技术算法的改进、优化与集成等方面的研究。例如，Patel[66]提出了一个视觉搜索算法，该算法可以根据输入图像的特征或关键点发现匹配的图像；Shen 等[67]提出一种可以同时从查询中提取产品实例、识别实例并以类似的视觉方式检索产品图片的方法；Yang 和 Lee [68]提出了一种有效的照片图像检索方法，该方法利用地理参考属性和低层视觉特征的组合，实现了对相关照片图像的自动索引与搜索。此外，Mennesson 等[69]提出了一种基于内容的图像检索方法，该方法采用了专用于移动设备的 BoW；Li 和 Flierl[70]提出了一种使用立体特征进行 3D 对象识别的移动 3D 视觉搜索方案。

4. 移动视觉搜索人机交互系统基础

在交互式系统研究方面，众学者的研究主要集中在多模式联合搜索系统和多点触控交互式搜索系统等方面。针对多模式联合搜索系统研究，Wang 等[71]利用智能手机的多模式和多触点交互等功能，为手机用户提出了一个创新的应用程序（JIGSAW），以提升他们的视觉搜索体验；Li 等[72]提出了一种基于移动设备的多模式交互式图像搜索系统（JIGSAW＋）；类似地，还有学者提出了一种允许用户与移动终端多模式交互的 MVS 系统（JIGSAW＋）[73]。此外，Bagul 和 Gaikwad[74]提出了一种用于多种输入的交互式视觉搜索系统。针对多点触控交互式搜索系统研究，Zhang 等[75]提出了一种交互式的“点击-搜索”系统，该系统实现了在移动触摸屏上通过“点击”动作选择感兴趣的区域；Aher 和 Waykar [76]提出了一种充分利用移动设备的多模式和多点触控功能的智能图像检索系统；Sang 等[77]利用移动设备上的多点触控交互，提出了一种交互式 MVS 原型（TapTell），帮助用户更方便地表达他们的视觉意图；类似地，Muneesawang 等[78]将 BoW 模型和先进的检索算法相结合，提出了一种 MVS 和社交活动推荐系统（TapTell）。

5. 移动视觉搜索人机交互数据集基础

在数据集构建研究方面，众学者为了提高 MVS 应用程序的性能，针对计算机视觉文献中常用数据集在 MVS 应用中的局限性，开展了服务器端数据集构建方面的研究。例如，Chandrasekhar 等[79]从“类（指数据集中不同对象的数量）”、“刚性（指数据库中的对象是否是刚性的）”、“照明（指查询图像是否捕捉到广泛变化的光照条件）”、“杂波（指查询图像是否包含前景/背景混乱）”、“透视（指数据集是否包含典型的透视失真）”和“拍照手机（指图像是否是使用移动设备拍摄的）”等方面对苏黎世建筑物数据集（Zurich Building Dataset，简称 ZuBuD Dataset）、牛津建筑物数据集（Oxford Buildings Dataset）、INRIA 假日数据集（INRIA Holidays Dataset）、肯塔基大学数据集（University of Kentucky，简称 UKY Dataset）和图像网络数据集（ImageNet Dataset）进行分析，发现了这些常用数据集在 MVS 应用中存在的局限性，并为克服上述局限性建立了斯坦福移动视觉搜索数据集（SMVS Dataset）；Ji 等[80]认为虽然近年来人们越来越关注 MVS，但仍然缺少一个具有丰富上下文信息（如 GPS）的综合性基准数据库，以便在不同策略之间进行公平评估，为此，介绍了一个在 GPS 支持下用于对 MVS 进行定量评估的数据库基准（PKUBench）。在数据库压缩研究方面，为了解决无线网络上的慢速传输或繁忙服务器上的拥塞会严重降低用户体验的问题，以及在移动设备上实现更准确的检索而不增加数据库大小，众学者开展了移动端数据库压缩方面的研究。例如，Chen 和 Girod[81]针对无线网络传输缓慢和服务器拥塞降低用户体验的问题，提出了四种从基于本地图像特征构建紧凑数据库的方法：树直方图编码、倒排索引编码、残差增强视觉向量和可扩展压缩费希尔向量；类似地，Damade 等[82]也提出了上述四种构建紧凑数据库的方法。此外，Matsuzaki 等[83]为了在独立移动设备上以更低的内存需求实现更准确的检索，提出了一种基于局部特征和 BoVW 框架的 MVS 系统数据库构造方法。

4.1.2 移动视觉搜索平台总体设计思路：基于书目资源

基于分层设计思想，本节提出了一个数字图书馆书目资源移动视觉搜索平台框架（图 4.2），其中带箭头的粗实线代表依赖和调用关系，带箭头的细直线代表数据资源之间存在关联，虚线则代表资源构建过程。通过移动视觉搜索突破传统输入框式的搜索入口，丰富搜索形式，为用户的搜索行为提供更多便捷，另外通过书目资源数据的关联数据化实现书目数据的语义化组织，为用户提供语义化的搜索结果，方便用户发现更多的相关资源。分层设计思想是软件工程领域常用的一种架构思想，它的优势就在于架构明确，可以降低层与层之间的耦合与依赖，同时极大地降低维护成本。

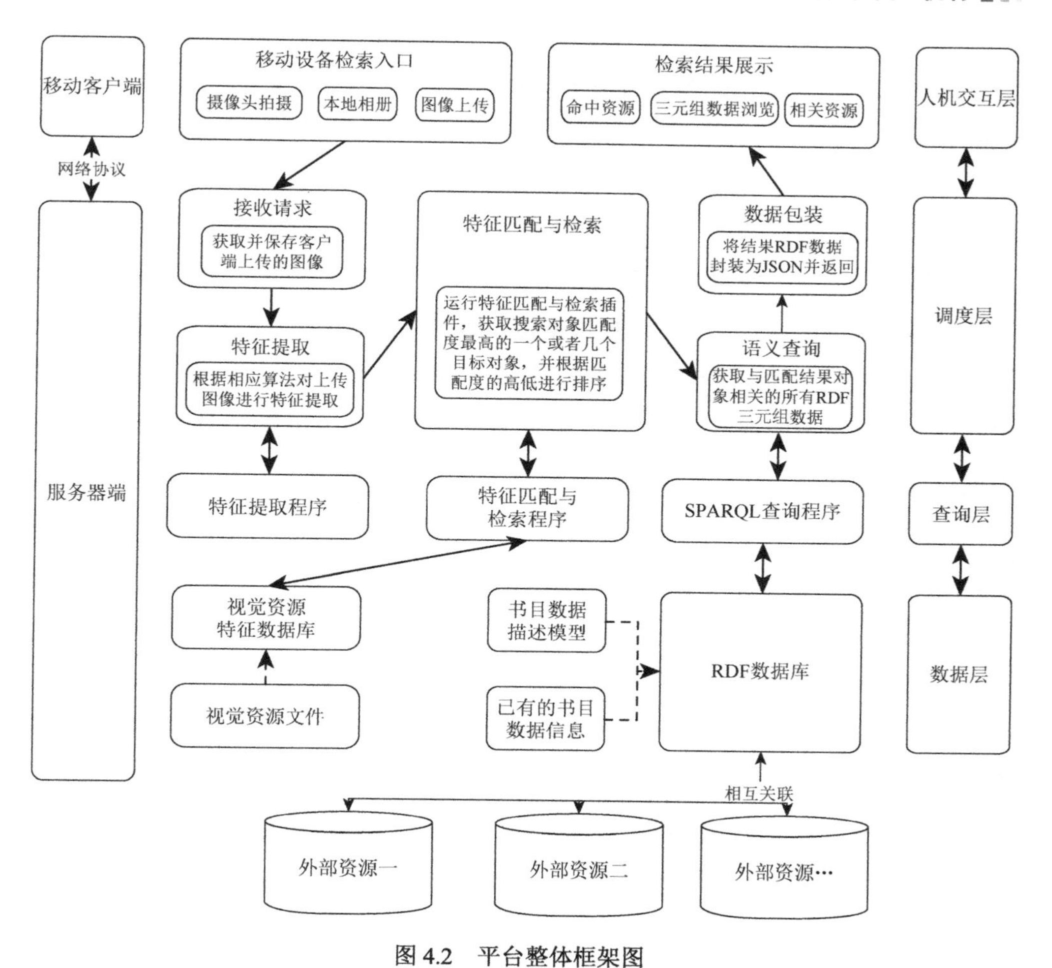

图 4.2　平台整体框架图

从网络层次看，平台共包括移动客户端和服务器端，其中客户端的形式可能是移动端网页或者移动端 APP，因此平台既可以说是一个 C/S 应用，也可以说是一个 B/S 应用。客户端的职责只包括采集视觉资源、上传资源与展示搜索结果，是典型的瘦客户端。还有一种方案是把服务器端的一项职责——“特征抽取功能”放到客户端完成，这种方法的优点在于减少网络数据传输量，降低网络延迟，因为客户端只需要上传字符串形式的特征数据，而不是把采集到的整个视觉资源进行上传。但是这种方案的弊端同样明显：首先，增加了移动设备的运行负担，由于图像特征提取涉及的算法运算量较大，这无疑提高了对移动设备的配置要求；其次，对于不同操作系统、不同平台的客户端（如 iOS 客户端、安卓客户端）需要对应开发不同的特征提取程序，大大增加了平台维护的工作量；最后，不利于算法的及时更新，因为除网页形式的客户端外，手机APP的更新都需要用户重新下载安装包并且执行安装操作，对于该平台来说，特征提取算法的更新和优化频率是比较高的，将算法置于客户端难以满足及时更新的需要。服务器端则负责剩余的逻辑、算法与存储职责：首先接收并保存用户上传的视觉资源对象，然后调用特征提取程序获取特征数据，再根据特征数据执行视觉搜索操作。视觉搜索会返回匹配程度最高的一个或几个结果，而此时平台仅仅完成了一半的任务，接下来需要根据匹配出的视觉资源对象，通过SPARQL查询语句获取检索结果的语义关联化信息并将结果包装成适合客户端处理的格式返回。

从逻辑层次来看，平台共包括数据层、查询层、调度层和人机交互层四个层次，各层次之间职能明确并且紧密配合、相互调用从而完成用户的搜索任务。

1. 数据层

数据层是平台的底层支撑，平台数据和资源的数量及质量对于平台的搜索服务质量起着决定性作用。这一层的任务主要包括两个方面：资源数据的组织整理和数据的存储。对于数字图书馆而言，其工作的重点应该是资源数据的组织整理，因为这本身就是数字图书馆最擅长的领域，也是数字图书馆一直致力于研究的领域。而具体的数据存储与管理一般可以使用业界比较成熟的存储方案（关系型数据库、NoSQL数据库、分布式存储技术等）。

2. 查询层

查询层在层次结构图中位于数据层的上部。查询层的主要内容在于平台中核心算法的实现，如图像特征提取算法。对于数字图书馆而言，查询层算法的实现可能并不是其擅长的领域，因此首先可以考虑与计算机相关领域的机构或组织进行合作，还可以借助代码开源运动的力量，在互联网中寻找相关的开源的解决方案并在此基础上进行调整修改以适应自身的需求。查询层的相关功能模块一般以插件的形式存在。如果是工程级插件，也就是说插件可以直接在整个开发工程中使用，那么就比较方便进行集成；而如果是操作系统级插件，也就是说，插件采用与开发工程不同的开发语言或者插件是已编译后的可执行文件（EXE文件或可执行JAR包），那么此时集成工作就会复杂一些。

3. 调度层

调度层负责整个平台内部的所有逻辑处理，起着连接客户端和服务器端的职责。一方面，负责与交互层进行沟通，处理用户的请求，获取搜索结果并且对数据进行包装，方便交互层的处理与显示；另一方面，它不与数据层直接沟通，而是通过调用查询层的相关插件或者程序来获取数据，调度层的存在大大降低了系统的耦合性。以特征提取算法为例，假如平台现在要更换一种特征提取算法，那么只需要把交互层的插件进行替换，然后对调度层的代码进行修改即可。

4. 人机交互层

人机交互层是与实际用户直接接触的一层，交互层的设计与实现会直接影响用户的使用体验，也是整个平台的门面所在。由于平台面向的是使用移动设备的用户，而移动设备的操作方式与 PC 端软件的操作方式有较大区别，因此交互层必须充分考虑人机交互的相关理论与要求，在交互界面、交互方式上适应用户在移动端的操作习惯，提升用户体验。

4.1.3　移动视觉搜索平台的人机交互框架

人机交互层也可以称为视图层，是直接与用户接触的模块。交互层的功能包括两个方面：一是界面和数据展示，二是用户交互。本研究的平台框架中，交互层都是面向移动端设备的，功能包括：为用户提供搜索入口，用户通过搜索入口可以调用移动设备的摄像头从而采集搜索对象，也可以允许用户选择自己设备中已经保存过的视觉对象进行搜索；接下来交互层需要把用户采集的搜索对象通过网络上传到目标服务器，即提交搜索对象功能，这一步一般通过 HTTP 协议的 POST 请求来完成。搜索请求提交后，服务器端的程序进行一系列处理然后将包装好的数据再返回到交互层，交互层根据商定好的数据格式将数据进行处理然后显示在搜索结果界面中，用户通过搜索结果界面至少应当看到匹配到的视觉对象、视觉对象对应的书目信息的 RDF 三元组信息及其他与匹配到的书目相关的关联信息。

交互层涉及的技术要求与客户端的模式或运行系统紧密相关，可能涉及的技术包括安卓客户端研发技术（Java 语言）、iOS 客户端研发技术（Object-C、Swift 语言）、Windows Phone 客户端研发技术（C#语言）或者移动端网页研发技术

（HTML、CSS、JavaScript 语言），相关的研发方案也已经非常成熟。同时本框架中的客户端属于典型的瘦客户端，不涉及开发难度高、性能要求高的功能，因此有一定研发能力的数字图书馆完全可以完成。

交互层还涉及的一个问题是移动端界面与交互设计。移动端设备由于屏幕大小的限制，其操作方式与传统的 PC 端软件操作有很大的不同，不过移动互联网发展至今已经非常普及，相关的移动端界面和交互设计原则已经非常明确，数量众多的移动 APP 也可以作为很好的范例。

4.1.4　移动视觉搜索平台人机交互界面的实现

移动视觉搜索平台人机交互层面的形式有多种选择，既可以是移动端网页，也可以是 APP。本研究实现的是一个移动端网页形式的交互层，使用移动端网页的一大优势在于可以不受移动端操作系统的限制，只要有浏览器的移动端设备均可以访问并且使用该平台。交互层具体的开发包括两方面的工作。首先是用户界面的开发，这一步主要使用 HTML 和 CSS 技术，并结合移动端页面布局的特点。本研究搭建的平台共包括三个主要的页面：第一个页面为首页，首页需要给用户提供调用摄像头或本地相册的入口，同时应当有相应的文字引导用户如何使用平台进行搜索；第二个页面是移动视觉搜索页面的结果，这个页面展示匹配到的书目记录列表，本研究实现的平台目前展示匹配程度最高的 5 条结果；第三个页面是 RDF 语义数据展示页面，通过列表的形式展现 RDF 三元组数据。其次是数据展示逻辑的开发。该平台中前后端的数据交互格式均为 JSON。主要有两个交互行为涉及数据展示的开发：第一个是视觉搜索结果数据的展示，服务器端返回的是一个数组类型的数据，数组中的一项代表一条书目记录；第二个是书目资源 RDF 三元组数据的展示，后台返回的是将三元信息封装 JSON 后的数据。

4.2　移动搜索场景下的用户搜索行为

4.2.1　移动视觉搜索用户搜索行为概述

伴随着移动互联网的快速发展，人们的日常生活方式、行为习惯等都发生着巨大变化。在大数据环境下，信息搜索能力愈发重要，而智能移动终端的快速普及也让移动搜索在用户日常信息搜索中所占比重越来越高。移动端搜索以其操作简单、响应迅速的特点吸引众多用户使用，各大搜索引擎公司也纷纷将战略布局向移动市场倾斜，开发了一系列基于移动端浏览器和移动 APP 的搜索工具。而与此同时，移动视觉搜索这一最初来源于学术领域的概念也逐渐在现实生活中得以实现。用户将诸如图像、视频等类型的视觉资源作为查询输入，并借助搜索引擎的图像搜索功能，查找图像资源的关联信息和相似图片等内容。该方式相比于传统的文本搜索更加直观有效，能够缩小用户信息需求和查询表述之间的语义鸿沟，是未来信息搜索领域的重要组成部分。

在此背景下，针对用户移动视觉搜索的行为和主观评价也产生了若干疑问：用户在实际使用移动视觉搜索工具搜索的过程中会产生哪些特有的搜索行为？移动视觉搜索任务类型和复杂度是否会影响用户的行为模式？这些行为是否会受到用户自身属性的影响？这些行为又是否与用户搜索主观满意程度有关联？本研究希望借助实验的方法，通过设计具有特定属性的移动视觉搜索任务，采集用户在实际操作执行过程中的行为及主观意向的数据，从而为解答以上的问题提供参考和帮助。

移动视觉搜索已经获得了许多学者的关注，然而针对移动视觉搜索的研究主要集中在理论框架构建和技术改进层面，从用户行为模式角度出发的研究还相对匮乏，未能充分挖掘用户在搜索过程中的行为模式及主观意向。由于移动视觉搜索方式与传统搜索方式存在较大差异，因而不能直接将已有的搜索行为的相关结论直接应用到移动视觉搜索的场景中。本研究从移动视觉搜索用户的角度出发，研究网络用户移动视觉搜索行为的交互特征及主观评价，并试图解释主观评价与任务类型和复杂度之间的关联关系。

因此，本研究选择用户移动视觉搜索中用户的搜索行为作为研究主题，在充分考虑科学性和可行性的前提下，选择实验室实验法作为主要研究方法设计不同类型（识图类和相似类）和复杂度（简单和复杂）的实验任务，观察被试者在进行移动视觉搜索时的行为，并通过录屏工具进行记录，同时以调查问卷的形式收集用户的主观评估数据，利用相关分析、配对样本 t 检验及方差分析的方法验证所提假设是否成立，探究搜索过程中出现的交互行为特征及对搜索结果满意度评价的影响因素，并揭示用户移动视觉搜索行为和主观感知评价指标之间的关系。

4.2.2 面向任务的移动视觉搜索用户行为实验设计

1. 研究假设

针对本研究提出的研究问题，对相关的变量做出如下界定：搜索任务类型（识图类、相似类）、搜索任务复杂度（简单、复杂）、用户的搜索行为特征（搜索用时、点击次数、滑动次数、查询重构次数等）、用户的属性特征（性别、年龄、学历等）、用户感知复杂度及对搜索结果的满意度等。其中搜索任务类型和复杂度是实验过程中的控制变量，用户的搜索行为特征是通过分析在执行实验过程中的视频所提取的量化数据，而用户的属性特征、感知复杂度及对搜索结果的满意度的数据则是通过调查问卷的方式获取。

为了能够研究用户在移动视觉搜索过程中的交互行为和满意度水平受哪些因素的影响，本研究对可能存在的影响因素和相关关系做出如下研究假设。

H1 任务类型、任务复杂度与移动视觉搜索行为模式之间的关系和研究假设。

H1a：搜索任务类型会影响用户移动视觉搜索行为模式。

H1b：搜索任务复杂度会影响用户移动视觉搜索行为模式。

H2 任务类型、任务复杂度与用户对搜索结果满意度之间的关系和研究假设。

H2a：搜索任务类型会影响用户对搜索结果满意度。

H2b：搜索任务复杂度会影响用户对搜索结果满意度。

H3 用户行为特征及感知复杂度与用户的搜索结果满意度之间的关系。

H3a：用户行为特征与对搜索结果的满意度之间存在显著相关关系。

H3b：用户对任务的感知复杂度会影响用户对搜索结果的满意度。

H4 任务设计的复杂度与用户感知复杂度之间的关系。

H4a：用户对不同复杂度的任务所产生的感知复杂度有显著差异。

2. 实验设计

1）实验对象与实验环境

本研究拟采用实验室实验方法，召集被试者对设定的实验任务进行搜索查询，并完成相应的问卷调查。通过海报、微信公众号、BBS 论坛、群公告通知等方式招募高等院校在校本科生、硕士研究生及博士研究生。

被试者所使用的实验设备统一为 iPhone 6s（配置为：A9 双核 CPU 处理器，RAM 容量 2GB，ROM 容量 64GB）。设备所连接的网络为校园无线网络，经过专业测速软件测量，上传速度均值为 802KB/s，下载速度均值为 944KB/s，网络延迟 31ms。硬件条件和网络环境均能够满足图像搜索的基本要求。

根据依赖搜索设备的不同，移动视觉搜索工具可以划分为两大类：一类是提供视觉搜索服务的可穿戴设备，如智能眼镜、智能头盔等全新智能设备，然而由于成本过高、隐私侵犯等问题，此类设备大多已退出市场[84]；另一类则是在智能手机端实现视觉搜索功能的应用软件，包括移动端 APP、浏览器搜索引擎等，此类应用具备一定的用户基础，便于开展研究，因此本研究选取使用移动端视觉搜索软件的用户作为研究对象[85, 86]。对当前应用市场上仍然提供服务支持的移动视觉搜索 APP 从支持平台、应用场景等方面进行对比分析，结果如表 4.1 所示。

表 4.1　移动视觉搜索产品功能对比表

产品名称	支持平台	功能描述	应用场景
百度	iOS、Android	包含文字搜索、语音搜索和图像搜索功能，能够识别物品、查找相似图片等	各种搜索场景
搜狗搜索	iOS、Android	包含文字搜索、语音搜索和图像搜索功能，具备识别物品、查找相似图片等功能	各种搜索场景
形色	iOS、Android	搜索花草树木的种类和相关知识	常用于户外搜索植物种类
微软识花	iOS	搜索花草树木的种类和相关知识	常用于户外搜索植物种类
拍图购	Android	搜索相似商品名称及价格	搜索各种类型商品
小猿搜题	iOS、Android	结合 OCR 技术识别文本搜索题目和对应答案	常用于搜索各类试题
手机淘宝-拍立淘	iOS、Android	搜索相似商品名称及价格	搜索各种类型商品
Google Lens	Android	图像搜索，具备识别物品、查找相似图片等功能	各种搜索场景
CamFind	iOS、Android	识别物品、搜索相似图	各种搜索场景
Taptapsee	iOS、Android	识别日常物品	帮助盲人进行图片识别和语音提醒
Aipoly Vision	iOS、Android	识别常规物品，识别颜色	日常生活中的搜索场景

再结合各个 APP 用户基数方面的数据，选取百度移动端搜索工具（版本号 11.0）作为本次实验的搜索工具，该产品具有较高的用户基数及日活跃用户数量（daily active user，DAU），其图像搜索功能已相对完善，用户可以通过拍照或上传已有图片的方式进行搜索，能够满足基本的图像搜索需求，并且具有较高的识别准确度。

2）实验设计

从各领域学者对移动视觉搜索的概念界定可以发现，在移动环境下以视觉资源（包含图像资源和视频资源）作为查询输入是移动视觉搜索的关键特征。因此，在本研究的实验任务设计中，搜索的查询输入默认为各种格式、类型的图像资源。

在执行任务顺序方面，本研究采用拉丁方格的设计方法，消除因执行任务顺序不同导致的实验被试人员行为的差异[87]。表 4.2 所示的轮换方式确保了将每行中两种分类维度组合形成的 4 个搜索任务可以进行系统的轮换，因此每名被试者会以不同的顺序依次执行 4 个搜索任务，减少因执行过程中任务难度和任务类型的差异所带来的影响。其中识图类为搜索特定结果的任务，实验中要求被试者最终以文本形式展示；而相似类为搜索非特定相似图的任务，实验中要求被试者搜索到自己认为符合任务要求的图片结果。

表 4.2 拉丁方格实验设计

轮换编号	第一个任务	第二个任务	第三个任务	第四个任务
R1	识图类-简单	相似类-简单	识图类-复杂	相似类-复杂
R2	识图类-复杂	相似类-复杂	相似类-简单	识图类-简单
R3	相似类-简单	识图类-简单	相似类-复杂	识图类-复杂
R4	相似类-复杂	识图类-复杂	识图类-简单	相似类-简单

由于时间限制会对被试者的搜索行为产生较大影响，且被试者对于移动视觉搜索的熟悉程度存在差异，因而在实验过程中没有限制被试者的搜索时间，被试者根据个人搜索习惯自主决定任务用时，在搜索得到自己认为符合要求的答案之后在所得检索结果的页面停留 3～5s 作为确定答案的标志，之后进行下一任务，直到全部任务完成。以下为实验设计的具体步骤：

（1）向被试者介绍本次实验的大致流程和所用设备及软件；

（2）被试者填写问卷的第 1～7 题（即被试者基本信息），作为前测部分；

（3）为被试者播放介绍“百度”APP 基本操作的教学指导视频，确保被试者掌握 APP 内基本的功能按键和操作方式，并告知在找到任务答案的后续操作；

（4）被试者使用实验专用手机及搜索工具按任务顺序进行实验，同时实验设计者对被试者在移动端的搜索过程进行全程记录，并进行保存；

（5）在被试者依次完成全部四个搜索任务之后，要求被试者填写调查问卷的剩余部分，即后测问卷部分，并与前测问卷一同提交，实验结束。

3）问卷设计

前测问卷。了解被试者的基本属性特征，如年龄、学历等，同时也包含了对用户搜索习惯的调查。

（1）常用的搜索引擎：了解被试者通常使用何种搜索引擎进行搜索。选项：百度搜索、谷歌搜索、搜狗搜索、必应搜索、其他。

（2）移动端搜索频次：了解被试者在日常使用移动端进行搜索的频次，能够在一定程度上反映用户的信息需求和对移动端搜索的依赖性。评估采用五点测度：完全没用过、用过一两次、偶尔使用、较常使用、频繁使用。

（3）移动端图像搜索产品了解程度：了解被试者是否对移动视觉搜索产品有一定的了解。评估采用五点测度：完全陌生、听说过但不了解、了解一些基本知识、比较熟悉、非常熟悉。

（4）使用移动设备进行图像搜索的频次：了解用户当前使用移动视觉搜索工具进行搜索的频次。评估采用五点测度：完全没用过、用过一两次、偶尔使用、较常使用、频繁使用。

后测问卷。主要是采集被试者对搜索过程和搜索结果的主观感受，同时了解被试者对知识获取、工具持续使用意愿及移动视觉搜索方面的评价。

（1）被试者对任务的感知复杂度：对完成不同任务的复杂度给出个人的评价，采取五点李克特（Likert）量表。从低到高分别代表很简单、简单、一般、复杂、很复杂。

（2）被试者对任务的自信度：对获得不同任务时个人是否有信心找到答案给

出评价，采取五点李克特量表。从低到高分别代表完全没信心到很有信心。

（3）被试者对搜索结果满意度的评价：对用户满意度的采集是针对结果满意度而言的，问题中明确说明对“任务搜索到的结果是否满意”，这也将研究范围进一步缩小到对搜索结果的满意度主观评价，采取五点李克特量表。从低到高分别代表很不满意到很满意。

（4）被试者搜索后新知识的获取量：了解在完成任务之后是否获得了新的知识，侧面反映移动视觉搜索带来的效益，采取五点李克特量表。从低到高分别代表完全没有收获到很有收获。

（5）移动视觉搜索相较于传统搜索是否有帮助：了解移动视觉搜索是否给搜索带来了便利，采取五点李克特量表。从低到高分别代表完全没有帮助到很有帮助。

（6）对搜索工具百度 APP 的评价：了解被试者在使用完成后对该产品的整体评价，采取五点李克特量表，从低到高分别代表很不好用到很好用。

（7）在今后类似场景下使用移动视觉搜索的意愿：了解被试者在完成实验后，今后是否希望在实际场景中继续使用移动视觉搜索工具来进行搜索，采取五点李克特量表，从低到高分别代表很不愿意到很愿意。

4.2.3 移动视觉搜索用户搜索行为实验数据处理与分析

在确定参加实验的被试人员数量方面，本研究参考了若干前人研究成果，用户搜索行为研究实验被试对象一般为 30～40 人[88-91]，考虑到本研究的任务设定为两种任务类型（识图类和相似类）和两种复杂度（简单和复杂），共 2×2＝4 种任务，因此本研究将被试人员数量设定为 32 人，每次实验执行时仅包含一名被试者，且在实验进行过程中不干涉被试者的搜索行为。

为了能够保证实验效果，在正式实验开始前先进行预备实验。在校园内随机邀请了 3 名在校大学生作为被试者参加实验，并根据预备实验中出现的问题对问卷和搜索任务进行了调整和修正：首先，任务描述是否清楚，是否有歧义或者对被试者有提示作用；其次，任务中提供的搜索图片是否清晰，是否能够作为查询输入进行检索，所使用工具是否可以稳定工作；最后，搜索任务的复杂度设置是否可行，被试者是否可以独立完成检索任务。经过预备实验的测试，实验设计者熟悉实验流程，把握实验节奏，根据对被试者参与实验过程的分析观察适度调整测试任务，从而为正式实验做好准备。

通过实验记录和问卷调研获得的数据包括以下三类：用户个人属性数据、用户进行移动视觉搜索的客观行为特征数据（包括用时、点击次数、滑动次数等）、用户对搜索任务完成情况的主观评估数据（包括用户满意度、感知复杂度等）。以下将对这三类数据分别进行提取和统计分析。

1. 用户个人属性

对前测问卷采集到的用户个人属性方面的信息进行整理，得到以下描述性统计分析结果。

被试人员中男性人数为 13 人，女性人数为 19 人。18～25 岁年龄段有 25 人，26～30 岁年龄段有 6 人，30 岁以上的有 1 人。被试人员的学历构成以硕士研究生为主，有 22 人为硕士研究生，本科生人数为 6 人，博士研究生人数为 4 人。其中自然科学专业的有 13 人，社会科学专业的有 17 人，人文科学专业的有 2 人。具体分布比例如图 4.3 所示。

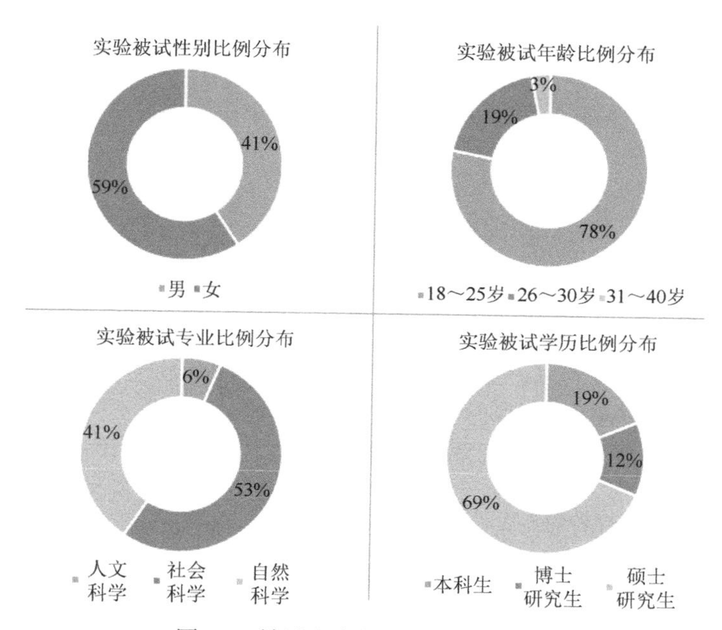

图 4.3　被试者个人属性比例分布图

在个人搜索习惯方面，被试人员中选择百度作为最常使用搜索引擎的有25人，谷歌搜索引擎为5人，搜狗搜索和必应搜索引擎的各1人，如图4.4所示。

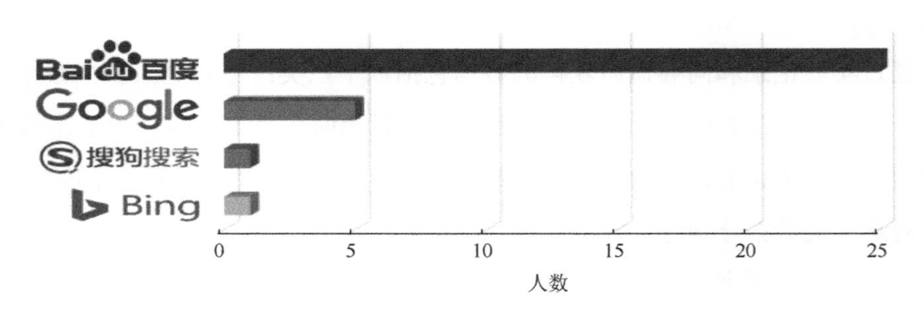

图4.4　被试者常用搜索引擎统计图

如图4.5所示，使用移动设备进行信息搜索的频次整体较高，选择较常使用和频繁使用的人数分别为11人和21人。在对移动端视觉搜索产品的了解程度方面，只有1人是听说过但不了解。说明被试者对移动视觉搜索产品的整体了解程度较高，也侧面反映了移动视觉搜索产品的普及程度有所提升。使用移动设备进行图像搜索（如百度移动端图像搜索、淘宝拍立淘、微软识花等）的频次统计中，有1人是频繁使用，11人较常使用，16人偶尔使用，4人用过一两次。

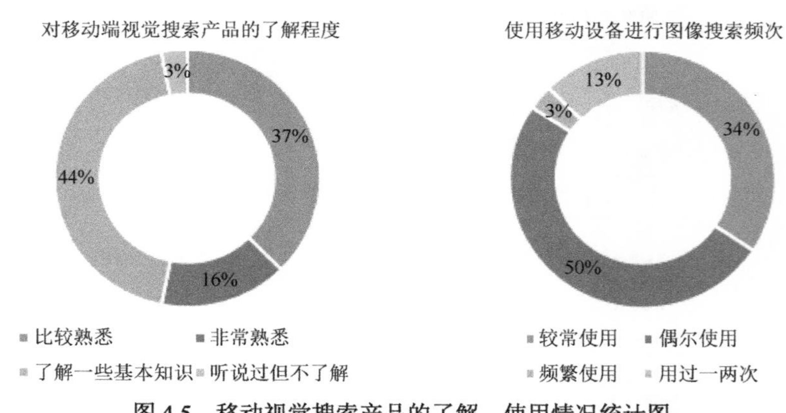

图4.5　移动视觉搜索产品的了解、使用情况统计图

2. 搜索客观行为特征

通过录屏工具共得到的32段实验视频资料，时长共计10582 s，平均每名被试者的搜索总用时约为330.7 s，具体的时间分布如图4.6所示。

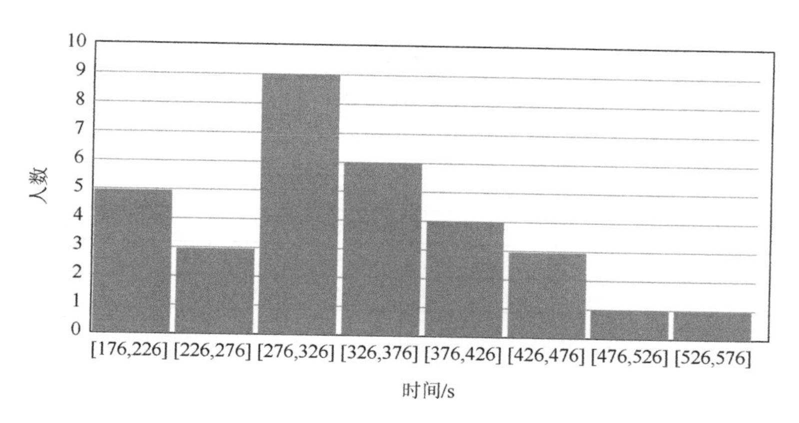

图 4.6 被试者完成实验任务所用时间分布图

由于实验获取的用户行为数据是非结构化的视频数据，我们结合前人研究及执行其他任务过程中的行为记录结果，通过以下指标对获取的录屏资料进行数据提取，具体内容如表 4.3 所示。

表 4.3 数据提取维度及相关定义

维度	定义
总时长	搜索某任务所用的总时间，为查询构造和搜索时长的加和，单位为 s
查询构造时长	被试者构造、修改查询表达式所用时间，单位为 s
查询构造时长占比	查询构造时长/总时长
搜索时长	被试者搜索浏览页面、筛选任务结果所用时间，单位为 s
搜索时长占比	搜索时长/总时长
点击次数	被试者搜索过程中点击链接进入下一级页面的次数
回退次数	被试者搜索过程中点击回退按钮退回上一级页面的次数
滑动次数	被试者查看页面过程中滑动次数，包括上下滑动和左右滑动等
重构次数	被试者重新构造查询表达式的次数，包含重新拍照、重新对图像框选、重新构造查询式等

通过对视频数据的初步提取整理，得到如表 4.4 所示的结构化数据表格。表 4.4 展示的是被试者在执行某一搜索任务时的视频数据转化得到的部分结构化数据，共有 9 个维度，因为每一用户都会依次执行全部 4 个任务，所以最终得到的行为特征表格中每一用户都对应着 36 维的行为特征数据，这些数据为影响因素探究和相关性分析提供有力支撑。

表 4.4 录屏数据提取整理表（部分）

被试 ID	总时长/s	查询构造时长/s	查询构造时长占比/%	搜索时长/s	搜索时长占比/%	点击次数	回退次数	滑动次数	重构次数
1	109	51	46.8	58	53.2	5	2	34	4
2	90	42	46.7	48	53.3	6	2	41	2
3	141	36	25.5	105	74.5	6	2	51	7
4	72	26	36.1	46	63.9	3	0	23	1
5	160	52	32.5	108	67.5	9	5	69	7
6	135	32	23.7	103	76.3	8	4	52	2
7	119	38	31.9	81	68.1	10	6	37	5
8	96	40	41.7	56	58.3	4	1	12	8
9	85	27	31.8	58	68.2	4	0	14	4
10	210	64	30.5	146	69.5	12	4	92	4
11	164	53	32.3	111	67.7	7	3	66	9
12	64	17	26.6	47	73.4	2	1	15	1
13	189	50	26.5	139	73.5	8	2	61	6
14	69	23	33.3	46	66.7	4	1	38	2
15	132	58	43.9	74	56.1	6	3	42	7
16	94	35	37.2	59	62.8	3	1	37	2
17	163	52	31.9	111	68.1	10	3	66	4
18	124	35	28.2	89	71.8	3	1	64	5
19	60	21	35.0	39	65.0	4	1	18	2
20	152	54	35.5	98	64.5	6	2	51	5
21	93	39	41.9	54	58.1	5	0	27	5
22	142	45	31.7	97	68.3	5	2	29	3
23	96	42	43.8	54	56.3	5	1	23	3
24	65	27	41.5	38	58.5	1	0	8	0
25	106	42	39.6	64	60.4	5	1	38	4
26	86	22	25.6	64	74.4	4	1	40	1
27	79	16	20.3	63	79.7	5	2	15	6
28	133	43	32.3	90	67.7	7	1	62	6
29	189	104	55.0	85	45.0	13	3	56	6
30	106	32	30.2	74	69.8	4	1	30	4
31	150	41	27.3	109	72.7	11	1	57	5
32	62	35	56.5	27	43.5	3	0	12	2

3. 搜索主观评估

针对每个任务设置了三个主观评价维度，分别是感知复杂度、自信度和搜索结果满意度，这部分内容需要结合任务的具体属性进行对比分析，此处仅以均值统计的方式进行简单展示，有关感知复杂度和搜索结果满意度的分析将在接下来详细展开。

对于感知复杂度从很简单到很复杂分别对应 1～5 分；对于自信度，很不自信到很自信分别对应 1～5 分；对于满意度，从很不满意到很满意分别对应 1～5 分。图 4.7 表示的是每组任务中对各项指标的评价得分均值情况，从图中可以发现，任务 1（识图类-简单任务）和任务 2（相似类-简单任务）的用户感知复杂度都较低，均为 1.84，而任务 4（相似类-复杂任务）的感知复杂度最高，为 3.22；在搜索自信度方面，对于任务 2（相似类-简单任务）的自信度最高，为 4.38，而对于任务 4（相似类-复杂任务）的自信度最低，均值为 3.75；在满意度方面，被试者对于任务 1（识图类-简单任务）结果的满意度最高，而对任务 4（相似类-复杂任务）结果的满意度最低，仅为 3.72。

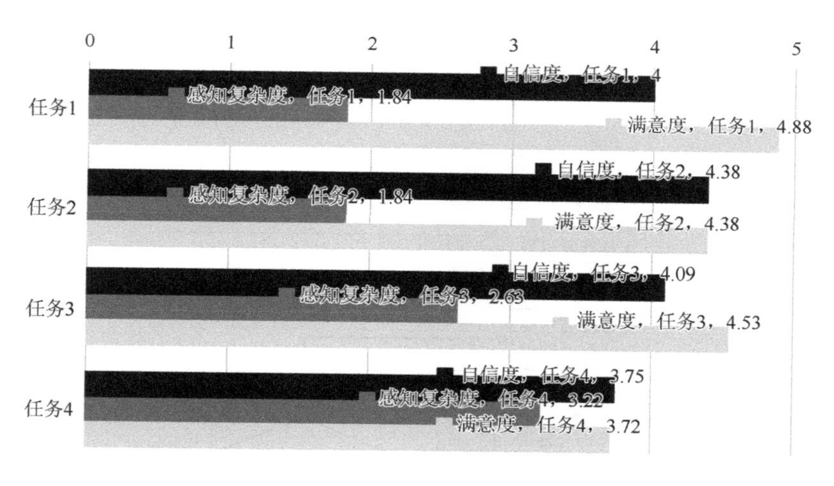

图 4.7　被试者主观评估均值分布图

在搜索结束后对知识获取、工具持续使用意愿及移动视觉搜索方面的评价做出如下统计：在新知识获取方面，有 6 人认为很有收获，23 人认为有收获，3 人不确定；在回答相较于传统搜索，感觉使用移动视觉搜索是否对查找答案有更多帮助时，12 人认为有帮助，20 人认为很有帮助，说明被试者在搜寻结果的过程中都是能够感受到移动视觉搜索工具所带来的帮助的；对于实验中所使用工具“百度”APP 的评价方面，认为很好用和好用的各有 9 人、21 人，认为一般和不好用的均为 1 人；在回答“如果真实场景中有遇到类似问题是否愿意尝试使用移动视觉搜索工具寻找答案”问题时，表达出愿意和很愿意使用态度的分别有 10 人和 22 人，无人表示“不愿意继续使用”，说明被试者整体持续使用意愿较强。

本研究在进行实验数据采集整理的过程中发现，被试者在执行搜索操作时都有着相对固定的搜索行为习惯，在搜索结果二级页面和搜索引擎返回页都会做是否完成任务的判断，若未能完成则会回到上一层级继续查找结果，被试者的各种行为操作也均发生在该流程之中。本研究将其整理为如图 4.8 所示的流程图。

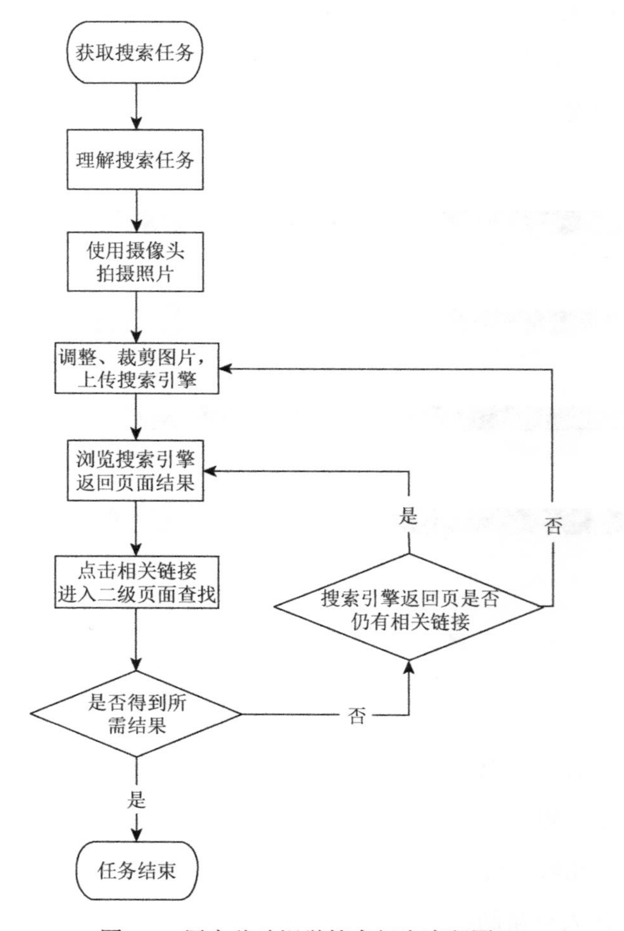

图 4.8　用户移动视觉搜索行为流程图

4.2.4　移动视觉搜索用户搜索行为实验结果讨论

我们主要采用了推论性分析的方法，推论性统计部分主要使用了相关分析、配对样本 t 检验、单因素方差分析（ANOVA）等方法，以检验变量之间是否存在显著的相关性，任务类型、复杂度等变量是否会给用户搜索行为特征、搜索结果满意度等指标带来显著影响，从而提出的若干假设。

1. 移动视觉搜索行为特征分析

为了能够更进一步了解移动视觉搜索的行为特征，首先对每个任务中用户的行为特征数据进行描述性统计分析。

在被试人员执行具体任务的过程中，识图类简单任务的平均总用时为 48.7s，平均查询式构建时间 13.6s，平均搜索结果时间为 35.1s，平均点击链接次数 2.2 次，回退上一界面 0.5 次，平均滑动次数 11.8 次，重构所占比例 9.4%。而在执行识图类复杂任务的过程中，被试者平均总用时 94.8s，平均查询式构建时间 26.0s，平均搜索结果时间为 68.9s，平均点击链接次数 4.8 次，回退上一界面 1.6 次，平均滑动次数 32.2 次，重构所占比例 71.9%，平均查询重构次数 1.1 次。

被试者在执行相似类简单任务的平均总用时为 70.4s，平均查询式构建时间 16.9s，平均搜索结果时间为 53.6s，平均点击链接次数 4.2 次，回退上一界面 1.9 次，平均滑动次数 20.1 次，重构所占比例 28.1%，平均重构次数 0.4 次。而在执行相似类复杂任务的过程中，被试者平均总用时 116.7s，平均查询式构建时间 40.4s，平均搜索结果时间为 76.3s，平均点击链接次数 5.9 次，回退上一界面 1.8 次，平均滑动次数 40.0 次，重构所占比例达到 100%，平均查询重构次数 4.1 次。

对于完整的搜索过程而言，被试者完成所有任务的平均用时 330.7s，平均每一任务用时为 82.7s，平均查询式构建时间 24.2s，平均搜索结果时间为 58.4s，平均点击链接次数 4.3 次，回退上一界面 1.4 次，平均滑动次数 26.0 次，平均重构次数 1.4 次。

为了能够更清晰地了解各个行为特征之间的相关关系，本研究以单个任务为单元，对其中的观察变量作相关性分析，由 SPSS 获得双变量皮尔逊（Pearson）相关系数。相关系数的强度大小与变量之间关联程度判断如表 4.5 所示[92]。

表 4.5 相关系数的强度大小与意义

相关系数范围（绝对值）	变量关联程度
1.00	完全相关
0.70～0.99	高度相关
0.40～0.69	中度相关
0.10～0.39	低度相关
0.10 以下	微弱或无相关

通过对用户在执行四个任务的全体数据作相关分析发现，之前按照单个任务所获得的相关关系大多依然成立，且都在 99%的置信度上显著正相关。为能够获得直观理解，本研究将各个维度之间的相关关系强度按照表 4.5 给出的界定标准整理为表 4.6 的结果。

表 4.6 相关系数强度对比表

	总时长	查询构建	搜索时长	点击次数	回退次数	滑动次数	重构次数
总时长	1	高度相关	高度相关	高度相关	中度相关	高度相关	中度相关
查询构建	高度相关	1	中度相关	高度相关	中度相关	高度相关	高度相关
搜索时长	高度相关	中度相关	1	高度相关	高度相关	高度相关	中度相关
点击次数	高度相关	高度相关	高度相关	1	高度相关	高度相关	中度相关
回退次数	中度相关	中度相关	高度相关	高度相关	1	中度相关	低度相关
滑动次数	高度相关	高度相关	高度相关	高度相关	中度相关	1	中度相关
重构次数	中度相关	高度相关	中度相关	中度相关	低度相关	中度相关	1

从上述结果中发现，用户在执行移动视觉搜索任务的过程中，其有关时间、操作的行为特征之间包含了许多相关关系，例如，总时长与查询构建及搜索时长呈显著正相关，同时，点击次数与回退次数、滑动次数之间也是高度正相关关系。这意味着用户在多次点击进入搜索页面但未能得到预期答案时，就会回退到上一级界面，导致了回退次数的增加，而浏览内容的增多也带来滑动次数的增加。查询重构在进行图像搜索时频繁发生，而在本研究中发现重构次数与查询构建时间是高度正相关的。在用户重构查询式时会导致这部分所耗费时间的增多，而与其他点击次数、回退次数等也是有着中度相关的水平，说明查询重构次数的增加不

仅会使得查询构造时间增多，而且在具体搜索过程中让用户的操作增加。另外这也证明，观察用户查询重构次数可以对任务的复杂程度做出判断。

2. 任务属性与用户行为特征的关系检验

本研究重点关注的是移动视觉搜索任务类型和复杂度对用户行为的影响，因此提出了 H1a 和 H1b，本节使用配对样本 t 检验对这两项假设进行验证。配对样本 t 检验被用来比较配对样本在两个变量的平均数是否相同，其原理是计算每个观察者在两个变量值之间的差异及检验均值差是否为 0，适用于用户在执行不同类型和复杂度时的行为特征差异分析。配对样本 t 检验的条件一是样本中的观察值数目相等且顺序一致，二是样本来自正态或近似正态总体，通过对样本数据的 Q-Q 图检验发现，大多样本都分布在 Q-Q 图中正态标准线附近，样本基本符合正态分布，因此满足检验的条件。

通过对检验结果整理得到的表 4.7 的分析来验证假设 H1a 是否成立。每个单元格中第一行为对应任务属性下被试者行为特征的均值和标准差（括号中的值），第二行为 t 统计量的值和显著性水平 p 值。

表 4.7 不同任务类型对用户搜索行为特征的影响分析

比较项	全部任务		简单任务		复杂任务	
	识图类	相似类	识图类	相似类	识图类	相似类
总时长/s	71.77*（44.33）	93.58（46.76）	48.69（22.50）	70.44（40.70）	94.84（48.87）	116.72（41.01）
	$t=-3.62$，$p<0.001$		$t=-3.32$，$p=0.002$		$t=-2.14$，$p=0.041$	
查询构建时长/s	19.80（12.35）	28.66（17.66）	13.63（4.59）	16.88（8.08）	25.97（14.49）	40.44（16.80）
	$t=-4.13$，$p<0.001$		$t=-2.45$，$p=0.02$		$t=-3.74$，$p<0.001$	
搜索时长/s	51.97（35.24）	64.92（33.84）	35.06（19.95）	53.56（34.12）	68.88（39.19）	76.28（29.95）
	$t=-2.71$，$p=0.009$		$t=-3.29$，$p=0.020$		$t=-0.96$，$p=0.343$	
点击次数/次	3.48（2.18）	5.05（2.78）	2.22（0.97）	4.22（2.38）	4.75（2.33）	5.88（2.94）
	$t=-4.26$，$p<0.001$		$t=-5.11$，$p<0.001$		$t=-1.82$，$p=0.078$	
回退次数/次	1.05（1.44）	1.83（1.59）	0.53（0.80）	1.88（1.72）	1.56（1.74）	1.78（1.48）
	$t=-3.12$，$p=0.003$		$t=-4.21$，$p<0.001$		$t=-0.60$，$p=0.552$	
滑动次数/次	21.97（19.34）	30.03（19.19）	11.75（6.26）	20.06（10.57）	32.19（22.48）	40.00（20.76）
	$t=-2.98$，$p=0.004$		$t=-3.84$，$p<0.001$		$t=-1.56$，$p=0.130$	
重构次数/次	0.61（0.97）	2.28（2.52）	0.13（0.42）	0.44（0.88）	1.09（1.12）	4.13（2.25）
	$t=-5.88$，$p<0.001$		$t=-1.97$，$p=0.057$		$t=-7.06$，$p<0.001$	

表 4.7 中第 2、3 列的数据代表了在忽略任务复杂度的前提下，仅就任务类型做配对样本 t 检验，可以看出所有行为特征在 0.05 的显著性水平下都达到了显著差异。而配对的行为特征均值中，执行识图类任务一列的均值均小于执行相似类任务一列的均值，说明执行相似类任务时所用总时长、查询构建时长、搜索时长、点击次数、回退次数、滑动次数、重构次数均显著大于在执行识图类任务时的对应值，说明相似类任务会耗费更多的时间，需要执行更多的操作。

而在考虑任务复杂度的情况下，得到的结果有所差异。表 4.7 中的第 4、5 列为被试者均执行简单任务，但类型分别是识图类和相似类所得到的统计结果。可以看出，在被试者执行不同复杂度较低的简单任务类型时，除了在重构次数上未能达到显著外（$t=-1.97$，$p=0.057$），其余各项假设检验的结果置信度为 95%是显著的。而配对的行为特征均值中识图类一列均小于相似类一列，说明在低复杂度的情况下，执行相似类任务时所用总时长、查询构建时长、搜索时长、点击次数、回退次数、滑动次数显著性均大于在执行识图类任务时的对应值。

表 4.7 中第 6、7 列是被试者在执行复杂任务时获得的配对样本 t 检验的结果，其中在 0.05 的显著性水平下达到显著的只有总时长（$t=-2.14$，$p=0.041$）、查询构建时长（$t=-3.74$，$p<0.001$）及重构次数（$t=-7.06$，$p<0.001$），而这三项的均值计算结果均为识图类一列小于相似类一列，即在高复杂度的情况下，执行相似类任务时所用总时长、查询构建时长和重构次数是显著大于执行识图类任务的值。其中前两项与简单任务所得结果一致，而重构次数这一项却与简单类不同，说明复杂度高的情况下识图类型任务往往需要更多的查询重构来完成搜索过程。在识图类任务中，查询重构一方面是重新拍照，另一方面也会对识别出的事物信息通过文字输入的方式进行二次检索；而相似类任务中，对查询重构的方式主要包括：重新拍照，或对原始输入图进行裁剪、旋转、调整对比度等，从而获得更为相似的图片结果。

采用配对样本 t 检验的方法验证假设 H1b 是否成立，即任务复杂度高低会对行为特征产生影响，检验结果如表 4.8 所示，数量分布与表 4.7 相同。

表 4.8　不同任务复杂度对用户搜索行为特征的影响分析

比较项	全部任务		识图类任务		相似类任务	
	简单	复杂	简单	复杂	简单	复杂
总时长/s	59.56*（34.42）	105.78（46.09）	48.69（22.50）	94.84（48.87）	70.44（40.70）	116.72（41.01）
	$t=-6.83$，$p<0.001$		$t=-5.18$，$p<0.001$		$t=-4.48$，$p<0.001$	
查询构建时长/s	15.25（6.72）	33.20（17.19）	13.63（4.59）	25.97（14.49）	16.88（8.08）	40.44（16.80）
	$t=-8.23$，$p<0.001$		$t=-4.69$，$p<0.001$		$t=-7.31$，$p<0.001$	
搜索时长/s	44.31（29.25）	72.58（34.80）	35.06（19.95）	68.88（39.19）	53.56（34.12）	76.28（29.95）
	$t=-5.12$，$p<0.001$		$t=-4.68$，$p<0.001$		$t=-2.72$，$p=0.011$	
点击次数/次	3.22（2.07）	5.31（2.69）	2.22（0.97）	4.75（2.33）	4.22（2.38）	5.88（2.94）
	$t=-5.368$，$p<0.001$		$t=-5.67$，$p<0.001$		$t=-2.60$，$p=0.014$	
回退次数/次	1.20（1.49）	1.67（1.60）	0.53（0.80）	1.56（1.74）	1.88（1.72）	1.78（1.48）
	$t=-2.03$，$p=0.047$		$t=-3.20$，$p=0.003$		$t=0.31$，$p=0.761$	
滑动次数/次	15.91（9.58）	36.09（21.83）	11.75（6.26）	32.19（22.48）	20.06（10.57）	40.00（20.76）
	$t=-6.85$，$p<0.001$		$t=-4.76$，$p<0.001$		$t=-4.86$，$p<0.001$	
重构次数/次	0.28（0.70）	2.61（2.33）	0.13（0.42）	1.09（1.12）	0.44（0.878）	4.13（2.25）
	$t=-8.09$，$p<0.001$		$t=-4.77$，$p<0.001$		$t=-8.78$，$p<0.001$	

当忽略任务类型，仅考虑复杂度高低对被试者行为特征的影响时，得到表 4.8 的第 2、3 列所示结果。可以看出所有行为特征在 $p=0.05$ 的显著性水平下都达到了显著差异，而执行简单任务一列的均值均小于执行复杂类任务一列的均值，因此对于全部任务而言，执行复杂任务时所用总时长、查询构建时长、搜索时长、点击次数、回退次数、滑动次数、重构次数均大于简单任务，说明任务步骤数量所设定的复杂程度会显著影响用户在执行移动视觉搜索任务时的行为特征，任务复杂度的提高意味着用户将要花费更多的时间去搜索结果，同时进行多次操作、多次搜索，通过重构查询式来缩小搜索范围，获得自己所需要的结果。

表 4.8 中的第 4、5 列为被试者识图类任务，复杂度水平不同时所得到的统计结果，与全部任务的所得结果相同，在各项指标上均达到显著差异。对于识图类、复杂度不同的任务，被试者在执行复杂任务时所用总时长、查询构建时长、搜索时长、点击次数、回退次数、滑动次数、重构次数均显著大于在执行简单任务时的均值。与全部任务中所得结论一致。

表 4.8 中第 6、7 列是被试者在执行相似类、不同复杂度任务时获得的配对样本 t 检验的结果，其中回退次数未能达到显著水平（$t = 0.31$，$p = 0.761$），说明在相似类任务中用户的回退操作并没有因为复杂度的变化而产生差异。其他几项行为特征数据均有显著差异，且在简单情况下的均值全部小于复杂情况下的均值，说明对于相似类、复杂度不同的任务，被试者在执行复杂任务时所用总时长、查询构建时长、搜索时长、点击次数、滑动次数、重构次数均显著大于在执行简单任务时的均值。

总体来讲，H1a 和 H1b 假设得到了验证，任务类型和任务复杂度的确会影响到用户的某些搜索行为特征。

3. 任务属性与用户搜索满意度的关系检验

不同的任务属性除了会影响到用户的行为特征，也会对用户的搜索满意度产生影响，为观察用户对搜索结果的满意度受到不同任务属性的影响程度，本研究从以下几个方面对假设进行检验。首先对于 H2a：搜索任务类型会影响用户对搜索结果满意度，通过 SPSS 配对样本 t 检验，得到如表 4.9 所示结果，数量分布与表 4.7 相同。

表 4.9　任务类型对用户搜索结果满意度的影响分析

比较项	全部任务		简单任务		复杂任务	
	识图类	相似类	识图类	相似类	识图类	相似类
满意度	4.70（0.55）	4.05（0.98）	4.88（0.34）	4.83（0.94）	4.53（0.67）	3.72（0.92）
	$t = 4.54$，$p < 0.001$		$t = 3.09$，$p = 0.004$		$t = 3.39$，$p = 0.002$	

表 4.9 中的第 2、3 列是在忽略任务复杂度的情况下得到的满意度比较结果，当 p 值小于 0.05 时差异显著，而识图类任务整体满意度为 4.70，大于相似类任务的整体满意度 4.05，说明被试者在执行识图类任务时所获得的搜索结果满意度水平是显著高于相似类任务的。

在同为简单任务、不同类型的情况下，对用户搜索结果满意度水平做配对 t 检验，得到表 4.9 中的 4、5 列结果，可以发现平均值相差为 0.05，大于 0，且显著性 $p = 0.004 < 0.05$，说明在复杂度低的情况下，执行识图类任务时所获得的满

意度水平显著高于相似类任务的满意度水平。同样，在同为复杂任务、不同类型的情况下，得到表 4.9 中 6、7 列结果，识图类任务满意度为 4.53，大于相似类任务的整体满意度 3.72，且显著性 $p=0.002<0.05$，说明在复杂度高的情况下，执行识图类任务时所获得的满意度水平也显著高于相似类任务的满意度水平。

通过以上分析可以发现，移动视觉搜索的任务类型的确会影响用户对搜索结果的满意程度，且识图类任务获得的用户搜索结果满意度会显著高于相似类任务的搜索结果满意度。

对于 H2b：搜索任务复杂度会影响用户对搜索结果满意度，同样采取上述的方法进行分析，整理得到表 4.10 所示的结果。

表 4.10　任务复杂度对用户搜索结果满意度的影响分析

比较项	全部任务		识图类任务		相似类任务	
	简单	复杂	简单	复杂	简单	复杂
满意度	4.63（0.75）	4.13（0.90）	4.88（0.34）	4.53（0.67）	4.38（0.94）	3.72（0.92）
	$t=3.85$，$p<0.001$		$t=2.61$，$p=0.014$		$t=2.95$，$p=0.006$	

表 4.10 中的第 2、3 列是在忽略任务类型的情况下得到的满意度比较结果，简单类任务整体满意度均值 4.63，显著大于复杂类任务的整体满意度均值 4.13（$t=3.85$，$p<0.001$），说明被试者在执行简单任务时所获得的搜索结果满意度水平是显著高于复杂任务的。

在识图类任务、不同复杂度的情况下，执行简单任务的满意度显著高于复杂任务的满意度（$t=2.61$，$p=0.014$）。而在相似类任务、不同复杂度的情况下，执行简单任务的满意度均值为 4.38，执行相似类复杂任务的满意度均值为 3.72，且显著性 $p=0.006<0.05$，说明在相似类任务中，执行简单任务时所获得的满意度显著高于复杂任务的满意度。

通过以上分析发现，移动视觉搜索的任务复杂度的确会影响用户对搜索结果的满意程度，H2b 成立。上述几种情况下简单任务获得的搜索结果满意度都显著高于复杂任务的搜索结果满意度，即复杂度的增加会降低用户对搜索结果的满意度。类比文字搜索，当用户无法通过一次搜索完成任务，通常会修改检索式使得检索式更加复杂，用户往往会因为步骤较多不能快速检索得到答案而导致满意度下降。同时步骤的增多也会给用户带来一定的心理压力，对独立找到任务答案的自信心造成影响，所获得的结果未必能够达到自己的心理预期，从而影响满意度。

4. 搜索行为特征和感知复杂度与搜索满意度的关系分析

针对搜索过程中出现的相关行为特征，为了能够观察用户对搜索结果的满意度是否与搜索过程中的行为特征和感知复杂度存在显著关系，本研究挑选点击次数、回退次数、滑动次数、重构次数这四项行为表现特征，同时将对应任务的感知复杂度也加入分析当中。通过 SPSS 软件中的相关分析功能，计算得到各项之间的 Pearson 相关系数如表 4.11 所示。

表 4.11　用户搜索结果满意度与其他特征的相关分析

		满意度	点击次数	回退次数	滑动次数	重构次数	感知复杂度
满意度	Pearson 相关性	1	–0.325**	–0.264**	–0.401**	–0.438**	–0.369**
	显著性（双尾）		0.000	0.003	0.000	0.000	0.000
	N	128	128	128	128	128	128
点击次数	Pearson 相关性	–0.325**	1	0.795**	0.799**	0.584**	0.281**
	显著性（双尾）	0.000		0.000	0.000	0.000	0.001
	N	128	128	128	128	128	128
回退次数	Pearson 相关性	–0.264**	0.795**	1	0.614**	0.365**	0.233**
	显著性（双尾）	0.003	0.000		0.000	0.000	0.008
	N	128	128	128	128	128	128
滑动次数	Pearson 相关性	–0.401**	0.799**	0.614**	1	0.626**	0.372**
	显著性（双尾）	0.000	0.000	0.000		0.000	0.000
	N	128	128	128	128	128	128
重构次数	Pearson 相关性	–0.438**	0.584**	0.365**	0.626**	1	0.406**
	显著性（双尾）	0.000	0.000	0.000	0.000		0.000
	N	128	128	128	128	128	128
感知复杂度	Pearson 相关性	–0.369**	0.281**	0.233**	0.372**	0.406**	1
	显著性（双尾）	0.000	0.001	0.008	0.000	0.000	
	N	128	128	128	128	128	128

** 在置信度（双侧）为 0.01 时，相关性是显著的。

从表 4.11 中可以看出，点击次数、回退次数、滑动次数、重构次数这四项行为特征及用户主观感知复杂度与用户对搜索结果满意度之间存在显著的负相关关系，假设 H3a 成立。另外，用户感知复杂度与点击次数、回退次数、滑动次数、重构次数这四项行为特征之间存在显著正相关关系，说明感知复杂度越高，这些操作也会相应增加。

由于感知复杂度为离散型变量，为了观察不同感知复杂度下用户对搜索结果满意度是否有影响，本研究针对这两项做出单因素方差分析，如表 4.12 所示。

表 4.12 任务感知复杂度和搜索满意度的方差分析结果

	平方和	df	均方	F	显著性
组之间	15.000	4	3.750	5.839	0.000
组内	79.000	123	0.642		
总计	94.000	127			

表 4.12 说明，不同感知复杂度对用户搜索满意度是存在显著影响的。为了进一步探索哪些复杂度之间具有显著差异，加入最小显著性差异法（LSD）事后多重比较，得到如表 4.13 所示的结果。感知复杂度中评价为 1 的复杂度结果与 2、3、4、5 之间存在显著差异，且平均差值均为正，而其他组之间并未存在显著差异，说明用户对于任务的感知复杂度为 1（很简单）时，对于搜索结果的满意度水平是显著高于其他感知复杂度情况的，而在其他感知复杂度情况之间没有满意度的明显差异，因此 H3b 假设成立。

表 4.13 任务感知复杂度和搜索满意度的事后检验结果

（I）感知复杂度	（J）感知复杂度	平均差（I–J）	标准错误	显著性	95%置信区间	
					下限	上限
1	2	0.485*	0.185	0.010	0.12	0.85
	3	0.804*	0.208	0.000	0.39	10.22
	4	0.759*	0.211	0.000	0.34	10.18
	5	10.013*	0.351	0.005	0.32	10.71
2	1	–0.485*	0.185	0.010	–0.85	–0.12
	3	0.319	0.211	0.133	–0.10	0.74
	4	0.274	0.214	0.202	–0.15	0.70
	5	0.528	0.353	0.138	–0.17	10.23

续表

(I)感知复杂度	(J)感知复杂度	平均差(I–J)	标准错误	显著性	95%置信区间	
					下限	上限
3	1	–0.804*	0.208	0.000	–10.22	–0.39
	2	–0.319	0.211	0.133	–0.74	0.10
	4	–0.045	0.234	0.847	–0.51	0.42
	5	0.208	0.366	0.570	–0.52	0.93
4	1	–0.759*	0.211	0.000	–10.18	–0.34
	2	–0.274	0.214	0.202	–0.70	0.15
	3	0.045	0.234	0.847	–0.42	0.51
	5	0.254	0.367	0.491	–0.47	0.98
5	1	–10.013*	0.351	0.005	–10.71	–0.32
	2	–0.528	0.353	0.138	–10.23	0.17
	3	–0.208	0.366	0.570	–0.93	0.52
	4	–0.254	0.367	0.491	–0.98	0.47

* 在置信度(双侧)为 0.05 时,相关性是显著的。

5. 任务设定复杂度与用户感知复杂度的关系

任务的复杂度的判定是由实验设计者基于某些任务维度设置的,而这种划分需要匹配用户在实验中的真实感受,即用户感知复杂度,用户在完成搜索任务之后对任务的复杂程度给出的评判,如果用户的评判与设定的复杂度具有一致性说明任务的划分是有效的。

因而控制搜索步骤设定复杂任务和简单任务两种类型,并从用户体验的角度进行一致性检验。由于每个被试者对不同任务的感知复杂度差异,所以采用配对样本 t 检验的方法来观察设定任务复杂度是否会影响用户感知复杂度。对 SPSS 分析结果的整理如表 4.14 所示。

表 4.14 任务复杂度对用户感知复杂度的影响分析

比较项	全部任务		识图类任务		相似类任务	
	简单	复杂	简单	复杂	简单	复杂
感知复杂度	1.84(0.89)	2.92(1.28)	1.84(0.92)	2.63(1.39)	1.84(0.88)	3.22(1.10)
	$t=-5.95$,$p<0.001$		$t=-2.91$,$p=0.007$		$t=-5.81$,$p<0.001$	

对于全部任务而言,复杂度对比结果如表 4.14 中第 2、3 列所示,用户对简

单任务的感知复杂度为 1.84，小于对复杂任务的感知复杂度 2.92（$t=-5.95$，$p<0.001$），说明在全部任务的条件下对任务的复杂度划分是有效的。

表 4.14 的第 4、5 列是在同为识图类任务的条件下，用户对不同复杂度的任务的感知情况，可以发现用户感知复杂度是有显著差异的（$t=-2.91$，$p=0.007$），均值差为负说明设定的复杂度更高的任务，被试者感知到的复杂度更高，任务复杂度的设置在识图类任务中依然是有效的。

表 4.14 的第 6、7 列是对于同为相似类任务，用户的感知复杂度也是有显著差异的（$t=-5.81$，$p<0.001$），对简单任务的感知复杂度小于对复杂任务的感知复杂度，而且均值差相比于识图类任务的结果更大，说明用户在相似类任务中感知到的复杂度与设定的复杂度也是一致的。

通过上述分析说明本研究对任务复杂度的划分与用户的感知复杂度相一致，按照搜索步骤来区分任务复杂度的方法是可行的，同时保证了有关任务复杂度的统计检验的科学性。

4.3　移动搜索场景下的用户跨屏行为

4.3.1　跨屏行为概述

伴随移动搜索的飞速发展，用户拥有与使用的智能终端设备数量和种类不断增多，常常跨越智能手机、平板电脑、电子阅读器、PC、电视、可穿戴设备等多种屏幕进行信息搜索与利用，形成独特的个人多屏生态系统（personal multiscreen ecosystem，PME）[93-97]，如图 4.9 所示，用户信息行为的生态性也更加明显，不再局限于一种设备，而是会在不同设备间进行切换和转移。

在用户个人 IT 设备（PITDs）构成的个人多屏生态系统中，相比于单一设备，“多屏”体现着随“情境”变化的设备使用碎片化（fragmentation）与使用流动性（flowability）特征[97]；多屏与跨屏行为背后潜藏着一种贯穿时空维度的动态“流动”模式，将情境、用户、技术、设备、信息等要素交织融合在一起，并深度嵌入用户的移动搜索行为中，行为的复杂度大幅增加。同时，随着越来越多的用户成为多屏用户，用户的日常跨屏情境越来越丰富，跨屏行为体现出新的信息需求与

图 4.9　个人多屏生态系统

行为特征，提供了更为丰富与生动的行为画面，使得对跨屏行为的研究也更具多面性（multifaceted）[93]。因此，跨屏行为引起了多个学科领域的关注，逐渐成为研究的新热点[98]。

然而，作为新兴的研究领域，跨屏行为研究尚处于起步阶段[96]，缺乏理论支撑。现有研究在跨屏行为现象与特征描述、跨屏行为动因、跨屏行为实现的相关技术方面已有初步成果，但研究未能进一步挖掘跨屏行为与移动搜索间的“互嵌”关系，尤其对跨屏行为机理缺乏系统探讨。目前的研究较为分散，缺乏跨屏行为的系统分析框架，对兼具情境性、复杂性与日常性的跨屏行为细粒度实证探索尚待深入。为此，本研究秉承探索性研究理念，尝试将移动搜索情境下的跨屏行为作为研究对象，以“情境观”为指导，首先，将移动搜索作为情境变量，从搜索与跨屏“互嵌”视角切入，剖析移动搜索情境下的跨屏行为概念模型；其次，通过扎根分析搭建跨屏行为分析框架，从用户、任务、技术与信息四个维度，以及跨屏行为的表现与动因两个层面，系统分析移动搜索情境下的跨屏行为机理；最后，尝试通过具有较高生态效度的经验取样法（experience sampling method，ESM）进行日常真实情境下的跨屏行为纵向研究。通过上述三部分工作，尝试构建移动搜索情境下的跨屏行为概念模型与分析框架，明确用户的跨屏需求与动机、行为与体验，划分跨屏用户类型，探寻跨屏路径模式，探讨跨屏行为研究与服务的对策建议，初步实现跨屏行为机理的系统探索。

1）跨屏行为要素

屏，即屏幕（screen），常用以指代屏幕背后可操作的数字设备（digital device）或终端（terminal）[97, 99]，包括桌面屏幕（desktop screens）与非桌面屏幕（non-desktop screens）[96]。本研究中对屏、屏幕、设备或终端几个术语的使用不作严格区分，因此研究所指跨屏行为可称为跨设备或跨终端行为，相应地，实施跨屏行为的用户可称为跨屏用户（cross-screener）。一般说来，对跨屏行为的理解可以从以下三个要素着手。

（1）数量要素

跨屏的前提是有两个及以上的屏，即“多屏”（multiscreen or multi-screen），“*N*屏”（*N*-screen）或“多设备（multidevice）”[100]。当前的“多屏”从数量上看主要涉及四屏，即智能手机、平板电脑、笔记本/PC及智能电视，上述屏幕构成了“核心设备家族”（nuclear family of devices）[96]，但智能手表及其所代表的可穿戴设备，作为发展潜力很大的第五种屏幕，也逐渐受到关注[97]。

（2）结构要素

正如凯文·凯利所说，“屏幕可以是流动的”[101]，因此，多屏之上即是体现跨屏行为“流动性”的结构要素，它体现着跨屏行为的内在“有序性”。具体来讲，跨屏行为从结构上应包括起点屏（starting point screen）和后续屏（successor）[96, 101]，因为无论是否连续跨越多个屏幕，从跨越的原子性特征来看，最终都会落脚于起点屏和后续屏[102]，“起点”与“后续”体现出跨屏行为中结构性的“两点”。但如果将它们置于更大的时空维度，同时考虑因同一跨屏任务分解而形成的一系列子任务（subtasks）及任务流（task flow）[103, 101]，则会形成跨越多个设备的连续跨屏现象，如图4.10所示，在当前子任务2中作为起点屏的设备，在上一个子任务1中可能处于后续屏状态；同理，在子任务2中作为后续屏的设备，在下一个子任务3中将成为起点屏，由此形成相应的“设备流”（device flow）[96]。

（3）行为要素

行为要素即“跨”的行为，此行为涉及跨越“两点”的“路径”。受情境因素影响，不同时间、不同地点、不同任务状态下用户跨屏行为的目标导向及体现

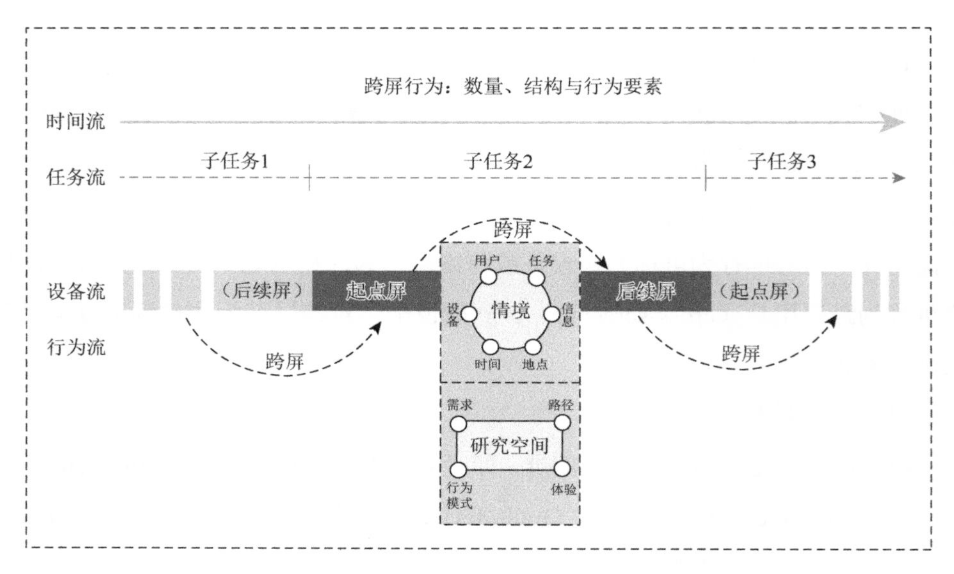

图 4.10　跨屏行为要素

的需求不同，跨屏行为模式与用户体验也有差别，跨屏时传递的信息及采取的工具或手段各异，跨屏路径也可能会不同[104, 105]，同时，跨屏行为会随着任务流和设备流而形成相应的“行为流”（behavior flow）。总之，跨屏行为从原子性特征上看，总涉及上述“两点一径”，正是在这“两点一径”中蕴含着较大的研究与探索空间，同时也构成本研究所涉及跨屏行为的问题与研究空间。

2）跨屏行为类型与界定

从国内外文献调研情况来看，当前对跨屏行为没有统一界定，基于对相关文献进行的内容分析与梳理，目前主要的界定如表4.15所示。

表 4.15　跨屏行为相关界定

第一作者（发表年）	相关界定
余璐[106]（2014）	多屏主要是指电视、手机、台式电脑、平板电脑等，也有研究者将电视、电脑、手机这三个终端称为三屏。多屏的提出是基于用户的生活被各种媒体屏幕包围的形象化表述，其背后则蕴含着新媒体数字化的浪潮
刘冰一[107]（2014）	多屏行为指媒体用户日常使用电视、个人电脑、智能手机、平板电脑中任意两屏及以上的行为
陈晓韬[105]（2014）	跨屏或者多屏消费可以被理解为消费者在一定时间内至少使用一个屏幕的行为，这个一定时间表示人们可以相继、同时或者分开使用多个屏幕；不同的屏幕在使用时可以有不同的组合，即屏幕之间可以合并、分离和再关联，并且屏幕组合通常与消费者所处的场景相关

续表

第一作者（发表年）	相关界定
Wang[102]（2013）	跨设备搜索任务中的设备转移（device switch）是用户在不同类型设备间的切换使用活动
吴丹[108]（2015）	跨屏搜索是从用户在同一搜索任务中使用不同设备的角度进行研究，强调同一搜索行为在不同种类设备或屏幕间发生转移或切换

从表4.15界定可以看出，余璐的界定侧重于跨屏行为的“数量要素”，主要将多屏作为一个时代背景，并展现了多屏的具体实例，但未涉及跨屏行为；刘冰一从多屏行为视角进行界定，也主要涉及“数量要素”，强调设备数量及类型，跨屏行为特征不明显；陈晓韬从消费视角对跨屏行为进行界定，涉及跨屏的时间因素、屏幕数量因素、屏幕组合因素及场景因素；Wang与吴丹则将跨设备（屏）行为限定在具体的搜索任务中，从跨设备搜索任务视角将跨屏行为定义为一种设备转移或者切换使用的活动。

（1）情境与“任务”情境

由前跨屏行为三要素的分析可知，对跨屏行为的界定不仅要考虑到多屏情况，更要考虑到相应的情境因素。所谓情境（context），即事情发生的背景、环境、上下文或语境；Dervin[109]的“意义构建”理论认为情境是指意义建构时的时空环境；国际标准《具有可视化显示终端的办公室工作中的人体工程学》（ISO 9241-11）中将使用情境定义为“用户、目标/任务、设备（硬件、软件和原料），以及使用产品的物理环境和社会环境”[110]；Göker和Myrhaug[111]从情境的组成部分来定义，提出了一个包含任务、时间与空间、个性、社会属性、环境属性共5个要素的情境架构；Nagel[97]列举的多屏使用情境包括用户、设备、使用模式（躺着或坐直）、状态（静止或者移动）、环境（私密、半公开、公开）、在路上等参数（parameters）；由此可见，对情境的界定在不同语境下各有侧重，但相关研究中常见的情境因素包括时间、地点、设备和任务情境。同时，结合表4.15对跨屏行为的界定可以看出，“任务”是跨屏行为的一种重要情境因素，“任务”可以理解为个体为实现某些或某个目标而开展的一系列活动[112]，它可以是行动者完成的与工作有关的任务或是与工作无关的日常任务或兴趣[113]，同时任务还可细分为一系列子任务，形成相应的任务流[96]，因此，任务的概念较为宽泛，当跨屏任务被多级分解时，则会形成跨越多个设备的连续跨屏现象。

（2）行为分类与界定

迄今为止，对跨屏行为的较为系统的研究是Google在2012年联合Ipsos展开的一项研究，研究表明[104]：①用户的设备选择由情境驱动，在办公时间或者家里常常使用PC端设备以使工作更高效（productive）；在路上或为了交流、保持连接、满足即时信息需求时常常使用智能手机；平板电脑主要在家中休闲娱乐或者浏览时使用，通常无时间方面的限制。这实际体现出不同屏幕与不同任务的适配性。②研究同时发现，90%的用户会通过设备间转移（move）来达成某个目标（goal）。以购物为例，67%的消费者会在同一个购物任务中跨不同设备，这体现出同一任务情境下的跨屏行为。③进一步，Google归纳出了与时间因素相关的两种跨屏模式：顺序跨屏（sequential screening）与同步跨屏（simultaneous screening）。其中，顺序跨屏是一种异步跨屏行为，指用户在完成同一任务时会在不同时间从一个设备转移到另一设备，如图4.11所示，90%的用户会有顺序跨屏行为，且智能手机是顺序跨屏行为中最常见的起点屏；最常见的同步跨屏行为是一边看电视，一边使用另一个设备，如图4.12所示，同步跨屏行为常常是基于多任务的，且手机也是同步跨屏行为中最常见的伴随设备。④最后，Google研究表明，在完成同一个任务的顺序跨屏行为中，搜索（search）是用户最常用的跨屏桥梁（bridge），即用户从起点屏转移到后续屏时，常常通过在后续屏重新搜索起点屏操作中的相关信息作为衔接方式。综上可见，搜索与跨屏行为有着天然的“嵌入”联系。

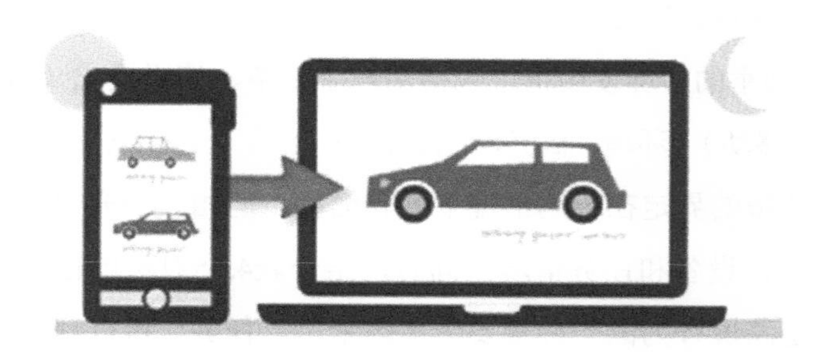

图 4.11　顺序跨屏

图片来源：Google 研究报告[78]

图 4.12　同步跨屏

图片来源：Google 研究报告[78]

结合上述研究成果，本研究认为，可以从两个维度着手来对跨屏行为进行分类，分别是任务维度和时间维度，由此形成四个象限的跨屏行为，如图4.13所示。当前研究较多的是不同任务的异步跨屏（象限4），这是一类较为松散的跨屏行为，如一天中不同时段使用不同设备完成不同任务；Wang和吴丹界定的跨屏行为可以归结为同一（搜索）任务的异步跨屏（象限1）；对于另外两类同步跨屏行为（象限2和象限3），人机交互、电信等领域有所涉及，如互动影视情境下的第二屏（second screen）。

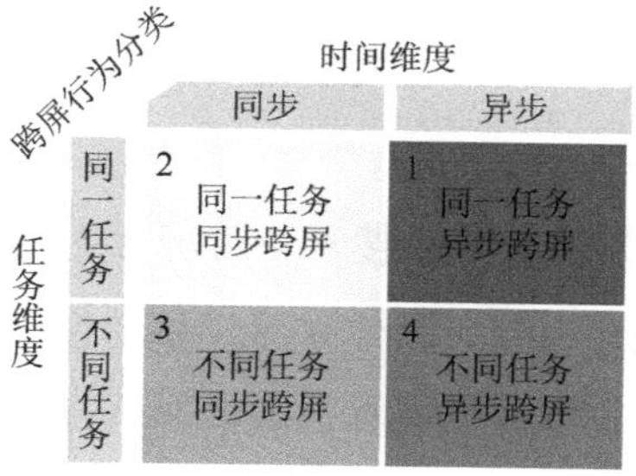

跨屏行为分类		时间维度：同步	时间维度：异步
任务维度	同一任务	2 同一任务同步跨屏	1 同一任务异步跨屏
任务维度	不同任务	3 不同任务同步跨屏	4 不同任务异步跨屏

图 4.13　时间和任务维度下的跨屏行为分类

由此，本研究尝试对跨屏行为做描述性界定：跨屏行为（cross screen behavior，CSB）是移动互联环境下由情境驱动的多设备使用行为，它有起点屏和后续屏两个结构要素，表现为设备的切换或转移，行为模式与路径受任务、时间、地点、设备等情境因素影响；当跨屏任务被进一步分解时，会形成跨越多个设备的连续跨屏现象，呈现“流”特征。结合任务维度和时间维度，跨屏行为可以划分为四类，即同一任务同步跨屏、同一任务异步跨屏、不同任务同步跨屏及不同任务异步跨屏。

3）移动搜索情境下的跨屏行为

基于前文对“情境”的阐释，本研究将移动搜索作为一种任务情境，即基于移动互联网，利用移动设备进行浏览、检索、交互、选择、获取与利用等泛在的任务情境，结合跨屏行为的任务分类维度，着重研究基于同一移动搜索任务情境的跨屏行为。

早在2008年Dearman和Pierce[114]就发现，用户的同一搜索活动会在不同类型的设备间转移，而不仅仅是不同任务使用不同设备。移动互联时代，移动搜索是用户最常见的任务，一方面，用户在同一搜索任务中会因需求与情境的变化而进行顺序跨屏，如用户的搜索任务会因地理位置的变动、设备的功能、突发事件等因素的影响暂时中断，恢复搜索任务时可能会跨越不同类型的设备[115, 103]；另一方面，一些复杂的搜索任务往往需要进行多次搜索查询或需要多个搜索会话，以及对搜索结果进行处理才能完成，容易产生跨设备的情形[102,116, 117]。上述情境都是基于同一搜索任务的典型跨屏情境，即搜索中嵌入着跨屏；同时，Google的研究已经揭示出“搜索是用户最常用的跨屏桥梁”[104]，即跨屏时嵌入着搜索。由此，本研究认为，移动搜索与跨屏行为有着紧密的“互嵌”关系，站在融合视角，将用户在移动搜索情境下的跨屏行为作为研究对象，对于深入了解新兴的跨屏行为及其规律具有切实意义。

如图4.14所示，本研究基于移动搜索与跨屏行为的“互嵌”关系，构建移动搜索情境下的跨屏行为概念模型。具体来看，移动搜索情境是一种明确的任务情境，它涵盖了检索、浏览、交互、选择、获取与利用等一系列过程性行为，形成相应的任务流。

与单设备的移动搜索（如仅利用手机进行搜索）不同，多设备移动搜索中的屏幕在一系列任务流中可融合跨越桌面屏幕（如PC）和非桌面屏幕（如手机），因而进一步拓展了跨屏移动搜索的设备范畴，即设备流中不仅仅是移动设备在参与。由此，移动搜索的概念在与跨屏行为的“互嵌”关系中也得到了扩展。

同时，不论用户当前的移动搜索任务情境是检索、浏览还是交互活动，当其需要执行跨屏行为时，总是会在起点屏选择相关信息，留下信息线索（information scent）[118]，并会在后续屏获取并利用该信息线索继续完成搜索任务，形成典型的

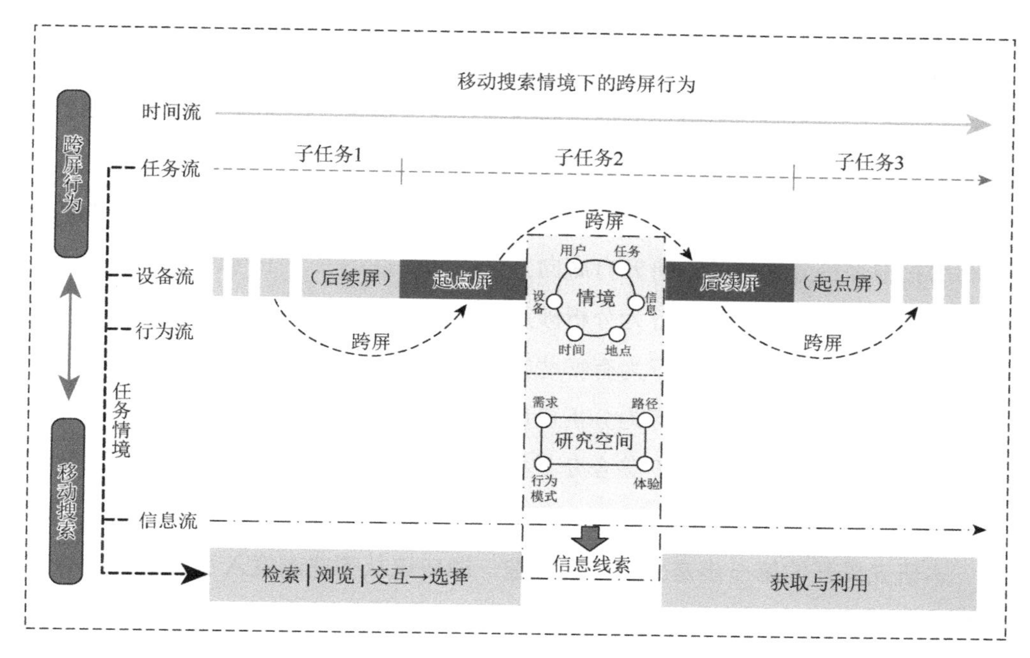

图 4.14　移动搜索情境下的跨屏行为概念模型

跨屏行为流，其中，“信息”在上述行为流中作为“接力棒”形态被传递（pass the baton）[96]，成为贯穿跨屏行为流的线索性“信息流”。由此可见，移动搜索情境下的跨屏行为是汇集了时间流、任务流、设备流、行为流、信息流“五流”的复杂信息行为，蕴含着较大的研究与探索空间。

4.3.2　移动搜索场景下的跨屏行为分析框架

在信息行为研究领域，经典的模型非常关注“情境”因素，如 Dervin[109]的意义构建模型，Wilson、邓小昭等的信息行为模型[119, 120]，Awamura 和 Erdelez 的信息偶遇行为过程模型[121, 122]，Ingwersen 和 Järvelin [113]的整合信息查寻与检索（IS&R）认知框架等都将“情境”作为重要因素进行考量。

跨屏行为作为移动互联时代的新兴用户信息行为，其情境因素体现得更为明显，为此，Nagel[97]在探讨多屏用户体验设计时从用户（user）、动机（motives）、屏幕（screens）、内容（contents）等情境维度进行了分析，并认为“任何使用移动设备的情境就是移动使用情境（mobile context of use）”。借鉴此观点，本研究认为，从更为广泛的意义上讲，任何使用了移动设备进行浏览、检索、交互、选择、获取、利用等搜索活动的情境即为移动搜索情境，移动搜索情境下的跨屏行为研究正是从“情境观”出发的探索性研究。

本部分将主要探讨移动搜索情境下的跨屏行为分析框架，框架的构建过程主要利用扎根理论分析方法。研究自底向上主要回答以下三个子问题：

移动搜索情境下的跨屏行为分析涉及哪些要素？

移动搜索情境下的跨屏行为有哪些方面的表现，其动因涉及哪些问题？

移动搜索情境下的跨屏行为分析可以归结到哪些维度？

1. 基于扎根理论的 UTIT 整合分析框架

1）扎根理论方法的选择

本研究展开的第一步是分析框架问题，即应该从哪些维度入手去分析移动搜索情境下新兴而又独特的跨屏行为。作为探索性研究，本研究认为通过质性研究方法，利用扎根理论展开系统性探索是较为恰当的选择。

2）研究设计与数据收集

（1）研究设计

为了有效利用扎根理论构建移动搜索情境下的跨屏行为分析框架，研究采取的具体设计过程如下：首先，通过方便抽样（convenience sample）方式选择样本开展访谈，获取移动搜索情境下跨屏行为的原始资料。其次，借鉴 Strauss 的三阶段分析法，通过开放式编码、主轴编码和选择性编码过程逐步分析资料，直至理论饱和，实现从数据中浮现理论。此过程通过开放式编码对访谈资料进行整理分析，以形成初始概念，并将初始概念逐步范畴化，形成概念类属；通过比较概念类属间的各种联系，合并、归纳概念类属，发展出主范畴，即实施主轴编码；通过选择性编码建立核心范畴间的关系，形成相关理论，构建出移动搜索情境下的跨屏行为分析框架。最后，对构建的分析框架进行分析与讨论。

（2）数据收集

整个数据收集工作自 2016 年 6～10 月近 4 个月时间内展开，共选取 53 名样本对象，进行深度访谈（面谈）37 次，焦点小组访谈 6 组（其中 3 人组 4 组，2 人组 2 组）。具体样本对象选择时的总体要求：首先，样本对象需要具备两个及以上的设备（其中须包含移动设备）；其次，样本对象对跨屏行为有基本的了解与经验。样本基本情况统计见表 4.16。

表 4.16　样本基本情况统计

项目	分类	人数	比例/%	项目	分类	人数	比例/%
性别	男性	22	41.5	职业	高校教师	12	22.6
	女性	31	58.5		大学生	36	67.9
年龄	≤25	33	62.3		微商	1	1.9
	26～30	5	9.4		电信职员	1	1.9
	31～40	11	20.8		银行职员	1	1.9
	≥41	4	7.5		钢琴教师	1	1.9
跨屏频率	很少	6	11.3		外卖服务人员	1	1.9
	适中	22	41.5	设备数量	2	25	47.2
	较频繁	22	41.5		3	22	41.5
	非常频繁	3	5.7		≥4	6	11.3

3）开放式编码

开放式编码是扎根理论研究中编码的基础阶段，本次研究的开放式编码过程借助了质性数据分析工具 NVivo 8，具体过程如图 4.15 所示。

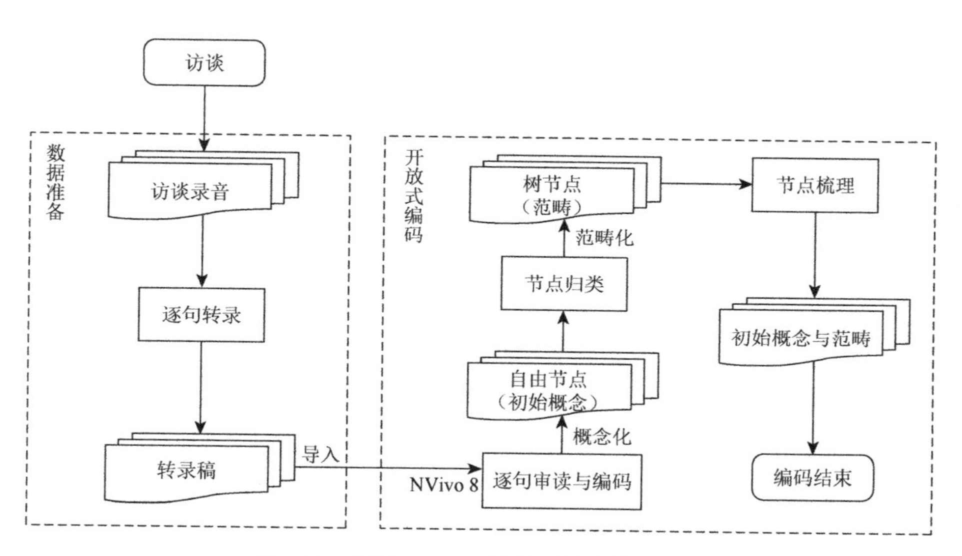

图 4.15　利用 NVivo 8 进行开放式编码过程

本次研究共访谈 53 人，最初获得的初始概念数目较大，且存在一定程度重叠，在后续范畴化过程中再次梳理树节点结构，合并交叉概念，剔除重复次数少于 3 次的初始概念，最后共产生 117 个初始概念（a1～a117）；进一步，对初始概念进行归纳与合并，共获得 39 个范畴（A1～A39）。开放式编码结果如表 4.17 所示。

表 4.17　开放式编码结果表

范畴	初始概念
A1 工作情境	a1 教学内容搜索，a2 微商货品展示，a3 微信公众号内容编辑与测试，a4 邮件接收，a5 邮件编辑
A2 学习情境	a6 信息检索，a7 多屏阅读与笔记，a8 英语阅读与翻译，a9 论文预览与修改，a10 摘录笔记，a11 阅读推送
A3 购物情境	a12 商品选购与对比，a13 订票，a14 订饭店，a15 商品信息传递，a16 与商家沟通，a17 支付
A4 外出情境	a18 出行路线搜索，a19 出行休闲资源准备，a20 出行交互，a21 出行办公，a22 出行照片整理
A5 视频浏览与交互情境	a23 看视频与聊天，a24 情境变换中的看视频与聊天，a25 手机与电视的整合，a26 社交媒体中的视频浏览
A6 游戏情境	a27 跨屏玩同一游戏
A7 连续跨屏情境	a28 工作中的连续跨屏，a29 学习中的连续跨屏，a30 购物时的连续跨屏，a31 外出时的连续跨屏，a32 视频浏览时的连续跨屏
A8 生理驱动	a33 身体疲劳，a34 舒适度
A9 安全驱动	a35 数据安全，a36 隐私安全，a37 支付安全
A10 经济与效率驱动	a38 优惠驱动，a39 流量关注，a40 流畅观看，a41 获取便利，a42 减少界面切换
A11 社交驱动	a43 慎重考虑，a44 表情丰富度，a45 表达丰富内容，a46 社交搜索，a47 主观规范
A12 个人信息管理驱动	a48 汇聚性保存，a49 分发性保存，a50 临时保存，a51 长期保存，a52 信息整理
A13 时间与地点驱动	a53 任务长期性，a54 时间充裕度，a55 健身房，a56 工作/休息场所
A14 设备示能性	a57 屏幕大小，a58 存储空间，a59 电池容量，a60 翻页跳转，a61 便携性，a62 GPS 定位
A15 操作适应性	a63 输入操作，a64 复制/粘贴操作，a65 排版/编辑操作
A16 软件支持度	a66 软件跨设备安装，a67 软件功能支持度，a68 软件间推送，a69 系统流程设置
A17 网络可用性	a70 网络可用性
A18 社交媒体工具	a71 微博/微信分享，a72 QQ 发送到设备/电脑，a73 QQ 切换设备

续表

范畴	初始概念
A19 网购工具	a74 购物车
A20 验证	a75 扫码登录，a76 扫码支付，a77 短信验证
A21 E-mail	a78 给自己发 E-mail
A22 云端	a79 云盘，a80 云笔记
A23 重获取	a81 重新输入关键词
A24 注册账号	a82 同步收藏夹，a83 同步记忆
A25 传输工具	a84 蓝牙，a85 NFC，a86 百度地图发送到手机，a87 屏幕共享，a88 茄子快传，a89 数据线连接，a90 移动硬盘
A26 提醒	a91 手表提醒，a92 邮件提醒，a93 重要事项提醒
A27 显性视觉线索	a94 看得见的线索传递
A28 隐性记忆线索	a95 大脑记忆线索传递
A29 实体型媒体	a96 图片，a97 文字，a98 文件
A30 线索型媒体	a99 链接
A31 信息呈现	a100 清晰度，a101 详尽度
A32 信息组织	a102 时间线索提供，a103 信息分类管理
A33 个人创新	a104 喜欢使用新的 IT 产品
A34 卷入度	a105 设备数量，a106 跨屏频率
A35 习惯	a107 习惯性选择，a108 习惯性行为
A36 信息素养	a109 信息获取意识，a110 信息技能
A37 感知有用性	a111 及时接收消息，a112 帮助解决问题
A38 便利性	a113 随时随地搜索，a114 设备切换方便，a115 扫码方便
A39 自我效能感	a116 胜任能力，a117 能力自信

由于开放式编码过程工作量大，囿于篇幅，此处仅列举部分编码过程（表 4.18）。需要特别说明的是，本研究中所讨论的移动搜索情境既有内容上又有形式上的表现（表 4.18 中 A1～A7 体现了移动搜索情境下的跨屏行为“内容”特征），为了明晰其中对应的移动搜索行为表现，A1～A7 各初始概念后也同步析出了对应的移动搜索行为（如检索、浏览、交互、选择、获取、利用），从而在“形式”上展现“嵌入”该跨屏行为的移动搜索行为表现。

表 4.18　移动搜索情境下跨屏行为的部分开放式编码过程

原始资料（初始概念）	范畴化
#17：如果我在手机上收到邮件时，我会倾向于从手机上跨到电脑上，用电脑来回复，因为觉得电脑回复比较正式一点，包括排版、界面都可以看得更清楚一点。（邮件编辑）（交互、浏览）	A1 工作情境
#14：在手机上看到有些东西特别好，想摘录或保存下来，但手机操作不便，且存储空间有限，所以可能复制粘贴到 QQ，然后切换到电脑上去操作；同时，笔记可以保存到 Evernote，这样可以方便晚上躺床上或上厕所时用手机或 PAD 来阅读。（摘录笔记）（浏览、获取）	A2 学习情境
#21：购物时，手机屏幕太小，且图片不全，我会转到 PC 上去选购，付款时又转回手机，因为手机支付比较方便。（商品选购与对比）（检索、浏览、选择）	A3 购物情境
#01：出门时，我会先在电脑上用百度地图查找出行路线，然后用 QQ 截图并把路线标红涂出来，将截图用 QQ 发送到设备或者用手机拍照，这样出行时可以参考；当然出行时一些临时的导航我会用手机。（出行路线搜索）（检索、浏览、利用）	A4 外出情境
#40：在微博上看到一个视频时，耗的流量比较大，就会放弃手机上看，转到 PC 上重新搜出来看；如果是微信上看到相关视频，会利用安装的微信电脑版，在电脑上登录微信下载接收视频。（社交媒体中的视频浏览）（浏览、检索、获取）	A5 视频浏览与交互情境
#25：比如我玩一个游戏，在 PAD 和手机上玩保存的记录是不一样的，我在手机上玩时钻石或者星星用光了，如果要等十分钟后再能玩，我懒得等，就会转移到 PAD 上去继续玩，它上面玩的次数记录没有同步。（跨屏玩同一游戏）（交互）	A6 游戏情境
#18：看视频时，我的各设备同时安装了爱奇艺的客户端，因为我是爱奇艺的会员，它会记忆我的播放进度，我可以走在路上用手机看，没看完到电脑上看，躺下的时候在 PAD 上看。（视频浏览时的连续跨屏）（浏览）	A7 连续跨屏情境
#20：看电影时用手机看不爽，屏幕太小，而且还要手拿着，拿时间长了很累，这时我就会转到电脑上去看。（身体疲劳）	A8 生理驱动
#51：购物时，我习惯在电脑上看东西，电脑下单，然后用手机支付，因为手机是私人的，我从安全性考虑，很担心钓鱼网站。（支付安全）	A9 安全驱动
#21：查找文献下载东西时，因为手机方便且在身边，最接近于自己，我就先在手机上检索一下，有必要再转到电脑上去查。（获取便利）	A10 经济与效率驱动
#37：利用 QQ 聊天时，手机上的表情和电脑上的表情不同，手机上丰富得多，因此我会电脑开热点给手机，让手机登录 QQ 发表情。（表情丰富度）	A11 社交驱动
#10：将印象笔记在微信端绑定后，可以直接把微信文章收藏到印象笔记里，印象笔记会自动帮你加一个微信公众号的标签，然后我会加一个微信标签，实现文章分类管理。（信息整理）	A12 个人信息管理驱动
#23：比如我需要查某个内容，如果时间比较紧急我会先用手机查，等时间更充裕的时候再转到电脑上查，那样看得更清楚详细。（时间充裕度） #53：我去健身房时，手机带着不便，我会戴上 iWatch，因为手机和手表配对了，我可以在健身的时候接收手机上的各种消息。（健身房）	A13 时间与地点驱动
#05：选购商品时，屏幕太小了，看不清楚，会转移到电脑上，另外，阅读和看视频的时候屏幕小了看着不舒服，伤眼睛，也会转移到电脑上看。（屏幕大小）	A14 设备示能性
#39：做材料的时候，PC 上 Word 处理方便，手机上则麻烦，我会先用手机接收文件，然后通过 QQ 传文件，再用 PC 打开进行编辑。（排版/编辑操作）	A15 操作适应性
#07：使用手机截图常常不完整，我就在电脑上截图后通过 QQ 发送到手机；另外如果视频是手机格式，PC 端 QQ 打不开，则会转到手机上看。（软件功能支持度）	A16 软件支持度

续表

原始资料（初始概念）	范畴化
#28：我烦的是跨屏图片的下载会等很久，且网速不好的时候容易漏传。（网络可用性）	A17 网络可用性
#21：我在微信上看到好的文章好的图片，它自己有个分享/转发功能，可以转发到印象笔记，我可以在电脑端打印下来，保存下来。（微博/微信分享）	A18 社交媒体工具
#23：有时候突然想起来或者在外面听别人说起什么东西比较好的时候，就用手机搜一下，搜完放购物车里，等回家有空的时候到电脑上去详细了解。（购物车）	A19 网购工具
#46：PC 端使用淘宝或者微信登录时习惯扫码，因为密码输入比较烦琐，而且很多时候记不住账号和密码。（扫码登录）	A20 验证
#48：如果有要阅读的文章，可能先在电脑上给自己发邮件，一篇篇上传，然后在外面通过手机来阅读，不过这样效率没有那么高。（给自己发 E-mail）	A21 E-mail
#18：云盘（如百度云）主要存照片，我在 PC 端和 PAD 上都装有客户端，别人发照片给我时，我可以在 PC 或 PAD 任意一端提取后存到云，也可以在任何一端去访问云中照片。（云盘）	A22 云端
#17：我一般分两种情况，第一种比如说对手机百度上搜索结果不是特别满意，感觉条理不是特别清楚，就会转到电脑上，采用相同方式重新搜索一遍，这样网页的显示会更好；第二种比如我从电脑上搜到一个好的内容，但我想转到手机里，这样的情况我要么重新在手机上搜索，要么通过电脑微信客户端发送。（重新输入关键词）	A23 重获取
#22：马蜂窝账号登录后，用 PC 搜马蜂窝，看到攻略信息后，用马蜂窝的手机 APP 点开，可同步记忆 PC 端的当前浏览信息，然后可以下载下来。（同步记忆）	A24 注册账号
#29：出去玩时手机上拍了照片或者录制了视频，回来时如果照片或视频数量不多则一个个用 QQ 传到电脑，如果多则用数据线。（数据线连接）	A25 传输工具
#44：每天要做的重要事情我都会提前在 PC 上编辑好，通过 QQ 向手机发送提醒，并且将其置顶，方便手机随时查看。（重要事项提醒）	A26 提醒
#01：比如我想买本书，又懒得开电脑时，我会用手机在当当网上找到这本书，但是我又不喜欢用手机支付，我会把这本书放到浏览器收藏夹中，或者复制该书的链接网址，通过 QQ 发到我的电脑中，后续再到电脑上打开链接支付。（看得见的线索传递）	A27 显性视觉线索
#29：在手机上看电视剧，宿舍 WiFi 不好时，就会转到电脑上去看，因为没有在视频网站注册，所以需要脑袋里记下手机视频播放到的时间点，打开电脑视频文件后自己拖动到相应位置观看。（大脑记忆线索传递）	A28 隐性记忆线索
#27：出去玩拍的照片或视频，手机内存不足，我想在电脑上更清晰地查看，如果文件量大，我会用数据线传到电脑中，如果文件量小，我会用 QQ 传文件传到电脑。（文件）	A29 实体型媒体
#46：设备间想要传递的资源如果不能下载，还是网上的资源，或者是大的较费流量的音频和视频资源，我会通过 QQ 发送链接实现传递。（链接）	A30 线索型媒体
#28：购物时，由于手机上的图比较少，了解商品详情比较麻烦，电脑上的图多一点，感觉更详尽方便，这时我会在电脑上重新输入关键词进行查看。（详尽度）	A31 信息呈现
#22：买机票时，PC 看到的是当天的价格，不像手机能够看到一个月以上的每天的价格，所以我会用手机看好价格趋势后再到 PC 上（如去哪儿、携程等）去对比价格。（时间线索提供）	A32 信息组织

续表

原始资料（初始概念）	范畴化
#53：我喜欢使用苹果生态圈的产品，因为它的产品跨屏体验很好，它的新产品出来我会去购买使用，我觉得对新鲜事物要保持好奇心，才能与时代接轨。（喜欢使用新的 IT 产品）	A33 个人创新
#53：我的设备包括苹果智能手机、苹果电脑、联想电脑、iPad air、iPad mini、iWatch、Kindle（设备数量） #22：搜索信息时，我不喜欢在同一个设备中切换界面，我经常会拿起手边另一个设备继续查，这种情况很多。（跨屏频率）	A34 卷入度
#44：每天要做的重要事情我都会提前在 PC 上编辑好，通过 QQ 向手机发送提醒，并且将其置顶，方便手机随时查看。（习惯性行为）	A35 习惯
#53：用跨屏功能改变生活状态，需要有一定的技术和信息素养，以及掌握获得信息的方式，可以多看科技网站。（信息获取意识）	A36 信息素养
#37：跨屏的设计帮了我很多忙，比单独一个设备好。（帮助解决问题）	A37 感知有用性
#49：注册账号后，看视频以及浏览器的记忆功能让我感觉切换设备操作很方便。（设备切换方便）	A38 便利性
#11：作为成熟的网购用户，无论是利用电脑的网页还是手机 APP 网购，对我们客户来说都差不多。（胜任能力）	A39 自我效能感

4）主轴编码

主轴编码阶段的主要任务是在开放式编码挖掘范畴的基础上，通过聚类进一步发现范畴之间的各种联系，从而建立资料中各独立范畴间的有机关联[123]。根据本研究目标与研究对象的特性，通过考量情境关系、类型关系及策略关系，本研究对开放式编码阶段所获得的 39 个范畴进行归纳聚类，最终形成 9 个主范畴（B1～B9，包括任务情境、任务驱动力、技术匹配、技术应用、信息线索需求、媒体类型、信息组织与呈现、能力特征、情感感知），并将主范畴归入任务、技术、信息和用户 4 个维度，如表 4.19 所示。

表 4.19　主轴编码形成的主范畴结果表

维度	主范畴	范畴	范畴内涵
任务	B1 任务情境	A1 工作情境	工作中的移动搜索情境下，与具体工作事务相关而产生跨屏行为
		A2 学习情境	学习中的移动搜索情境下，与具体学习活动相关而产生跨屏行为
		A3 购物情境	购物时的移动搜索情境下，与具体购物环节相关而产生跨屏行为

续表

维度	主范畴	范畴	范畴内涵
任务	B1 任务情境	A4 外出情境	外出时的移动搜索情境下，与具体外出活动事项相关而产生跨屏行为
		A5 视频浏览与交互情境	视频相关的移动搜索情境下，在视频浏览或交互中产生跨屏行为
		A6 游戏情境	游戏时的移动搜索情境下，与具体游戏活动相关而产生跨屏行为
		A7 连续跨屏情境	移动搜索情境下，与具体工作、学习、购物、外出、视频或者游戏活动相关，连续跨越多个设备（通常≥3）的跨屏行为
	B2 任务驱动力	A8 生理驱动	移动搜索情境下，因追求身体上的舒适而产生跨屏行为
		A9 安全驱动	移动搜索情境下，因寻求数据、隐私或支付方面的安全保障而产生跨屏行为
		A10 经济与效率驱动	移动搜索情境下，因寻求经济成本的降低或效率的提高而产生跨屏行为
		A11 社交驱动	移动搜索情境下，为更好地维持或巩固与亲人、同学、朋友之间的亲情或友情而产生跨屏行为
		A12 个人信息管理[124]驱动	移动搜索情境下，因保存或整理个人信息而产生跨屏行为
		A13 时间与地点驱动	移动搜索情境下，因时间或地点的不同而产生跨屏行为
技术	B3 技术匹配	A14 设备示能性	设备真实存在或被感知到的属性[123, 125, 126]，如屏幕大小、存储空间、电池容量、便携性、GPS 定位功能等
		A15 操作适应性	用户在操作相关设备时的适应程度，如输入操作、复制/粘贴操作、排版/编辑操作等
		A16 软件支持度	软件对用户跨屏行为的支持，包括软件跨设备安装、软件功能支持度、软件间推送、系统流程设置等
		A17 网络可用性	用户需要某种应用或执行某种操作时，网络是否能满足用户的需求
	B4 技术应用	A18 社交媒体工具	人们之间用于展示、交流、分享信息的工具或平台，如微信、微博、QQ 等
		A19 网购工具	网络购物时使用的辅助购物流程或决策的工具，如购物车
		A20 验证	移动搜索中对身份或账号的检测手段，如登录验证、支付验证等
		A21 E-mail	工作或学习中用于信息交互的通信方式
		A22 云端	采用虚拟化、分布式、并行计算技术，实现数据的计算、存储、处理、共享与服务的平台
		A23 重获取[93]	到另一个设备上去获取前一个设备所获取的相关信息，如重新输入关键词
		A24 注册账号	网络应用中取得会员资格时所使用的一种账号

续表

维度	主范畴	范畴	范畴内涵
技术	B4 技术应用	A25 传输工具	将信息或资源从一个设备转移到另一个设备的辅助工具
		A26 提醒	引起对新消息或重要事情的注意
信息	B5 信息线索需求	A27 显性视觉线索	一种外显的、可通过视觉呈现的信息线索
		A28 隐性记忆线索	一种内隐的、存在于大脑记忆中或由系统自动记忆的信息线索
	B6 媒体类型	A29 实体型媒体	有具体形态与属性的媒体对象，如文字、图片、音频、视频、文件等
		A30 线索型媒体	提供实体型媒体相关线索的媒体对象，如链接
	B7 信息组织与呈现	A31 信息呈现	设备中所展示的信息给人的感觉，如清晰度、详尽度等
		A32 信息组织	设备中所展示信息的序化程度，如分类、布局、导航等
用户	B8 能力特征	A33 个人创新	个人倾向使用一个新的 IT 产品的程度[127]
		A34 卷入度[128]	用户因内在的需要、价值和兴趣而产生的对跨屏行为的参与程度，包括跨屏设备数量与跨屏频率等
		A35 习惯	积久养成的跨屏行为方式
		A36 信息素养	使用各种设备、技能、工具与方法去获取、传递、管理、利用信息，以解决实际问题的意识与能力
	B9 情感感知	A37 感知有用性	跨屏所提供的功能、信息与服务能满足用户需求，对问题的解决或任务的完成有用
		A38 便利性	相关支持性的技术与设备带来了跨屏的方便、快捷性，提高了工作与生活效率
		A39 自我效能感	对自身能否利用所拥有的技能去完成某项工作行为的自信程度

5）选择性编码

选择性编码阶段进一步梳理主轴编码阶段形成的 9 个主范畴之间的关系，挖掘出核心范畴，并通过描述现象的“故事线”把核心范畴与其他范畴予以系统性联结，从而展示整个跨屏行为现象，实现对主范畴中典型关系结构的揭示，如表 4.20 所示。

表 4.20 主范畴的典型关系结构表

典型关系	关系结构	关系结构的内涵
任务情境→跨屏行为表现	表现关系	任务情境是跨屏行为的表现场景，不同的移动搜索任务情境下用户的跨屏行为有不同表现
技术应用→跨屏行为表现	表现关系	不同的移动搜索任务情境下，用户跨屏时所采用的技术工具或手段有不同的表现形式

续表

典型关系	关系结构	关系结构的内涵
信息线索需求→跨屏行为表现	表现关系	不同的移动搜索任务情境下，用户跨屏时对信息线索需求类型不同
媒体类型→跨屏行为表现	表现关系	不同的移动搜索任务情境下，用户跨屏时采用的信息线索的媒体类型不同
任务驱动力→跨屏行为	因果关系	任务驱动力是用户跨屏行为的生理或心理，客观或主观归因，它们将促成用户的跨屏行为
技术匹配→跨屏行为	因果关系	设备、操作、软件及网络方面的技术匹配是影响用户跨屏行为的外部因素
信息组织与呈现→跨屏行为	因果关系	不同设备上的信息组织与呈现效果是影响用户跨屏行为的外部因素
情感感知→跨屏行为	因果关系	感知有用性、便利性和自我效能感等情感感知因素是影响用户跨屏行为的内部因素
任务驱动力→技术匹配	中介关系	任务驱动力会通过寻求技术匹配从而产生跨屏行为
信息组织与呈现→技术匹配	中介关系	信息组织与呈现会通过寻求技术匹配从而产生跨屏行为
能力特征 ↓ 任务驱动力→跨屏行为	调节关系	能力特征是影响用户由任务驱动力产生跨屏行为的内部因素，能够调节任务驱动力影响跨屏行为的强度与方向

由表 4.20 可知，主轴编码阶段发展出的 9 个主范畴均影响着移动搜索情境下用户的跨屏行为。在上述 9 个主范畴基础上，将“移动搜索情境下的跨屏行为”确定为核心范畴，梳理故事线可知：①移动搜索情境下的跨屏行为在不同任务情境下，其采用的技术工具或手段、信息线索需求类型及信息线索媒体类型有不同的表现形式，它们共同构成跨屏行为的“表现层”。②移动搜索情境下，任务驱动力、技术匹配、信息组织与呈现及情感感知共同构成影响用户跨屏行为的外部和内部因素，形成跨屏行为的触发器（trigger）[97]。③任务驱动力及信息组织与呈现会通过寻求技术匹配从而产生跨屏行为。④用户的能力特征调节着任务驱动力与跨屏行为之间的连接关系。其中②～④提及的相关因素及其关系共同构成跨屏行为的“动因层”。

6）UTIT 整合分析框架

根据上述扎根理论研究结果，移动搜索情境下，用户由于任务驱动力、技术匹配、信息组织与呈现及情感感知的共同影响，在能力特征的调节作用下产生相应的跨屏行为；且在不同任务情境下，跨屏时采用的技术工具或手段，以及体现出的信息线索需求和信息线索媒体类型有所不同。由此，本研究尝试根据上述故事线，归纳和发展出一个移动搜索情境下的跨屏行为分析框架，如图 4.16 所示。框架整合了动因层和表现层形成双层结构，动因层涵盖跨屏行为的影响因素与调节因素，涉及表 4.20 所示的 4 个因果关系、2 个中介关系与 1 个调节关系；表现层则扎根于具体的跨屏行为表现。“动因”与“表现”的有机整合，能更为全景面地揭示跨屏行为的行为机理。进一步，框架抽象出用户（user）、任务（task）、信息（information）与技术（technology）四个分析维度，形成“双层-四维”架构，更加明晰地展现出移动搜索情境下跨屏行为的多向度性与复杂性，因此，本节将分析框架命名为“UTIT 整合分析框架”，下文对此理论框架的详细讨论以 user-task-information-technology（用户-任务-信息-技术）的脉络展开。

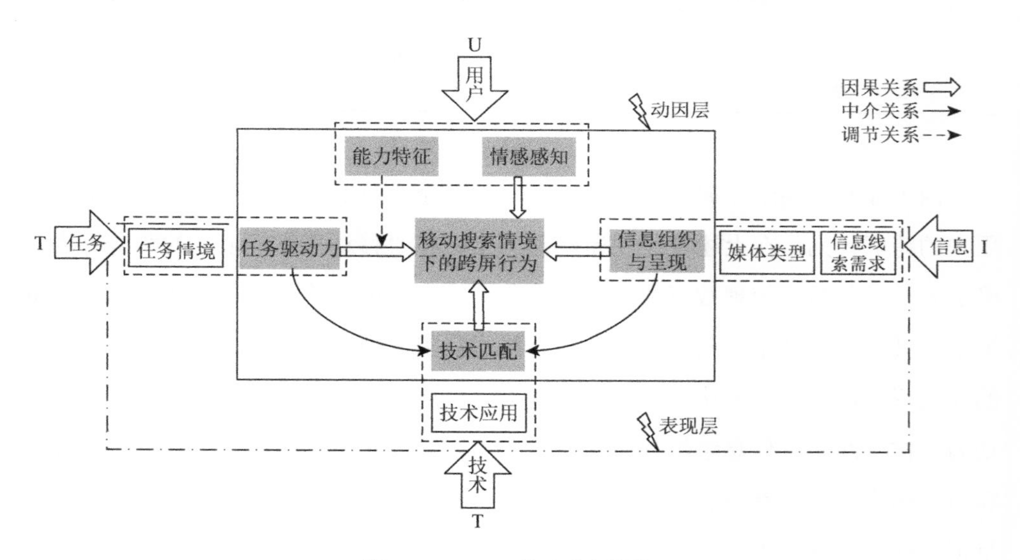

图 4.16　UTIT 整合分析框架

2. 框架的用户维度

框架的用户维度由能力特征和情感感知两个主范畴构成，均归入动因层。其中，能力特征包括个人创新、卷入度、习惯、信息素养等。我们在访谈中发现，用户的能力特征存在差异，个人创新能力低、卷入度低、信息意识与技能弱、信息行为方式单一的用户，其跨屏任务驱动力相对低，因此认为能力特征会影响由任务驱动力所产生的跨屏行为，属于调节变量。能力特征的影响作用微弱时，任务驱动力与跨屏行为之间的连接关系相对更强；反之，能力特征的影响作用显著时，可促进或抑制跨屏行为的发生，而任务驱动力与跨屏行为的连接关系将变弱，能力特征的调节作用将增强。

情感感知包括感知有用性、便利性和自我效能感。访谈中 19 位受访者表达了跨屏对问题解决的有用性，22 位受访者认为跨屏操作方便，自我效能感范畴出现了 7 次。整体上看，用户的情感感知是其跨屏行为的重要影响因素。

本研究通过扎根方法在得出上述结论的同时，也逐渐析出跨屏用户的类型问题。一方面，通过对跨屏用户进行分类，可以为后续章节在实证研究时的用户样本选择提供依据，另一方面，划分出的不同跨屏用户类型也能为跨屏服务与设计提供决策参考。本研究结合 53 个样本的访谈与扎根数据并参考已有研究，发现“卷入度”（包括跨屏设备数量与跨屏频率）可以作为划分跨屏用户类型的重要因素，同时跨屏任务情境、跨屏任务驱动力、跨屏技术应用、跨屏媒体类型、个人创新程度、信息素养水平等因素可以作为分类参考。据此，利用上述因素对样本中各用户进行比较与分类，最终将跨屏用户划分为偶尔跨屏用户（occasional cross-screener）、普通跨屏用户（ordinary cross-screener）、专业性跨屏用户（professional cross-screener）及先锋派跨屏用户（avant-garde cross-screener）四类。

3. 框架的任务维度

任务维度包括任务情境和任务驱动力两个主范畴。其中，任务情境是指用户具体跨屏情境，该主范畴属于表现层，包括工作、学习、购物、外出、视频浏览与交互、游戏，以及连续跨屏情境。任务情境能够展现跨屏行为的具体活动场域，不同任务情境下产生的任务驱动力、采用的跨屏技术、选择的信息线索以及媒体类型会存在差异。因此，任务情境是跨屏行为的“容器”（container），应当成为跨屏行为分析的起点，通过任务情境将跨屏行为的其他维度关联起来。

在本研究中，任务驱动力是指在特定跨屏任务情境下，促使用户产生跨屏行为的内部或外部因素，与用户的跨屏动机密切相关，属于框架的动因层，本次扎根研究共析出生理驱动、安全驱动、经济与效率驱动、社交驱动、个人信息管理驱动、时间与地点驱动六大驱动力。总体上看，任务驱动力是用户跨屏行为的重要动因，且能够促使用户进一步选择匹配的技术以实施跨屏。

4. 框架的信息维度

UTIT 整合分析框架的信息维度主要从“信息线索”视角来分析跨屏行为，涉及的主范畴主要有属于表现层的信息线索需求、媒体类型，以及属于动因层的信息组织与呈现。

信息线索需求主范畴包括显性视觉线索和隐性记忆线索两个范畴。从信息线索表现出的媒体类型来看，实体型媒体如文字、图片、音频、视频、文件等，线索型媒体如链接，能够提供信息的获取提示或路径；如果用户跨屏时想要发送的是综合了各种媒体类型的网页资源，或者出于经济与效率的驱动不便发送实体型媒体（如音频视频）时，线索型媒体是一种有效选择。

信息组织与呈现作为 UTIT 整合分析框架的动因层，包括信息组织（如信息的分类、布局、导航）和信息呈现（如清晰度、详尽度）两个因素，涉及因果关系和中介关系。因果关系方面，不同设备中的信息组织与呈现会影响用户的视觉感知和使用体验，从而影响用户的设备选择决策，促使用户产生跨屏行为。中介关系方面，对访谈结果的分析发现，信息组织与呈现会涉及不同设备硬件方面的固有特征（如屏幕大小），也会涉及设备中运行的软件功能及内容的设计（如分类、导航等），设备与软件是否能够较好地支持信息的组织与呈现会影响用户的跨屏行为，同时，用户也会出于对信息组织与呈现的感知与欠佳体验而寻求更佳的技术匹配，从而产生跨屏行为，因此，信息组织与呈现常常通过技术匹配的中介作用而影响跨屏行为。

5. 框架的技术维度

跨屏的实现离不开相应的软硬件技术支持。框架的技术维度析出了技术匹配与技术应用两个主范畴，前者属于动因层，后者属于表现层。

1995 年 Goodhue 和 Thompsonr[129]首先提出信息系统功能与用户任务需求间的适配问题，并开发了任务技术适配（task-technology fit，TTF）模型。以任务技术适配理论为基础，不同任务情境下，总会存在用户的设备及其软件与之匹配的问题，若不匹配，则会促使用户产生设备切换及跨屏行为，以寻求具有相对优势[130]的设备。因此，技术匹配成为跨屏行为的重要影响因素。本次扎根分析在技术匹配主范畴下共析出设备示能性、操作适应性、软件支持度及网络可用性四个范畴。结合前述对任务驱动力及信息组织与呈现范畴的讨论，技术匹配范畴一方面直接影响着跨屏行为，另一方面也在任务驱动力和跨屏行为，以及信息组织与呈现和跨屏行为之间起着中介作用。

作为框架的重要表现层，技术应用主范畴在本次扎根研究中共包括九个范畴，按照这九个范畴被提及的频次排序，依次是社交媒体工具（47 次）、重获取（25 次）、验证（23 次）、云端（23 次）、传输工具（20 次）、注册账号（16 次）、网购工具（13 次）、E-mail（12 次）、提醒（4 次）。除了上述九个范畴所提及的跨屏技术应用，访谈中先锋派跨屏用户也提到一些新兴的跨屏技术，如 360 跨屏浏览、手机甩图、苹果生态中 Handoff 技术等，但因提及次数少于 3 次而未被析出，但总体来看，随着用户跨屏行为的日渐常态化，新兴技术因其带来的跨屏便利性，也会逐渐受到用户的认可。

综上所述，本节针对 UTIT 整合分析框架用户、任务、信息、技术四个维度，从动因层和表现层所涉及的 11 个关系结构分别展开了讨论，讨论涉及 9 个主范畴、39 个范畴，但囿于篇幅，讨论中未能将 117 个初始概念涉及的用户访谈样例进行一一列举。

6. 整合分析框架的理论贡献

从框架整体看，UTIT 整合分析框架的构建是对移动搜索情境下跨屏行为机理的系统性探索，对跨屏行为进行了一次全息剖析。对于新兴的跨屏行为研究而言，该框架从理论上探索出一种跨屏行为研究的分层多维视角，以及细粒度的研究思路与架构，能为后续相关跨屏行为研究与服务实践奠定分析基础，提供参考与借鉴。

从框架内核看，UTIT 整合分析框架站在整体论视角，将具有天然有机联系的跨屏行为表现层与动因层融合起来考察，弥补了传统用户信息行为研究的局限性。一方面，传统信息系统领域的研究侧重对抽象构念间的因果关系进行探索，研究集中于考察用户信息行为的内部动因，常常忽略其丰富的外在表现；另一方面，传统图书情报领域的信息行为研究则较多集中于行为的表象层面刻画，未能深入挖掘行为背后的动因与机理。因此，传统研究在对外部表现和内部动因的解读和探索上存在较为明显的二元割裂现象。UTIT 整合分析框架将用户跨屏行为表现与行为动因整合到同一分析框架下，实现了行为分析外在与内在的统一，使得跨屏行为研究更加立体丰满。

4.3.3 多情境驱动的日常跨屏行为研究：ESM 方法与设计

作为新兴的日常信息行为，跨屏行为并非琐碎芜杂，相反，它有着独特的结构和节奏[131]，吸引着研究者去探索。本研究认为对用户的日常跨屏行为进行细致、深入地刻画与揭示，能帮助我们洞察此行为的表现与动因，呈现跨屏行为中蕴含的任务流、设备流、行为流、信息流与体验流，为此，需要能与日常跨屏行为研究相匹配的研究方法。

ESM 是经典的日常经验研究方法，它强调在日常事件发生的真实情境下展开纵向研究，该方法操作步骤规范，能获得密集而丰富的行为数据，研究的生态效度高，因而成为一种有效地研究个体变量随时间和情境变化的轨迹及其相关影响因素的方法[132, 133]。

4.3.2 节的研究表明，移动搜索情境下的跨屏行为情境性特征十分明显，利用 ESM 对此类复杂的跨屏行为展开细致研究，能够获得真实、动态的纵向密集型数据，深入揭示多情境驱动的跨屏行为的需求与动机，行为与体验，展现不同跨屏用户个体内（within-person）与个体间（between-person）丰富的行为特征与行为轨迹。鉴于此，4.3.3 节、4.3.4 节将基于 ESM 深入探索移动搜索情境下的跨屏行为。其中，4.3.3 节侧重 ESM 方法与设计问题，4.3.4 节则侧重 ESM 执行与分析。通过本部分研究，主要回答以下两个子问题：①ESM 是一种什么方法？②如何设计日常跨屏行为 ESM 研究及 mESM 研究工具？

1. ESM 简介

ESM 是一种用于研究人们日常生活情境下自然发生的行为与体验的纵向研究方法[134]。Larson 和 Csikszentmihalyi[135]、Hormuth[136]及 Csikszentmihalyi 和 Larson[137]分别对 ESM 进行了详尽的综述性介绍。一般来讲，ESM 会在一段时间内借助提醒工具提醒参与者（又称被试者），让参与者在事件发生或者随机的诸多瞬间回答问题，从而达到收集数据的目的。此法本质上是一种自我报告（self-reports）法，但由于参与者是在事件发生当下的真实、自然、自愿、自发的情境中进行自我报告，因此 ESM 具有较高的生态效度（ecologically valid）[131, 132]。本研究通过发表学术论文《移动经验取样法：促进真实情境下的用户信息行为研究》，对 ESM 及其在移动互联环境下发展出的 mESM 进行了详细介绍。

图 4.17 从 12 个方面展现了该方法的基本概貌，后续研究将以此方法蓝图为基础，展开研究设计、实施与分析。

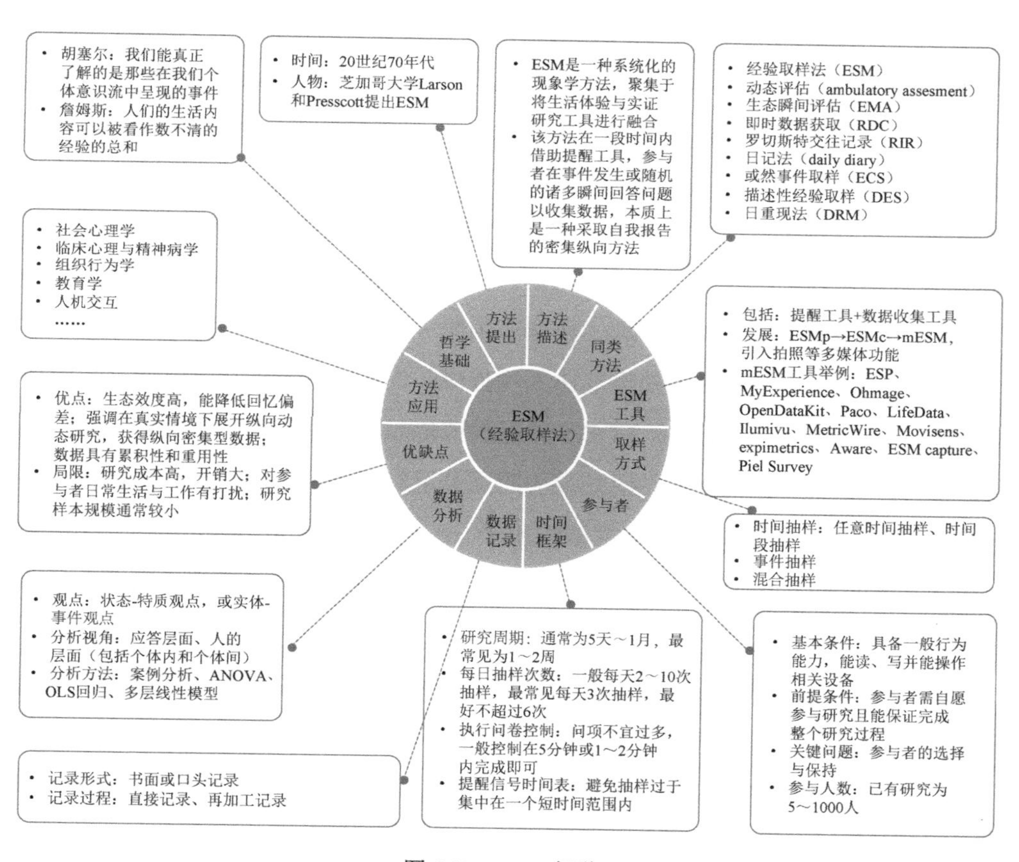

图 4.17 ESM 概览

2. 日常跨屏行为 ESM 研究总体设计

本章对移动搜索情境下的日常跨屏行为研究将基于 ESM 展开探索。研究尝试回答如下两个问题：①用户日常跨屏行为总体上体现出的需求与动机，行为与体验是什么？②先锋派跨屏用户、专业性跨屏用户、普通跨屏用户和偶尔跨屏用户分别呈现出什么样的日常跨屏行为特征与体验轨迹？为回答上述问题，本部分首先遵循 ESM 研究规范[138]，在总体上设计研究阶段与操作流程，并结合跨屏行为特征及扎根理论研究结论，设计本研究的 ESM 抽样框架、行为与体验内容采集框架，如图 4.18 所示。本研究总体设计周期为 10 天，因此取名为“Ten-Day 跨屏体验计划”，研究分为以下三个阶段。

（1）ESM 研究执行前，首先结合跨屏行为特征与研究需要，开发出一款名为 FreeESM 的 mESM 工具；同时针对研究问题设计参与者调查问卷、ESM 执行过程中需要使用的跨屏问卷、“Ten-Day 跨屏体验计划”用户指南（以下简称《指南》）、知情同意书、培训视频等相关文档；研究工具和研究材料就绪后即实施参与者招募，从中选择符合条件的参与者进行面对面或在线培训，完成参与者就绪工作。

（2）ESM 研究执行中，采取“提醒—拍照—问卷填写”的流程，由 FreeESM 工具每天早晨、中午和晚上随机发送 5 次提醒，参与者有跨屏行为时通过拍照记录跨屏设备情境，在每日终（EOD）根据拍照提示登录问卷系统添加若干跨屏记录（跨屏记录的多少与当日拍照截取的跨屏情境有关），并填写当日总体体验问卷；研究所采集的纵向密集型数据将用于 response-level 和 person-level（包括 within-person 和 between-person）两个层面的分析，以回答本章所提出的两个研究问题。

（3）ESM 研究执行后（即 10 天跨屏体验结束后），对参与者进行一次补充性回访，以了解参与者在整个 ESM 中遇到的问题与体验。

上述研究设计中，ESM 抽样框架、跨屏行为与体验内容采集框架、FreeESM 工具定制开发的确定是关键问题，下文将分别进行阐述。

1）ESM 抽样框架

本研究的抽样框架结合了时间段抽样与事件抽样，并且采取以事件抽样为主，时间段抽样为辅的策略。同时，为了避免对参与者当下事务的打扰，本研究采取了“提醒—拍照—问卷填写”的流程，出现跨屏事件时参与者先拍照记录行为瞬

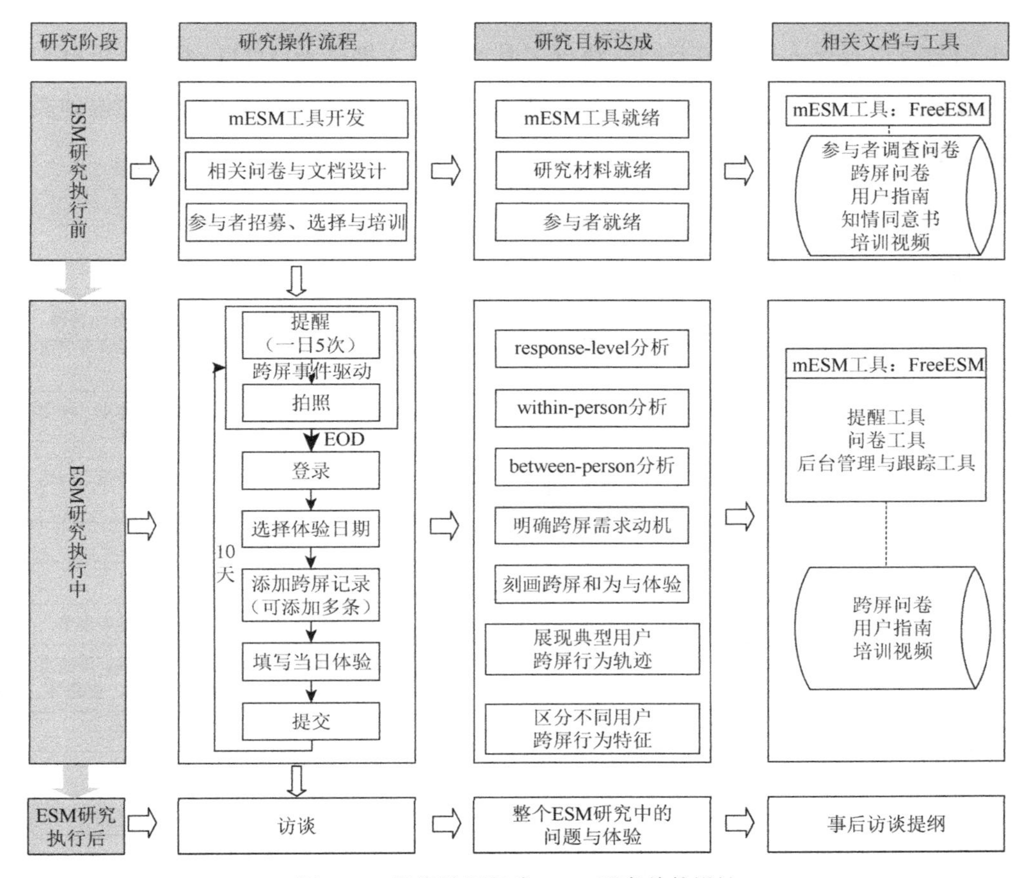

图 4.18　日常跨屏行为 ESM 研究总体设计

间情境，之后借助照片启发每日终的问卷填写，由此，时间段抽样主要针对提醒而言，区分早晨、中午和晚上随机发送 5 次提醒，每次提醒间隔 2.5h 以上，以避免参与者忘记拍照。

2）跨屏行为与体验内容采集框架

本部分所要研究的两个问题可通过搭建跨屏行为与体验内容采集框架获得数据支撑，4.3.2 节扎根理论研究结论为设计内容采集框架奠定了基础，UTIT 整合分析框架中相关动因层与表现层的主范畴可作为跨屏行为与体验内容采集框架对应的指标，如表 4.21 所示。UTIT 整合分析框架中“任务情境”主范畴为本研究提供了较为典型的“跨屏情境菜单”；而行为内容采集框架中的跨屏原因则主要由 UTIT 整合分析框架的“动因层”构成，包括任务驱动力、技术匹配、信息组织与呈现及个人创新等范畴；跨屏工具或手段主要涉及 UTIT 整合分析框架的技术应用范畴；跨屏信息线索类型则主要对应 UTIT 整合分析框架的媒体类型范畴。

表 4.21　跨屏行为与体验内容采集框架

类型	内容采集框架	UTIT 整合分析框架主范畴	具体项
行为	跨屏情境菜单	任务情境	工作情境、学习情境、购物情境、外出情境、视频浏览与交互情境、游戏情境及连续跨屏情境等
	跨屏原因	任务驱动力	生理驱动、安全驱动、经济与效率驱动、社交驱动、个人信息管理驱动等
		技术匹配	设备示能性、操作适应性、软件支持度、网络可用性等
		信息组织与呈现	信息组织与呈现
		个人创新	个人创新
	跨屏设备	设备类型	手机、电脑、平板、Kindle、智能手表等
	跨屏工具或手段	技术应用	社交媒体工具、重获取、验证、云端、传输工具、注册账号、网购工具、E-mail、提醒等
	跨屏信息线索类型	媒体类型	图片、文字、文件、链接等
体验	跨屏体验	情感感知	感知有用性、便利性、自我效能感
		一致性	界面一致性
		连续性	转移流畅性

跨屏体验的内容采集框架包括 UTIT 整合分析框架的情感感知范畴（涉及感知有用性、便利性、自我效能感）；同时，Levin 在 *Designing Multi-Device Experiences: An ecosystem Approach to user experiences across devices* 一书中提出体验的 3C 框架，即一致性（consistent）、连续性（continuous）、互补性（complementary）[96]。其中一致性体验以社会心理学的认知一致性理论为基础[139]，强调跨屏体验设计应当在不同设备间“复制”（replicate）同样的信息内容与特征，同时允许根据设备各自特点适度调整，以减少用户认知成本；连续性体验则主要强调用户在同一任务顺序跨屏时的一种“流畅”（flow）体验[140]；互补性体验主要强调在游戏、视频等交互情境下设备间的协同（collaboration）与操控（control）。鉴于《设计中的设计》作者原研哉[141]提出“一致性应成为所有质量原则之根基”，相关论文也

强调多设备设计时一致性优先的原则[142]，且对移动搜索情境下的跨屏行为研究本身就蕴含着同一任务顺序跨屏时的连续性体验问题，因此本研究借鉴并选取上述一致性与连续性体验作为指标，主要考察用户在跨屏时对设备间界面设计一致性，以及设备间转移流畅性的总体体验情况。本节后续跨屏问卷设计即以此内容采集框架为依据。

3）FreeESM 工具定制开发

FreeESM 工具是支撑整个跨屏用户 ESM 研究的平台基础。本研究综合实用性、通用性、经济性、效率性因素考虑，实施了 FreeESM 工具自主开发，先后采用了网页端应用（Web APP）开发和混合型应用（Hybrid APP）开发两种模式，其中 Web APP 可通过移动端浏览器直接访问，Hybrid APP 则需要下载并安装至移动终端。

（1）FreeESM 功能与技术架构

如图 4.19 所示，本研究开发的 FreeESM 工具包含前端（移动端、PC 端）及服务器端两部分。该工具区分研究者和参与者两种角色，围绕研究需求，在前端

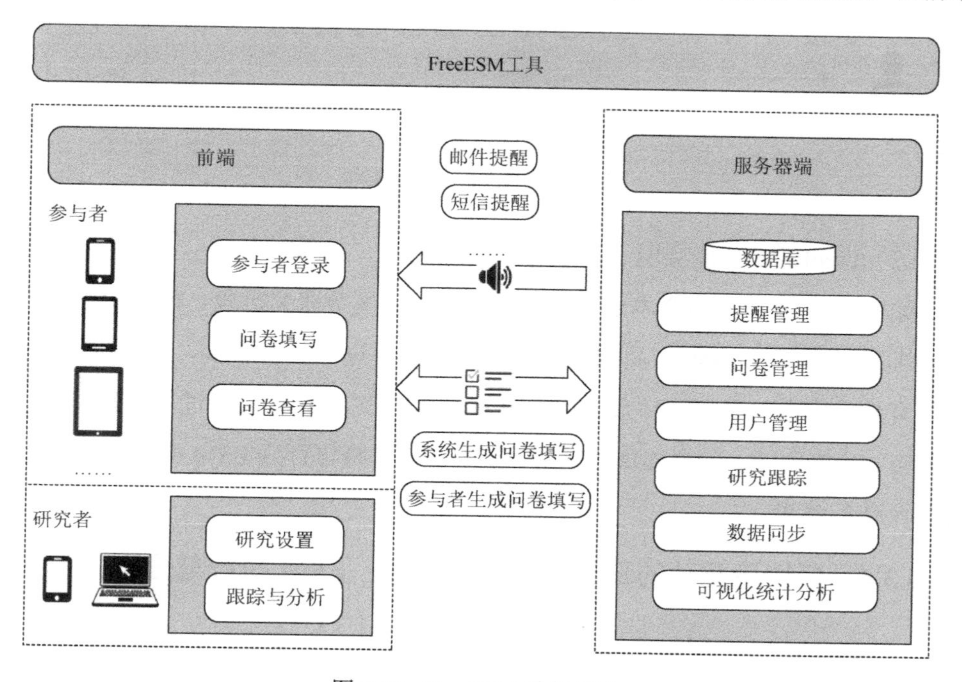

图 4.19 FreeESM 功能示意

实现了参与者登录、问卷填写与问卷查看功能，以及研究者进行研究设置、跟踪与分析功能；后台则实现了提醒管理、问卷管理、用户管理、研究跟踪、数据同步以及可视化统计分析功能。FreeESM 的技术架构如图 4.20 所示。

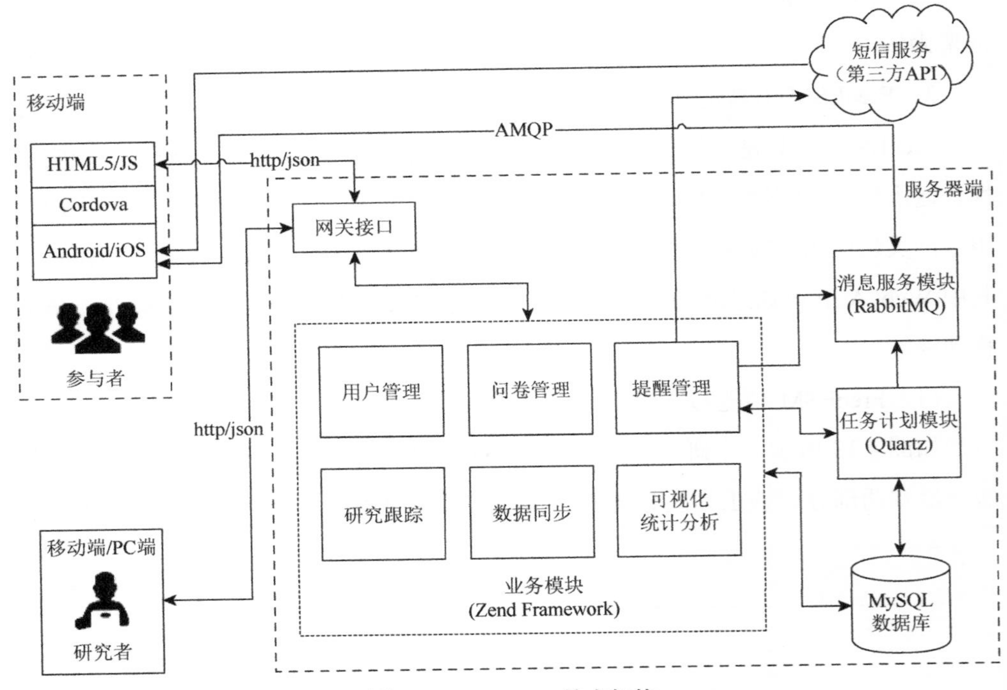

图 4.20　FreeESM 技术架构

（2）FreeESM 功能实现

如图 4.21 所示，结合本研究的设计与需求，区分研究阶段、研究中的角色、研究流程对该 FreeESM 工具的部分主体功能界面进行截图展示。该 FreeESM 工具能有效支撑参与者招募环节的问卷调查，以及 ESM 研究执行过程中的提醒、问卷调查、研究跟踪、问卷催填等功能。至此，日常跨屏行为 ESM 研究所需的工具及设计准备就绪。

4.3.4　多情境驱动的日常跨屏行为研究：ESM 执行与分析

在 4.3.3 节对 ESM 方法与设计进行讨论基础上，本部分从日常跨屏行为的 ESM 执行与分析层面展开研究。研究通过执行由 29 人 10 天连续参与的“Ten-Day

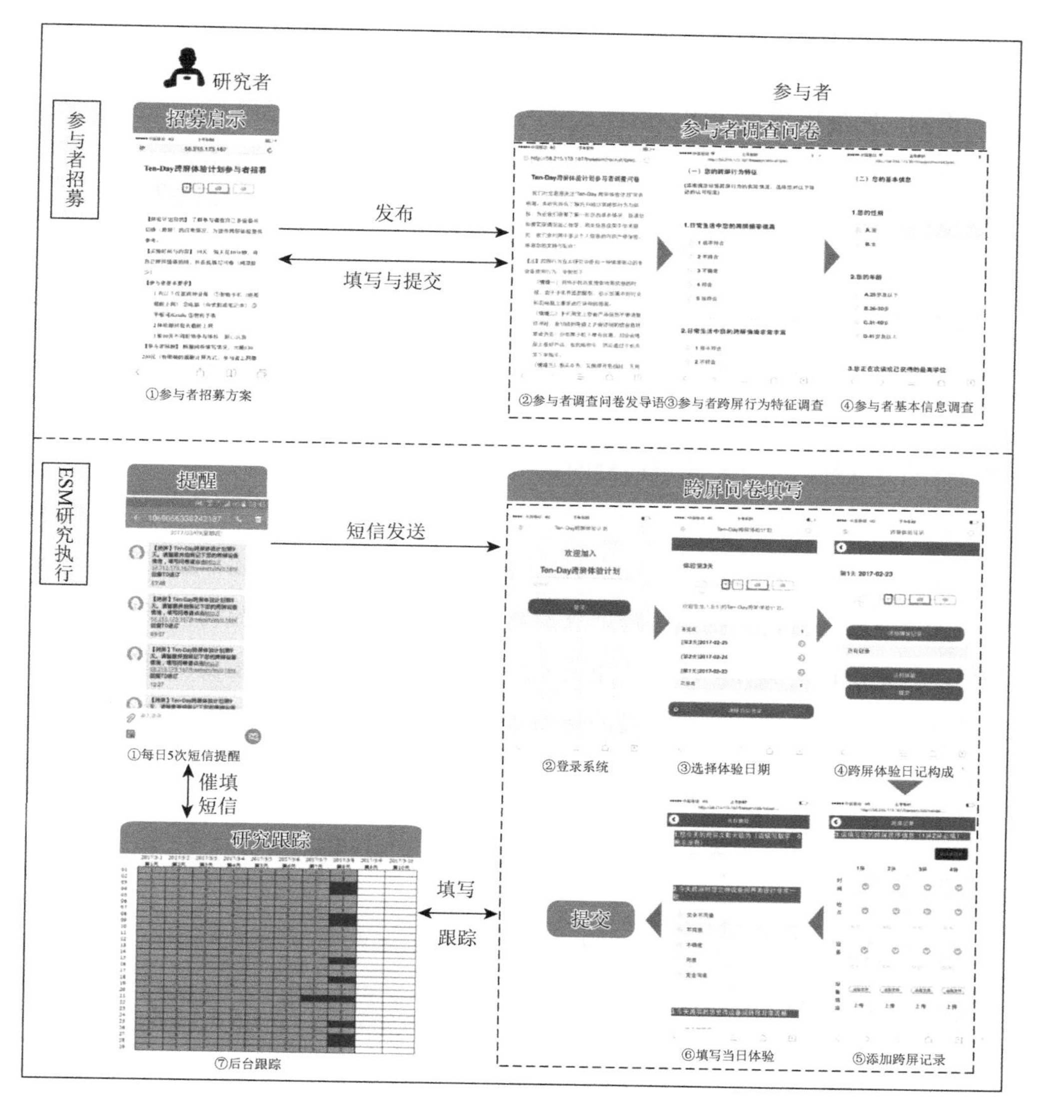

图 4.21　FreeESM 部分主体功能界面

跨屏体验计划”，区分 ESM 执行前、执行中和执行后三阶段的规范流程，以跨屏事件抽样方式，收集多情境驱动的日常跨屏行为纵向数据。进一步，本研究尝试对多情境驱动的日常跨屏行为的实质行动进行细致、深入地刻画与揭示，呈现跨屏行为中蕴含的任务流、设备流、行为流、信息流与体验流。本章着力回答两个方面的问题：

不同的跨屏任务情境下，用户的日常跨屏行为有何特征。

不同的跨屏用户类型体现出什么样的行为特征与体验轨迹。

本研究的数据收集总体上可分为问卷设计、参与者招募、ESM 研究执行、事后访谈四个阶段。

1. 问卷设计

问卷设计具体包括参与者调查问卷和跨屏问卷两份问卷的设计。其中，参与者调查问卷一方面用于了解参与者基本信息，另一方面也作为后续参与者配额抽样的基准测试工具而起作用。跨屏问卷是本研究的重要数据收集工具，鉴于本研究设计的特殊性，下文将跨屏问卷的相关事项进行说明。

跨屏问卷主体由两部分构成：第一，参与者自主添加跨屏记录部分，其问项由总体设计部分讨论的“跨屏行为与体验内容采集框架”中析出；第二，参与者当日跨屏体验部分，包括当日跨屏总次数、界面一致性、转移流畅性，以及开放性问项。跨屏问卷具体问项设计如表 4.22 所示，为减少 ESM 重复测量造成对参与者的打扰，本研究对跨屏问卷的问项数量进行了严格控制，跨屏记录部分问项为 8 个，当日跨屏体验部分主要问项为 4 个。

表 4.22 Ten-Day 跨屏体验问卷问项设计

测量问题	操作化定义	测量项目
跨屏任务情境	移动搜索中产生具体跨屏行为的情境	工作、学习、购物、外出、视频浏览与交互等具体跨屏任务情境类型
跨屏原因	移动搜索中产生具体跨屏行为的原因	任务驱动力、技术匹配、信息组织与呈现、个人创新等方面的原因
跨屏设备	移动搜索中产生具体跨屏行为时所使用的各种设备	跨屏时使用的设备类型
		跨屏时使用的设备顺序
		跨屏时每个设备使用的时间
		跨屏时每个设备使用的地点
跨屏工具或手段	跨屏时借助的各种跨屏辅助技术	社交媒体工具、重获取、验证、云端、传输工具、注册账号、网购工具、E-mail、提醒等工具或手段
跨屏信息线索类型	完成跨屏任务时设备间所传递的信息线索类型	图片、文字、文件、链接等具体类型

续表

测量问题	操作化定义	测量项目
跨屏体验	完成具体跨屏任务的体验	感知有用性
		便利性
		自我效能感
	每日整体跨屏体验	当日跨屏总次数
		界面一致性
		转移流畅性

2. 参与者招募

1）招募与抽样策略

本研究对参与者采取独立控制配额抽样（independent control quota sampling）方式，首先以前期研究划分出的四种跨屏用户类型（即偶尔跨屏用户、普通跨屏用户、专业性跨屏用户、先锋派跨屏用户）作为独立控制特性进行分层，确定各层的样本数额，再在配额内通过主观判断选定样本。具体实施招募时以参与者调查问卷作为基准测试工具，通过参与者自我报告方式呈现其跨屏行为特征，再结合人工判断方式选定参与者。终选出 30 位符合配额要求的参与者，基本情况统计详见表 4.23。

表 4.23　参与者基本情况统计

项目	分类	人数	比例/%	项目	分类	人数	比例/%
性别	男性	15	50.0	职业	教师	3	10.0
	女性	15	50.0		学生	20	66.7
年龄	≤25	15	50.0		公司职员	4	13.3
	26～30	5	16.7		机关事业单位人员	1	3.3
	31～35	6	20.0		自由职业者	2	6.7
	≥36	4	13.3				
跨屏用户类型	偶尔	4	13.3	学历	专科	1	3.4
	普通	12	40.0		本科	7	23.3
	专业性	12	40.0		硕士	15	50.0
	先锋派	2	6.7		博士	7	23.3

续表

项目	分类	人数	比例/%	项目	分类	人数	比例/%
拥有设备数	2 个设备	7	23.3	手机浏览器使用情况	苹果自带浏览器	12	26.1
	3 个设备	14	46.7		安卓自带浏览器	8	17.4
	4 个设备	8	26.7		UC 浏览器	15	32.6
	6 个设备	1	3.3		QQ 浏览器	8	17.4
手机操作系统	苹果	15	50.0		其他浏览器	3	6.6
	安卓	15	50.0				

2）参与者培训与激励

参与者的培训通过为之提供详尽的跨屏体验计划用户指南与培训视频、QQ 在线培训、面对面培训、系统实际操作几种方式实现。参与者激励包括物质与精神激励。精神上的激励包括让参与者了解研究的意义与价值，与参与者达成共识，激发参与者的内在和外在动机；本研究取名为“Ten-Day 跨屏体验计划”也是为了让参与者感觉更轻松，同时，整个研究过程中研究者与参与者都保持着有效的沟通，以尽量减少参与者的负面情绪。物质上的奖励主要体现在参与者报酬方面，本研究设计了不同的报酬类型，包括基本报酬和激励性报酬。

3. ESM 研究执行

“Ten-Day 跨屏体验计划”执行时间为 10 天，其间 30 位参与者中仅有 1 位参与者（专业性跨屏用户）由于个人原因无法继续参加体验计划而退出，其余 29 位参与者均完整地参与了整个体验计划，参与完成率达 96.7%。为此，本研究在数据清洗时将剔除该退出者的所有相关数据，以实际参与的 29 位参与者数据为基础展开分析。

执行该 ESM 研究的日提醒时间采取时间段抽样，以早上 7 点到晚上 8 点的 13h 为时间窗口，区分早晨、中午和晚上随机发送 5 次提醒，每次提醒间隔 2.5h 以上，如表 4.24 所示。其间共发送提醒短信 1450 条，去除因服务器原因未送达的短信 40 条（包括未发送 14 条、发送失败和退订共 26 条），短信送达率达 97.2%。

表 4.24　体验计划提醒时间表

日期	提醒时间点				
2017/3/1	7:21	10:02	12:30	15:26	19:35
2017/3/2	7:31	9:54	12:21	15:36	19:25
2017/3/3	7:33	10:05	12:30	15:22	19:21
2017/3/4	7:21	10:04	12:29	15:38	19:21
2017/3/5	7:23	9:55	12:31	15:22	19:28
2017/3/6	7:33	9:51	12:30	15:20	19:27
2017/3/7	7:28	9:52	12:37	15:38	19:24
2017/3/8	7:31	10:02	12:37	15:21	19:31
2017/3/9	7:21	10:09	12:29	15:20	19:23
2017/3/10	7:23	10:00	12:23	15:27	19:28

在 10 天的跨屏体验过程中，参与者所需完成的跨屏体验日记（即跨屏问卷，含跨屏记录和当日体验）结构如图 4.22 所示，对应的 FreeESM 界面如图 4.23 所示。

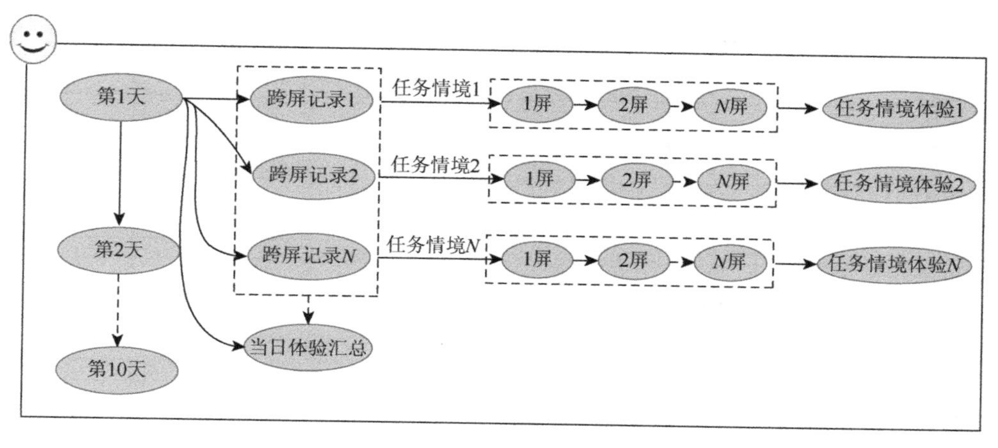

图 4.22　跨屏体验日记结构

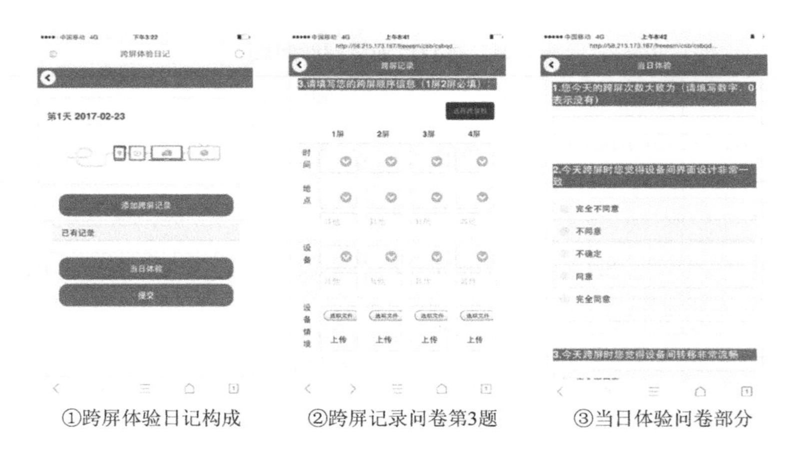

①跨屏体验日记构成　　②跨屏记录问卷第3题　　③当日体验问卷部分

图 4.23　跨屏体验日记填写界面

所有参与者的每日跨屏执行情况如图 4.24 所示，该图源自 FreeESM 的后台跟踪数据，图中数字展现了每位参与者每天添加的跨屏记录数，数字为 0 则表示当日无典型的跨屏情境，单元格为深色表示当日跨屏体验日记尚未完成，为浅色则表示日记已填妥。研究共采集到跨屏记录数据 469 条，每日人均提交跨屏记录 1.6 条，

	2017/3/1 第1天	2017/3/2 第2天	2017/3/3 第3天	2017/3/4 第4天	2017/3/5 第5天	2017/3/6 第6天	2017/3/7 第7天	2017/3/8 第8天	2017/3/9 第9天	2017/3/10 第10天
01	1	0	2	1	0	1	1	0		
02	1	1	3	1	1	3	2	3		
03	2	2	1	2	1	1	1	0		
04	1	1	0	1	1	0	1	0		
05	1	2	0	2	2	1	1	1		
06	1	1	1	0	1	1	1	1		
07	2	3	2	2	3	3	2	3		
08	1	1	1	0	1	0	1	0		
09	2	1	2	1	1	1	1	0		
10	1	3	1	1	1	2	1	1		
11	1	2	3	2	1	2	1	1		
12	1	1	1	1	1	1	1	1		
13	2	1	1	1	1	1	1	1		
14	1	2	0	0	0	2	0	1		
15	1	1	1	1	1	1	1	0		
16	2	2	2	2	2	2	2	2		
17	2	1	1	1	1	1	1	1		
18	0	2	1	1	1	3	1	0		
19	5	5	7	6	5	5	5	5		
20	1	1	2	1	1	1	1	1		
21	1	2	1	1	1	1	0	0		
22	2	1	3	1	1		1	1		
23	1	2	1	0	1	0	1	0		
24	2	2	2	2	2	1	1	2		
25	3	2	2	2	2	2	2	1		
26	3	2	2	3	3	3	3	3		
27	9	8	5	3	4	2	3	2		
28	1	1	2	2	2	2	1	0		
29	3	2	3	2	2	3	3	2		

图 4.24　截至第 8 天的每日跨屏执行情况（单位：条）

最多 9 条，最少 0 条；同时，采集到 29 位参与者的当日体验数据 290 条，其中用户对自己当日跨屏次数评估总和累计 651 次，跨屏记录填写的 469 条占比 72%，由此也可推知用户每天人均跨屏次数在 2 次以上，相关数据分析见本节下文。

整个“Ten-Day 跨屏体验计划”执行期间上传的设备情境图共 801 幅，照片提交率（即实际照片提交数量与应提交照片数量的比值，其中应提交照片数与每条跨屏记录中的设备数一致）达 84.6%。

4. 事后访谈

事后访谈是一种常用的获得补充性知识的辅助研究手段。本研究在 10 天跨屏体验计划结束之后随即对参与者进行了一次补充性回访，以了解参与者在整个 ESM 中遇到的相关问题与体验。

通过对事后访谈数据汇总，本研究辅以问卷收集到的参与者反馈数据如图 4.25 所示，从中可以看出，参与者对研究的时间抽样、短信提醒、自身准确拍照及拍照作用方面认可度较高。

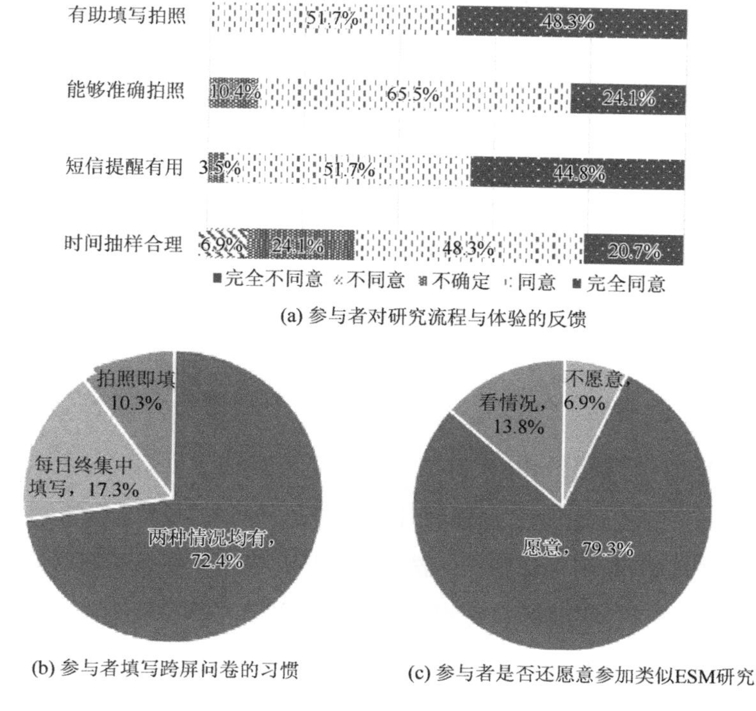

(a) 参与者对研究流程与体验的反馈

(b) 参与者填写跨屏问卷的习惯

(c) 参与者是否还愿意参加类似ESM研究

图 4.25　事后访谈反馈数据

5. 应答层面的总体分析

基于 ESM 数据分析的两个层面、利用获得的数据，本部分侧重于从总体上以跨屏任务情境为基础，分析参与者的日常跨屏“行为”与“体验”特征，进行应答层面（response-level）的“情境–特征”分析，以挖掘用户日常跨屏行为的需求与动机；下一部分则侧重于从人的层面（person-level）进行不同跨屏用户类型个体内（within-person）典型个案分析及个体间（between-person）比较，以揭示“类型化”的跨屏用户行为特征与体验轨迹。如图 4.26 所示。

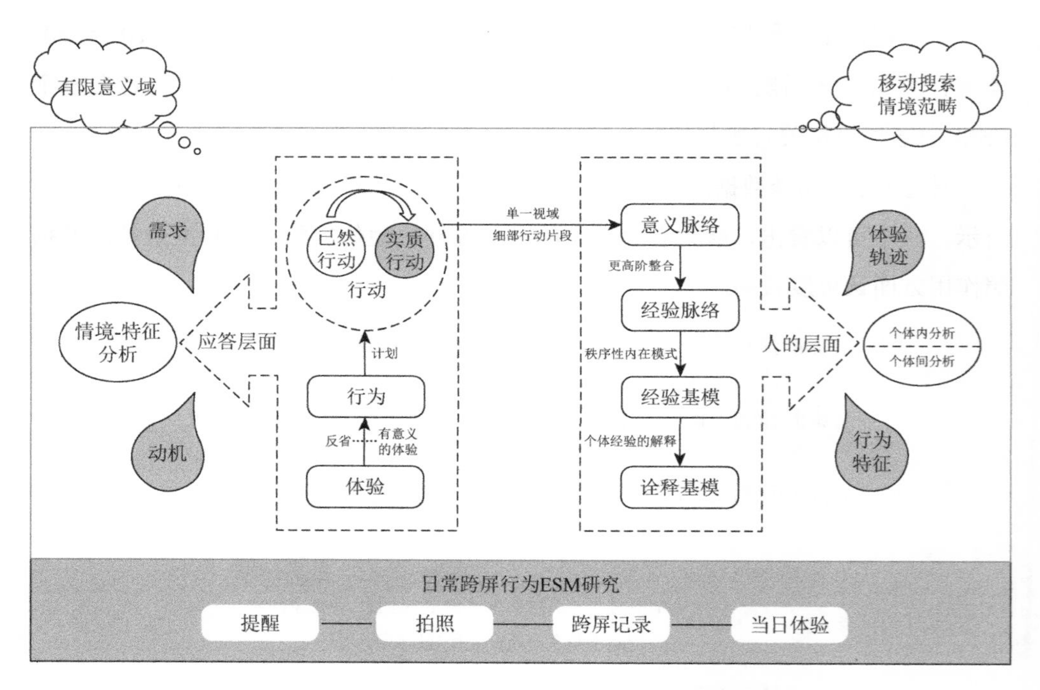

图 4.26 移动搜索情境驱动的日常跨屏行为分析架构

1）体验计划执行概况分析

本研究首先对采集到的 29 位体验计划完整参与者合计 469 份跨屏记录数据，以及 290 份当日体验数据进行数据清洗。由于跨屏问卷（尤其是跨屏记录问卷部分）的问项及题项设计主要源自扎根理论研究的初步成果，而在本部分研究中所获得的数据为参与者真实的日常跨屏行为纵向数据，情境更加灵活、多变，数据更加丰富、鲜活，对于问卷设计选项中未能覆盖的选项，研究均通过“其他”选项来收集数据，因此，数据清洗的重要工作即是对跨屏记录问卷部分“其他”选项数据的整理。通过逐一审读每条记录数据近 8000 个记录值，结合任务情境照片、跨屏任务情境逻辑，以及与参与者在事后访谈中的深入交互与沟通，对所有由参与者自填的“其他”选项值进行了人工判别，并达成一致性归类，由此形成的回收整理后选项如表 4.25 所示，除使用设备时间框架（上午、下午、晚上）保持不变外，跨屏任务情境、跨屏原因、使用设备地点、跨屏设备、跨屏工具/手段、跨屏信息线索类型的选项均有修改或新增。

表 4.25　问卷设计选项与回收整理后选项对比

题项	回收整理后选项	选项变化
跨屏任务情境	工作情境、学习情境、购物情境、外出情境、休闲娱乐情境、运动情境、居家生活情境	共 7 项 其中新增 3 项，合并 1 项
跨屏原因	考虑舒适度、考虑安全问题、经济与效率驱动、社交驱动、信息的保存与整理、设备功能问题、设备操作问题、软件问题、网络问题、信息组织与呈现问题、个人创新驱动、时间地点变换	共 12 项 其中修改 1 项，新增 1 项
使用设备时间	上午、下午、晚上	共 3 项
使用设备地点	单位、实验室、宿舍、教室、家里、图书馆、食堂、路上、餐厅、超市、会议室、屋外、校外、小学门口、河边、宾馆、健身房、体育馆、游泳池	共 19 项 其中新增 11 项
跨屏设备	手机、电脑、平板、Kindle、智能手表、电视、MP3、音响、电子秤、小米机器人、运动手环	共 11 项 其中新增 6 项
跨屏工具或手段	QQ/微信等社交媒体、购物车、扫码、给自己发 E-mail、云盘/云笔记、重新输入关键词、注册账号同步、数据线、U 盘/移动硬盘、提醒工具、蓝牙、Airplay、苹果 Handoff 功能、手机拍照、隐性记忆、重新浏览、专用 APP	共 17 项 其中新增 6 项
跨屏信息线索类型	文本、图片（截图或拍照）、文件、链接、数据、账号信息	共 6 项 其中新增 2 项

经数据清洗，本次研究共采集到跨屏行为与体验数据累计 7947 项（含跨屏记录和当日体验数据，以及上传的图片），后续研究将基于上述数据展开分析。

考察本次研究中的连续跨屏情况，发现各有 3 人次填写了连续跨 3 屏和 4 屏的跨屏记录，累计出现 6 次连续跨屏情境记录，占所有跨屏记录的 1.3%，连续跨屏情境在本次研究中呈现较少，这一方面可能是连续跨屏行为本身出现的概率相对小，另一方面也表明要捕捉或记录连续跨屏行为有一定难度和复杂度。因此，本部分后续主要侧重于跨两屏的行为分析。

2）跨屏任务情境分析

如图 4.27 所示，从本次 ESM 研究收集数据来看，用户在日常移动搜索中的跨屏任务情境主要有工作情境、学习情境、购物情境、外出情境、休闲娱乐情境、运动情境、居家生活情境七大类情境，呈现出较为丰富的“情境菜单”。以上述“情境菜单”为基础，下文将区分多个情境对用户的日常跨屏行为特征进行分析。

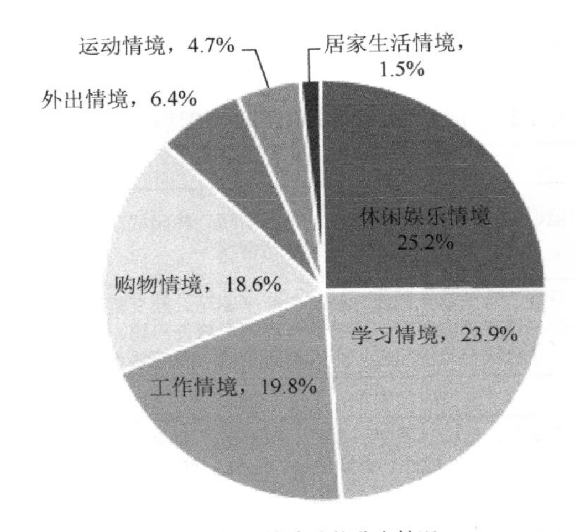

(a) 各情境总体分布情况

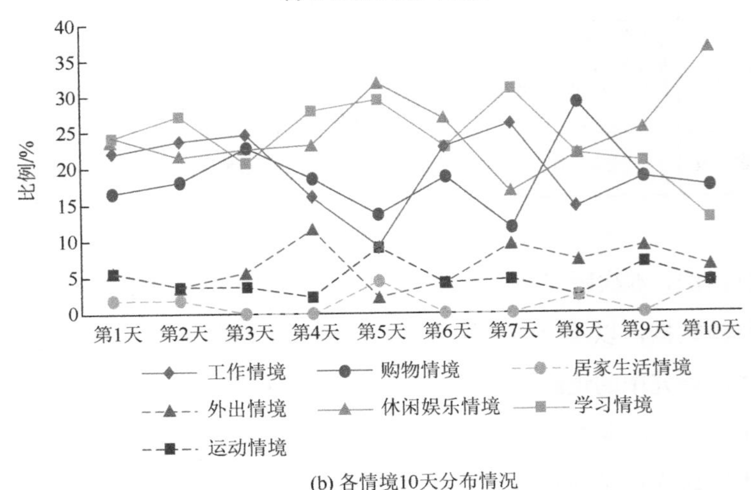

(b) 各情境10天分布情况

图 4.27 跨屏任务情境分布情况

单项数据因四舍五入，总计与分项合计略有差异

3）跨屏原因分析

汇集所有应答层面的数据，本 ESM 研究共梳理出 12 项可能的跨屏原因。为更进一步分析这些原因所体现出的用户跨屏需求与动机，本研究首先从总体上揭示出各跨屏原因分布情况，然后分 7 个跨屏任务情境分别考察不同任务情境下的跨屏原因分布，如图 4.28 所示。从总体上看，考虑舒适度、信息组织与呈现问题、信息的保存与整理、设备功能问题、设备操作问题是排名靠前的五大跨屏原因。但不同情境下用户的跨屏原因存在差别，由此也印证了跨屏行为动机与需求的“情境迁移”性。因此，区分不同情境考察用户的跨屏行为特征显得尤为重要，下文的有关分析均采取情境划分模式，分析结果可集结而成多情境下的跨屏行为特征集。

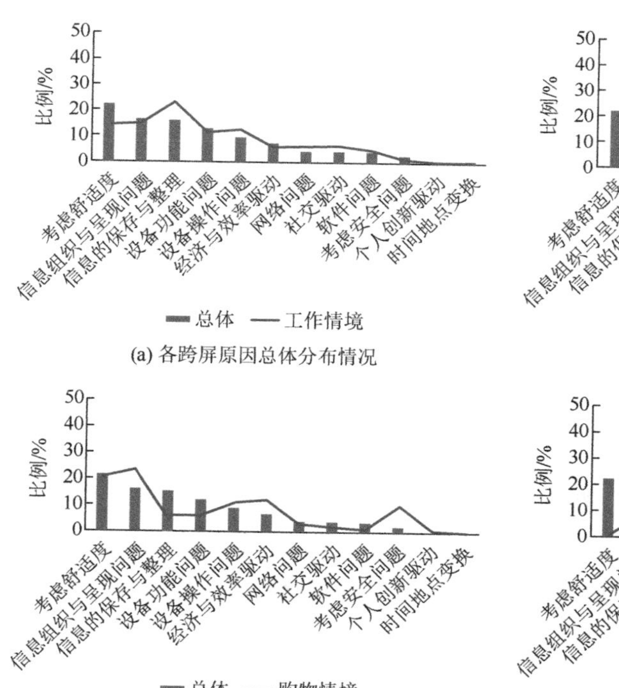

(a) 各跨屏原因总体分布情况

(b) 工作情境下各跨屏原因分布情况

(c) 购物情境下各跨屏原因分布情况

(d) 居家生活情境下各跨屏原因分布情况

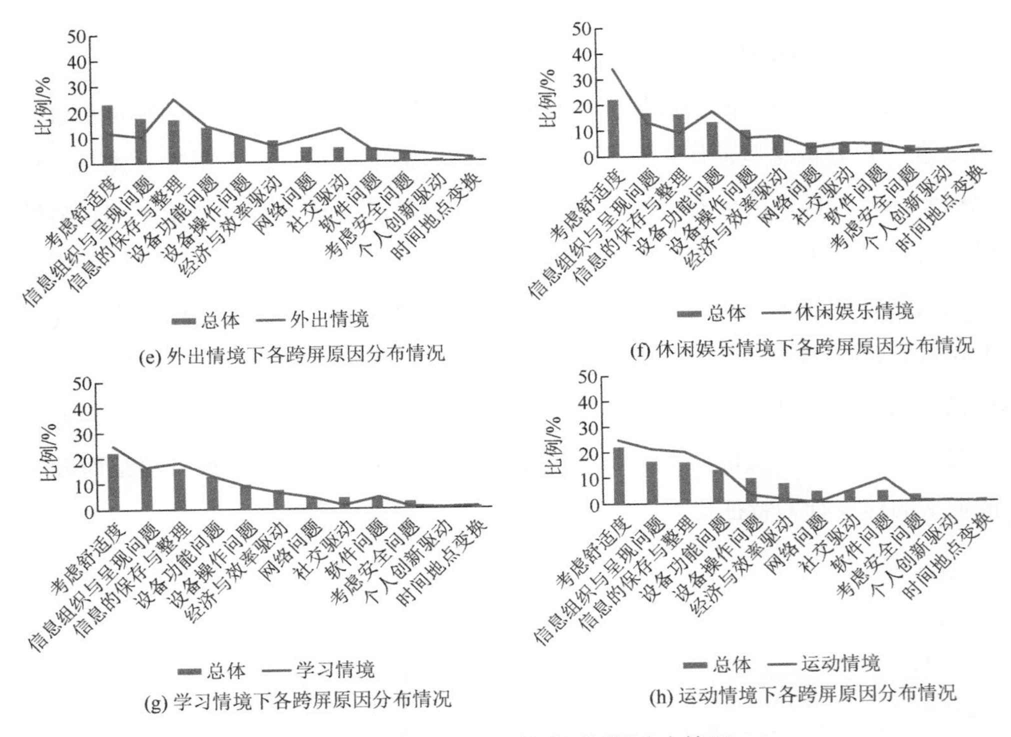

(e) 外出情境下各跨屏原因分布情况

(f) 休闲娱乐情境下各跨屏原因分布情况

(g) 学习情境下各跨屏原因分布情况

(h) 运动情境下各跨屏原因分布情况

图 4.28　不同情境下的跨屏原因分布情况

4）跨屏设备分析

如前所述，连续跨屏情境在本次研究中呈现较少，因此这里主要侧重于跨两屏的设备分析，分为跨屏时使用设备分布情况分析和跨屏设备顺序分析两部分。

（1）设备分布情况分析

如图 4.29 所示，总体上看，所有应答层面析出的 11 种设备中，用户跨屏时使用占比最高的前三种设备依次为手机（占比 49.8%）、电脑（占比 38.4%）、平板（占比 6.9%），其中跨屏时起点屏（即首屏）占比最高的前三种设备为手机（占比 62.9%）、电脑（占比 26.2%）、智能手表（占比 4.9%），后续屏（即 2 屏）占比最高的前三种设备为电脑（占比 50.5%）、手机（占比 36.7%）及平板（占比 9.8%）。由此可见，本研究中用户日常跨屏时手机是最常见的起点屏，此结论与 2012 年 Google 的研究报告结论一致[104]；而随着用户可穿戴设备及家居智能设备使用的增多，这些设备往往成为首屏，与之匹配使用的手机则将相应转化为 2 屏。

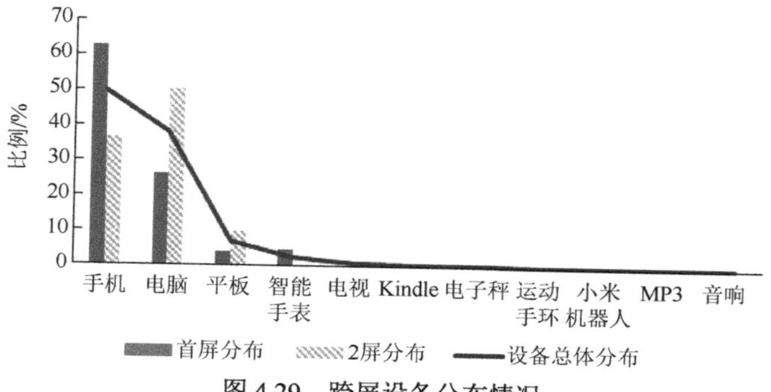

图 4.29　跨屏设备分布情况

（2）跨屏设备顺序分析

如图 4.30 所示，将本次 ESM 研究中所有可能的跨屏设备顺序加以析出，共发现 18 种可能的顺序。从总体分布情况看，手机→电脑、电脑→手机、手机→平板、智能手表→手机、手机→手机（部分用户拥有两部手机）是占比最高的前五种跨屏设备顺序。

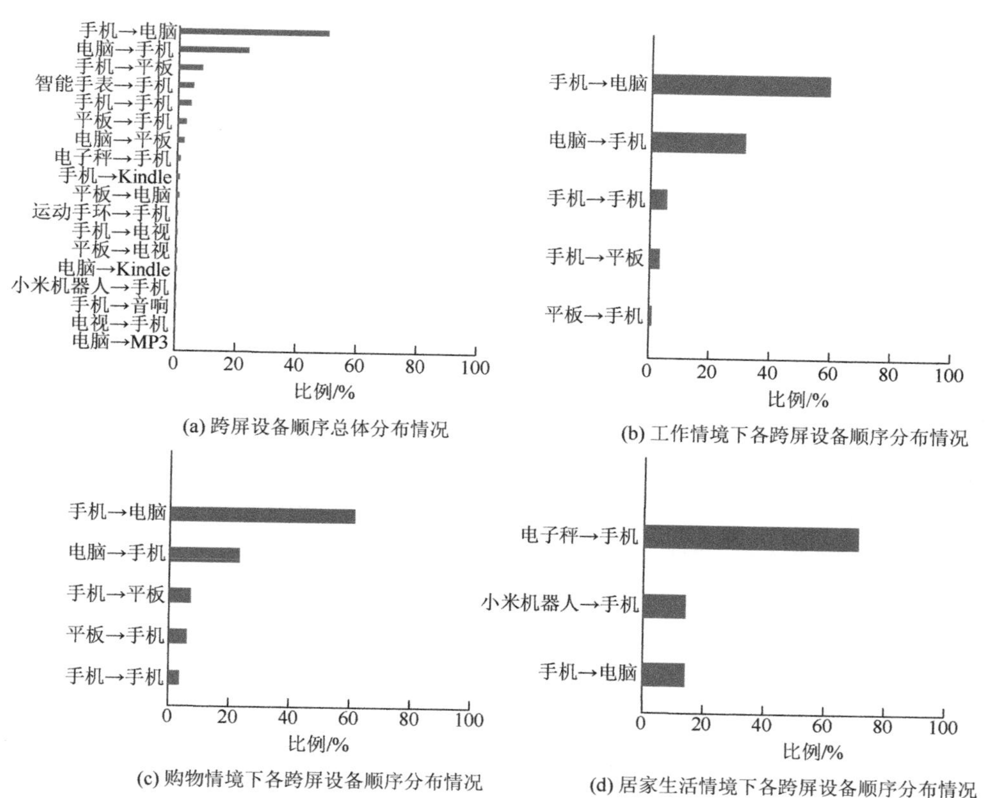

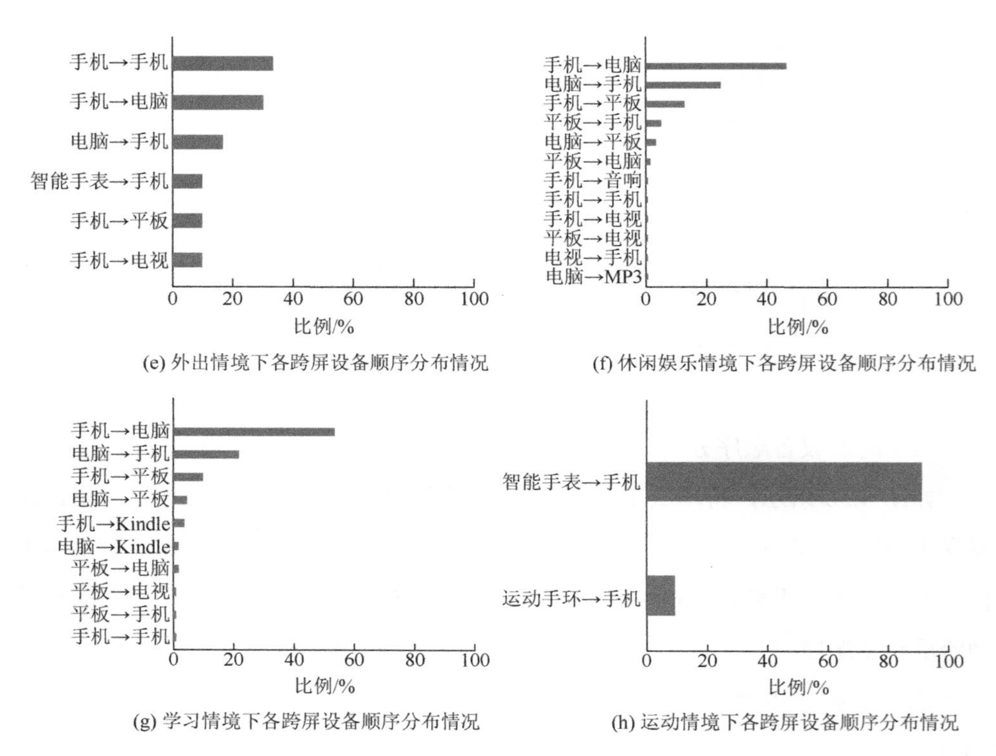

(e) 外出情境下各跨屏设备顺序分布情况

(f) 休闲娱乐情境下各跨屏设备顺序分布情况

(g) 学习情境下各跨屏设备顺序分布情况

(h) 运动情境下各跨屏设备顺序分布情况

图 4.30　不同情境下的跨屏设备顺序分布情况

对于跨屏时间的分析，采取早上-下午-晚上时间段跨度方式，将时间跨度分为两类：①同时段，包括早上-早上，下午-下午，晚上-晚上；②跨时段，包括跨 1 段（如早上-中午，中午-晚上）和跨 2 段（如早上-晚上，个别参与者的跨屏时间是第一天下午-第二天上午或第一天晚上-第二天下午，在本研究中均将其划分到跨 2 段类别中）。本研究认为同时段在某种程度上能体现跨屏行为的即时同步特征，而跨时段则表明用户的跨屏行为偏向非即时异步性。

通过对所有应答层面数据进行分情境梳理与统计，复合饼图（图 4.31）表明，在本研究中用户的跨屏时间同时段占据了绝大多数（85.4%），跨 1 段占比 13.1%，跨 2 段占比 1.5%，这说明用户更习惯即时地同时段跨屏以便及时解决问题。进一步，结合表 4.26 看出，居家生活情境主要集中在同时段跨屏，运动情境也几乎不会跨 2 段，由此可知此两种情境在跨屏时的即时性同步特征更加突出。对于跨时段的跨屏行为，事后访谈表明，用户可能会因时间间隔因素而对跨屏任务产生遗忘，因此希望能有相应的辅助手段起到跨时段的跨屏提醒作用。

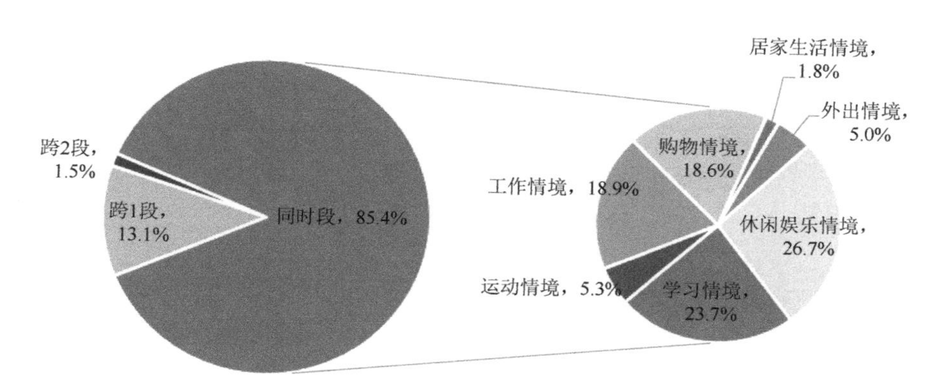

图 4.31　不同时间跨度下的跨屏行为占比及情境分布

表 4.26　不同情境下的跨屏时间跨度统计　　（单位：%）

任务情境	同时段累计	跨 1 段累计	跨 2 段累计
工作情境	18.9	26.2	28.6
购物情境	18.6	19.7	14.3
居家生活情境	1.8	0.0	0.0
外出情境	5.0	14.8	14.3
休闲娱乐情境	26.7	13.1	28.6
学习情境	23.7	24.6	14.3
运动情境	5.3	1.6	0.0

注：单项数据因四舍五入，总计与分项合计略有差异。

5）跨屏地点分析

本 ESM 研究中，应答层面析出的跨屏地点共 19 种，形成 38 种跨屏地点顺序（图 4.32）。按照跨屏任务是否在相同地点完成，本研究将跨屏地点顺序进一步区分为相同地点和不同地点。

如图 4.33 所示，统计表明，用户的跨屏任务在相同地点完成的占比为 82.2%，在不同地点完成的占比为 17.8%。进一步考察不同地点的情境分布，居家生活情境不在其中，这也与居家生活情境的跨屏行为均需要在家完成有关。同时，移动

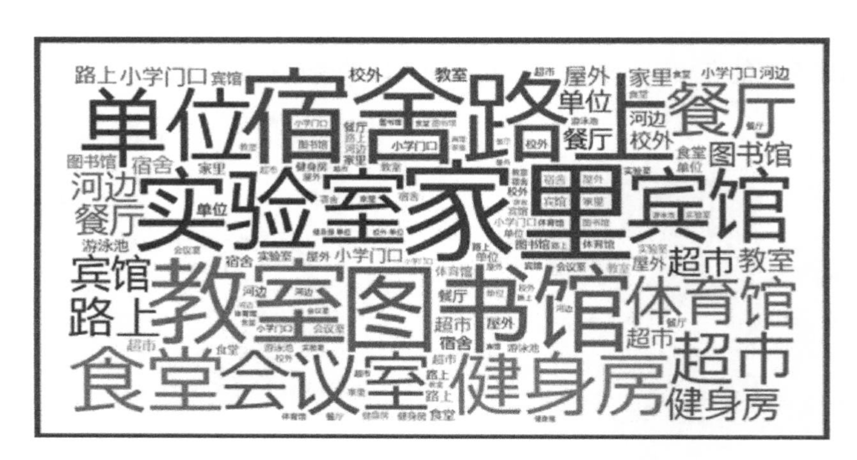

图 4.32　跨屏行为地点标签云

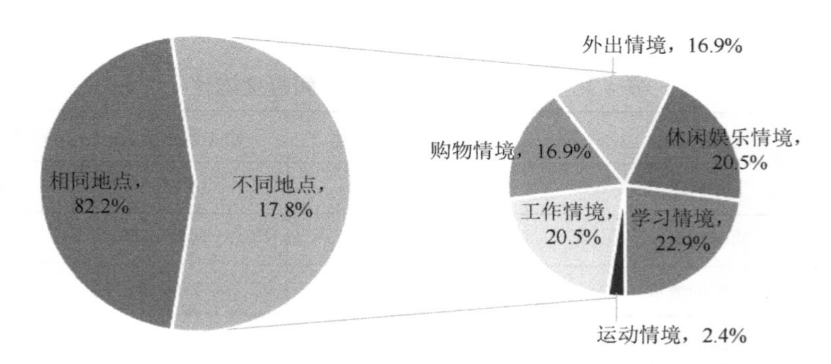

图 4.33　跨屏行为地点及相应情境分布情况

单项数据因四舍五入，总计与分项合计略有差异

互联环境下随着人们活动空间的放大，跨屏行为跨越不同地点完成的概率会逐步增大，这也拓展了相关跨屏服务设计与供给的应用场域。

6）跨屏工具或手段分析

如图 4.34 所示，在本研究涉及的 17 种跨屏工具或手段中，QQ/微信等社交媒体、注册账号同步、重新输入关键词、扫码、购物车的使用最为频繁。特别值得一提的是，QQ 等社交媒体由于能够传递文本、链接、图片、文件（含音频视频文件），且支持跨屏使用，成为用户最为偏爱、最易上手的跨屏工具，因此从跨屏视角看，此类社交媒体已成为有效的“跨屏媒体”。

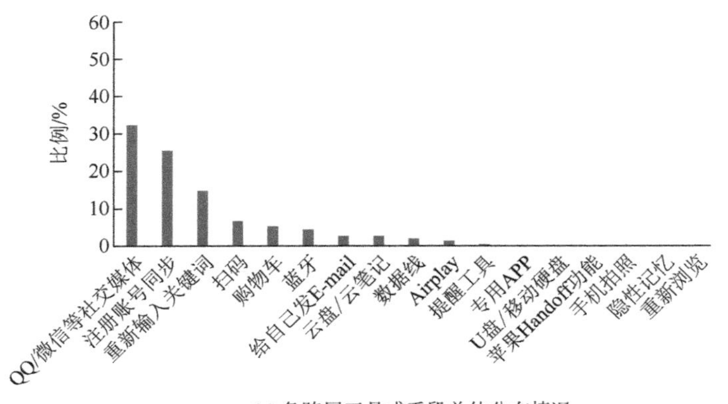

(a) 各跨屏工具或手段总体分布情况

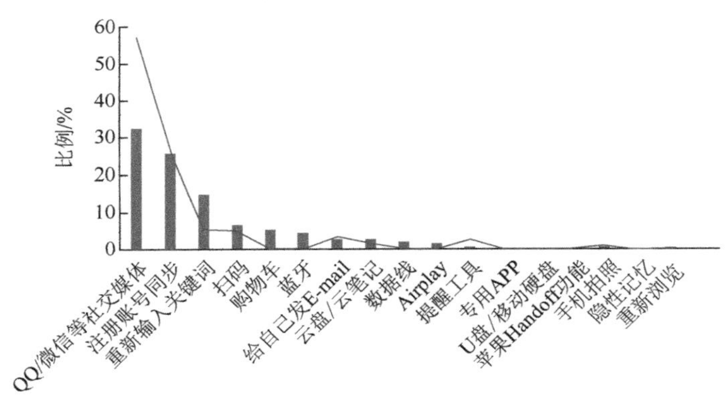

(b) 工作情境下各跨屏工具或手段分布情况

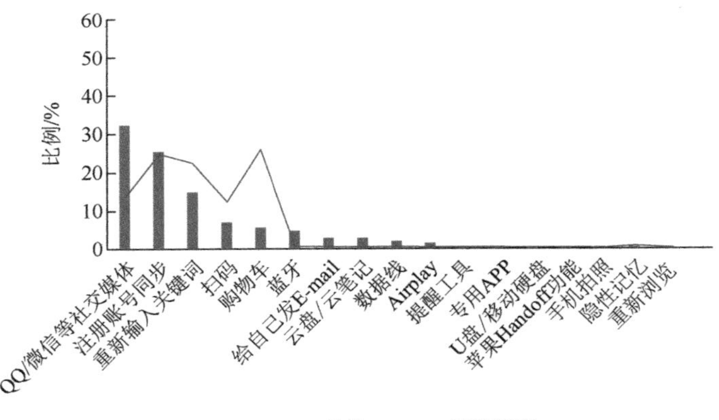

(c) 购物情境下各跨屏工具或手段分布情况

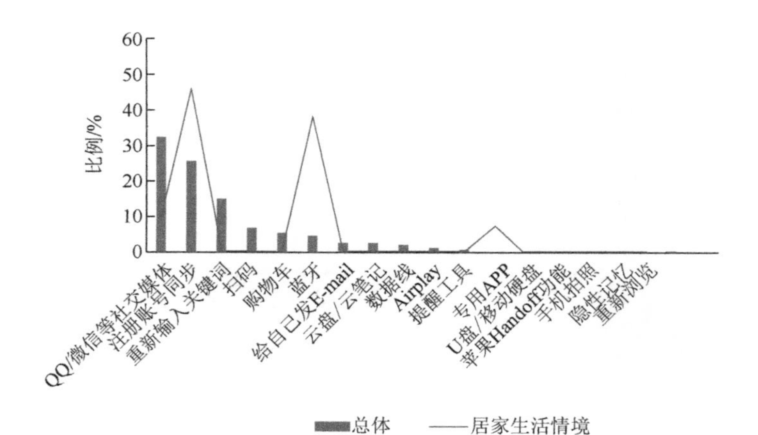

(d) 居家生活情境下各跨屏工具或手段分布情况

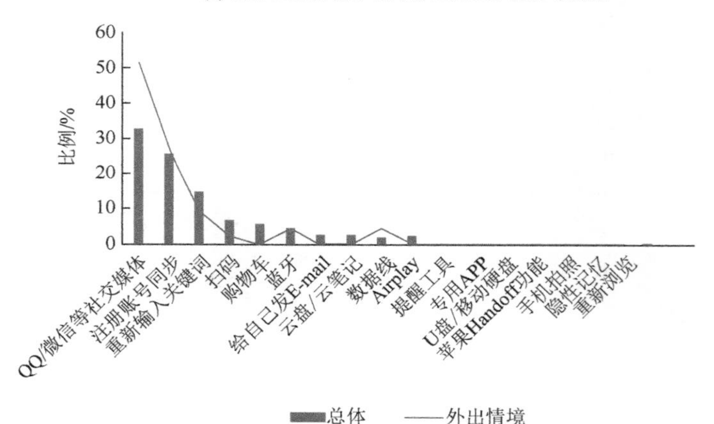

(e) 外出情境下各跨屏工具或手段分布情况

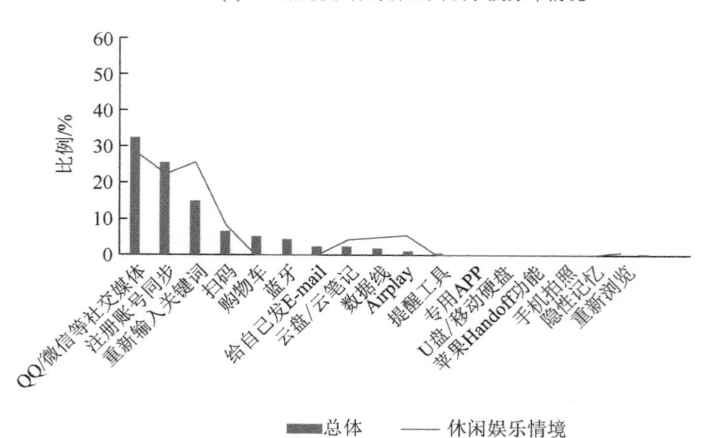

(f) 休闲娱乐情境下各跨屏工具或手段分布情况

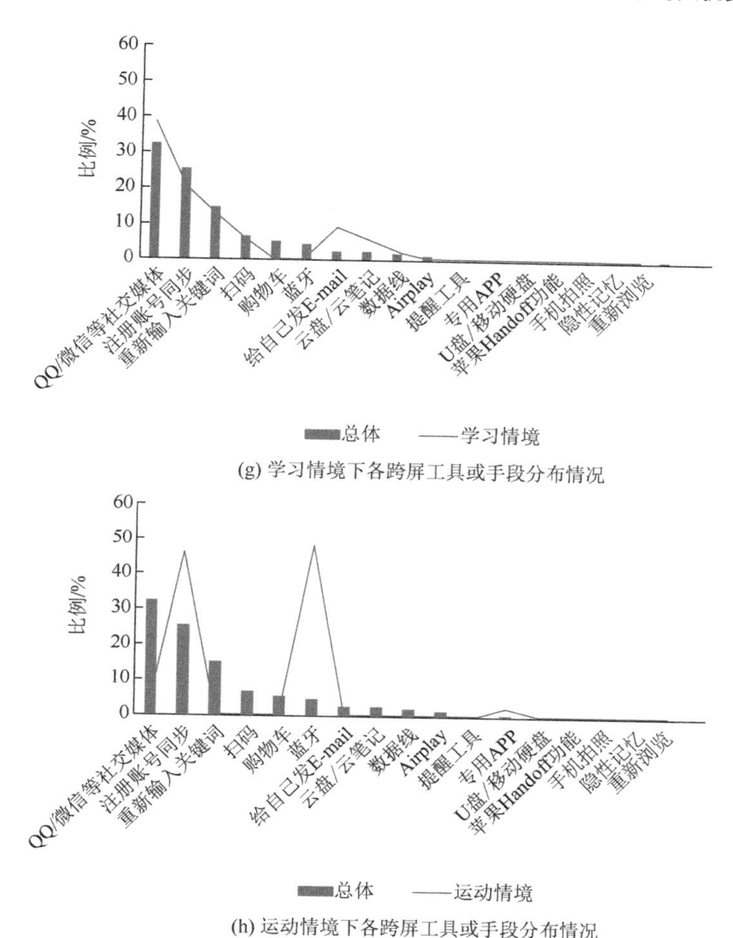

(g) 学习情境下各跨屏工具或手段分布情况

(h) 运动情境下各跨屏工具或手段分布情况

图 4.34　不同情境下的跨屏工具或手段分布情况

7）跨屏信息线索类型分析

在本研究析出的 6 种跨屏信息线索类型中（图 4.35），总体上文本占比 27.2%，图片占比 26.4%，链接占比 20.7%，文件占比 17.5%，数据占比 4.8%，账号信息占比 3.4%，前 4 类信息线索占比差距不大，说明用户跨屏时此 4 类信息线索都比较常用，而随着可穿戴设备及智能家居设备的逐渐普及，数据及账号信息这两类信息线索类型的使用比例也将呈现增长趋势。

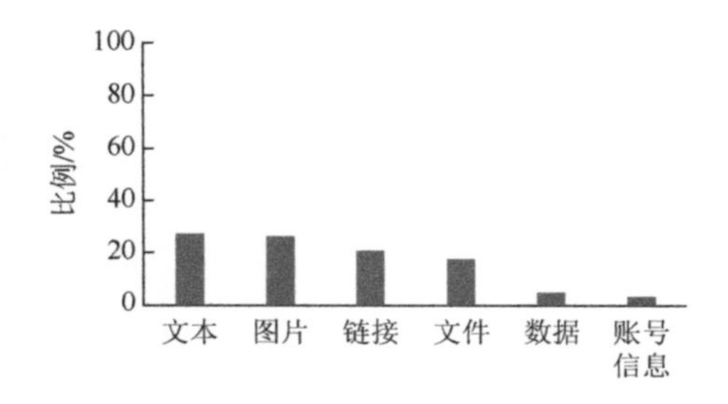

(a) 各跨屏信息线索类型总体分布情况

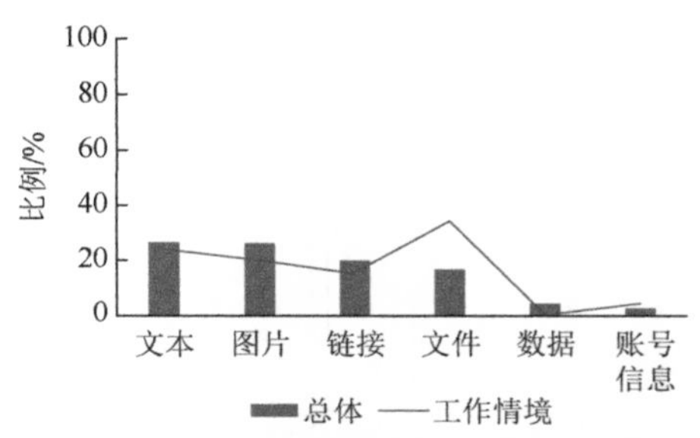

(b) 工作情境下各跨屏信息线索类型分布情况

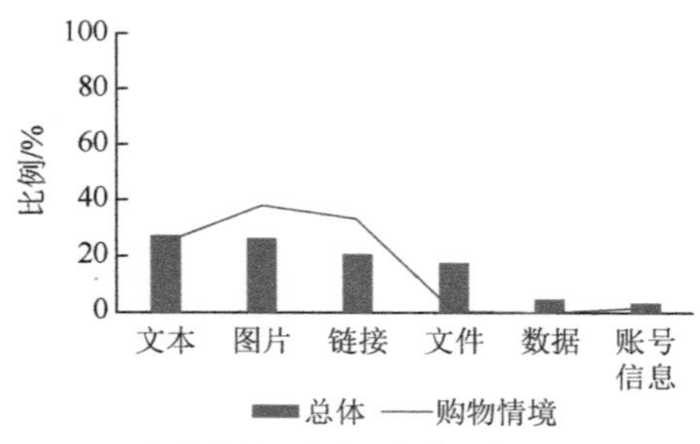

(c) 购物情境下各跨屏信息线索类型分布情况

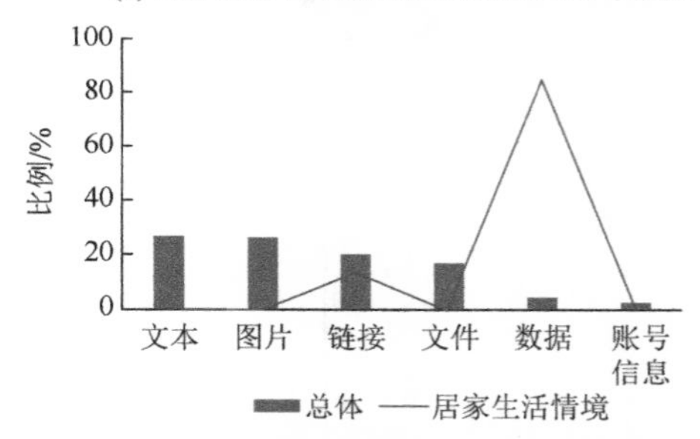

(d) 居家生活情境下各跨屏信息线索类型分布情况

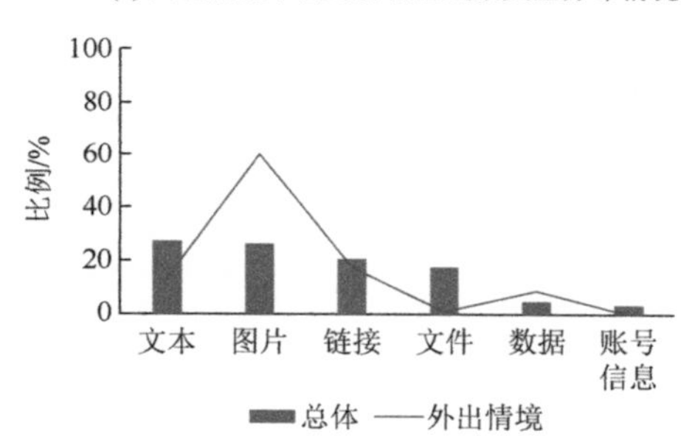

(e) 外出情境下各跨屏信息线索类型分布情况

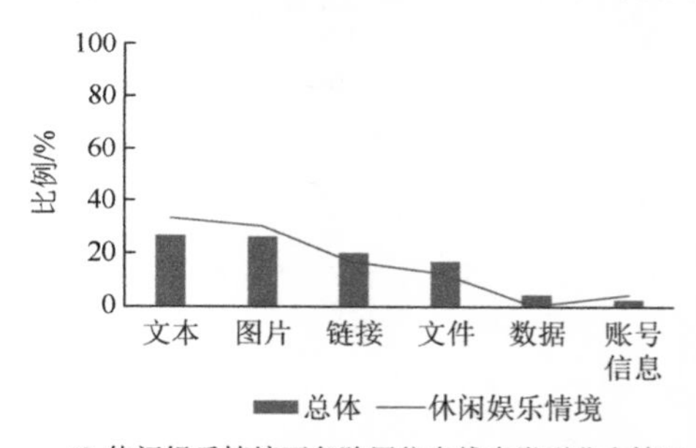

(f) 休闲娱乐情境下各跨屏信息线索类型分布情况

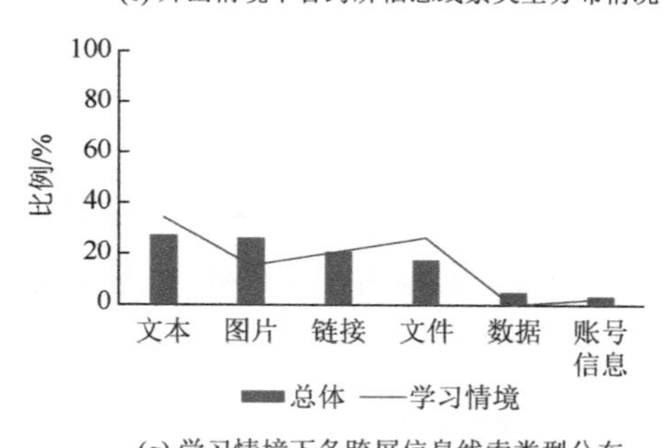

(g) 学习情境下各跨屏信息线索类型分布

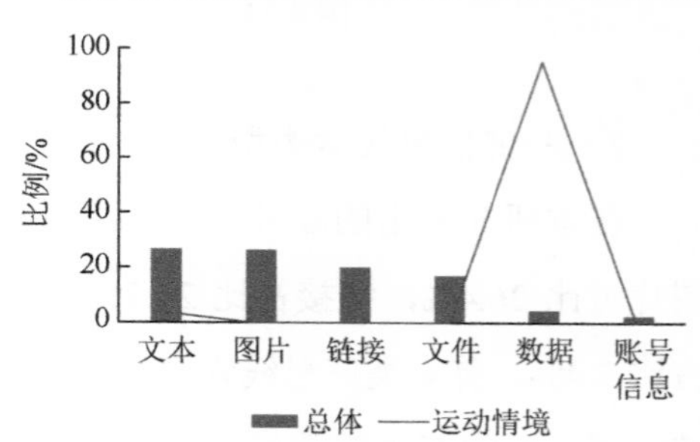

(h) 运动情境下各跨屏信息线索类型分布情况

图 4.35　不同情境下的跨屏信息线索类型分布情况

8）完成具体跨屏任务的体验分析

上述分析剖析了不同情境驱动下用户跨屏行为背后蕴含的丰富需求，而本ESM 研究设计的“Ten-Day 跨屏体验计划”中，还要求参与者在填写跨屏记录时针对当次具体的跨屏任务回答有关“体验”的问题。问题涉及当次跨屏的有用性、便利性和用户的自我效能感三个方面，通过对应答层面所有参与者的跨屏记录体验进行统计，形成如图 4.36 所示结果。

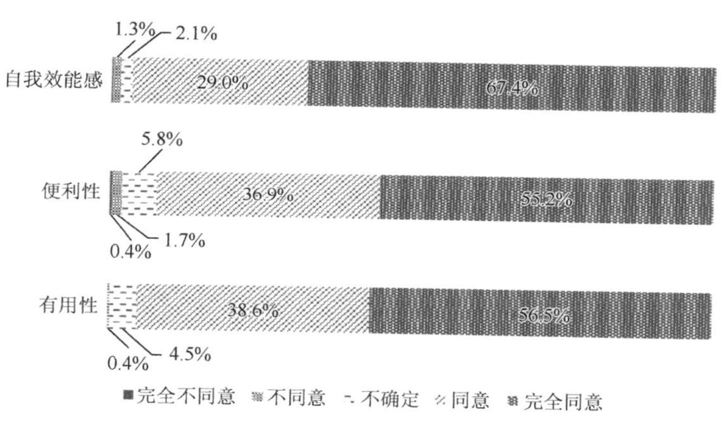

图 4.36　跨屏有用性、便利性、自我效能感体验情况

对自我效能感持“完全不同意”态度的比例为 0.2%，鉴于比例太小，未在图 4.36 中显示

9）每日整体跨屏体验分析

“Ten-Day 跨屏体验计划”的参与者除了填写每日的具体跨屏记录问卷，在每日终还需填写当日体验部分的问卷，该问卷涉及每日“整体体验”的问题主要有“界面一致性”和“转移流畅性”两个问项。在 290 份当日体验问卷中，因 20 人次当日无跨屏行为（即当日跨屏次数为 0），因此也无相应的“一致性”和“流畅性”数据。

针对 270 份应答层面的数据进行统计，75.9%的当日跨屏体验认为界面一致性较好，14.8%不能确定，另有 9.3%的当日跨屏体验认为界面一致性较差。对于转移流畅性问题，270 份应答层面的数据表明，90.4%的当日跨屏体验流畅性较好，6.7%的跨屏体验不能确定其流畅性如何，3%的流畅性体验较差（单项数据因四舍五入，总计与分项合计略有差异）。

借鉴赫茨伯格的“双因素理论”，可将“界面一致性”看作“保健因素”，将“转移流畅性”看作“激励因素”，即用户在跨屏时保证屏间界面一致性只是基本要求，满足此要求不一定能让用户体验良好，而不满足此要求则必将引起用户较大的不满；相反，保证跨屏时的转移流畅性能为整个跨屏体验加分，保障力度不太到位时也不会引起用户较大的不满情绪，因此，目前虽然存在时间延迟或内容接续上的转移流畅性问题，但用户还是能够通过耐心等待或辅以其他操作完成跨屏。图 4.37 的数据也表明，相比于界面一致性 75.9%的良好体验和 9.3%的负面体验，转移流畅性具有更高的 90.4%的良好体验，以及更低的 3.0%的负面体验。

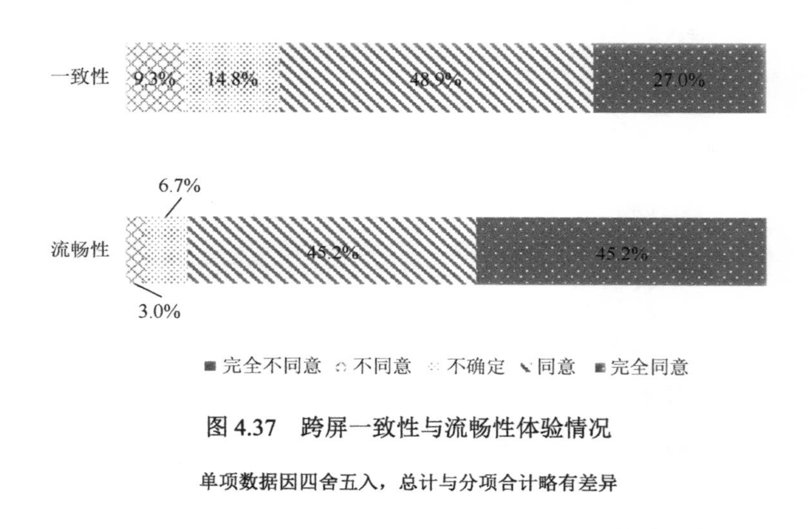

图 4.37　跨屏一致性与流畅性体验情况

单项数据因四舍五入，总计与分项合计略有差异

6. 个体内与个体间分析

以 ESM 为指导，本研究在“人的层面”分别从跨屏用户个体内（within-person）典型个案分析及个体间（between-person）比较分析两个角度展开讨论，以揭示“类型化”的跨屏用户行为特征与体验轨迹。个体内的个案分析侧重于通过典型用户每日跨屏的各“状态”，以及由此串起的“事件”为基本元素，以多个“事件”构成的“行为轨迹”展现出随时间和情境变化的跨屏行为；个体间的比较分析则侧重于尝试从“类”的角度剖析不同类型跨屏用户“实体”所呈现出的相对稳定的“特质”化行为特征。

在分析方法与分析数据可视化呈现问题上，本研究对个体内分析选择以“时间”序列为主轴进行描述性分析，通过“跨屏行为矩阵”方式揭示典型用户每日的各跨屏状态、事件及行为轨迹；对个体间分析比较则通过统计数据的量化呈现，以及对经验基模的定性阐释来实现。

1）先锋派跨屏用户的个体内分析

如表 4.27 所示，典型的先锋派跨屏用户每日跨屏事件非常丰富，本研究抽取其第 X 天的所有跨屏记录构建跨屏行为矩阵，并结合该用户全部十天的当日体验（包括界面一致性、转移流畅性）勾勒出该用户跨屏行为的意义脉络与经验脉络。该先锋派跨屏用户第 X 天共填写 9 个跨屏事件记录，累计使用 6 种设备，具有非常高的卷入度；其跨屏事件涵盖了学习、工作、购物、休闲娱乐、运动、居家生活六大情境，跨屏任务情境非常丰富；其跨屏时所采用的技术手段也较为丰富与先进，由于该用户几乎全部使用苹果生态系统下的设备，因此 Airplay、Handoff 技术已经成为其日常生活中重要的跨屏技术。事后访谈表明，该先锋派跨屏用户在家组建了千兆局域网并购买了支持 Airplay 的各种设备，利用苹果公司推出的该项无线技术，非常频繁地使用 Airplay 实现跨屏，此外，该用户还常利用苹果 Handoff 功能实现不同苹果设备上的操作进程共享，享受着良好的跨屏体验。其跨屏时所利用的信息线索类型也全覆盖了文本、图片、链接、文件、数据、账号信息六类。总体上，该用户非常热衷于了解与试用新的 IT 产品，信息素养非常高，因此，能得心应手地处理几乎所有的跨屏事件，在感知有用性、便利性及自我效能感方面的跨屏体验都非常好，其全部十天的当日体验数据也表明，该用户对跨屏时的界面一致性、转移流畅性均给出全 5 分。

表 4.27　先锋派跨屏用户的跨屏行为矩阵

维度	编号	时间	地点	情境	原因	设备	工具或手段	信息线索类型	感知有用性	便利性	自我效能感
第 X 天	1	上午	家里	学习	考虑舒适度 信息的保存与整理	手机→Kindle	给自己发 E-mail	文件	☺	☺	☺
	2	上午	单位	工作	经济与效率驱动	电脑→手机	给自己发 E-mail	文件	☺	☺	☺
	3	上午	单位	购物	考虑舒适度 考虑安全问题	电脑→手机	购物车	链接 账号信息	☺	☺	☺
	4	下午	家里	休闲娱乐	考虑舒适度 设备功能问题	手机→电视	Airplay	图片	☺	☺	☺

续表

维度	编号	时间	地点	情境	原因	设备	工具或手段	信息线索类型	感知有用性	便利性	自我效能感
第*X*天	5	下午	单位	工作	经济与效率驱动 社交驱动	手机→电脑	QQ/微信等社交媒体	链接	☺	☺	☺
	6	下午	游泳池	运动	信息的保存与整理 设备功能问题 设备操作问题	智能手表→手机	注册账号同步 蓝牙	数据	☺	☺	☺
	7	晚上	家里	居家生活	信息的保存与整理 设备功能问题	小米机器人→手机	专用APP 注册账号同步	数据	☺	☺	☺
	8	晚上	家里	学习	考虑舒适度	平板→电视	Airplay	文件	☺	☺	☺
	9	晚上	家里	学习	经济与效率驱动 信息的保存与整理	电脑→手机	苹果Handoff功能	文本 图片	☺	☺	☺
全部十天	5 4 3 2 1 0 第1天 第2天 第3天 第4天 第5天 第6天 第7天 第8天 第9天 第10天 —●— 界面一致性 - -■- 转移流畅性										

注：☺表示完全同意；☺表示同意；😐表示不确定；🙁表示不同意；☹表示完全不同意。

0 表示当日无跨屏行为；1 表示完全不同意；2 表示不同意；3 表示不确定；4 表示同意；5 表示完全同意。

2）专业性跨屏用户的个体内分析

相比于先锋派跨屏用户，典型的专业性跨屏用户的跨屏行为意义脉络与经验脉络如表 4.28 所示。该专业性跨屏用户尽管每天填写的跨屏事件记录为 2～3 次，使用设备主要为手机和电脑，但其跨屏任务情境较为丰富，对不同原因驱动下的跨屏工具或手段选择准确到位且较为多样化。结合事后访谈数据，该用户其信息素养水平较高，对跨屏时工具或手段的选择有自己的一套较为专业的思路，对跨屏时的感知有用性、便利性、自我效能感、界面一致性及转移流畅性体验方面有着自己独到的见解与阐释，给出的体验方面的看法与评价专指性较强，10 天内贡献了 7 次体验说明数据。当然，由于该用户对跨屏时体验要求较高，而目前的跨屏服务设计常常又不能满足用户需求，因此其体验方面数据常常表达出“不同意”或“不确定”，没有“完全同意”的情况。

表 4.28　专业性跨屏用户的跨屏行为矩阵

维度	编号	时间	地点	情境	原因	设备	工具或手段	信息线索类型	感知有用性	便利性	自我效能感
第 X 天	1	上午	图书馆	休闲娱乐	经济与效率驱动	电脑→手机	扫码	图片	☺	☺	☺
	2	晚上	宿舍	购物	考虑舒适度信息组织与呈现	手机→电脑	QQ/微信等社交媒体	链接	😐	😐	😐
	3	晚上	宿舍	工作	经济与效率驱动	电脑→手机	重新输入关键词	文本	☺	☺	☺
全部十天	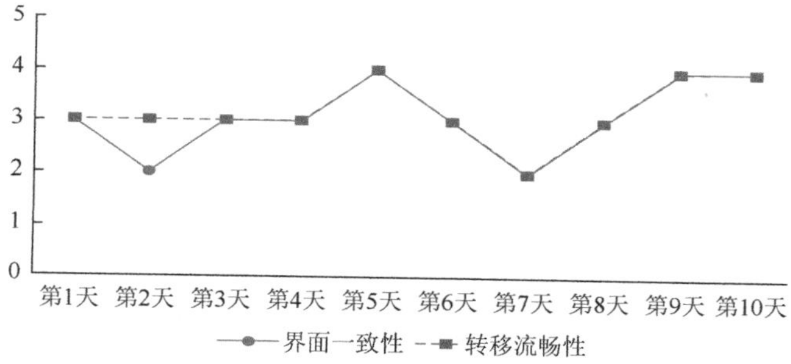 5 4 3 2 1 0；第1天 第2天 第3天 第4天 第5天 第6天 第7天 第8天 第9天 第10天；—●— 界面一致性 --■-- 转移流畅性										

注：😃表示完全同意；☺表示同意；😐表示不确定；😕表示不同意；😟表示完全不同意。

0 表示当日无跨屏行为；1 表示完全不同意；2 表示不同意；3 表示不确定；4 表示同意；5 表示完全同意。

3）普通跨屏用户的个体内分析

典型普通跨屏用户的跨屏行为矩阵如表 4.29 所示，该用户每天填写的跨屏事件记录为 1～2 条，使用设备主要为手机和电脑；其跨屏情境较为固定，主要为学习和休闲娱乐情境，常常会因为“考虑舒适度”和“信息组织与呈现”两个原因驱动而跨屏；采用的跨屏手段是较为常规的“QQ/微信等社交媒体”及“重新输入关键词”，跨屏的信息线索类型也常为“链接”或“文本”，总体来看，其个人创新程度较低，信息素养水平一般，但由于习惯于上述较为“固化”的跨屏模式，访谈表明这样的模式基本上能满足其学习与休闲娱乐的需要，因此其跨屏时的体验数据多为“同意”。

表 4.29　普通跨屏用户的跨屏行为矩阵

维度	编号	时间	地点	情境	原因	设备	工具或手段	信息线索类型	感知有用性	便利性	自我效能感
第X天	1	下午	教室	学习	考虑舒适度信息组织与呈现	手机→电脑	QQ/微信等社交媒体	链接	☺	☺	☺
	2	晚上	宿舍	休闲娱乐	考虑舒适度信息组织与呈现	手机→电脑	重新输入关键词	文本	😐	😐	😐
全部十天	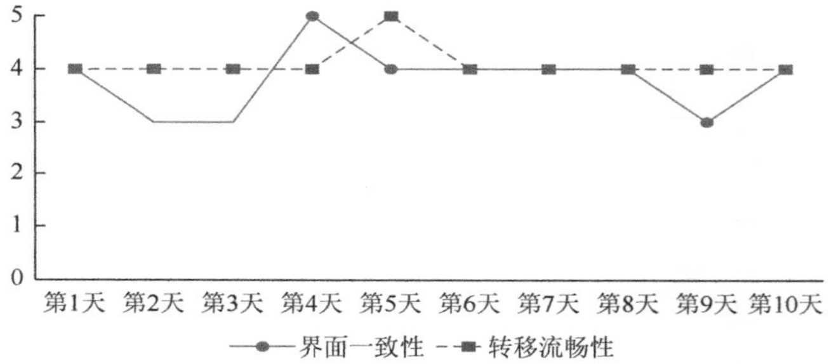 5 4 3 2 1 0；第1天 第2天 第3天 第4天 第5天 第6天 第7天 第8天 第9天 第10天；—●—界面一致性 --■-- 转移流畅性										

注：😄表示完全同意；☺表示同意；😐表示不确定；😕表示不同意；☹表示完全不同意。

0 表示当日无跨屏行为；1 表示完全不同意；2 表示不同意；3 表示不确定；4 表示同意；5 表示完全同意。

4）偶尔跨屏用户的个体内分析

如表 4.30 所示，和前述三类跨屏用户相比，典型的偶尔跨屏用户每天跨屏次数为 0～1 次。在本次 ESM 研究中，该用户 10 天中有 3 天没有产生任何跨屏行为，因而也没有相应的界面一致性与转移流畅性体验数据；其使用设备主要为手机和电脑，主要的跨屏动因为信息的保存与整理，跨屏手段非常传统单一，主要使用数据线。访谈表明，该用户对了解与试用新的 IT 产品不感兴趣，信息素养水平也较低，但可能由于数据线能够批量转移其搜索获得的资源，因此该用户在转移流畅性方面的体验较好；然而该用户在 10 天的当日体验中多次表示“数据线传输文件时需要很长时间才能找到手机中文件的位置……手机中文件查找的界面与电脑端不一致”，因此其界面一致性体验中存在“不确定”甚至“不同意”情况。

表 4.30　偶尔跨屏用户的跨屏行为矩阵

维度	编号	时间	地点	情境	原因	设备	工具或手段	信息线索类型	感知有用性	便利性	自我效能感
第 X 天	1	下午	宿舍	休闲娱乐	信息的保存与整理	手机→电脑	数据线	图片	😃	😐	🙂
全部十天	5 4 3 2 1 0；第1天 第2天 第3天 第4天 第5天 第6天 第7天 第8天 第9天 第10天；—●— 界面一致性 - -■- - 转移流畅性										

注：😃表示完全同意；🙂表示同意；😐表示不确定；😕表示不同意；☹表示完全不同意。
0 表示当日无跨屏行为；1 表示完全不同意；2 表示不同意；3 表示不确定；4 表示同意；5 表示完全同意。

5）各类跨屏用户个体间分析

结合对跨屏用户 7 个方面的分类描述，个体间分析从“类型化”视角对“Ten-Day 跨屏体验计划”中获得的各类用户跨屏行为数据进行量化分析(图 4.38)，以揭示各类跨屏用户的经验基模。

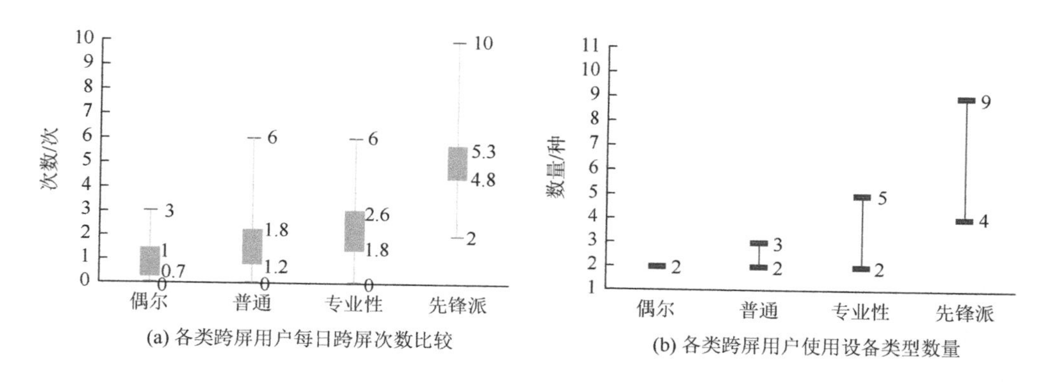

(a) 各类跨屏用户每日跨屏次数比较　　(b) 各类跨屏用户使用设备类型数量

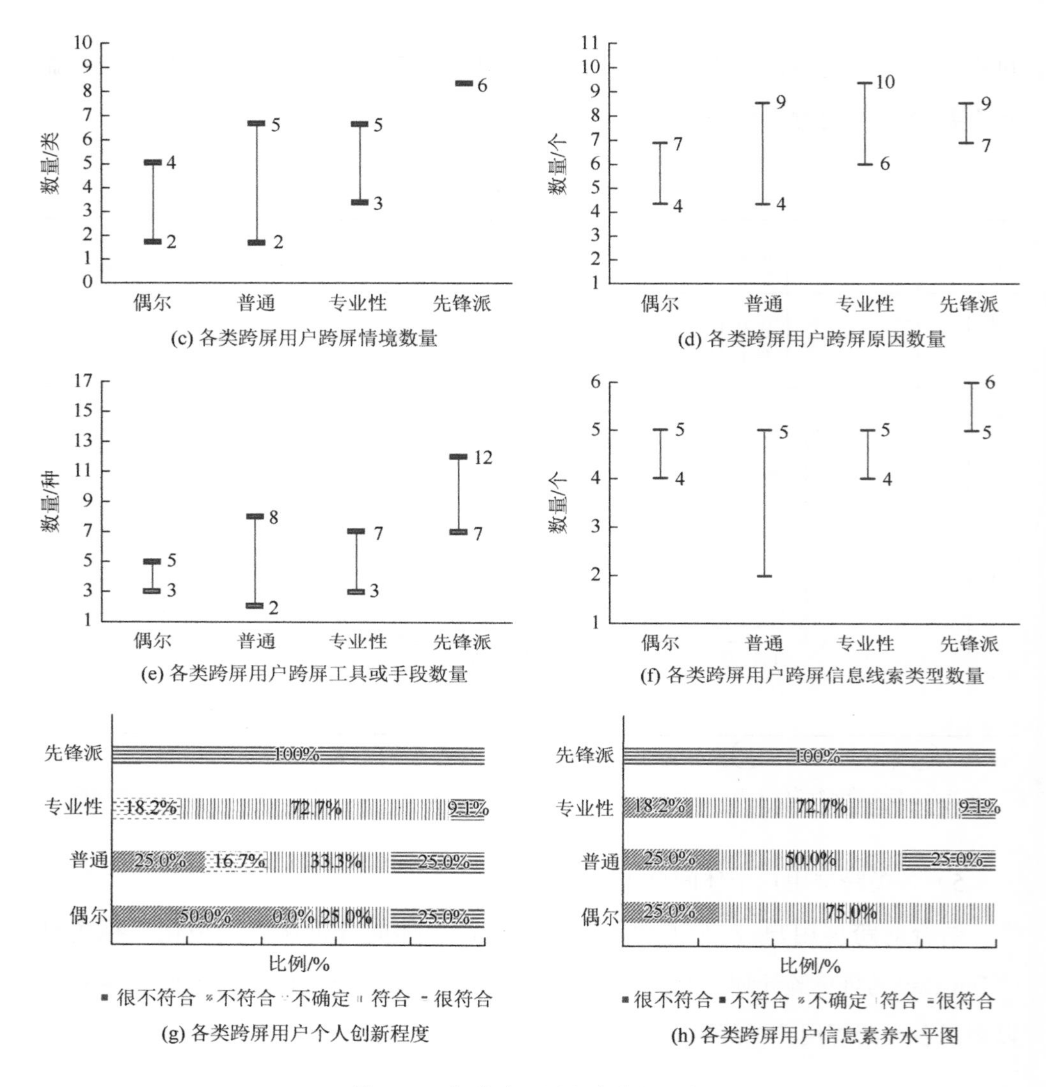

图 4.38 各类跨屏用户个体间分析

从各类跨屏用户每日跨屏次数看［图 4.38（a）］，图中柱体下方标识的数据表示该类跨屏用户人均每日平均添加跨屏记录数，柱体上方的标识表示该类用户每日平均填写的当日跨屏次数。由此可见，先锋派跨屏用户类型每日最少跨屏 2 次，最多 10 次，平均添加跨屏记录数 4.8 条，10 天内每日平均跨屏次数为 5.3 次；专业性跨屏用户和普通跨屏用户类型的跨屏次数较为接近，每日最少 0 次，最多 6 次，但平均添加跨屏记录数和平均跨屏次数均高于普通用户；

偶尔跨屏用户类型每日跨屏最少 0 次，最多 3 次，平均添加跨屏记录数 0.7 条，平均跨屏次数 1 次。

设备类型数量方面，整个跨屏体验计划参与期间，先锋派跨屏用户类型使用设备类型数为 4～9 种，专业性跨屏用户类型使用设备类型数为 2～5 种，普通跨屏用户类型为 2～3 种，偶尔跨屏用户通常为 2 种。

从跨屏情境数量上看，本研究中先锋派跨屏用户类型在整个体验计划参与期间涉及的跨屏情境较为丰富，各用户均涉及 6 类跨屏情境；专业性跨屏用户类型的跨屏情境为 3～5 类，普通跨屏用户为 2～5 类，偶尔跨屏用户类型为 2～4 类。跨屏情境丰富程度也成为区分各类跨屏用户的重要参考。

跨屏原因数量方面，整个研究期间偶尔跨屏用户与普通跨屏用户的跨屏原因数量下限一致（均为 4 个），上限为 7～9 个；专业性跨屏用户与先锋派跨屏用户的跨屏原因数量下限更高（平均 6 个或 7 个），上限为 9～10 个，相比之下，后两者的跨屏原因体现出更加多样化和综合性的跨屏驱动力。

从跨屏工具或手段数量上看，先锋派跨屏用户类型所采用的跨屏工具或手段更加丰富，结合前述对先锋派跨屏用户的个体内分析和访谈数据可知，此类用户的跨屏手段也更加先进。跨屏信息线索类型表现上，先锋派跨屏用户在整个研究期间所使用的信息线索类型为 5～6 种，基本涵盖了所有文本、图片、文件、链接、数据以及账号信息。

此外，通过对参与者招募时获得的各类参与者在个人创新程度及信息素养水平方面的数据分析可知，先锋派跨屏用户的个人创新程度和信息素养水平均很高，而专业性、普通及偶尔跨屏用户对自己的个人创新程度和信息素养水平的不确定性甚至否定态度逐渐递增。

总体上看，“Ten-Day 跨屏体验计划”的实证数据表明，先锋派、专业性、普通与偶尔跨屏用户的跨屏行为模式在类间呈现较好的区分度，“卷入度”可以作为类间区分的重要参考指标，本节偏量化的分析与扎根理论研究的定性阐释相结合，可以勾勒出不同跨屏用户类型的基本跨屏行为概貌与经验基模，本研究结论还可作为一种诠释基模，用于区分相关跨屏用户类型的诠释性参考。

4.4 移动视觉搜索的用户体验

4.4.1 移动社交媒体环境下用户错失焦虑症

随着移动终端的大面积普及、移动网络的大范围覆盖及APP的飞速发展，微博、QQ空间等社交网络分别推出各自的移动客户端，加之时下应用最广泛的微信、QQ、LINE等即时通信类软件，移动社交类应用已经深入用户的日常生活、工作和学习中。这些应用程序可以方便用户随时与他人交流、分享及轻松访问各种形式的内容，如个人信息、新闻或状态更新[143]。据中国互联网络信息中心（CNNIC）2016年4月发布的《2015年中国社交应用用户行为研究报告》显示，过去半年中，90.7%的手机用户使用过即时通信工具[144]。

信息通信技术（ICT）的迅猛发展使人们通过移动社交媒体接触到海量的信息，体验到多样的人机交互，面临着频繁的协同互动。但是，在这些互动的过程中也会面临一系列问题。从用户的角度来看，过分依赖ICT设备会在一定程度上对工作、学习和生活产生一些负面影响。例如，上班时间逛手机淘宝进行移动抢购而影响工作效率，上课时间用即时通信类软件聊天而耽误学习进度，以及开车时经常刷朋友圈及语音聊天而引发交通事故等。我们认为这一普遍现象已经演化为一种社会症候群，即在移动社交环境下人们会下意识习惯性地去查看自己的移动设备并产生相应的信息行为，如浏览、搜索、交流、发状态、点赞、转发及娱乐等行动。近几年，这种基于移动社交媒体的信息泛滥所导致的错失焦虑症（fear of missing out，FoMO）逐渐引发了社会的关注。从学术研究的角度，2013年认知心理学家Przybylski等[145]第一次进行了FoMO的学术探索，研究阐述了FoMO定义，并在此基础上开发了FoMO测量量表，随后也有一些国外学者陆续跟进了该领域的研究。然而，国内学界还鲜有这方面的探索工作，已有的相关文献主要集中在非学术类杂志上，且大多仅就FoMO的现象进行简单介绍，并不属于学术研究的范畴。从环境变化的角度，目前国外已有的文献主要关注泛在的社交环境，但是移动互联网的发展及移动社交媒体的涌现无疑在很大程度上加剧了FoMO的现象。与现实生活中的社交圈以及PC端的社交媒体不同，移动环境下用户可以不受空间和时间的限制，随时随地进行社交活动，因此移动社交媒体环境下的 FoMO 更具有时代特性和广泛的渗透力。

鉴于此，本研究主要做了两方面的工作，其一，对国外 FoMO 的相关研究进行梳理，在此基础上结合沉浸体验、网络/手机上瘾等相关研究成果，从移动社交媒体环境下 FoMO 的概念阐述以及影响因素进行研究回顾，最后对移动社交媒体环境下 FoMO 的未来研究方向进行展望。其二，在现有 FoMO 相关研究的基础上，结合用户访谈分析并借鉴社交媒体依赖的相关研究成果，初步构建了移动社交媒体环境下用户 FoMO 测量指标模型。随后，邀请相关互联网用户行为研究领域的专家进行访谈，根据其意见对模型进行初次修正。最后通过调查问卷数据的统计分析对模型进行再次修正和完善。本研究旨在构建移动社交媒体环境下用户 FoMO 测量量表，对今后移动社交媒体用户行为研究、人机交互设计和商业模式应用等领域提供思路和借鉴。

1. 移动社交媒体环境下 FoMO 的影响因素

通过对现有文献进行梳理发现，国外学者对 FoMO 影响因素的研究可以分成两类：一类是分析人口统计学特征对 FoMO 的影响；另一类是基于 FoMO 的理论基础展开影响因素的讨论。目前，几乎没有研究移动社交媒体环境下 FoMO 影响因素的文献。因此，本研究综合人口统计学特征与 FoMO 的理论基础，并借鉴移动社交媒体的相关理论研究，按照个体特征因素、心理因素、技术因素 3 个类型进行梳理与分析，深入探索移动社交媒体环境下 FoMO 的影响因素。

1）个体特征因素

个体特征是考察个体行为差异性的最基本因素。在移动社交媒体环境下 FoMO 的影响因素中，既可以作为主要考察指标，也可以作为调节变量。以下从人口统计学特征、人格特质方面进行梳理分析。

（1）人口统计学特征与 FoMO

人口统计学特征包括性别、年龄、地域、职业、受教育程度、经历等个人统计因素。JWT 的报告中指出 FoMO 是一种广泛出现于年轻人中的现象[146]。Przybylski 等[145]的研究中专门对人口统计学特征与 FoMO 的关系进行了讨论，研究表明，年轻人尤其是年轻男性，趋向于表现出较高程度的 FoMO。但是这项研究仅仅局限于以英语为母语的部分地区，其结果并不适用于中国。除了将人口统计学特征作为主要考察变量，一些研究中也将其作为调节变量进行考察。例如，Alt[147]将宗教信仰作为调节变量，考察了大学生的学术动机、社交媒体使用和FoMO之间的关系。总体而言，在探索我国移动社交媒体环境下FoMO的影响因素时，既可以将人口统计学特征作为主要影响因素，也可以将其作为调节变量引入具体模型中。

（2）人格特质与FoMO

著名心理学家Allport[148]将人格定义为“个体内部的心身系统的动力组织，它决定个体行为和思想的独特性”。他认为“特质”是人格结构的单位，是指在我们的环境中，对刺激的稳定、持久的反应方式。许多学者表明，人的个性特质可以用人格五因素（大五人格）模型解释[149, 150]，大五人格特质分别是开放性、尽责性、随和性、外倾性和神经质。在新型网络环境下，人格特质将成为导致用户使用交互式媒体的关键因素[151]，在关于社交媒体的研究中，许多学者从人格特质这个角度入手，考察二者之间的关系。例如，Meng和Leung [152]基于大五人格量表研究了用户人格特质与其使用社交网络服务之间的关系。另外一些学者将人格特质作为调节变量对用户社交媒体的使用进行了相关研究，例如，相比于开放性用户，不太开放的用户对于社交媒体的参与度更强[153]；随和性与神经质的用户更容易对社交媒体产生归属感[154]。综上所述，人格特质作为研究社交媒体中用户行为差异性的重要指标，可以将其作为调节变量运用到移动社交媒体环境下FoMO影响因素的模型中。

2）心理因素

心理因素主要是指促使用户产生FoMO的心理运动过程。移动社交媒体环境下的FoMO是多种心理因素相互作用的结果，下面从FoMO的理论基础及移动社交媒体的理论研究中总结相关影响因素。

（1）自我决定理论与FoMO

自我决定理论（self-determination theory，SDT）[155]是用来解释人类行为动机的宏观理论，为理解 FoMO 框架提供了理论基础[145]。自我决定理论认为每个个体身上都存在着一种发展的需要，这就是人类3个最基本的心理需要：胜任性、自主性和关系性。众学者从体育领域[156]、教育领域[157]、电子游戏领域[158]进行相关研究，研究表明，人类基本需求满足与个体行为动机有着密切联系。

Przybylski 等[159]率先将该理论引入到 FoMO 的研究中，他们认为 FoMO 可以被理解为心理需求满足感缺失而导致的自我监管不足所造成的现象，并且使用需求满足量表考察得出基本心理需求满足程度低的个体更容易产生 FoMO。因为基本心理需求理论研究的核心问题是基本心理需求的满足程度和主观幸福感的关系，所以他们也考察了 FoMO 与幸福感的关系，结果显示，FoMO 与情绪和整体生活满意度呈负相关关系，这也支持了早期的研究：如无聊、孤独等情绪状态会影响社交媒体的使用情况[160, 161]，从而产生较强的 FoMO。随后，Alt[147]基于自我决定理论及 Przybylski 等的研究，建立了 FoMO、社交媒体使用和 3 种学习动机之间的模型，试图探索三者的联系，实验表明，外在学习动机和无学习动机与 FoMO 呈正相关关系。

（2）归属需求理论与 FoMO

归属需求是指依附于一定的组织或某个群体的需求及被群体接纳的需求，最早出现于马斯洛所提出的需要层次理论中[162]。近几年，社交网站的广泛传播与发展可以归因于社交网站帮助用户获得了两种心理需求的满足：自我展示需求与归属需求[163, 164]。Seidman[153]表示 Meta 的用户通过沟通和了解他人满足自身的归属感。Haeckel[165]从提供信息的角度对归属感形成进行探究，其研究表明虚拟社区上的互动能够影响人们对知识和信息的获取，从而影响社区成员归属感的产生。

（3）沉浸理论与 FoMO

沉浸感是个体从事某项活动时所达到的心理状态[166]。通过上文对沉浸体验和移动社交媒体环境下的 FoMO 进行的概念辨析可知，在以移动产品作为媒介的环境中，沉浸感的特点是用户与移动产品的持续交互性。良好的沉浸体验会吸引用户，增强用户对社交类网站的使用黏性[167]，从而延长用户对网站的使用时间和使用频率[168]。移动社交媒体环境下的 FoMO 以移动社交媒体为媒介，所研究的是用户依托移动产品与他人交互中的信息行为，因此，我们认为沉浸感也应该是移动社交媒体环境下 FoMO 的影响因素之一。

3）技术因素与 FoMO

移动社交媒体环境下的 FoMO 是建立在移动设备与社交媒体应用基础上产生的普遍现象，技术发展对于 FoMO 的普及及程度的调节效应不容忽视。本研究主要从技术接受及创新扩散两方面入手，探索影响移动社交媒体环境下 FoMO 的基本技术因素。

（1）技术接受模型及其扩展模型

技术接受模型（technology acceptance model，TAM）是研究用户使用行为的理论模型，后经不断地完善与修改，现已被广泛应用于系统管理、信息管理、经济管理等领域。该模型主要解释了从外部变量到感知易用性、感知有用性再到人的行为意向的关系。在对社交媒体的研究中，Rauniar 等[169]基于 TAM 对用户的社交媒体接受与使用行为进行了实证研究，结果显示用户对社交媒体的感知易用性、有用性、感知娱乐性等与实际使用行为呈正相关关系。本研究选取感知易用性与感知有用性这两个最基本也是最关键的因素，探索技术对移动社交媒体环境下 FoMO 的影响。

（2）创新扩散理论

创新扩散理论（innovation diffusion theory，IDT）[130]目前被广泛应用在信息系统研究中，用以解释用户对新技术的接受与采纳。该理论认为，用户是否会接受新技术取决于 5 个因素，即相对优势、兼容性、复杂性、可实验性、可观察性。国内外学者运用 IDT 对用户的社交媒体使用行为展开了大量研究，例如，Hsu 等[170]基于 IDT 研究用户对多媒体信息服务采纳的影响因素，结果表明多媒体信息服务的相对优势、兼容性积极影响用户对多媒体信息服务的使用行为。Peslak 等[171]运用 IDT 研究了社交网络中的用户使用行为，研究发现兼容性、相对优势、复杂性和可试验性对用户的使用意图起积极作用。从本质上看，本研究的移动社交媒体环境下的 FoMO 是基于用户对新技术和新设备的采纳，并在使用的过程中产生的错失焦虑感。因此，本研究认为创新扩散理论可以从技术层面较好地解释移动社交媒体环境下 FoMO 的影响因素。

2. FoMO 的测量量表构建过程

1）初步量表构建

本研究采用文献调研和用户访谈进行移动社交媒体 FoMO 初步量表的设计。

首先，对前期 FoMO 相关研究、网络成瘾和社交媒体依赖的相关文献进行系统梳理。其次，为了了解东方文化背景下的用户使用移动社交媒体的真实感受并丰富量表，我们深入访谈了 20 位移动社交媒体用户。此次访谈的对象为 11 名女性和 9 名男性，年龄均在 20～32 岁，其中学历为本科的有 13 人，硕士研究生学历的有 5 人，博士研究生学历的有 2 人。本研究主要从移动社交媒体的使用习惯、关注的功能和内容、使用感受和情感变化三个方面设计了用户访谈提纲。通过以上两个步骤，本研究得出了 18 个指标，初步构建了移动社交媒体环境下用户 FoMO 程度的测度模型。该模型包括心理状态、行为表现和情感变化 3 个主要维度，指标说明和来源如表 4.31 所示。

表 4.31　移动社交媒体 FoMO 模型指标解释及其主要参考来源

序号	维度	指标	说明
1	心理状态	猎奇心理	利用移动社交媒体了解新奇和未知的事物
2		攀比心理	利用移动社交媒体持续关注朋友的动态并与自身做比较
3		强迫心理	对移动社交媒体的某些信息持续关注的强迫性心理
4		被关注	通过移动社交媒体进行自我表达从而持续得到朋友的关注
5		逃避现实	使用移动社交媒体逃避现实问题
6		突显性	使用移动社交媒体对个体的重要程度
7		技术认同	使用移动社交媒体时人机交互感受的认同程度
8		社交需求	使用移动社交媒体进行社交的需求
9		娱乐需求	使用移动社交媒体进行娱乐消遣的需求
10		信息获取	使用移动社交媒体进行信息获取的需求
11		社区归属感	对移动社交媒体群体性文化的身份认同，并融入其中
12	行为表现	习惯性查看	习惯性地查看移动社交媒体的行为
13		消磨时间	使用移动社交媒体打发无聊时间
14		时间管理	因使用移动社交媒体而影响正常的时间作息
15		耐受性	使用移动社交媒体的时间逐渐增加
16	情感变化	充实感	使用移动社会媒体所产生的充实感
17		戒断性	没有参与移动社交媒体活动时情感上的反应
18		改善情绪	使用移动社交媒体使自身情绪得以改善

为了完善指标模型，本研究又对 5 位研究互联网用户信息行为的资深专家进

行访谈。首先将移动社交媒体环境下 FoMO 的相关概念向专家进行简单介绍，然后将维度和指标的含义作了详细介绍。主要从两个方面设计了访谈提纲，一是模型的合理性，即用这 18 个指标来衡量移动社交媒体 FoMO 的程度是否合理及归纳的 3 个维度是否合适；二是模型的完整性，即这 18 个指标是否涵盖了移动社交媒体 FoMO 的所有方面。根据专家的反馈意见我们做了如下修改：第一，维度的拆分。将心理状态维度拆分为心理动机和认知动机 2 个维度。猎奇心理、攀比心理、强迫心理和被关注 4 个指标划入心理动机维度，其余指标划分到认知动机维度。第二，将指标戒断性改名为戒断反应，从而与行为表现维度更加对应。

2）研究设计

问卷共分为两个部分：第一部分是被调查者的基本信息，包括被调查者的年龄、性别和受教育程度，以及被调查者使用移动社交媒体的年数和每天使用移动社交媒体的时长；第二部分是移动社交媒体 FoMO 的测量，由于该部分有些词汇不易理解，我们用简洁明了的语句对各项指标做了简要的说明。第二部分的题项要求被调查者根据自身情况进行打分，采用李克特 5 分尺度，1～5 分别表示很不同意、不同意、不确定、同意、很同意。随后，本研究调查问卷（移动社交媒体环境下 FoMO 测度问卷）采用实地发放和“问卷星”网站（www.wjx.cn）发放两种形式进行数据收集。

3）前测问卷及量表调整

由于移动社交媒体环境下用户 FoMO 测度是一个较新的研究方向，量表的构建尚没有成熟的理论作为支撑，同时在中文情境下还没有 FoMO 的相关测量，因此对构建的量表需要更加严格地分析和修正。在进行正式的问卷调查之前，我们首先开展了前测问卷调查分析。通过实地发放向被调查者共发放前测问卷 70 份，回收 65 份，其中规范有效的问卷有 59 份。分别依据 4 个维度对 18 个指标进行编码。

4）前测问卷信度、效度检验

通过 SPSS 计算结果可知，前测问卷的 4 个维度的信度分别为 0.736、0.764、0.752 和 0.733。计算每个题项同整体的相关关系，通过修正的项目总相关系数（corrected item-total correlation，CITC）以及项被删除的克龙巴赫系数（Cronbach's Alpha if item deleted，CAID）对题项进行筛选，对于 CITC 系数小于 0.4 且 CAID

系数大于量表的整体 α 系数的指标，应该从指标集中删除[172, 173]。题项 CM1（逃避现实）符合删除条件，即与所在维度相关关系较低且删除后所在维度剩余题项的整体信度明显提高，应予以删除。

前测问卷样本数据的 KMO 值为 0.798，巴特利特（Bartlett's）球形检验的近似卡方显著性 Sig. = 0.000＜0.01，表明问卷样本总体效度较好，适合进行因子分析。

随后进行探索性因子分析，本研究采用的是主成分分析法，并采用最大方差法进行因子旋转，选择具有 Kaiser 标准化的正交旋转法探索量表的内在结构，旋转在 6 次迭代后收敛。将旋转成分矩阵整理排序后如表 4.32 所示。在删掉未通过信度检测的 CM1（逃避现实）后，其余 17 个变量在 4 个公共因子上的载荷区分比较明显，第一类：CM5、CM4、BP2、CM6、BP1、CM3、CM2；第二类：EC3、EC1、EC2、BP4；第三类：PM3、PM1、PM2、PM4、BP3；第四类：CM7。初步构建模型的认知动机、行为表现和情感变化 3 个维度与表 4.32 的分类结果基本一致，而心理动机维度出现了较大的出入，出于研究的科学性和严谨性考虑，此处对量表暂不做维度调整，希望结合正式调查后的验证性因子分析（CFA）和探索性因子分析（EFA）合理解决。

表 4.32　前测问卷探索性因子分析——旋转成分矩阵

变量	成分			
	1	2	3	4
CM5	0.808	–0.057	0.120	0.311
CM4	0.806	0.172	0.193	0.033
BP2	0.617	0.333	–0.051	0.148
CM6	0.611	0.031	0.463	0.143
BP1	0.580	0.245	0.168	0.083
CM3	0.529	0.261	0.198	–0.215
CM2	0.485	0.443	0.211	–0.274
EC3	–0.009	0.846	0.174	–0.033
EC1	0.251	0.763	–0.111	0.319
EC2	0.281	0.628	0.206	–0.288
BP4	0.447	0.626	0.223	0.069
PM3	0.132	0.192	0.781	0.095

续表

变量	成分			
	1	2	3	4
PM1	0.250	–0.029	0.769	–0.072
PM2	0.210	0.226	0.583	0.369
PM4	–0.088	0.123	0.550	0.523
BP3	0.462	0.156	0.481	0.010
CM7	0.244	–0.052	0.137	0.741

5）问卷修正

通过对前测问卷的信度和效度分析，最终删除了一个指标，对剩下的 17 个指标进行重新编码，编码结果如表 4.33 所示。

表 4.33　移动社交媒体环境下用户 FoMO 测度正式问卷指标构成

维度	指标编码	指标
心理动机	PM1	猎奇心理
	PM2	攀比心理
	PM3	强迫心理
	PM4	被关注
认知动机	CM1	突显性
	CM2	技术认同
	CM3	社交需求
	CM4	娱乐需求
	CM5	信息获取
	CM6	社区归属感
行为表现	BP1	习惯性查看
	BP2	消磨时间
	BP3	时间管理
	BP4	耐受性
情感变化	EC1	充实感
	EC2	戒断反应
	EC3	改善情绪

3. 数据分析：FoMO 的测量量表形成

在上述问卷修正的基础上进行正式问卷调查。调查选择在问卷星网站上进行，调查时间为 2016 年 7 月 20 日～8 月 20 日，本研究大部分问卷采用了向问卷星网站付费由其协助发放的方式进行回收，保证了样本质量和数据真实性。调查共回收有效问卷 587 份，调查对象主要为 18～35 岁的年轻人，能在较大程度上涵盖亚文化属性的用户，文化程度基本为大专及以上，90%以上的调查对象使用移动社交媒体有 3 年以上的经验，即他们对移动社交媒体有较多的接触和较为深刻的认识。

正式调查问卷的整体 Cronbach's α 值为 0.889，KMO 值为 0.900，表明整体的信度和效度都很好，适合进行因子分析。探索性因子分析和验证性因子分析需要使用不同的数据[174]，因此从 587 份样本数据中随机抽取 294 份进行探索性因子分析，剩下的 293 份进行验证性因子分析。

1）探索性因子分析

利用随机抽取的 294 份正式问卷调查的样本数据进行探索性因子分析。SPSS 计算可知，问卷样本数据的 KMO 值为 0.886，Bartlett’s 球形检验的近似卡方显著性 Sig. = 0.000＜0.01，表明样本数据适合进行因子分析。参照上文的分析处理方法，依然采用主成分分析法，选择具有 Kaiser 标准化的正交旋转法探索量表的内在结构，旋转在 7 次迭代后收敛。将旋转成分矩阵整理排序后如表 4.34 所示。

与前测探索性因子分析相比，表 4.34 各指标的维度分类表现出与所构建的指标模型更强的一致性。提取的公共因子 1 包含 CM3、CM4、CM5、CM1、BP2、BP1、PM1、CM2 八个指标，对应了指标模型中认知动机维度除了 CM6 的所有指标；公共因子 2 中包含 EC1、EC3、EC2、CM6 四个指标，对应了指标模型中情感变化维度的所有指标；公共因子 3 中包含 PM4、PM3、PM2 三个指标，对应了指标模型中心理动机维度除了 PM1 的所有指标；公共因子 4 包含 BP3、BP4 两个指标，对应指标模型中行为表现维度中的两个指标。

然而此处也存在一些不一致的地方，如行为表现维度四个指标被拆分成两个因子解释；CM6 被纳入到情感变化维度中；PM1 被纳入到认知动机维度中。但总体来说，模型经过了专家访谈的初次调整和前测分析的再次修正，已经基本能够客观表达移动社交媒体环境下用户 FoMO 测度的功效。在维度命名和指标分类上存在的不足，需要结合下面验证性因子分析的结果进行再次修正。

表 4.34 问卷探索性因子分析——旋转成分矩阵

变量	成分			
	1	2	3	4
CM3	0.769	0.100	0.070	–0.021
CM4	0.744	0.065	0.138	0.157
CM5	0.738	0.095	0.021	0.144
CM1	0.600	0.318	0.247	0.118
BP2	0.599	0.050	0.292	0.379
BP1	0.551	0.033	0.316	0.387
PM1	0.510	0.298	0.081	0.069
CM2	0.405	0.353	0.260	–0.031
EC1	0.180	0.810	0.061	0.016
EC3	0.084	0.679	0.150	0.342
EC2	0.135	0.660	0.195	0.359
CM6	0.381	0.417	0.330	–0.214
PM4	0.159	0.074	0.793	0.097
PM3	0.207	0.118	0.683	0.330
PM2	0.099	0.220	0.682	0.045
BP3	0.160	0.114	0.132	0.806
BP4	0.172	0.456	0.132	0.667

2）验证性因子分析

剩下的 293 份样本数据使用 AMOS 21.0 工具进行验证性因子分析，首先在 AMOS 界面上设置 4 个潜变量（即表 4.34 模型的 4 个维度）、17 个观测变量（即 17 个指标）和 17 个残差变量，然后选择最大似然估计方法进行运算，验证性因子分析模型及标准化路径系数如图 4.39 所示。验证性因子分析的结果可用于进一步检验移动社交媒体环境下用户 FoMO 程度模型指标维度的有效性。

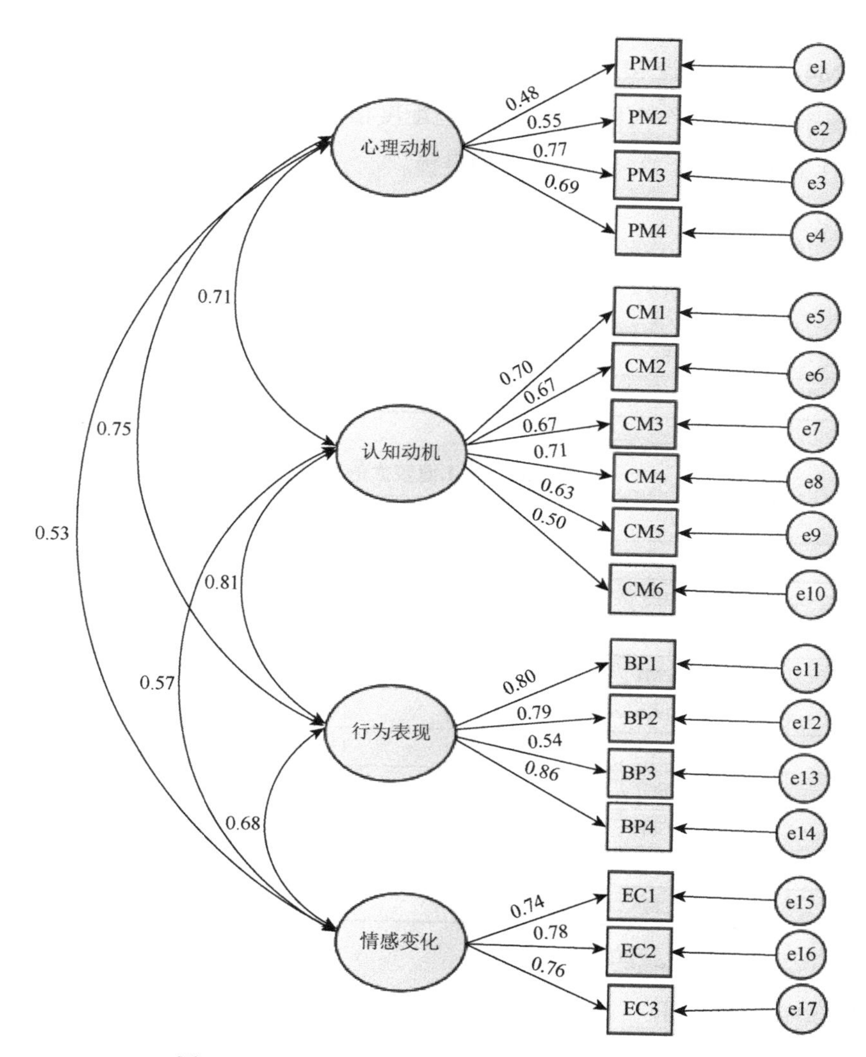

图 4.39　验证性因子分析模型及标准化路径系数

根据 AMOS 提供的 CMIN/DF、GFI、CFI、NFI、IFI 指数来衡量量表整体结构的合理性，原始组的结果如表 4.35 所示。根据各指标的可接受标准[175, 176]，本研究的各指标值基本达到了检验要求。

AMOS 提供的 M.I.（修正指数）表示增加该条路径后，整体模型将会减少的最小卡方值，所以我们比较关注 M.I.值较大的路径。将本研究中各路径 M.I.值由大到小排列，M.I.值较大的部分路径如表 4.36 所示。可以看出，由 PM1、BP4、

BP3、CM4 组成的路径 M.I.值偏大。综合考虑四个指标的含义及其所在的维度，我们试图删掉其中两个指标来观察量表适配度指标值的变化程度。所得数据证明删除 PM1 和 BP4 相关路径时量表结构最优。

表 4.35　模型适配度指标值

	CMIN/DF（1～3）	GFI（>0.80）	CFI（>0.90）	NFI（>0.80）	IFI（>0.90）
原始组	2.848	0.845	0.943	0.801	0.905
是否符合	是	是	是	是	是

表 4.36　M.I.值较大的路径

	修正指数 M.I.	估计参数改变 ParChange
PM1←CM4	29.671	0.29
BP4←BP3	28.071	0.232
BP3←BP4	21.92	0.253
CM4←PM1	17.861	0.187
CM3←EC3	16.433	−0.158
PM1←CM5	13.464	0.208
CM6←EC1	10.053	0.163
CM5←CM6	9.983	0.137
PM4←PM1	8.52	−0.158
EC1←CM6	8.056	0.128

3）最终模型修正

综合考虑以上探索性因子分析和验证性因子分析的结果，本研究对量表作以下修正。

第一，在探索性因子分析结果中公共因子 3 中包含 PM4、PM3、PM2 三个指标，而 PM1 被归入了公共因子 1 中，说明 PM1 与其他三个指标的结构相关性不强。在验证性因子分析中，PM1 与心理动机维度的标准化路径系数仅为 0.48 且有关 PM1 组成的路径 M.I.值偏大，数据证明删除 PM1 相关路径时量表结构得到优化。虽然 PM1（猎奇心理）指标是我们从用户访谈中总结出来的，表示利用移动社交媒体了解新奇和未知的事物，但由于探索性因子分析和验证性因子分析的结果不尽如人意，最终本研究决定删除该指标。在后续的研究中将继续关注该方面的影响。

第二，在探索性因子分析结果中公共因子 1 对应了指标模型中认知动机维度除了 CM6 的所有指标，说明 CM6 与其他五个指标的结构相关性不强。在验证性因子分析中，CM6 与认知动机维度的标准化路径系数仅为 0.50。CM6（社区归属感）指对移动社交媒体群体性文化的身份认同，并融入其中，Pai 和 Arnott[177]的研究结果表明归属感是用户使用 SNS（如 Meta）获得的四个主要价值观念之一，Reagle[178]认为 FoMO 是对错失经历的嫉妒性焦虑和归属感。综合考虑 CM6 指标所代表的含义及其在移动社交媒体 FoMO 量表中的重要性，本研究决定保留这一指标。

第三，根据探索性因子分析结果，CM6 与认知动机维度的相关性比较低，而公共因子 2 中包含 EC1、EC3、EC2、CM6 四个指标。因此，我们考虑将 CM6 划入到情感变化维度中，但从现实意义上看又有一些出入，综合考虑后本研究决定把情感变化维度命名为情感依赖维度，并将 CM6 划入其中。调整过后情感依赖维度的 Cronbach's α 值为 0.916，表明该维度有较高的可靠性。

经过文献调研和用户访谈的初步模型提出、专家访谈的初次修正、前测问卷的二次修正及正式问卷的最终修正四个阶段，本研究构建出移动社交媒体 FoMO 程度测量量表，如表 4.37 所示。该量表包含 4 个维度，16 个指标及 16 个题项。

表 4.37　移动社交媒体环境下用户 FoMO 测量量表

维度	指标	题项
心理动机	攀比心理	在移动社交媒体上看到我的朋友们玩得很高兴，而我并不在场，我会感到很羡慕
	强迫心理	在移动社交媒体上，我一看到有新动态的提示，就渴望立刻点开查看
	被关注	我总是期待移动社交媒体上有人私聊或“@”我
认知动机	突显性	使用移动社交媒体是我日常生活中离不开的事情
	技术认同	总体而言，我对移动社交媒体的界面设计感到很舒服
	社交需求	通过使用移动社交媒体我和家人、朋友的联系更方便了
	娱乐需求	我经常使用移动社交媒体浏览文章、音乐、视频等
	信息获取	使用移动社交媒体能够获得我想要的新闻、商业或专业知识方面的信息

续表

维度	指标	题项
行为表现	习惯性查看	我一有时间（如等公交、课间休息）就习惯打开移动社交媒体查看有没有新消息或新动态
	消磨时间	我经常使用移动社交媒体消遣时间
	时间管理	我常常因为使用移动社交媒体拖延或打断原来的时间安排
	耐受性	与以前相比，我需要使用更长时间的移动社交媒体才能感到满足
情感依赖	充实感	使用移动社交媒体常常让我感到生活更加充实
	戒断反应	如果几天无法使用移动社交媒体，我会感到失落难受
	改善情绪	情绪低落时使用移动社交媒体会让我的心情有所好转
	社区归属感	我在移动社交媒体上有一群兴趣相同的好友，像一个大家庭一样

4.4.2 移动视觉搜索用户体验的实证研究

MVS 作为新一代互联网服务模式，具有重要的研究价值、社会效益和广阔的市场应用前景。与国外相比，国内 MVS 应用还存在巨大差距，尤其是在图书馆领域。尽管已有一些应用案例，但是尚未得到广泛应用，使用率并不高，用户黏性较差。因而，系统严谨地对 MVS 人机交互机制进行学术研究是十分必要的。基于此，本研究以当当的拍照购和数字图书馆在线阅读平台（即读）为例，在孟猛[179]对 MVS 用户体验影响因素分析的基础上，试图解决以下两个与 MVS 人机交互机制有关的具体问题。

一是这些影响因素如何测量？该研究主要由于 MVS 作为一种新兴的领域，如果直接引用现有信息系统（Information System，IS）领域量表，会面临应用领域差异、使用情境差异及量表语义差异等方面的问题，因此该研究具有针对性地进行量表开发，从而解决这些问题。此外，在 IS 领域用户行为研究中，大多数研究者直接对信息质量、系统质量和服务质量三个设计特征进行测量，但这种测量方式有些过于笼统，所得到的结果不够具体和详细，也不便于更有针对性地提出提升策略。

二是这些影响因素对 MVS 用户体验作用机理如何？该研究主要从用户体验视角出发，将刺激-机体-反应（stimuli-organism-response，S-O-R）模型与期望失验模型（expectancy disconfirmation theory，EDT）模型整合，结合系统特征、认知要素、情感体验和期望失验等，构建 MVS 用户体验概念模型，解决现有的技术采纳模型解释力不足的问题，并从用户体验全过程的视角，揭示 MVS 用户体验影响因素的作用机理。

鉴于此，本研究主要开展 MVS 用户体验影响因素量表开发和 MVS 用户体验模型构建两个方面的研究。

1. MVS 用户体验影响因素量表开发

本研究参照 Churchill[180]的量表开发过程进行 MVS 用户体验影响因素量表的开发。首先，在 MVS 用户体验影响因素研究的基础上，设计 MVS 用户体验影响因素初始量表。其次，在初始量表设计完成后，为了保证初始量表的内容效度，特邀请从事人机交互领域的研究人员对初始量表进行内容分析，并根据每位研究人员的反馈意见对初始量表进行修订。然后，为了确保修订后的初始量表的表面效度，进一步分析修订后的初始量表是否能够真实反映 MVS 用户体验的影响因素，对初始量表内容进行了适应性调研，并根据反馈意见对初始量表进行了再次修订。最后，对修订后的初始量表进行探索性因子分析、验证性因子分析，得到 MVS 用户体验影响因素量表。

1）初始量表拟定

本研究在 MVS 用户体验影响因素研究的基础上，参照 Aladwani 和 Palvia[181]、Bailey 和 Pearson[182]、Huang 和 Benyoucef[183]、Lee 和 Kozar[184]、Liu 和 Arnett[185]、Webb 和 Webb[186]、左文明[187]的研究成果，结合 MVS 的应用特点，并根据我们使用 MVS 的亲身体验，对副范畴因素进行构念定义，如表 4.38 所示。

表 4.38　MVS 用户体验副范畴影响因素构念定义

构念	定义	参考文献
准确性	MVS 搜索出的图书图片等信息的准确程度	Bailey 和 Pearson[182]
真伪性	MVS 搜索出的正版图书的真实程度	自定义
完整性	MVS 搜索出的图书图片等信息内容的全面性及各种版本的丰富性	Bailey 和 Pearson[182] 自定义
便利性	用户使用 MVS 进行图书图片搜索的轻松或困难程度	Bailey 和 Pearson[182]
及时性	MVS 提供用户想要搜索结果的速度快慢	Lee 和 Kozar[184]
可达性	用户能够快速访问 MVS 的普及程度	Liu 和 Arnett[185] Huang 和 Benyoucef[183]

续表

构念	定义	参考文献
灵活性	MVS 根据新的情况、需求或环境而改变或调整的能力	Bailey 和 Pearson[182]
有形性	MVS 操作界面的清晰性，版面的简洁性，以及视觉上的吸引力	Aladwani 和 Palvia[181] Webb 和 Webb[186] 左文明[187] 自定义
移情性	MVS 为用户在图书图片等信息搜索过程中提供关心和关注	Lee 和 Kozar[184]

同时，在参照 DeLone 和 McLean[188]的更新 D&M 信息系统成功模型、Wixom 和 Todd[189]的整合研究模型及 Xu 等[190]的 3Q 模型的相关构念测量题目的基础上，借鉴 Balog[191]、Chang[192]、Huang 和 Benyoucef[183]、Masrek 等[193]、Mckinney 等[194]、Roca 等[195]、Melian-Alzola 和 Padron-Robaina[196]、陈明红等[197]的研究成果，对构念的测量题目进行操作型定义。以此为基础，形成了 MVS 用户体验影响因素初始量表，由 45 个测量题目构成，如表 4.39 所示。

表 4.39　MVS 用户体验影响因素初始量表

构念	测量题目	参考文献
准确性	MVS 搜索出的图书图片等信息是正确的	Roca 等[195] Masrek 等[193] Xu 等[190] 陈明红等[197] 自定义
	MVS 搜索出的图书图片等信息很少有错误	
	MVS 搜索出的图书图片等信息是准确的	
	MVS 搜索出的图书图片等信息正是我需要的	
	MVS 搜索出的图书图片等信息在颜色、纹理、形状等方面符合我的要求	
真伪性	MVS 搜索出的有些图书感觉是影印的	自定义
	MVS 搜索出的有些图书感觉是扫描的	
	MVS 搜索出的有些图书感觉是高仿的	
	MVS 搜索出的有些图书感觉是盗版的	
	MVS 搜索出的有些图书感觉是劣质的	
完整性	MVS 搜索出的图书描述信息是完整的	Liu 和 Arnett[185] DeLone 和 McLean[188] Wixom 和 Todd[189] Masrek 等[193] Xu 等[190] 自定义
	MVS 搜索出的图书描述信息是详细的	
	MVS 搜索出的图书描述信息是全面的	
	MVS 搜索出的图书版本非常全	
	MVS 搜索出的同类图书比较多	

续表

构念	测量题目	参考文献
便利性	对我来说，MVS 的操作很简单	自定义
	对我来说，MVS 的操作很方便	
	对我来说，MVS 的操作很快捷	
	对我来说，使用 MVS 很省事	
	MVS 为我的学习提供很多便利	
及时性	MVS 操作响应及时	Masrek 等[193] Xu 等[190] 陈明红等[197] 自定义
	MVS 搜索请求响应快速	
	MVS 图片识别速度很快	
	MVS 信息检索速度很快	
	MVS 搜索结果立刻反馈	
可达性	对我来说，MVS 入口很方便	Roca 等[195] Masrek 等[193] Xu 等[190] 自定义
	对我来说，MVS 访问很轻松	
	对我来说，MVS 访问很容易	
	我可以使用“一键”打开 MVS	
	使用 MVS 进行搜索时，我不用点击几步即可进入	
灵活性	MVS 能够灵活地圈定图片搜索范围	Xu 等[190] 自定义
	MVS 能够灵活地调整图片搜索范围大小	
	MVS 能够适应各种各样的需求，如各类图书的图片搜索	
	MVS 能够灵活地适应新的需求，如搜索结果可以根据圈定图片搜索范围大小而自动改变	
	MVS 能够灵活地应对图片搜索过程中出现的需求，如从各种视角拍摄图书图片进行搜索	
有形性	MVS 的按钮清楚	Masrek 等[193] Xu 等[190] Roca 等[195] 自定义
	MVS 的入口清晰	
	MVS 的页面简洁	
	MVS 的页面布局合理、长度合适	
	MVS 的页面在视觉上很吸引人	
移情性	MVS 能够给我提供推荐服务，如“猜你要找”	自定义
	MVS 能够给我提供信息提示服务，如“点击开启闪光灯”	
	MVS 能够给我提供搜索“浏览历史”服务	
	MVS 能够给我提供“打开相册”或“切换摄像头”等服务	
	MVS 能够给我提供二次筛选服务	

2）探索性因子分析

为了使 MVS 用户体验影响因素量表的测量题目更加准确，本研究通过探索性因子分析，从而对 MVS 用户体验影响因素量表的测量题目作进一步探索和确定。通过因子分析，一方面可以了解通过文献调查法和访谈资料扎根分析法所确定的因子结构是否合适，另一方面可以根据因子载荷筛选简化 MVS 用户体验影响因素量表的测量题目的数量[198]。此外，Lapierre 和 Giroux[199]认为可以通过基于方差旋转的主成分分析法来确定一组特定变量的潜在因素。据此，本部分采用主成分分析法进行探索性因子分析，并采用最大方差正交旋转法进行因子旋转。

（1）问卷设计

本部分设计了“MVS 用户体验影响因素探索性因子分析调查问卷”。该问卷共由 38 个测量题目构成，主要用于测量 9 个构念。其中，准确性、真伪性和完整性由 14 个测量题目进行测量；便利性、及时性、可达性和灵活性由 15 个测量题目进行测量；有形性和移情性由 9 个测量题目进行测量。

该调查问卷由两部分构成，第一部分是用户基本信息；第二部分是 MVS 用户体验影响因素量表。测量题目的测量均采用李克特七级等距量表[200, 201]，其中“1”为完全不同意、“2”为不同意、“3”为比较不同意、“4”为不确定、“5”为比较同意、“6”为同意、“7”为完全同意，MVS 用户根据自己实际体验情况进行选择。

（2）样本构成与数据收集

本次问卷调查采用便利抽样法，通过线上（问卷星）和线下（纸质）两种方式共发放 350 份调研问卷，回收问卷 336 份，回收率为 96%，剔除全部选“1”或“7”及其他无效问卷 34 份，有效问卷 302 份，有效率为 89.9%。另外，Maccallum 等[202]和 Zeng 等[203]建议在因子分析和回归分析中，样本数应该是测量题目的 5 到 10 倍。本研究的 MVS 用户体验影响因素量表测量题目为 38 个，有效问卷 302 份，样本量大约为测量题目的 8 倍，满足因子分析所需样本数。

在此次问卷调查对象中，男性 138 人，女性 164 人；年龄段分布，24 岁以下 154 人、25～30 岁 91 人、31～35 岁 39 人、36～40 岁 8 人、41 岁以上 10 人；教育水平涵盖大专 6 人、本科 232 人、硕士研究生 46 人、博士研究生 18 人；调查对象使用经验分布，0.5 年以下 120 人、0.5～1 年（不含 1 年）54 人、1～2 年（不含 2 年）52 人、2～3 年（不含 3 年）46 人、3 年及以上 30 人。从调查对象的性别和年龄段占比来看，男性占比为 45.7%，女性占比为 54.3%；24 岁以下占比为 51.0%，25～30 岁占比为 30.1%，与《2018Q1 中国移动搜索市场研究报告》[204]中性别和年龄段占比基本一致，使用 MVS 拍照搜索以年轻用户为主。因此，我们认为该样本在一定程度上可以代表总体。

（3）量表信度与效度检验

a. 信度检验

信度（reliability）指的是可靠性，信度检验主要基于真分数测量理论，用于测度指标体系的内部一致性，常采用 Cronbach's α 系数来判定，当 Cronbach's α 系数值越高时，说明测量题目的内部一致性越高，信度也就越好。Hair 等[205]、Fornell 和 Larcker [206]认为 Cronbach's α>0.70 表示测量题目之间具有较好的内部一致性；在探索性研究中，0.60≤Cronbach's α≤0.70 被认为是可以接受的。此外，由于 Cronbach's α 对构念的测量题目数量非常敏感[207, 208]。为此，本研究尽量采用较少的测量题目，对 MVS 用户体验影响因素量表的各构念进行测量。

经计算，准确性的 Cronbach's α = 0.885，真伪性的 Cronbach's α = 0.699，完整性的 Cronbach's α = 0.794，以及总量表的 Cronbach's α = 0.826。便利性的 Cronbach's α = 0.862，及时性的 Cronbach's α = 0.892，可达性的 Cronbach's α = 0.919，灵活性的 Cronbach's α = 0.867，以及总量表的 Cronbach's α = 0.928。有形性的 Cronbach's α = 0.842，移情性的 Cronbach's α = 0.848，以及总量表的 Cronbach's α = 0.898。此外，所有构念总量表的 Cronbach's α = 0.946。这些结果表明，本次调查问卷的测量题目之间有较好的内部一致性和可靠性，样本测量数据具有较高的信度，而且符合 Hair 等[205]、Fornell 和 Larcker [206]关于测量题目之间内部一致性的要求。

b. 效度检验

效度（validity）指的是有效性，效度检验主要用于衡量测量工具能否有效地对被测对象进行测量，通俗地说是指测量工具的准确性。本研究采用主成分分析法进行探索性因子分析，并采用最大方差正交旋转法进行因子旋转来测量调查问卷的结构效度。此外，由于本研究从初始量表拟定到调查问卷形成之前，已进行了两轮严谨科学的量表内容效度评估和适应性预调研，核查了初始量表所有测量题目，因此MVS用户体验影响因素量表各构念有较好的内容效度。

为了确定调查问卷的结构效度及测量题目背后是否具有潜在构念，本研究在进行因子分析之前，首先通过取样适切性量数（KMO）的大小和Bartlett's球形检验是否显著来判断测量题目之间是否适合作因子分析[181]。经计算，本次调查问卷的测量题目样本数据KMO值[92, 209]为0.881，Bartlett's球形检验在0.000的水平上显著，表明本次调查问卷的测量题目之间存在共同因素，非常适合进行因子分析。

c. 测量题目探索性因子分析

通过因子提取和共同因子旋转，这样每个因子都可以归属于一个明确的构念，从而形成一个合理的因子结构[210]。因子提取方法为提取特征值大于1的因子的主成分分析法，因子旋转方法为最大方差正交旋转法。本研究采用SPSS 24.0对测量题目进行探索性因子分析，对测量题目共提取8个主成分（公共因子），总体方差解释率为72.38%。Tabachnick和Fidell[211]认为当因素负荷量大于0.55时，该因素可以解释测量题目30%的方差，是好的状况；当因素负荷量大于0.71时，该因素可以解释测量题目50%的方差，是非常理想的状况[92]。为此，本研究将因素负荷量大于0.55的测量题目提取出来，作为8个主成分的测量题目。然而，第六主成分仅包含IQ8和IQ9两个测量题目，第七主成分仅包含IQ13和IQ14两个测量题目，第八主成分仅包含IQ6和IQ7两个测量题目。通常每个构念的测量题目至少为三个才有研究意义，所以这里不足以继续划分测量题目，应予以删除[212]。由于SQ30、SQ31、SQ32、SQ33和SQ34五个测量题目对应的因素负荷量小于0.55，应予以删除。此外，由于第一主成分包含了便利性、及时性和可达性的所有测量题目，说明这些测量题目的意义比较接近，需要在验证性因子分析阶段通过判断残差是否独立，来删除意义比较接近的测量题目。

最后，本研究将第一主成分命名为快捷性，第二主成分命名为准确性，第三主成分命名为灵活性，第四主成分命名为移情性，第五主成分命名为完整性。在此基础上，形成了探索性因子分析后的MVS用户体验影响因素量表。为了便于统计分析，本研究对该量表的测量题目进行重新编号，并以e（exploratory）开头代表了探索性因子分析得到的测量题目。

3）验证性因子分析

（1）问卷设计

经过探索性因子分析后，本研究将剩下 27 个测量题目进入了验证性因子分析阶段。根据探索性因子分析后的 MVS 用户体验影响因素量表中的测量题目，本部分设计了 MVS 用户体验影响因素验证性因子分析调查问卷。该调查问卷共由 36 个测量题目构成，前面 27 个题目主要用于测量 5 个构念（主成分），后面 9 个题目主要用于效标效度分析。其中，准确性和完整性由 8 个题目来测量；快捷性和灵活性由 15 个题目来测量；移情性由 4 个题目来测量。

该调查问卷由两部分构成，第一部分是用户基本信息；第二部分是 MVS 用户体验影响因素量表。测量题目的测量均采用李克特七级等距量表[200, 201]，其中“1”为完全不同意、“2”为不同意、“3”为比较不同意、“4”为不确定、“5”为比较同意、“6”为同意、“7”为完全同意，MVS 用户根据自己实际体验情况进行选择。

（2）样本构成与数据收集

本次问卷调查采用便利抽样法，通过线上（问卷星）和线下（纸质）两种方式共发放 300 份调研问卷，回收问卷 289 份，回收率为 96.3%，剔除全部选“1”或“7”及其他无效问卷 9 份，有效问卷 280 份，有效率为 96.9%。另外，结构方程模型（SEM）作为一种大样本分析方法，Hair 等[213]建议样本数量一般应为观测变量的 10～15 倍。验证性因子分析观测变量为 27 个，样本量应在 270～405 个。由于本次问卷调查收集有效的样本数为 280 个，满足 Hair 等[213]关于 SEM 分析所需样本数量的要求。

（3）构念验证性因子分析

本研究在 Amos 22.0 中通过验证性因子分析，对 MVS 用户体验影响因素量表测量题目的有效性作进一步验证。针对测量模型进行验证性因子分析，Anderson 和 Gerbing[214]认为好的潜变量测量模型是作潜变量因果分析的前提；Brow[215]认为在许多情况下 SEM 的问题是由测量模型的问题引起的，可以通过验证性因子分析识别；Jackson 等[216]认为研究人员在做 SEM 时通常在评估结构模型之前应首先评估测量模型；Segars[217]认为较差的潜变量测量模型可能导致错误的结论。

本研究通过比较样本协方差矩阵与模型协方差矩阵之间的差异[218]，对 MVS

用户体验影响因素量表测量题目的有效性作进一步验证，并采用模型拟合度指数来表示这两个矩阵的整体差异。Byrne[219]认为SEM分析的必要条件是要有不错的模型拟合度指标，模型拟合度指标越好说明SEM理论模型矩阵与样本矩阵越接近。本研究模型拟合度指数参照Iacobucci[220]的建议标准：卡方与自由度之比（CMIN/DF）约为3，拟合优度指数（GFI）和比较拟合指数（CFI）约为0.9，近似误差均方根（RMSEA）在0.09以内；Kenny[221]、Hu和Bentler[222]的建议标准：标准化残差均方根（SRMR）小于0.08；Doll等[223]的建议标准：GFI和调整拟合优度指数（AGFI）在0.80～0.89范围内，表示该模型是可以接受的。

a. 准确性测量模型验证

经计算，准确性测量模型的标准化因素负荷量在0.658～0.825且显著，组成信度（CR）= 0.868，平均方差萃取量（AVE）= 0.571，符合Hair等[224]、Fornell和Larcker[206]的建议标准：标准化因素负荷量（standard factor loading）＞0.5、CR＞0.6、AVE＞0.5、多元相关系数的平方（SMC）＞0.5。说明该测量模型题目可靠，具有内部一致性和收敛效度。准确性测量模型的拟合度指数中CMIN/DF = 4.806和RMSEA = 0.117，两者数值稍偏大，不符合Iacobucci[220]的建议标准，其他拟合度指数均符合本研究拟合度指数参照标准，说明测量题目的残差不独立，违反残差独立假设，然而删除测量题目e-IQ5，可降低卡方值。基于此，本研究删除测量题目e-IQ5，修正后的准确性测量模型拟合度指数均达到本研究拟合度指数参照标准。

b. 完整性测量模型验证

经计算，完整性测量模型的标准化因素负荷量在0.680～0.970且显著，CR = 0.839，AVE = 0.641，符合Hair等[224]、Fornell和Larcker[206]的建议标准：标准化因素负荷量＞0.5，CR＞0.6，AVE＞0.5，SMC＞0.5，说明该测量模型题目可靠，具有内部一致性和收敛效度。完整性测量模型的拟合度指数中GFI = 1.000，说明估计参数与自由度相等，也即是拟合度100%。

c. 快捷性测量模型验证

经计算，快捷性测量模型的标准化因素负荷量在0.681～0.864且显著，CR = 0.949，AVE = 0.628，符合Hair等[224]、Fornell和Larcker[206]的建议标准：标准化因素负荷量＞0.5，CR＞0.6，AVE＞0.5，SMC＞0.5，说明该测量模型题目可靠，具有内部一致性和收敛效度。快捷性测量模型的拟合度指数中 CMIN/DF = 12.301 和 RMSEA = 0.201，两者数值较大，不符合 Iacobucci[220]的建议标准，其他拟合度指数（除 SRMR 外）也不符合本研究拟合度指数参照标准，说明测量题目的残差不独立，违反残差独立假设，然而删除测量题目 e-SysQ10、e-SysQ12、e-SysQ13、e-SysQ14、e-SysQ16、e-SysQ18，大幅度降低卡方值。基于此，我们删除测量题目 e-SysQ10、e-SysQ12、e-SysQ13、e-SysQ14、e-SysQ16、e-SysQ18，修正后的快捷性测量模型拟合度指数均达到本研究的拟合度指数参照标准。

d. 灵活性测量模型验证

经计算，灵活性测量模型的标准化因素负荷量在 0.600～0.926 且显著，CR = 0.872，AVE = 0.635，符合 Hair 等[224]、Fornell 和 Larcker[206]的建议标准：标准化因素负荷量＞0.5，CR＞0.6，AVE＞0.5，SMC＞0.5，说明该测量模型题目可靠，具有内部一致性和收敛效度。灵活性测量模型的拟合度指数均达到本研究的拟合度指数参照标准。

e. 移情性测量模型验证

经计算，移情性测量模型的标准化因素负荷量在 0.687～0.857 且显著，CR = 0.863，AVE = 0.613，符合 Hair[224]、Fornell 和 Larcker[206]的建议标准：标准化因素负荷量＞0.5，CR＞0.6，AVE＞0.5，SMC＞0.5，说明该测量模型题目可靠，具有内部一致性和收敛效度。移情性测量模型的拟合度指数中 CMIN/DF = 4.633 和 RMSEA = 0.114，两者数值稍偏大，不符合 Iacobucci[220]的建议标准，其他拟合度指数均符合本研究的拟合度指数参照标准，说明测量题目的残差不独立，违反残差独立假设，然而删除测量题目 e-SQ24，卡方值有所降低。基于此，本研究删除测量题目 e-SQ24，修正后的移情性测量模型的拟合度指数 GFI = 1.000，说明估计参数与自由度相等，也即是拟合度 100%。

f. 测量模型组合验证

本研究对准确性、完整性、快捷性、灵活性和移情性的组合模型进行验证性因子分析，如表 4.40～表 4.42 所示。从表 4.40 可知，该组合模型的标准化因素负荷量在 0.619～0.913 且显著，CR 在 0.840～0.894，AVE 在 0.576～0.660，符合 Hair 等[224]、Fornell 和 Larcker[206]的建议标准：标准化因素负荷量＞0.5，CR＞0.6，

AVE＞0.5，SMC＞0.5，说明该组合模型各构念的测量题目可靠，具有内部一致性和收敛效度。从表 4.41 可知，对角线数值为 AVE 的算术平方根，下三角为各副范畴构念之间的 Pearson 相关系数，符合 Bagozzi 和 Yi[225]的建议标准：AVE 的算术平方根应大于构念之间 Pearson 相关系数的绝对值，说明该组合模型各构念之间有较好的区别效度。从表 4.42 可知，该组合模型的拟合度指数均符合本研究的拟合度指数参照标准。该组合模型的标准化路径结构，如图 4.40 所示。

表 4.40　组合模型的信度及收敛效度分析

变量	条目	Unstd.	S.E.	*Z*-value	*P*	Std.	SMC	CR	AVE
准确性（accuracy）	eIQ1	1				0.714	0.51	0.844	0.576
	eIQ4	1.051	0.088	11.878	***	0.787	0.619		
	eIQ3	1.213	0.097	12.465	***	0.843	0.711		
	eIQ2	1.152	0.111	10.418	***	0.682	0.465		
完整性（completeness）	eIQ6	1				0.749	0.561	0.84	0.64
	eIQ7	1.314	0.097	13.521	***	0.913	0.834		
	eIQ8	0.972	0.082	11.831	***	0.724	0.524		
快捷性（quickness）	eSysQ9	1				0.699	0.489	0.894	0.629
	eSysQ11	1.035	0.081	12.838	***	0.835	0.697		
	eSysQ15	0.961	0.082	11.684	***	0.754	0.569		
	eSysQ17	1.155	0.092	12.504	***	0.811	0.658		
	eSysQ19	1.271	0.097	13.121	***	0.857	0.734		
灵活性（flexibility）	eSysQ21	1.19	0.074	16.004	***	0.908	0.824	0.874	0.639
	eSysQ20	1				0.769	0.591		
	eSysQ23	0.738	0.071	10.438	***	0.619	0.383		
	eSysQ22	1.115	0.072	15.417	***	0.87	0.757		
移情性（empathy）	eSQ25	1				0.828	0.686	0.854	0.66
	eSQ27	0.997	0.068	14.554	***	0.806	0.65		
	eSQ26	1.038	0.072	14.497	***	0.803	0.645		

* $p<0.05$，** $p<0.01$，*** $p<0.001$。

表 4.41　组合模型的区别效度分析

	AVE	empathy	flexibility	completeness	accuracy	quickness
empathy	0.660	0.812				
flexibility	0.639	0.648	0.799			
completeness	0.640	0.544	0.398	0.800		
accuracy	0.576	0.457	0.317	0.516	0.759	
quickness	0.629	0.587	0.420	0.372	0.466	0.793

表 4.42　组合模型的拟合度指数

统计检验量	CMIN/DF	SRMR	RMSEA	GFI	AGFI	CFI
模型数值	2.895	0.064	0.082	0.870	0.827	0.914

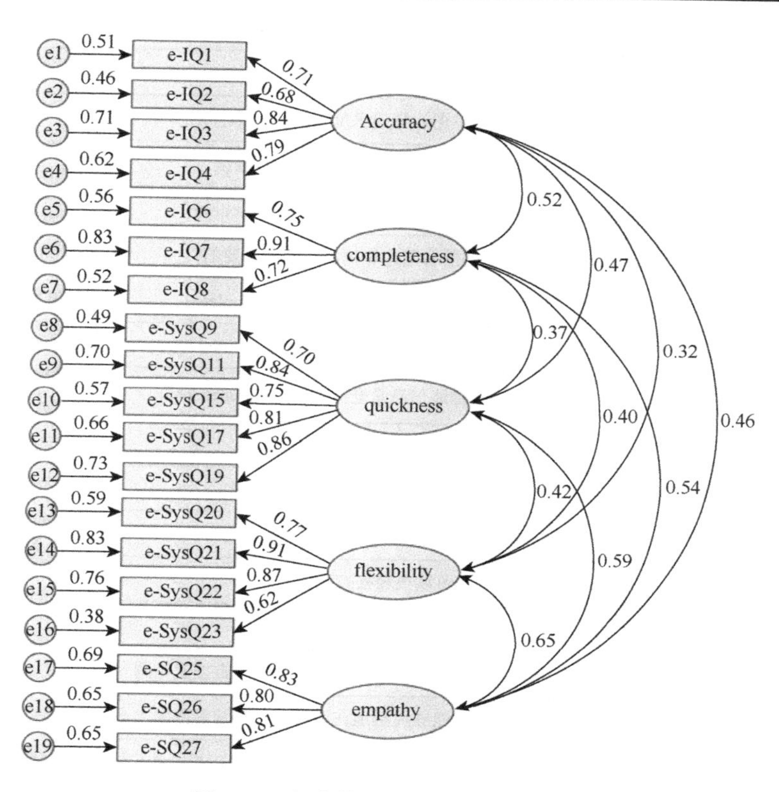

图 4.40　组合模型的标准化路径结构

4）正式量表形成

综上所述，本研究通过验证性因子分析，对探索性因子分析所构建的 MVS 用户体验影响因素量表的内部一致性信度、收敛效度和区别效度进行了检验，删除了各测量模型中残差不独立的测量题目，各指标均在建议的标准范围之内。在此基础上，最终得到了 MVS 用户体验影响因素量表，如表 4.43 所示。为了便于统计分析，本研究对剩下的 19 个测量题目进行重新编号，并以 c（confirmatory）开头代表了验证性因子分析得到的测量题目。该量表共由 19 个测量题目构成，其中“准确性、完整性”两个副范畴构念由 7 个测量题目来测量；“快捷性、灵活性”两个副范畴构念由 9 个测量题目来测量；“移情性”由 3 个测量题目来测量。

表 4.43　MVS 用户体验影响因素量表

构念	测量题目	参考文献
准确性	c-IQ1. MVS 搜索出的图书图片等信息是正确的（correct）	Roca 等[195] Masrek 等[193] Xu 等[190] 陈明红等[197]
	c-IQ2. MVS 搜索出的图书图片等信息很少有错误	
	c-IQ3. MVS 搜索出的图书图片等信息是准确的（accurate）	
	c-IQ4. MVS 搜索出的图书图片等信息正是我需要的	
完整性	c-IQ6. MVS 搜索出的图书描述信息是完整的（complete）	Liu 和 Arnett[185] DeLone 和 McLean[188] Wixom 和 Todd[189] Masrek 等[193] Xu 等[190]
	c-IQ7. MVS 搜索出的图书描述信息是详细的（detailed）	
	c-IQ8. MVS 搜索出的图书描述信息是全面的（comprehensive）	
快捷性	c-SysQ9. 对我来说，MVS 的操作很简单	Roca 等[195] Masrek 等[193] Xu 等[190] 陈明红等[197]
	c-SysQ11. 对我来说，MVS 的操作很快捷	
	c-SysQ15. MVS 搜索结果立刻反馈	
	c-SysQ17. 我可以很轻松打开 MVS	
	c-SysQ19. 我感觉使用 MVS 的步骤很简单	
灵活性	c-SysQ20. 在使用 MVS 时，我能够灵活地在图片上圈定搜索范围	Xu 等[190]
	c-SysQ21. 在使用 MVS 时，我能够灵活地在图片上调整搜索范围大小	
	c-SysQ22. MVS 能够灵活地适应新的需求，如搜索结果可以根据圈定图片搜索范围大小而自动改变	
	c-SysQ23. MVS 能够适应各种各样的需求，如各类图书的图片搜索	
移情性	c-SQ25. MVS 能够给我提供搜索“浏览历史”服务	自定义
	c-SQ26. MVS 能够给我提供“打开相册”或“切换摄像头”等服务	
	c-SQ27. MVS 能够给我提供二次筛选服务	

2. MVS 用户体验模型构建

1）研究假设

（1）系统质量、信息质量、服务质量之间的关系

英国心理学家 Bartlett[226]于 1932 年首次提出图式理论（schema theory）。图式

可以被认为是一个有组织概念的框架，是个体对其经历的描述[227]。Louis 和 Sutton[228]认为图式是一种认知结构，它提供了个人所依赖的情境预测。一般来说，图式理论假定人们根据他们先前的知识或过去的经验来构建具有不同对象的各种图式[229]，诸如知识结[230]、网站架构[231]等。据此，本研究根据图式理论和已有的相近研究成果，来构建系统质量（SysQ）、信息质量（IQ）和服务质量（SQ）之间的关系。

本研究首先提出用户对 MVS 系统质量的感知将会影响用户对其信息质量的感知。Shannon 和 Weaver[232]将技术层面定义为产生信息的系统的准确性和效率；语义层面定义为信息在传达预想意义方面的成功；效用层面定义为信息对接收者的影响。基于通信系统理论，Mason[233]认为信息是许多系统的输出，如财务、数据处理、科教和娱乐等系统。DeLone 和 McLean[234]认为信息是由系统产生的，信息质量是信息系统输出的度量，系统质量的问题会降低其产生信息的实际质量。Moore[235]指出一旦信息检索系统对于客户获取信息比对他没有信息更加痛苦和麻烦，该系统往往不会被使用。穆尔斯定律（Mooers' law）显示系统质量会影响信息质量。Xu 等[190]以 Wixom 和 Todd[189]的技术使用集成模型为基础，提出了 3Q 模型并进行了实证研究。研究结果显示，系统质量正向显著影响信息质量。此外，基于上述图式理论的概念和已有实证研究，MVS 用户心理的信息质量图式将包括系统质量，也就说用户在评价 MVS 的信息质量时，他们也会考虑对系统质量的感知。因此，本研究认为，如果 MVS 可以灵活地进行组合搜索、点选图像、编辑图像，以及圈定图像搜索范围并可调整大小等，则该 MVS 的检索准确率将会提高，而且识别也比较准确。鉴于此，本研究提出如下假设。

H1a：MVS 的系统质量（SysQ）正向影响信息质量（IQ）。

我们认为用户对 MVS 系统质量和信息质量的感知将会影响用户对其服务质量的感知。Cenfetelli 等[236]对信息技术如何支持核心产品或服务进行了研究，研究结果表明，感知服务功能正向显著影响服务质量。Tan 等[237]实证结果显示，服务内容和交付方式都是实现电子政务服务质量的重要因素。Xu 等[190]在 Wixom 和 Todd[189]的研究基础上，提出了 3Q 模型并进行了实证研究。研究结果显示，信息质量正向显著影响服务质量。此外，基于上述图式理论的概念和已有实证研究，MVS 用户心理的服务质量图式将包括信息质量和系统质量，也就说用户在评价 MVS 的服务质量时，他们也会考虑对信息质量和系统质量的感知。因此，本研究认为如果 MVS 的用户界面清晰、访问方便快捷、各种操作灵活等，则该系统提供的相关服务就容易被发现（如信息提示、历史记录、图像范围圈定等），将进一步提高 MVS 的服务质量。如果 MVS 搜索准确率高、识别准确等，则该系统提供的推荐服务也会比较准确。鉴于此，本研究提出如下假设。

H1b：MVS 的系统质量（SysQ）正向影响服务质量（SQ）。

H1c：MVS 的信息质量（IQ）正向影响服务质量（SQ）。

（2）系统质量与感知易用性、信息质量与感知有用性，以及感知易用性与感知有用性之间的关系

Davis[238]于 1985 年在其博士论文中提出了科技接受模型（TAM），并指出信息系统的设计特征直接影响感知有用性和感知易用性，而且感知易用性对感知有用性具有因果效应。Ajzen 和 Fishbein[239]认为用户关于对象（信息和系统的质量）的信念与对待对象的态度（信息和系统的满意度）有关。在此基础上，Wixom 和 Todd[189]提出了技术使用集成模型并进行了实证分析。研究结果显示，信息质量通过信息满意度正向显著影响感知有用性，系统质量通过系统满意度正向显著影响感知易用性，感知易用性正向显著影响感知有用性。这一结果与 Xu 等[190]研究结果一致。因此，本研究认为如果用户对 MVS 的信息质量的满意度越高，就越有可能发现该系统信息的应用对提高搜索绩效有用。同样地，如果用户对 MVS 的系统质量越满意，就越有可能发现该系统易于使用。然而，如果用户感觉到 MVS 很难使用，很大程度上将会影响用户对 MVS 的感知有用性，也就是说用户的感知有用性将受到感知易用性的影响。鉴于此，本研究提出如下假设。

H2a：MVS 的信息质量（IQ）正向影响用户对其的感知有用性（PU）。

H2b：MVS 的系统质量（SysQ）正向影响用户对其的感知易用性（PEOU）。

H2c：用户对 MVS 的感知易用性（PEOU）正向影响用户对其的感知有用性（PU）。

（3）服务质量与感知有用性、服务质量与感知愉悦性，以及感知愉悦性与感知易用性之间的关系

迄今为止，许多研究证明了 Parasuraman 等[240]提出的 SERVQUAL 在预测和评估客户反应和响应方面的有效性，如用户满意度[241]。服务质量最显著的结果就是用户满意度，即服务质量是用户满意度的重要决定因素[242]。Xu 等[190]认为服务满意度代表了一种基于对象的态度，作为形成行为信念（如感知有用性）的外部变量。在此基础上，提出了 3Q 模型。实证结果显示，服务质量通过服务满意度正向显著影响感知有用性。另外，有学者认为互联网和基于 Web 系统的体验不仅仅是功能性方面（如 PU），还有乐享方面（如 PE）[243]。在 IS 领域，众学者对服务质量与感知愉悦性之间的关系开展了一定研究。Childers 等[244]和 Fiore 等[245]认为除了更实用的感知有用性之外，感知愉悦性适合于捕捉服务质量的享乐感知。Bauer 等[246]实证结果显示，服务质量客户满意度与乐享之间有显著的正向关系。因此，本研究认为，如果用户对 MVS 服务质量的满意度越高，就越有可能发现使用该系统是有用和愉快的。鉴于此，本研究提出的如下研究假设。

H3a：MVS 的服务质量（SQ）正向影响用户对其的感知有用性（PU）。

H3b：MVS 的服务质量（SQ）正向影响用户对其的感知愉悦性（PE）。

另外，感知乐享侧重于内在动机（intrinsic motivation），感知乐享较高的用户会低估与技术相关的难度，从而导致较低的心理认知负担和较高的易用性感知。Agarwat 和 Karahanna[247]提出了一个合理的认知吸收关系网络。实证分析显示，计算机娱乐性通过认知吸收正向显著影响感知易用性。Mun 和 Hwang[248]研究结果显示，感知愉悦性正向显著影响感知易用性。Sun 和 Zhang[249]实证结果显示，在信息系统环境下感知享受对感知易用性的影响超过了感知易用性对感知享受的影响。因此，本研究认为，如果用户从使用 MVS 中获得愉悦性越高，就越有可能发现该系统易于使用。鉴于此，本研究提出如下假设。

H3c：用户对 MVS 感知愉悦性（PE）正向影响用户对其的感知易用性（PEOU）。

（4）感知有用性、感知易用性、感知愉悦性与满意度之间的关系

目前，不少学者对影响满意度的前因变量进行了探讨。Bhattacherjee[250]在 EDT

的基础上，提出了一个信息系统持续（ECM-ISC）模型。研究结果显示，感知有用性正向显著影响用户满意度。Seddon[251]在对 DeLone 和 McLean[234]的 IS 成功模型重新指定时，将感知有用性作为用户满意度的主要决定因素。Rai 等[252]在准自愿的 IS 使用环境中对 DeLone 和 McLean[234]、Seddon[251]的信息系统成功模型进行评估。研究结果显示，感知有用性和感知易用性正向显著影响用户满意度。此外，还有学者的研究结果表明，感知有用性、感知易用性、感知乐享正向显著影响用户满意度[253]。因此，本研究认为如果用户在使用 MVS 时感知有用性、感知易用性和感知愉悦性越高，对该系统的满意度就会越高。鉴于此，本研究提出如下假设。

H4a：用户对 MVS 感知有用性（PU）正向影响用户对其的满意度（SAT）。

H4b：用户对 MVS 感知易用性（PEOU）正向影响用户对其的满意度（SAT）。

H4c：用户对 MVS 感知愉悦性（PE）正向影响用户对其的满意度（SAT）。

（5）有用性失验、易用性失验、愉悦性失验与满意度之间的关系

Oliver[254]于 1980 年提出期望失验理论（EDT），所谓失验就是用户期望与感知性能比较产生不一致的结果。1982 年，Churchill 和 Surprenant[255]对 EDT 模型进行了扩展，并明确指出满意度由一个使用前因素（期望）和两个使用后因素（感知性能和失验）共同决定。研究结果显示，有用性失验是用户满意度的重要影响因素。Chiu 等[256]在 EDT 的基础上，提出了一个电子学习持续模型。研究结果显示，可用性失验正向显著影响用户满意度。Bhattacherjee 和 Premkumar[257]、Xu 等[258]的研究结果显示，失验对满意度产生正向显著影响。因此，本研究认为如果用户对 MVS 的感知有用性、感知易用性和感知愉悦性超出他们的期望时，将会产生正面的有用性失验、易用性失验和愉悦性失验，进而他们对该系统的满意度就会越高。综合上述分析，本研究提出如下假设。

H5a：有用性失验（UD）正向影响用户的满意度（SAT）。

H5b：易用性失验（EOUD）正向影响用户的满意度（SAT）。

H5c：愉悦性失验（ED）正向影响用户的满意度（SAT）。

（6）感知有用性与有用性失验、感知易用性与易用性失验以及感知愉悦性与愉悦性失验之间的关系

根据 EDT，失验就是用户期望与感知性能比较产生不一致的结果[254]。当感

知性能超出用户期望时，会产生正面失验。也就是说，在所有条件相同的情况下，用户对 MVS 的感知有用性、感知易用性和感知愉悦性越高，就越有可能超越用户对 MVS 的期望，从而导致感知有用性、感知易用性、感知愉悦性与有用性失验、易用性失验、愉悦性失验之间存在正向相关关系。Chiu 等[256]在 EDT 的基础上，提出了一个电子学习持续使用模型。实证结果显示，感知有用性正向显著影响有用性失验。Khalifa 和 Liu[259]提出一个解释/预测客户对基于互联网服务的满意度模型。实证研究表明，感知性能正向显著影响期望失验和欲望失验。综合上述分析，本研究提出如下假设。

H6a：感知有用性（PU）正向影响有用性失验（UD）。

H6b：感知易用性（PEOU）正向影响易用性失验（EOUD）。

H6c：感知愉悦性（PE）正向影响愉悦性失验（ED）。

（7）用户满意度与持续使用意愿之间的关系

在 IS 领域，众学者以 EDT 为理论基础开展了用户满意度对持续使用意愿的影响研究。研究结果表明，用户持续意向取决于他们对 IS 使用的满意度。2008 年，Bhattacherjee 等[260]在 ECM-ISC 模型的基础上，提出了一个扩展的 ECM-ISC 模型。研究结果显示，满意度正向显著影响 IT 持续使用意愿。Roca 等[195]基于 EDT，在电子学习服务（e-learning service）环境下提出了一种分解的技术接受模型。研究结果表明，用户持续使用意愿取决于满意度。此外，还有学者研究结果表明，持续使用意愿受客户满意度的显著影响[261]。因此，本研究认为如果用户在使用 MVS 时满意度越高，在未来他们会经常使用该系统。综合上述分析，本研究提出如下假设。

H7a：用户对 MVS 的满意度（SAT）正向影响用户对其的持续使用意愿（CUI）。

2）研究方法

（1）量表设计

本研究所采用的量表由两部分构成（表 4.44）：一部分量表来自本研究开发的 MVS 用户体验影响因素量表；另一部分量表借鉴国内外相关文献中已有成熟量表。并对来自国外相关研究的量表，采用双向翻译的方法翻译量表，再根据 MVS

的主题特性做出适当调整。此外，感知信任（PT）为标记变量（marker variable）用于共同方法变异（common method variance，CMV）检验。在此量表的基础上，形成了 MVS 用户体验调查问卷。该调查问卷包括两部分：第一部分是用户基本信息；第二部分是 MVS 用户体验概念模型各构念的测量量表。测量题目的测量均采用李克特七级等距量表[201]，其中“1”为完全不同意、“2”为不同意、“3”为比较不同意、“4”为不确定、“5”为比较同意、“6”为同意、“7”为完全同意，MVS 用户根据自己实际体验情况进行选择。

表 4.44 MVS 用户体验概念模型各构念的测量量表

构念	测量题目	参考文献
准确性（ACC）	MVS 搜索出的图书图片等信息是正确的（correct）	自定义
	MVS 搜索出的图书图片等信息很少有错误	
	MVS 搜索出的图书图片等信息是准确的（accurate）	
	MVS 搜索出的图书图片等信息正是我需要的	
完整性（COM）	MVS 搜索出的图书描述信息是完整的（complete）	自定义
	MVS 搜索出的图书描述信息是详细的（detailed）	
	MVS 搜索出的图书描述信息是全面的（comprehensive）	
信息质量（IQ）	总的来说，我会给 MVS 的图书图片等信息打高分	Xu 等[190] Wixom 和 Todd[189]
	总的来说，我会在质量方面对 MVS 提供的图书图片等信息给予很高的评价	
	一般来说，MVS 为我提供了高质量的图书图片等信息	
快捷性（QUI）	对我来说，MVS 的操作很简单	自定义
	对我来说，MVS 的操作很快捷	
	MVS 搜索结果立刻反馈	
	我可以很轻松打开 MVS	
	我感觉使用 MVS 的步骤很简单	
灵活性（FLE）	在使用 MVS 时，我能够灵活地在图片上圈定搜索范围	自定义
	在使用 MVS 时，我能够灵活地在图片上调整搜索范围大小	
	MVS 能够灵活地适应新的需求，如搜索结果可以根据圈定图片搜索范围大小而自动改变	
	MVS 能够适应各种各样的需求，如各类图书的图片搜索	

续表

构念	测量题目	参考文献
系统质量（SysQ）	在系统质量方面，我对 MVS 的评价很高	Xu 等[190] Wixom 和 Todd[189]
	总的来说，我使用的 MVS 系统是高质量的	
	总的来说，我对 MVS 系统的质量给予很高的评价	
移情性（EMP）	MVS 能够给我提供搜索“浏览历史”服务	自定义
	MVS 能够给我提供“打开相册”或“切换摄像头”等服务	
	MVS 能够给我提供二次筛选服务	
服务质量（SQ）	总的来说，我从 MVS 上获得的服务质量水平是不错的	Xu 等[190]
	总的来说，我从 MVS 上获得的服务质量水平是非常好的	
	总的来说，我从 MVS 上获得的服务质量水平是很高的	
感知有用性（PU）	使用 MVS 提高了搜索效能 使用 MVS 提高了搜索效率 使用 MVS 增强了搜索效果 我发现 MVS 对我搜索图书是有用的	Xu 等[190, 258] Bhattacherjee[250] Rai 等[252]
有用性失验（UD）	使用 MVS 提高搜索效能，比我最初的预期要好 使用 MVS 提高搜索效率，比我最初的预期要好 使用 MVS 增强搜索效果，比我最初的预期要好 MVS 对我搜索产品有用，比我最初的预期要好	Chiu 等[256] Bhattacherjee 和 Premkumar[257] Xu 等[258] Bhattacherjee[250]
感知易用性（PEOU）	学习使用 MVS 很容易 熟练使用 MVS 很容易	Xu 等[190] Davis[238]
	总的来说，我发现使用 MVS 很容易	
易用性失验（EOUD）	学习使用 MVS 很容易，比我最初的预期要好 熟练使用 MVS 很容易，比我最初的预期要好 总的来说，使用 MVS 很容易，超出了我的最初预期	Xu 等[258]
感知愉悦性（PE）	使用 MVS 是愉快的 使用 MVS 是令人兴奋的 使用 MVS 是令人感兴趣的 使用 MVS 是好玩的 使用 MVS 是乐享的	Xu 等[190, 258]
愉悦性失验（ED）	使用 MVS 是愉快的，比我预想的要好 使用 MVS 是令人兴奋的，比我预想的要好 使用 MVS 是令人感兴趣的，比我预想的要好 使用 MVS 是好玩的，比我预想的要好 使用 MVS 是乐享的，比我预想的要好	Xu 等[258]
感知信任（PT）	我相信网商能够提供与其承诺一致的产品 我相信我选择的网商能够提供优质的服务 我相信网商会考虑消费者的利益	Marker Variable

续表

构念	测量题目	参考文献
满意度 （SAT）	我对 MVS 的性能感到满意 我对使用 MVS 的体验感到满意 我决定使用 MVS 是明智之举	Chiu 等[256] Roca 等[195]
持续使用意愿 （CUI）	我打算将来继续使用 MVS 我将来会继续使用 MVS 我将来会定期使用 MVS	Chiu 等[256] Roca 等[195]

（2）数据收集与样本构成

本次问卷调查采用便利抽样法，通过线上（问卷星）和线下（纸质）两种方式共发放 400 份调研问卷，回收问卷 375 份，回收率为 93.75%，剔除全部选“1”或“7”及其他无效问卷 30 份，有效问卷 345 份，有效率为 92.0%。另外，为了确保本研究样本估计的稳健性，作为流行的经验法则，Barclay 等[262]和 Chin[263]建议最小样本量应为测量模型中最大题目数的 10 倍或结构模型中最大路径关系数的 10 倍。在本研究概念模型中，测量模型中最大题目数为 5，结构模型中最大路径关系数为 6，最小样本量至少应为 50 个或 60 个。因此，本研究的样本数为 345 个，满足 Barclay 等[262]和 Chin[263]关于采用偏最小二乘法（partial least squares，PLS）数据分析最小样本数的建议准则。

在此次问卷调查对象中，男性 143 人，女性 202 人；年龄段分布，24 岁及以下 156 人、25～30 岁 86 人、31～35 岁 51 人、36～40 岁 22 人、41 岁及以上 30 人；教育水平涵盖大专 12 人、本科 294 人、硕士研究生 20 人、博士研究生 19 人；调查对象使用经验分布，0.5 年以下 161 人、0.5～1 年（不含 1 年）83 人、1～2 年（不含 2 年）57 人、2～3 年（不含 3 年）27 人、3 年及以上 17 人。从调查对象的性别和年龄段占比来看，男性占比为 41.4%，女性占比为 58.6%；24 岁及以下占比为 45.2%，25～30 岁占比为 24.9%，与《2018Q1 中国移动搜索市场研究报告》[204]中性别和年龄段占比基本一致，使用 MVS 拍照搜索以年轻用户为主。因此，我们认为该样本在一定程度上可以代表总体。

3）数据分析

本研究 PLS 分析样本数据，软件工具包为 SmartPLS 3.0，PLS 属于第二代统计学范畴的分析方法[264]。采用 PLS 理由在于：① PLS 可以避免小样本和非正态性问题[265]；② PLS 特别适合于预测[266]；③ PLS 可以最大限度地解释方差[267]；④ PLS 适合探索式研究，理论发展及复杂的模型，而且与研究的目标更接近[268]。由于 PLS 并没有提供一个既定的全局拟合优度准则，评估模型通常分两个阶段：测量模型评估和结构模型评估[174]。一般来说，模型评估是试图确定测量模型和结构模型是否满足实证工作的质量标准[269]。

（1）共同方法变异检验

在问卷调查时，由于所有测量题目均由同一被调查者填写，就容易产生 CMV 的问题[270]。根据 Podsakoff 等[271]建议，在问卷设计过程中，为了确保问卷质量，我们对问卷进行两次前测，并根据被调查者反馈信息修正问卷语义。在问卷调查过程中，采用被调查者信息匿名法[272]。同时，在数据分析前，使用 Harman 单因子鉴定法检验共同方法变异[273]，将该研究所有测量题目进行探索性因子分析，判断标准为特征值是否大于 1，在未旋转时提取 10 个主成分共解释总方差的 72.979%，其中第一主成分解释了总方差的 40.878%，高于解释总方差的 30%，显示可能受 CMV 的影响。另外，根据 Lindell 和 Whitney[274]的建议，采用标记变量技术（marker variable technique）进行 CMV 检验，首先定义一个理论上与该研究无关的变量为标记变量——感知信任（PT），计算该变量与结构模型内生变量之间的相关性。如果存在一定的相关性且显著，由于标记变量是理论上不相关的变量，说明受到 CMV 的影响，然后通过标记变量排除多余的相关性[275]。经计算，感知信任（$\beta = 0.066$，$p < 0.05$）对信息质量正向影响且显著；感知信任（$\beta = 0.259$，$p < 0.001$）对系统质量正向影响且显著；感知信任（$\beta = 0.248$，$p < 0.001$）对感知愉悦性正向影响且显著；感知信任（$\beta = 0.242$，$p < 0.001$）对有用性失验正向影响且显著；感知信任（$\beta = 0.177$，$p < 0.001$）对易用性失验正向影响且显著；感知信任（$\beta = 0.108$，$p < 0.01$）对愉悦性失验正向影响且显著；感知信任（$\beta = 0.138$，$p < 0.001$）对满意度正向影响且显著，说明本研究受 CMV 的影响。因此，本研究采用标记变量——PT，在排除 CMV 的影响下进行数据分析。

（2）测量模型评估

根据 Straub 等[276]和 Lewis 等[277]的验证指南，本研究对反映型测量模型的内部一致性、题目信度、组成信度、收敛效度和区别效度进行了验证。Hair 等[205]提出了关于反映型测量模型的内部一致性、题目信度、收敛效度的建议标准：Cronbach's α＞0.70（在探索性研究中，0.60≤Cronbach's α≤0.70 被认为是可以接受的）；测量题目信度：因素负荷量＞0.70 且在 0.05 水平时显著；AVE>0.50。Nunnally 和 Bernstein[278] 提出了反映型测量模型的内部一致性的建议标准：Cronbach's α＞0.70，CR＞0.70。经计算，从表 4.45 可知，在排除 CMV 的影响下，0.731＜Cronbach's α＜0.946，0.844＜CR＜0.959，0.635＜AVE＜0.865，0.727＜因素负荷量＜0.944 且在 0.001 水平时显著，符合 Hair 等[205]、Nunnally 和 Bernstein[278]的建议标准，并且因素负荷量符合 Chin[279]的建议标准：因素负荷量＞0.60，说明测量模型具有良好的信度和内部一致性，并且具有较高的收敛效度。

表 4.45　信度和收敛效度分析

变量	因素负荷量	P	Cronbach's α	CR	AVE
准确性（ACC）	0.818	***	0.877	0.916	0.731
	0.869	***			
	0.898	***			
	0.833	***			
完整性（COM）	0.857	***	0.845	0.906	0.763
	0.865	***			
	0.897	***			
持续使用意愿（CUI）	0.931	***	0.877	0.925	0.804
	0.943	***			
	0.812	***			
愉悦性失验（ED）	0.893	***	0.946	0.959	0.822
	0.901	***			
	0.916	***			
	0.916	***			
	0.907	***			
移情性（EMP）	0.743	***	0.731	0.844	0.644
	0.816	***			
	0.845	***			

续表

变量	因素负荷量	*P*	Cronbach's α	CR	AVE
易用性失验（EOUD）	0.878	***	0.846	0.907	0.764
	0.872	***			
	0.873	***			
灵活性（FLE）	0.805	***	0.811	0.874	0.635
	0.806	***			
	0.846	***			
	0.727	***			
信息质量（IQ）	0.902	***	0.885	0.929	0.814
	0.922	***			
	0.882	***			
感知愉悦性（PE）	0.826	***	0.908	0.932	0.732
	0.866	***			
	0.889	***			
	0.839	***			
	0.858	***			
感知易用性（PEOU）	0.886	***	0.895	0.935	0.827
	0.926	***			
	0.916	***			
感知信任（PT）	0.899	***	0.867	0.919	0.79
	0.902	***			
	0.865	***			
感知有用性（PU）	0.859	***	0.88	0.918	0.736
	0.882	***			
	0.864	***			
	0.825	***			
快捷性（QUI）	0.851	***	0.897	0.923	0.707
	0.886	***			
	0.779	***			
	0.847	***			
	0.838	***			

续表

变量	因素负荷量	*P*	Cronbach's α	CR	AVE
满意度（SAT）	0.913	***	0.896	0.935	0.828
	0.928	***			
	0.889	***			
服务质量（SQ）	0.883	***	0.908	0.942	0.845
	0.944	***			
	0.93	***			
系统质量（SysQ）	0.923	***	0.922	0.95	0.865
	0.941	***			
	0.925	***			
有用性失验（UD）	0.88	***	0.926	0.947	0.818
	0.908	***			
	0.927	***			
	0.902	***			

* $p<0.05$，** $p<0.01$，*** $p<0.001$。

此外，区别效度分析用于验证模型构念之间的相关性在统计上是否有差异。Fornell 和 Larcker[206]建议每个构念的 AVE 应大于该构念与任何其他构念的最大相关平方（即 Fornell-Larcker 准则），Bagozzi 和 Yi[225]建议每个构念的 AVE 的算术平方根应大于该构念与任何其他构念之间 Pearson 相关系数的绝对值。经计算，从表 4.46 可知，在排除 CMV 的影响下，每个构念的 AVE 的算术平方根均大于该构念与任何其他构念之间的 Pearson 相关系数，符合 Fornell 和 Larcker[206]、Bagozzi 和 Yi[225]的建议标准，说明该模型各构念之间具有较好的区别效度。

（3）结构模型评估

决定系数（R^2）：在成功验证了测量模型的结构效度和信度后，即可对结构模型进行分析。首先，本研究采用 PLS 对结构模型中每个内生构念的 R^2 进行评估。Chin[263]认为内生潜变量的 R^2 近似为 0.67 表示具有实质性解释能力，R^2 约为 0.33 表示解释能力中等，R^2 约为 0.19 表示解释能力薄弱。经计算，在排除 CMV 的影响下，除感知易用性（$R^2=0.123$）解释能力薄弱外，其他内生构念均具有中等或实质性解释能力。因此，本研究结构模型具有较强的解释能力。

表 4.46　区别效度分析

变量	AVE	ACC	COM	CUI	ED	EMP	EOUD	FLE	IQ	PE	PEOU	PT	PU	QUI	SAT	SQ	SysQ	UD
ACC	0.731	**0.855**																
COM	0.763	0.741	**0.873**															
CUI	0.804	0.413	0.407	**0.897**														
ED	0.822	0.496	0.436	0.643	**0.907**													
EMP	0.644	0.272	0.297	0.360	0.293	**0.803**												
EOUD	0.764	0.260	0.313	0.422	0.535	0.370	**0.874**											
FLE	0.635	0.375	0.420	0.381	0.452	0.466	0.492	**0.797**										
IQ	0.814	0.764	0.746	0.499	0.571	0.324	0.325	0.493	**0.902**									
PE	0.732	0.493	0.424	0.584	0.834	0.378	0.489	0.425	0.555	**0.856**								
PEOU	0.827	0.151	0.137	0.369	0.310	0.442	0.600	0.427	0.204	0.339	**0.909**							
PT	0.790	0.389	0.361	0.395	0.461	0.200	0.282	0.336	0.437	0.449	0.184	**0.889**						
PU	0.736	0.447	0.365	0.561	0.565	0.393	0.376	0.421	0.537	0.591	0.398	0.341	**0.858**					
QUI	0.707	0.222	0.222	0.326	0.317	0.525	0.473	0.551	0.316	0.387	0.641	0.171	0.420	**0.841**				
SAT	0.828	0.569	0.504	0.683	0.737	0.309	0.432	0.461	0.658	0.670	0.282	0.503	0.647	0.323	**0.91**			
SQ	0.845	0.602	0.577	0.501	0.624	0.445	0.432	0.573	0.687	0.609	0.336	0.392	0.581	0.369	0.650	**0.919**		
SysQ	0.865	0.642	0.585	0.486	0.641	0.364	0.437	0.630	0.728	0.621	0.282	0.440	0.593	0.401	0.683	0.789	**0.93**	
UD	0.818	0.574	0.534	0.535	0.627	0.335	0.507	0.478	0.649	0.590	0.265	0.440	0.663	0.309	0.694	0.622	0.652	**0.905**

注：对角线粗体字为 AVE 的算术平方根，下三角为构念之间的 Pearson 相关系数。

路径系数：在排除 CMV 的影响下，采用 PLS 对本研究结构模型的路径关系进行分析，除 EOUD（$\beta = -0.034$，$p > 0.05$）→SAT、PE（$\beta = 0.022$，$p > 0.05$）→SAT、PEOU（$\beta = -0.003$，$p > 0.05$）→SAT、QUI（$\beta = 0.082$，$p > 0.05$）→SysQ 和 SysQ（$\beta = 0.115$，$p > 0.05$）→PEOU 的路径系数不显著外，其他均显著，如表 4.47 所示。本研究结构模型的标准化路径系数 PLS 分析结果，如图 4.41 所示。

表 4.47　模型路径系数

路径	原始样本	均方差	t 统计量	p
ACC→IQ	0.302	0.055	5.524	***
COM→IQ	0.309	0.043	7.096	***
ED→SAT	0.4	0.064	6.242	***
EMP→SQ	0.167	0.043	3.92	***
EOUD→SAT	−0.034	0.055	0.625	n.s.
FLE→SysQ	0.497	0.052	9.576	***
IQ→PU	0.272	0.06	4.524	***
IQ→SQ	0.22	0.048	4.585	***
PE→ED	0.786	0.035	22.432	***
PE→PEOU	0.268	0.063	4.276	***
PE→SAT	0.022	0.063	0.352	n.s.
PEOU→EOUD	0.567	0.045	12.612	***
PEOU→PU	0.237	0.056	4.196	***
PEOU→SAT	−0.003	0.051	0.068	n.s.
PU→SAT	0.211	0.056	3.743	***
PU→UD	0.581	0.039	15.011	***
QUI→SysQ	0.082	0.05	1.637	n.s.
SAT→CUI	0.683	0.032	21.196	***
SQ→PE	0.512	0.047	10.914	***
SQ→PU	0.314	0.063	4.996	***
SysQ→IQ	0.324	0.049	6.622	***
SysQ→PEOU	0.115	0.062	1.871	n.s.
SysQ→SQ	0.568	0.056	10.178	***
UD→SAT	0.247	0.063	3.942	***

*$p<0.05$，**$p<0.01$，***$p<0.001$，n.s.代表不显著。

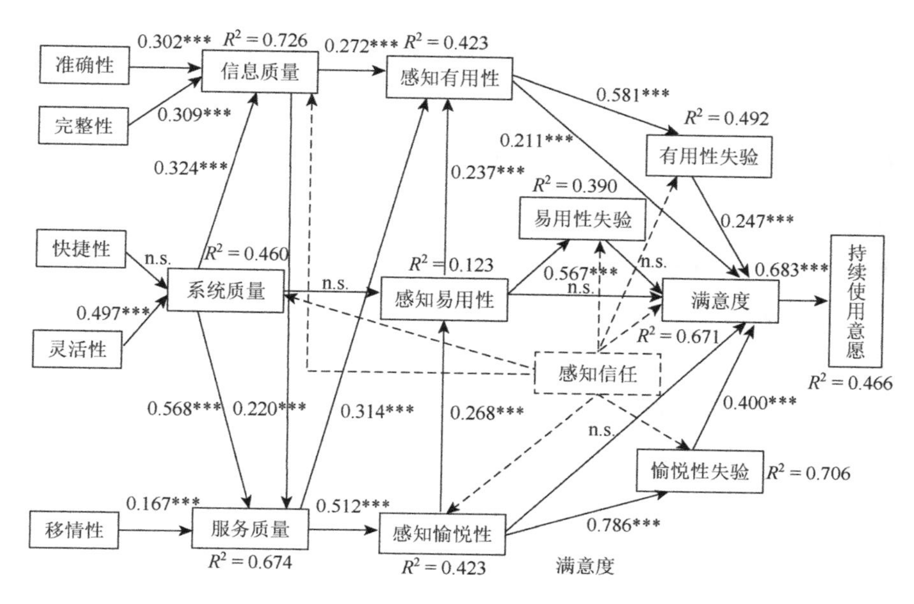

图 4.41　模型路径 PLS 分析结果

*$p<0.05$，**$p<0.01$，***$p<0.001$，n.s.代表不显著

效应值（f^2）：f^2 表示自变量对因变量的效应大小。Chin[263]和 Cohen[280]认为可以根据 Cohen 的 f^2 来评估结构方程模型中每条路径的效应大小，$0.020\leqslant f^2<0.150$，$0.150\leqslant f^2<0.350$，$f^2\geqslant0.350$ 分别表示自变量对因变量具有弱效应、中效应、强效应。经计算，在排除 CMV 的影响下，大部分变量之间的 f^2 大于 0.02 或 0.150，而且许多变量之间的 f^2 大于 0.350，说明本研究概念模型中自变量对因变量存在某种程度的影响效应。

预测相关性（Q^2）：采用 Stone-Geisser 的 Q^2 方法对结构模型的预测相关性进行评估[281, 282]。Q^2 是指某个内生构念的交叉验证冗余。当 $Q^2>0$ 时，表明自变量对因变量具有预测相关性；否则，没有预测相关性。Fornell 和 Cha[283]认为 Q^2 越大，模型预测相关性越好。经计算，在排除 CMV 的影响下，本研究概念模型中内生构念的 Q^2 均大于 0，表明自变量对因变量具有预测相关性，本研究结构模型预测能力较好、稳健性较高。

4）结果讨论

根据本研究概念模型，提出研究假设和问卷设计，以淘宝的拍立淘和京东的拍照购为例。采用 PLS 分析数据，在排除 CMV 的影响下对测量模型和结构模型进行评估。研究结果表明，本研究测量模型具有较好的信度和效度，概念模型整体具有较强的解释能力及较好的预测能力，所得到的研究结果是可信的。本研究结果讨论如下。

准确性（$\beta=0.302$，$p<0.001$）和完整性（$\beta=0.309$，$p<0.001$）正向显著影响信息质量；灵活性（$\beta=0.497$，$p<0.001$）正向显著影响系统质量；移情性（$\beta=0.167$，$p<0.001$）正向显著影响服务质量。与前人的研究结果相比，本研究结果与 Wixom 和 Todd[189]、Xu 等[190]的研究结果相近，只是在本研究中快捷性（$\beta=0.082$，$p>0.05$）对系统质量没有显著影响。究其原因在于研究对象存在差异，Wixom 和 Todd[189]以数据仓库软件为研究对象，Xu 等[190]以电子服务为对象，本研究以 MVS 为研究对象。在 MVS 用户体验中，MVS 旨在为用户提供简单、方便、快捷的交互式“无输入搜索”方式，这种简单的交互式操作解决了用户搜索过程中难以用文字、语音准确描述产品特征的问题，为用户带来方便快捷的拍照搜索体验。随着用户使用 MVS 次数的增加和使用经验的累积，这种方便快捷的交互式体验被用户认为是理所当然的。因此，就用户而言，快捷性并未像其他因素（准确性、完整性、灵活性、移情性）那么重要。综合上述分析，结合本研究和前人研究的结果可以得出结论：准确性、完整性、灵活性和移情性是影响 MVS 用户体验的显著因素，快捷性不再是 MVS 用户体验的差异化因素，只是可能对不同类型的系统产生不同的相对影响。

系统质量正向显著影响信息质量（$\beta=0.324$，$p<0.001$）和服务质量（$\beta=0.568$，$p<0.001$）；信息质量（$\beta=0.220$，$p<0.001$）正向显著影响服务质量。在 IS 领域，已有学者对系统质量、信息质量和服务质量之间的关系进行了探寻。Cenfetelli 等[236]研究结果表明，感知服务功能正向显著影响服务质量。Xu 等[190]研究结果显示，系统质量正向显著影响信息质量，信息质量正向显著影响服务质量。然而，本研究与 Xu 等[190]不同之处表现为系统质量（$\beta=0.568$，$p<0.001$）正向显著影响服务质量。究其原因在于研究对象不同，Xu 等[190]以电子服务为对象，本研究以 MVS 为研究对象。由于 MVS 作为一种新兴的领域，用户对系统质量和服务质量的感知具有显著的同向差异，同时也表明提高 MVS 的系统感知服务功能，可

以促进服务质量的提升。综合上述分析，结合本研究和前人研究的结果可以得出结论：MVS 的系统质量既可以直接影响服务质量，也可以通过信息质量间接影响服务质量。

信息质量（$\beta=0.272$，$p<0.001$）、服务质量（$\beta=0.314$，$p<0.001$）正向显著影响感知有用性。在 IS 领域，已有学者对信息质量、服务质量影响感知有用性进行了研究。例如，Wixom 和 Todd[189]研究发现用户对信息质量的满意度越高，就越有可能发现该信息的应用对提高工作绩效有用。Xu 等[190]研究结果显示，信息质量通过信息满意度正向显著影响感知有用性，服务质量通过服务满意度正向显著影响感知有用性。然而，本研究与 Wixom 和 Todd[189]、Xu 等[190]不同之处表现为系统质量正向影响感知易用性但不显著（$\beta=0.115$，$p>0.05$），这表明 MVS 的方便、快捷等特性被用户认为是理所当然的。此外，本部分实证研究还发现，服务质量（$\beta=0.512$，$p<0.001$）正向显著影响感知愉悦性，这一研究结果与 Childers 等[244]、Fiore 等[245]、Bauer 等[246]的研究结果一致。综合上述分析，结合本研究和前人研究的结果可以得出结论：MVS 为用户提供满意的信息和服务有助于提高搜索绩效，而且满意的服务能为用户带来愉悦感和趣味性。

感知愉悦性（$\beta=0.268$，$p<0.001$）正向显著影响感知易用性，这一研究结果与 Agarwat 和 Karahanna[247]、Mun 和 Hwang[248]、Sun 和 Zhang[249]的研究结果一致。感知易用性（$\beta=0.237$，$p<0.001$）正向显著影响感知有用性，这一研究结果与 Wixom 和 Todd[189]、Xu 等[190]的研究结果一致。这些结果表明，MVS 的愉悦性感知较高的用户易忽略该平台的使用不足或低估该平台的使用难度，并认为该平台对提高搜索绩效有用。综合上述分析，结合本研究和前人研究的结果可以得出结论：MVS 的愉悦性感知较高的用户会低估使用该技术的难度，从而导致较低的心理认知负担和较高的易用性感知，并认为 MVS 有助于提高搜索绩效。

感知有用性（$\beta=0.581$，$p<0.001$）正向显著影响有用性失验；感知易用性（$\beta=0.567$，$p<0.001$）正向显著影响易用性失验；感知愉悦性（$\beta=0.786$，$p<0.001$）正向显著影响愉悦性失验。这意味着用户对 MVS 的有用性、易用性、愉悦性的感知比期望的要好，这些发现与先前的研究一致。例如，Chiu 等[256]研究结果显示，感知有用性正向显著影响有用性失验。Khalifa 和 Liu[259]实证结果表明，感知

性能正向显著影响期望失验和欲望失验。综合上述分析，结合本研究和前人研究的结果可以得出结论：用户对 MVS 的有用性、易用性、愉悦性的感知度都优于对该系统的期望值。

感知有用性（$\beta=0.211$，$p<0.001$）、有用性失验（$\beta=0.247$，$p<0.001$）、愉悦性失验（$\beta=0.400$，$p<0.001$）正向显著影响满意度。这些研究结果与先前的研究结果一致。例如，Chiu 等[256]、Bhattacherjee[250]、Roca 等[195]的研究结果显示，感知有用性和有用性失验正向显著影响用户满意度。Khalifa 和 Liu[259]实证结果表明，感知性能和期望失验正向显著影响用户满意度。这些研究结果表明扩展 EDT 的因素在用户满意度形成中起着重要的作用。此外，本研究还发现，满意度（$\beta=0.683$，$p<0.001$）正向显著影响持续使用意愿，解释 46.6%持续使用意愿的方差变异，这一研究结果与 Bhattacherjee[250]、Bhattacherjee 等[260]的研究结果一致。综合上述分析，结合本研究和前人研究的结果可以得出结论：感知有用性、有用性失验和愉悦性失验在解释或预测 MVS 用户满意度方面占主导地位，并进一步影响 MVS 用户未来的使用意向。

4.5 本章小结

本章主要完成了如下四项主要工作。

（1）移动视觉搜索的人机交互技术研究。包括移动视觉搜索人机交互的技术基础、移动视觉搜索平台整体框架、移动视觉搜索平台的人机交互框架、移动视觉搜索平台人机交互界面四个方面。其中，移动视觉搜索人机交互的技术基础主要集中在关键点检测、特征提取与表示、特征索引与匹配、几何一致性验证，以及架构、算法、系统、数据集等技术基础方面；移动视觉搜索平台整体框架共包括数据层、查询层、调度层和交互层四个层次；移动视觉搜索平台的人机交互框架中交互层的功能包括界面和数据展示、用户交互；最后实现了一个移动端网页形式的移动视觉搜索平台人机交互界面。

（2）移动搜索场景下的用户搜索行为研究。在充分考虑科学性和可行性的前提下，选择实验室实验法作为主要研究方法设计不同类型（识图类和相似类）和复杂度（简单和复杂）的实验任务，观察被试者在进行移动视觉搜索时的行为，并通过录屏工具进行记录。同时以调查问卷的形式收集用户的主观评估数据，利用相关分析、配对样本 t 检验及方差分析的方法验证所提假设是否成立，探究搜索过程中出现的交互行为特征及对搜索结果满意度评价的影响因素，并揭示用户移动视觉搜索行为和主观感知评价指标之间的关系。

（3）移动搜索场景下的用户跨屏行为研究。尝试将移动搜索情境下的跨屏行为作为研究对象，以“情境观”为指导进行探索性研究。首先，将移动搜索作为情境变量，从搜索与跨屏“互嵌”视角切入，剖析移动搜索情境下的跨屏行为概念模型；其次，通过扎根分析搭建跨屏行为分析框架，从用户、任务、技术与信息四个维度，以及跨屏行为的表现与动因两个层面，系统分析移动搜索情境下的跨屏行为机理；最后，尝试通过具有较高生态效度的 ESM 进行日常真实情境下的跨屏行为纵向研究。通过上述三部分工作，尝试建构移动搜索情境下的跨屏行为概念模型与分析框架，明确用户的跨屏需求与动机、行为与体验，划分跨屏用户类型，探寻跨屏路径模式，探讨跨屏行为研究与服务的对策建议，初步实现跨屏行为机理的系统探索。

（4）移动视觉搜索的用户体验研究。在现有 FoMO 相关研究的基础上，结合用户访谈分析并借鉴社交媒体依赖的相关研究成果，初步构建了移动社交媒体环境下用户 FoMO 测量指标模型。随后，邀请相关互联网用户行为研究领域的专家进行访谈，根据其意见对模型进行初次修正。最后通过调查问卷数据的统计分析对模型进行再次修正和完善，在此基础上，构建出移动社交媒体 FoMO 程度测量量表。另外，本研究还在 MVS 用户体验影响因素研究的基础上，参照 Churchill 的量表开发过程对 MVS 用户体验影响因素量表进行开发，得到了 MVS 用户体验影响因素量表，并从用户体验全过程视角出发，将 S-O-R 模型与 EDT 模型整合，结合系统特征、认知要素、情感体验和期望失验等，构建 MVS 用户体验概念模型并进行了实证研究。

参考文献

[1] Girod B，Chandrasekhar V，Grzeszczuk R，et al. Mobile visual search：Architectures，technologies，and the emerging MPEG standard[J].IEEE Multimedia，2011，18（3）：86-94.

[2] Girod B，Chandrasekhar V，Chen D M，et al. Mobile visual search[J]. IEEE Signal Processing Magazine，2011，

28（4）：61-76.

[3] Lowe D G. Distinctive image features from scale-invariant keypoints[J]. International Journal of Computer Vision，2004，60（2）：91-110.

[4] Mikolajczyk K，Tuytelaars T，Schmid C，et al. A comparison of affine region detectors[J]. International Journal of Computer Vision，2005，65（1-2）：43-72.

[5] Harris C，Stephens M. A combined corner and edge detector[C]//Proceedings of the 4th Alvey Vision Conference. Manchester，UK：The Plessey Company，1988：147-151.

[6] Mikolajczyk K，Schmid C. Indexing based on scale invariant interest points[C]//Computer Vision，2001. ICCV 2001. Proceedings. Eighth IEEE International Conference on. IEEE，2001，1：525-531.

[7] Bay H，Ess A，Tuytelaars T，et al. Speeded-up robust features[J]. Computer Vision & Image Understanding，2008，110（3）：404-417.

[8] Mikolajczyk K，Schmid C. A performance evaluation of local descriptors[J]. IEEE transactions on pattern analysis and machine intelligence，2005，27（10）：1615-1630.

[9] 贾佳，唐胜，谢洪涛，等. 移动视觉搜索综述[J]. 计算机辅助设计与图形学学报，2017，29（6）：1007-1021.

[10] Lowe D G. Object recognition from local scale-invariant features[C]//iccv. IEEE Computer Society，1999：1150.

[11] Du Y，Li Z，Qu W，et al. MVSS：Mobile visual search based on saliency[C]//IEEE，International Conference on High Performance Computing and Communications & 2013 IEEE International Conference on Embedded and Ubiquitous Computing. IEEE，2013：922-928.

[12] Datar M，Immorlica N，Indyk P，et al. Locality-sensitive hashing scheme based on p-stable distributions[C]//Twentieth Symposium on Computational Geometry. ACM，2004：253-262.

[13] Ke Y，Sukthankar R. PCA-SIFT：A more distinctive representation for local image descriptors[C]//IEEE Computer Society，2004：506-513.

[14] Shakhnarovich G. Learning task-specific similarity[D]. Boston，MA：Massachusetts Institute of Technology，2005.

[15] Ji R，Duan L Y，Chen J，et al. Towards low bit rate mobile visual search with multiple-channel coding[C]//ACM International Conference on Multimedia. ACM，2011：573-582.

[16] Chen D，Tsai S，Chandrasekhar V，et al. Residual enhanced visual vector as a compact signature for mobile visual search[J]. Signal Processing，2013，93（8）：2316-2327.

[17] Ji R，Duan L Y，Chen J，et al. Mining compact bag-of-patterns for low bit rate mobile visual search[J]. IEEE Transactions on Image Processing A Publication of the IEEE Signal Processing Society，2014，23（7）：3099-3113.

[18] Seo J J，Yoona K R. Modified speeded up robust features（SURF）for performance enhancement of mobile visual search system[J]. Journal of Broadcast Engineering，2012，17（2）：388-399.

[19] Zeng K，Wu N，Kang K Y. A color boosted local feature extraction method for mobile product search[J]. International Journal on Recent Trends in Engineering &Technology，2014，10（2）：78.

[20] Lyu X，Li H，Flierl M. Hierarchically structured multi-view features for mobile visual search[C]//Data Compression Conference，2014：23-32.

[21] Na S I，Lee K D，Lee S J，et al. Intensity comparison based compact descriptor for mobile visual search[C]//Frontiers of Computer Vision. IEEE，2013：103-106.

[22] Yabushita H，Osawa T，Shimamura J，et al. Mobile visual search for 3-D objects：Matching user-captured video to single reference image[C]//Consumer Electronics. IEEE，2013：122-123.

[23] Chang S F，Chung H，Lin T H，et al. Mobile product search with bag of hash bits and boundary reranking[C]//IEEE Conference on Computer Vision and Pattern Recognition. IEEE Computer Society，2012：3005-3012.

[24] Qi H, Liu W, Liu L. An efficient deep learning hashing neural network for mobile visual search[C]//2017 IEEE Global Conference on Signal and Information Processing（GlobalSIP）. IEEE，2017：701-704.

[25] Zhang Q，Li Z，Du Y，et al. A novel progressive transmission in mobile visual search[C]//IEEE，International Conference on Dependable，Autonomic and Secure Computing. IEEE，2014：259-264.

[26] Zhao B，Zhao H W，Liu P P，et al. A new mobile visual search system based on the human visual system[J]. Applied Mechanics & Materials，2013，461（461）：792-800.

[27] Zhang G，Zeng Z，Zhang S，et al. Transmitting informative components of fisher codes for mobile visual search[C]//IEEE International Conference on Acoustics，Speech and Signal Processing. IEEE，2015：1136-1140.

[28] Lin J，Duan L Y，Chen J，et al. Learning multiple codebooks for low bit rate mobile visual search[C]//IEEE International Conference on Acoustics，Speech and Signal Processing. IEEE，2012：933-936.

[29] Zhou W，Yang M，Li H，et al. Towards codebook-free：Scalable cascaded hashing for mobile image search[J]. IEEE Transactions on Multimedia，2014，16（3）：601-611.

[30] Zhang X，Wang Y，Liu Z，et al. Selectively aggregated fisher vectors of query video for mobile visual search[C]//IEEE Second International Conference on Multimedia Big Data. IEEE，2016：334-341.

[31] Chen J，Duan L Y，Ji R，et al. Pruning tree-structured vector quantizer towards low bit rate mobile visual search[C]//IEEE International Conference on Acoustics，Speech and Signal Processing. IEEE，2012：965-968.

[32] Yang X，Liu L，Qian X，et al. Mobile visual search via hievarchical sparse coding[C]//IEEE International Conference on Multimedia and Expo. IEEE，2014：1-6.

[33] Miao S，Li Z，Qu W，et al. Progressive transmission based on wavelet used in mobile visual search[J]. International Journal of Embedded Systems，2014，6（2/3）：114-123.

[34] Khaire P S. Mobile visual search：A low transmission overhead framework based on vocabulary decomposition[J].International Journal of Innovative and Emerging Research in Engineering，2015，2(3)：118-122.

[35] Duan L Y，Chen J，Wang C，et al. Key technologies in mobile visual search and MPEG standardization activities[J].ZTE Communications，2012，10（2）：57-66.

[36] Andoni A，Indyk P. Near-optimal hashing algorithms for approximate nearest neighbor in high dimensions[J].Communications of the ACM，2008，51（1）：117-122.

[37] Wang J，Shen H T，Song J，et al. Hashing for similarity search：A survey[J]. Computer Science，2014.

[38] Nister D，Stewenius H. Scalable recognition with a vocabulary tree[C]//Computer vision and pattern recognition，2006 IEEE computer society conference on. IEEE，2006，2：2161-2168.

[39] Sivic J，Zisserman A. Video Google：A text retrieval approach to object matching in videos[C]//IEEE International Conference on Computer Vision. IEEE Computer Society，2003：1470.

[40] Xie H，Gao K，Zhang Y，et al. Efficient feature detection and effective post-verification for large scale near-duplicate image search[J]. IEEE TRANSACTIONS on multimedia，2011，13（6）：1319-1332.

[41] Chen D M，Tsai S S，Chandrasekhar V，et al. Inverted index compression for scalable image matching[C]//Data Compression Conference. IEEE，2010.

[42] Wang Y，Chen K，Zhou Y，et al. An improved offline stable point filtering method for mobile search application[C]//International Conference on Information Engineering and Computer Science. IEEE，2009：1-5.

[43] Jegou H，Douze M，Schmid C. Hamming embedding and weak geometric consistency for large scale image search[C]//European conference on computer vision. Springer，Berlin，Heidelberg，2008：304-317.

[44] Philbin J，Chum O，Isard M，et al. Object retrieval with large vocabularies and fast spatial matching[C]//Computer Vision and Pattern Recognition，2007. CVPR '07. IEEE Conference on. IEEE，2007：1-8.

[45] 衡星. 基于几何信息的近相似图像检索[D]. 成都：电子科技大学，2016.
[46] Luo J，Lang B. Efficient geometric re-ranking for mobile visual search[C]//Asian Conference on Computer Vision. Springer，Berlin，Heidelberg，2012：520-532.
[47] Gao K，Zhang Y，Zhang D，et al. Accurate off-line query expansion for large-scale mobile visual search[J]. Signal Processing，2013，93（8）：2305-2315.
[48] Fischler M A，Bolles R C. Random sample consensus：A paradigm for model fitting with applications to image analysis and automated cartography[J]. Communications of the ACM，1981，24（6）：381-395.
[49] Yang X，Pang S，Cheng K T T. Mobile image search with multimodal context-aware queries[C]//Computer Vision and Pattern Recognition Workshops. IEEE，2010：25-32.
[50] Jégou H，Douze M，Schmid C. Improving bag-of-features for large scale image search[J]. International Journal of Computer Vision，2010，87（3）：316-336.
[51] Zhang M，Li S，Lin X，et al. Fast verification via statistical geometric for mobile visual search[J]. Multimedia Systems，2016，22（4）：525-534.
[52] Wu H，Li H，Flierl M. An embedded 3D geometry score for mobile 3D visual search[C]//IEEE，International Workshop on Multimedia Signal Processing. IEEE，2017：1-6.
[53] 张兴旺，黄晓斌. 国外移动视觉搜索研究述评[J]. 中国图书馆学报，2014，40（3）：114-128.
[54] Vajda P，Ivanov I，Goldmann L，et al. On optimal solutions for mobile image retrieval applications[J]. Mobile Visual Search，2010.
[55] 张兴旺，郑聪. 领域导向的数字图书馆移动视觉搜索引擎建设研究[J]. 图书与情报，2016，（5）：40-47.
[56] 赵宇翔，朱庆华. 大数据环境下移动视觉搜索的游戏化机制设计[J]. 情报资料工作，2016，（4）：19-25.
[57] 董晶，吴丹.基于移动视觉搜索技术的智慧公共文化服务模型研究[J].图书与情报，2018（2）：16-23.
[58] 曾子明，秦思琪. 智慧图书馆移动视觉搜索服务及其技术框架研究[J].情报资料工作，2017，（4）：61-67.
[59] 曾子明，宋扬扬. 基于 SoLoMo 的智慧图书馆移动视觉搜索服务研究[J]. 图书馆，2017，（7）：92-98.
[60] 曾子明，周知. 大数据环境下面向科研用户的移动视觉搜索模型研究[J]. 情报理论与实践，2017，40（8）：126-130， 98.
[61] Zhu Q，Ma T. A research framework for mobile visual search of digital library[C]//Proceedings of Korean Library and Information Science Society，May27-28，2016，Bushan，Korea：215-223.
[62] 张兴旺，李晨晖. 数字图书馆移动视觉搜索机制建设的若干关键问题[J]. 图书情报工作，2015，59（15）：42-48.
[63] 李晨晖，张兴旺，秦晓珠.基于大数据的文化遗产数字图书馆移动视觉搜索机制建设研究[J].情报理论与实践，2018，41（4）：139-144，133.
[64] 张亭亭，赵宇翔，朱庆华. 数字图书馆移动视觉搜索的众包模式初探[J]. 情报资料工作，2016，（4）：11-18.
[65] 韩玺，张玥，朱庆华. 基于移动视觉搜索的图书馆、档案馆、博物馆资源融合服务模式研究[J]. 情报资料工作，2018（2）：63-70.
[66] Patel H. Visual Search Application For Android[D]. San Jose：San Jose State University，2012.
[67] Shen X，Lin Z，Brandt J，et al. Mobile product image search by automatic query object extraction[C]//Computer Vision-ECCV 2012. Springer Berlin Heidelberg，2012：114-127.
[68] Yang D S，Lee Y H. Mobile image retrieval using integration of geo-sensing and visual descriptor[C]//Network-Based Information Systems（NBiS），2012 15th International Conference on. IEEE，2012：743-748.
[69] Mennesson J，TirillY P，Martinet J. Elementary block extraction for mobile image search[C]//IEEE International Conference on Image Processing. IEEE，2014：3958-3962.

[70] Li H，Flierl M. Mobile 3D visual search using the Helmert transformation of stereo features[C]//IEEE International Conference on Image Processing. IEEE，2014：3470-3474.

[71] Wang Y，Mei T，Wang J，et al. JIGSAW：Interactive mobile visual search with multimodal queries[C]//ACM International Conference on Multimedia. ACM，2011：73-82.

[72] Li H，Wang Y，Mei T，et al. Interactive multimodal visual search on mobile device[J]. IEEE Transactions on Multimedia，2013，15（3）：594-607.

[73] Sivakumar P，Perumal S S，Praksh M，et al. An efficient interactive mobile visual search using multipart region based matching（MRM）algorithm[J]. Australian Journal of Basic & Applied Sciences，2014.

[74] Bagul M R E，Gaikwad K P. interactive robust multitudinous visual search on mobile devices[J]. International Journal of Computer Science & Mobile Computing，2014，3（12）.

[75] Zhang N，Mei T，Hua X S，et al. Tap-to-search：Interactive and contextual visual search on mobile devices[C]//IEEE，International Workshop on Multimedia Signal Processing. IEEE，2011：1-5.

[76] Aher K V，Waykar S B. Interactive image search for mobile devices[J]. World Academy of Science，Engineering and Technology，International Journal of Computer and Information Engineering，2015，2（8）.

[77] Sang J，Mei T，Xu Y Q，et al. Interaction design for mobile visual search[J]. IEEE Transactions on Multimedia，2013，15（7）：1665-1676.

[78] Muneesawang P，Zhang N，Guan L. Interactive Mobile Visual Search and Recommendation at Internet Scale[M].Switzerland：Springer International Publishing，2014：101-130.

[79] Chandrasekhar V R，Chen D M，Tsai S S，et al. The stanford mobile visual search data set[C]//ACM Conference on Multimedia Systems. ACM，2011：117-122.

[80] Ji R，Duan L Y，Chen J，et al. PKUBench：A context rich mobile visual search benchmark[C]//IEEE International Conference on Image Processing. IEEE，2011：2545-2548.

[81] Chen D M，Girod B. Memory-efficient image databases for mobile visual search[J]. IEEE Multimedia，2014，21（1）：14-23.

[82] Damade M K，Kulkarni R A，Bano S. Mobile visual search：Memory efficient image database[J].International Journal of Innovative and Emerging Research in Engineering，2015，2（3）：209-213.

[83] Matsuzaki K，Uchida Y，Sakazawa S，et al. Local feature reliability measure using multiview synthetic images for mobile visual search[C]//Iapr Asian Conference on Pattern Recognition. IEEE，2015：156-160.

[84] 中关村在线. 谷歌眼镜已停止销售[EB/OL]. http://apple.zol.com.cn/503/5035524.html[2019-01-12].

[85] 马腾腾，赵宇翔，朱庆华. 国外移动视觉搜索产品的比较分析研究[J]. 图书馆杂志，2016，35（9）：81-88.

[86] 史昱天，韩玺，朱庆华，等. 国内主流移动视觉搜索工具的比较研究[J].图书馆学研究，2017，（21）：65-71.

[87] 刘畅，赵瑜，杨帆.信息检索用户实验设计中时间限制和任务次序的影响研究[J]. 图书情报工作，2015，59（1）：99-105.

[88] 刘畅，张璐.时间限制和搜索任务类型对搜索体验的影响分析[J]. 现代图书情报技术，2015（9）：1-8.

[89] 吴丹，梁少博，冉爱华.大学生用户移动搜索策略研究[J].中国图书馆学报，2016（3）：55-73.

[90] 张敏，车雨霏，张艳.差异性任务情境下用户移动诊疗信息搜索行为分析——一项实验研究[J].现代情报，2019，39（1）：51-59.

[91] 周晓英，蔡文娟. 大学生网络健康信息搜寻行为模式及影响因素[J]. 情报资料工作，2014（4）：50-55.

[92] 邱皓政.量化研究与统计分析：SPSS（PASW）数据分析范例解析[M]. 重庆：重庆大学出版社，2017.

[93] Bales E，Sohn T，Setlur V. Planning，apps，and the high-end smartphone：Exploring the landscape of modern cross-device reaccess [C]//Lecture Notes in Computer Science. International Conference，Pervasive 2011. San

Francisco，CA，USA，2011：1-18.

[94] Chang S G. A structured scenario Approach to multi-screen ecosystem forecasting in Korean communications market[J]. Technological Forecasting & Social Change，2014，94：1-20.

[95] Henning N. Multi-Device Ecosystems[EB/OL]. https://www.questia.com/read/1G1-453916606/multi-device-ecosystems[2017-06-07].

[96] Levin M. Designing Multi-Device Experiences：An Ecosystem Approach To User Experiences Across Devices[M]. California：O' Reilly Media，Inc.，2014.

[97] Nagel W. Multiscreen UX Design：Developing For A Multitude Of Devices[M]. Massachusetts：Morgan Kaufmann，2016.

[98] Lai H C，Yu Y C，Hu K K，et al. Multi-screen services adoption and use-diffusion：The BEST model perspective[C]//IEEE International Conference on Industrial Engineering&Engineering Management，2014：783-787.

[99] 李蕾，耿小芬. 移动互联网与多屏、跨屏技术及应用[J]. 有线电视技术，2014（12）：48-50.

[100] Shin D H. N-SCREEN：How multi-screen will impact diffusion and policy？[J]. Information，Communication & Society，2013，16（6）：918-944.

[101] 腾讯科技. 凯文·凯利：屏幕构成完整生态系统[EB/OL]. http://tech.qq.com/a/20130529/013401.htm [2017-06-01].

[102] Wang Y，Huang X，White R W. Characterizing and supporting cross-device search tasks[C]//Proceedings of the Sixth ACM International Conference on Web Search and Data Mining，2013：707-716.

[103] Karlson A K，Iqbal S T，Meyers B，et al. Mobile taskflow in context：A screenshot study of smartphone usage[C]//Proceedings of the SIGCHI Conference on Human Factors in Computing Systems，2010：2009-2018.

[104] GOOGLE. The New Multi-Screen World：Understanding Consumer Behaviour [EB/OL]. http:// insights.mobify.com/the-new-multi-screen-world-understanding-consumer-behaviour/[2016-04-07].

[105] 陈晓韬. 大学生的跨屏消费行为研究[D].上海：华东师范大学，2014.

[106] 余璐. 受众多屏媒介使用行为分析[D].上海：上海交通大学，2014.

[107] 刘冰一. 媒体用户的多屏行为及多屏营销策略研究[D]. 武汉：武汉理工大学，2014.

[108] 吴丹，梁少博. 多设备环境下网络信息搜索行为研究综述[J]. 中国图书馆学报，2015（6）：109-127.

[109] Dervin B. An overview of sense-making research：Concepts，methods and results to date[C]//International Communications Association Annual Meeting. Dalls，Texas，1983.

[110] Ergonomic requirements for office work with visual display terminals（VDTs）--Part 11：Guidance on usability：ISO9241-11：1998[S/OL]. http://www.iso.org/iso/home/store/catalogue_ics/catalogue_detail_ics.htm？csnumber=16883 [2016-11-06].

[111] Göker A，Myrhaug H. Evaluation of a mobile information system in context[J]. Information Processing & Management，2009，44（1）：39-65.

[112] Vakkari P. Task-based information searching[J]. Annual Review of Information Science and Technology，2003，37（1）：413-464.

[113] Ingwersen P，Järvelin K. The turn：Integration of Information Seeking and Retrieval in Context[M]. Netherlands：Springer，2005.

[114] Dearman D，Pierce J S. It's on my other computer：Computing with multiple devices [C]//Proceedings of the SIGCHI Conference on Human Factors in Computing Systems，2008：767-776.

[115] Agichtein E，White R W，Dumais S T，et al. Search，interrupted：Understanding and predicting search task continuation[C]//Proceedings of the 35th International ACM SIGIR Conference on Research and Development in Information Retrieval，2012：315-324.

[116] Han S，Yue Z，He D. Understanding and supporting cross-device web search for exploratory tasks with mobile touch interactions[J]. ACM Transactions on Information Systems，2015，33（4）：1-34.

[117] Yi J，Maghoul F，Pedersen J. Deciphering mobile search patterns：A study of yahoo!mobile search queries[C]//Proceeding of the 17th International Conference on World Wide Web 2008，2008：257-266.

[118] 杨阳，张新民. 信息觅食理论的研究进展[J]. 现代图书情报技术，2009（01）：73-79.

[119] Wilson T D. Information behavior：An interdisciplinary perspective[J]. Information Processing & Management，1997，33（4）：551-572.

[120] 邓小昭，等. 网络用户信息行为研究[M]. 北京：科学出版社，2010：16-19.

[121] Awamura N. Rethinking the information behavior model of information encountering：An analysis of the interviews on information encountering on the web[J]. Library &Information Science，2006，55：47-69.

[122] Erdelez S. Investigation of information encountering in the controlled research environment[J]. Information Processing and Management，2004，40（6）：1013-1025.

[123] Norman D A. The way i see it-Signifiers，not affordances[J]. Interactions，2008，15（6）：18-19.

[124] Elsweiler D，Ruthvem I. Towards task-based personal information management evaluations[C]//International ACM SIGIR Conference on Research and Development in Information Retrieval. ACM，2007：23-30.

[125] 赵宇翔，朱庆华. 感知示能性在社会化媒体后续采纳阶段的调节效应初探[J]. 情报学报，2013（10）：1099-1111.

[126] 郑方奇，赵宇翔，朱庆华. 用户体验视角下数字阅读平台人机交互界面的比较研究[J]. 图书馆杂志，2015，34（7）：50-58.

[127] Polites G L，Karahanna E.Shackled to the status quo：The inhibiting effects of incumbent system habit，switching costs，and inertia on ew system acceptance[J]. MIS Quarterly，2012，36（1）：21-42.

[128] Zaichkowsky J L. Measuring the involvement construct[J]. Joural of Consumer Research，1985，（12）：341-352.

[129] Goodhue D L，Thompsonr L. Task-technology fit and individual performance[J]. MIS Quarterly，1995，19（2）：213-236.

[130] Rogers E M. Diffusion of innovation[M]. Wiley international encyclopedia of marketing. Chichester：John Wiley& Sons，Ltd，1983：467-479.

[131] 李文静，郑全全. 日常经验研究：一种独具特色的研究方法[J]. 心理科学进展，2008，16（1）：169-174.

[132] 段锦云，陈文平. 基于动态评估的取样法：经验取样法[J]. 心理科学进展，2012，20（7）：1110-1120.

[133] 张银普，骆南峰，石伟. 经验取样法——一种收集“真实”数据的新方法[J]. 心理科学进展，2016，24（2）：305-316.

[134] Hektner J M，Schmidt J A，Csikszentmihalyi M. Experience Sampling Method：Measuring the Quality of Everyday Life[M]. California：Sage Publications，Inc.，2006.

[135] Larson R，Csikszentmihalyi M. The experience sampling method[J]. Flow & the Foundations of Positive Psychology，1983，（15）：41-56.

[136] Hormuth S E. The sampling of experiences in situ[J]. Journal of Personality，1986，54（1）：262-293.

[137] Csikszentmihalyi M，Larson R. Validity and reliability of the experience-sampling method[J]. Journal of Nervous & Mental Disease，1987，175（9）：526-536.

[138] Christensen T C，Barrett L F，Blissmoreau E，et al. A practical guide to experience-sampling procedures[J]. Journal of Happiness Studies，2003，4（1）：53-78.

[139] 陈雅聃，李世国，刘源. 多屏互动的一致性体验设计研究[J]. 包装工程，2017（2）：161-165.

[140] Raptis D，Kjeldskov J，Skov M B. Continuity in multi-device interaction：An online study[C]//Nordic Conference

on Human-Computer Interaction. New York，ACM，2016：29.

[141] 原研哉. 设计中的设计[M]. 桂林：广西师范大学出版社，2010.

[142] Oliveira R D，Rocha H V D. Consistency priorities for multi-device design[J]. Lecture Notes in Computer Science，2007，4662：426-429.

[143] Steinfield C，Ellison N，Lampe C，et al. Online Social Network Sites And the Concept of Social Capital[M]//LEE F.Frontiers in new media research. Oxford：Routledge，2012：115-131.

[144] 中国互联网络信息中心. 2015 年中国社交应用用户行为研究报告[EB/OL]. http://www.cnnic.cn/ NMediaFile/old_attach/P020160722551429454480.pdf[2016-06-12].

[145] Przybylski A K，Kou M，Dehaan C R，et al. Motivational，emotional，and behavioral correlates of fear of missing out[J]. Computers in Human Behavior，2013，29（4）：1841-1848.

[146] Thompson J W. Fear of missing out（FOMO）[EB/OL]. http://www.jwtintelligence com/production/FOMO_JWT_TrendReport_May2011.pdf[2016-06-12].

[147] Alt D. College students' academic motivation，media engagement and fear of missing out[J]. Computers in Human Behavior，2015，49：111-119.

[148] Allport G W. Personality：A psychological interpretation[J]. New York：Henry Holt，1937.

[149] Goldberg L R. An alternative“description of personality”：The big-five factor structure[J]. Journal of Personality & Social Psychology，1991，59（6）：1216-1229.

[150] Mccrae R R，Costa JR P T. Personality trait structure as a human universal[J]. American Psychologist，1997，52（5）：509-516.

[151] Bachrach Y，Kosinski M，Graepel T，et al. Personality and patterns of Facebook usage[C]//The 4th Annual ACM Web Science Conference. New York：ACM，2012：24-32.

[152] Meng K S，Leung L. Factors influencing TikTok engagement behaviors in China：An examination of gratifications sought，narcissism，and the Big Five personality traits[J]. Telecommunications Policy，2021，45（7）：102172.

[153] Seidman G. Self-presentation and belonging on Facebook：how personality influences social media use and motivations[J]. Personality &Individual Differences，2013，54（3）：402-407.

[154] Deci E L，Ryan R M. Intrinsic motivation and self-determination in human behavior[J]. Contemporary Sociology，1985，3（2）：5886-5895.

[155] Hagger M S，Chatzisarantis N L D. Intrinsic motivation and self-determination in exercise and sport[J]. Sport Psychologist，2007，22（1）：134-135.

[156] Ryan R M，Deci E L. Self-determination theory and the facilitation of intrinsic motivation，social development，and well-being[J]. American Psychologist，2000，55（1）：68-78.

[157] Przybylski A K，Weinstein N，Ryan R M，et al. Having to versus wanting to play：Background and consequences of harmonious versus obsessive engagement in video games[J]. CyberPsychology & Behavior，2009，12（5）：485-492.

[158] La Guardia J G，Ryan R M，Couchman C E，et al. Within-person variation in security of attachment：A self-determination theory perspective on attachment，need fulfillment，and well-being[J]. Journal of Personality & Social Psychology，2000，79（3）：367-384.

[159] Przybylski A K，Weinstein N，Ryan R M，et al. Having to versus wanting to play：Background and consequences of harmonious versus obsessive engagement in video games[J]. Cyberpsychology and Behavior，2009，12（5）：485-492.

[160] Burke M，Marlow C，Lento T. Social network activity and social well-being[C]//International conference on human

factors in computing systems，CHI 2010. Atlanta：ACM Press，2010：144-153.
[161] Maslow A H，Frager R，Cox R. Motivation and personality[M]. New York：Harper & Row，1970.
[162] Mäntymäki M，Islam A K M N. The janus face of Facebook：Positive and negative sides of social networking site use[J]. Computers in human behavior，2016，61：14-26.
[163] Kim Y，Wang Y，Oh J. Digital media use and social engagement：How social media and smartphone use influence social activities of college students [J]. Cyberpsychology Behavior & Social Networking，2016，19（4）：264-269.
[164] Nadkarni A，Hofmann S G. Why do people use Facebook？[J]. Personality & Individual Differences，2012，52（3）：243-249.
[165] Haeckel S H. About the nature and future of interactive marketing[J]. Journal of Interactive Marketing，1998，12（1）：63-71.
[166] Theotokis A，Doukidis G I. When adoption brings addiction：A use-diffusion model for social information systems[C]//International Conference on Information Systems. Phoenix：ICIS，2009：552-559.
[167] Wu H L. An integrated framework of SNS users' motivations[C]//Americas Conference On Information Systems. San Francisco：AMCIS，2009.
[168] Davis F D. Perceived usefulness，perceived ease of use，and user acceptance of information technology[J]. MIS Quarterly，1989，13（3）：319-340.
[169] Rauniar R，Rawski G，Yang J，et al. Technology acceptance model（TAM）and social media usage：An empirical study on Facebook[J]. Journal of Enterprise Information Management，2014，27（1）：6-30.
[170] Hsu C L，Lu H P，Hsu H H. Adoption of the mobile internet：An empirical study of multimedia message service（MMS）[J]. Omega，2007，35（6）：715-726.
[171] Peslak A，Ceccucci W，Sendall P. An empirical study of social networking behavior using diffusion of innovation theory[C]//Conference on information systems applied research. Nashville：CONISAR，2010.
[172] Yoo B，Donthu N. Developing and validating a multidimensional consumer-based brand equity scale[J]. Journal of Business Research，2001，52（1）：1-14.
[173] 齐向华. 图书馆电子服务质量评价量表的构建[J]. 情报理论与实践，2014，37（11）：98-103.
[174] Anderson J C，Gerbing D W. Structural equation modeling in practice：A review and recommended two-step approach[J]. Psychological Bulletin，1988，103（3）：411-423.
[175] Maccallum R C，Widaman K F，Preacher K J，et al. Sample size in factor analysis：The role of model error[J]. Multivariate Behavioral Research，2001，36（4）：611-637.
[176] Steiger，J H. Structural model evaluation and modification：An interval estimation approach[J]. Multivariate Behavioral Research，1990，25（2）：173-180.
[177] Pai P，Arnott D C. User adoption of social networking sites：Eliciting uses and gratifications through a means-end approach[J]. Computers in Human Behavior，2013，29（3）：1039-1053.
[178] Reagle J. Following the joneses：FoMO and conspicuous sociality[J]. First Monday，2015，20（10）：215-228.
[179] 孟猛，移动视觉搜索平台用户体验研究[D]. 南京：南京大学，2020.
[180] Churchill G A. A paradigm for developing better measures of marketing constructs[J]. Journal of Marketing Research，1979，16（1）：64-73.
[181] Aladwani A M，Palvia P C. Developing and validating an instrument for measuring user-perceived web quality[J]. Information & Management，2002，39（6）：467-476.
[182] Bailey J E，Pearson S W. Development of a tool for measuring and analyzing computer user satisfaction[J]. Management Science，1983，29（5）：530-545.

[183] Huang Z，Benyoucef M. From e-commerce to social commerce：A close look at design features[J]. Electronic Commerce Research & Applications，2013，12（4）：246-259.

[184] Lee Y，Kozar K A. Investigating the effect of website quality on e-business success：An analytic hierarchy process（AHP）approach[J]. Decision Support Systems，2007，42（3）：1383-1401.

[185] Liu C，Arnett K P. Exploring the factors associated with Web site success in the context of electronic commerce[J]. Information & Management，2000，38（1）：23-33.

[186] Webb H W，Webb L A. SiteQual：An integrated measure of Web site quality[J]. Journal of Enterprise Information Management，2004，17（6）：430-440.

[187] 左文明. 电子商务服务设计与管理[M]. 北京：科学出版社，2017：17-18.

[188] DeLone W H，McLean E R. The DeLone and McLean model of information systems success：A ten-year update[J]. Journal of Management Information Systems，2003，19（4）：9-30.

[189] Wixom B H，Todd P A. A theoretical integration of user satisfaction and technology acceptance[J]. Information Systems Research，2005，16（1）：85-102.

[190] Xu J D，Benbasat I，Cenfetelli R T. Integrating service quality with system and information quality：An empirical test in the e-service context[J]. MIS Quarterly，2013，37（3）：337-352.

[191] Balog A. Testing a multidimensional and hierarchical quality assessment model for digital libraries[J]. Studies in Informatics and Control，2011，20（3）：233-246.

[192] Chang C. Exploring the determinants of e-learning systems continuance intention in academic libraries[J]. Library Management，2013，34（1/2）：40-55.

[193] Masrek M N，Jamaludin A，Mukhtar S A. Evaluating academic library portal effectiveness：A malaysian case study[J]. Library Review，2010，59（3）：198-212.

[194] Mckinney V，Yoon K，Zahedi F. The measurement of web-customer satisfaction：An expectation and disconfirmation approach[J]. Information Systems Research，2002，13（3）：296-315.

[195] Roca J C，Chiu C M，Martínez F J. Understanding e-learning continuance intention：An extension of the Technology Acceptance Model[J]. International Journal of Human-Computer Studies，2006，64（8）：683-696.

[196] Melian-Alzola L，Padron-Robaina V. Tangibility as a quality factor in electronic commerce B2C[J]. Journal of Service Theory and Practice，2006，16（3）：320-338.

[197] 陈明红，甄慧琳，韦芷晴，等. 移动视觉搜索行为意向模型及实证研究[J]. 图书馆论坛，2018：1-10.

[198] 张晋朝. 信息需求调节下社会化媒体用户学术信息搜寻行为影响规律研究[D]. 武汉：武汉大学，2015.

[199] Lapierre J，Giroux V P. Creativity and work environment in a high-tech context[J]. Creativity & Innovation Management，2003，12（1）：11-23.

[200] Finn R H. Effects of some variations in rating scale characteristics on the means and reliabilities of ratings[J]. Educational & Psychological Measurement，1972，32（2）：255-265.

[201] Kankanhalli A，Ye H J，Teo H H.Comparing Potential and Actual Innovators：An empirical study of mobile data services innovation[J]. MIS Quarterly，2015，39（3）：667-682.

[202] Maccallum R C，Widaman K F，Zhang S，et al. Sample size in factor analysis[J]. Psychological Methods，1999，4（1）：84-99.

[203] Zeng L，Salvendy G，Zhang M. Factor structure of web site creativity[J]. Computers in Human Behavior，2009，25（2）：568-577.

[204] 艾媒咨询. 2018Q1 中国移动搜索市场研究报告[EB/OL]. https://www.iimedia.cn/c400/61223.html[2018-05-20].

[205] Hair J F，Ringle C M，Sarstedt M. PLS-SEM：Indeed a silver bullet[J]. Journal of Marketing Theory & Practice，

2011，19（2）：139-152.

[206] Fornell C，Larcker D F. Evaluating structural equation models with unobservable variables and measurement error[J]. Journal of Marketing Research，1981，18（1）：39-50.

[207] Cronbach L J，Warrington W G. Time-limit tests：Estimating their reliability and degree of speeding[J]. Psychometrika，1951，16（2）：167-188.

[208] Koopman R J，Petroski G F，Canfield S M，et al. Development of the PRE-HIT instrument：Patient readiness to engage in health information technology[J]. Bmc Family Practice，2014，15（1）：18.

[209] Kaiser H F. An index of factorial simplicity[J]. Psychometrika，1974，39（1）：34-36.

[210] Spicer J. Making Sense of Multivariate Data Analysis[J]. Annals of Pharmacotherapy，2005，46（6）：812-821.

[211] Tabachnick B G，Fidell L S. Using Multivariate Statistics [M]. 5th ed. Boston，MA：Allyn and Bacon，2007.

[212] 袁红. 消费者社会化搜寻行为研究[M]. 武汉：武汉大学出版社，2014：295.

[213] Hair J F，Anderson R E，Tatham R L，et al. Multivariate Data Analysis[M]. 5th ed..Prentice Hall，Upper Saddle River，NJ，1998

[214] Anderson J C，Gerbing D W. Some methods for respecifying measurement models to obtain unidimensional construct measurement[J]. Journal of Marketing Research，1982，19（4）：453-460.

[215] Brown T A. Confirmatory Factor Analysis for Applied Research[J]. New York：Guilford Pubn，2006.

[216] Jackson D L，Gillaspy J A，Purcstephenson R. Reporting practices in confirmatory factor analysis：An overview and some recommendations[J]. Psychological Methods，2009，14（1）：6-23.

[217] Segars A H. Assessing the unidimensionality of measurement：A paradigm and illustration within the context of information systems research[J]. Omega，1997，25（1）：107-121.

[218] 吴明隆. 结构方程模型：AMOS 的操作与应用[M]. 2 版. 重庆：重庆大学出版社，2010.

[219] Byrne B M. Structural Equation Modeling With AMOS：Basic Concepts，Applications，and Programming[M]. London：Routledge，2009：343-344.

[220] Iacobucci D. Structural equations modeling：Fit indices，sample size，and advanced topics[J]. Journal of Consumer Psychology，2010，20（1）：90-98.

[221] Kenny D A. Measuring Model Fit[EB/OL].http://davidakenny.net/cm/fit.htm[2022-10-21].

[222] Hu L T，Bentler P M. Fit indices in covariance structure modeling：Sensitivity to underparameterized model misspecification[J]. Psychological Methods，1998，3（4）：424-453.

[223] Doll W J，Xia W，Torkzadeh G. A confirmatory factor analysis of the end-user computing satisfaction instrument[J]. MIS Quarterly，1994：453-461.

[224] Hair J F，Black W C，Babin B J，et al.Multivariate Data Analysis[M]. 7th ed. New Jersey：Prentice Hall，2009.

[225] Bagozzi R P，Yi Y. On the evaluation of structural equation models[J]. Journal of the Academy of Marketing Science，1988，16（1）：74-94.

[226] Bartlett F C.Remembering：A Study in Experimental and Social Psychology[M]. Cambridge：Cambridge University Press，1932.

[227] Novak J D，Tyler R W. A Theory of Education[M] .Ithaca：Cornell University Press，1977.

[228] Louis M R，Sutton R I. Switching cognitive gears：From habits of mind to active thinking[J]. Human Relations，1991，44（1）：55-76.

[229] Lautman M R. End-benefit segmentation and prototypical bonding[J]. Journal of Advertising Research，1991，31（3）：9-18.

[230] Armstrong D J，Hardgrave B C. Understanding mindshift learning：The transition to object-oriented

development[J]. MIS Quarterly，2007，31（3）：453-474.

[231] Bellman S，Rossiter J R. The website schema[J]. Journal of Interactive Advertising，2004，4（2）：38-48.

[232] Shannon C E，Weaver W. The Mathematical Theory of Communication[M].Urbana，IL：University of Illinois Press，1949.

[233] Mason R O. Measuring information output：A communication systems approach[J]. Information & Management，1978，1（4）：219-234.

[234] DeLone W H，McLean E R. Information systems success：The quest for the dependent variable[J]. Information Systems Research，1992，3（1）：60-95.

[235] Moore C N. Mooers'law or why some retrieval systems are used and others are not[J]. Bulletin of the American Society for Information Science & Technology，2010，23（1）：22-23.

[236] Cenfetelli R T，Benbasat I，Al-natour S. Addressing the what and how of online services：Positioning supporting-services functionality and service quality for business-to-consumer success[J]. Information Systems Research，2008，19（2）：161-181.

[237] Tan C W，Benbasat I，Cenfetelli R T. IT-mediated customer service content and delivery in electronic governments：An empirical investigation of the antecedents of service quality[J]. MIS Quarterly，2013，37（1）.

[238] Davis F D. A Technology Acceptance Model For Empirically Testing New End-User Information Systems：Theory And Results[D]. Boston MA：Massachusetts Institute of Technology，1986.

[239] Ajzen I，Fishbein M. Understanding Attitudes and Predicting Social Behavior[M]. Englewood Cliffs，NJ：Prentice-Hall，1980.

[240] Parasuraman A，Zeithaml V A，Berry L L. SERVQUAL：A multiple-item scale for measuring consumer perceptions of service quality[J]. Journal of Retailing，1988，64（1）：12-40.

[241] Alnaser F. The influence of SERVQUAL model and attitude on customer's satisfaction and loyalty in islamic banks of saudi arabia in developing countries[C]//Economic and Social Development（Book of Proceedings），27th International Scientific Conference on Economic and Social，2018：59.

[242] Cronin J J，Brady M K，Hult G T M. Assessing the effects of quality，value，and customer satisfaction on consumer behavioral intentions in service environments[J]. Journal of Retailing，2000，76（2）：193-218.

[243] Mahlke S. Factors influencing the experience of website usage[C]//CHI '02 Extended Abstracts on Human Factors in Computing Systems. ACM，2002：846-847.

[244] Childers T L，Carr C L，Peck J，et al. Hedonic and utilitarian motivations for online retail shopping behavior[J]. Journal of Retailing，2001，77（4）：511-535.

[245] Fiore A M，Jin H J，Kim J. For fun and profit：Hedonic value from image interactivity and responses toward an online store[J]. Psychology & Marketing，2005，22（8）：669-694.

[246] Bauer H H，Falk T，Hammerschmidt M. eTransQual：A transaction process-based approach for capturing service quality in online shopping[J]. Journal of Business Research，2006，59（7）：866-875.

[247] Agarwat R，Karahanna E. Time flies when you're having fun：Cognitive absorption and beliefs about information technology usage[J]. MIS Quarterly，2000，24（4）：665-694.

[248] Mun Y Y，Hwang Y. Predicting the use of web-based information systems：Self-efficacy，enjoyment，learning goal orientation，and the technology acceptance model[J]. International Journal of Human-Computer Studies，2003，59（4）：431-449.

[249] Sun H，Zhang P. Causal relationships between perceived enjoyment and perceived ease of use：An alternative approach[J]. Journal of the Association for Information Systems，2006，7（9）：618-645.

[250] Bhattacherjee A. Understanding information systems continuance：An expectation-confirmation model[J]. MIS Quarterly，2001，25（3）：351-370.
[251] Seddon P B. A respecification and extension of the DeLone and McLean model of IS success[J]. Information Systems Research，1997，8（3）：240-253.
[252] Rai A，Lang S S，Welker R B. Assessing the validity of IS success models：An empirical test and theoretical analysis[J]. Information Systems Research，2002，13（1）：50-69.
[253] Rastegar N. Adoption of Self-service Kiosks in Quick-service Restaurants[D]. Guelph：The University of Guelph，2018.
[254] Oliver R L. A Cognitive Model of the antecedents and consequences of satisfaction decisions[J]. Journal of Marketing Research，1980，17（4）：460-469.
[255] Churchill G A，Surprenant C. An Investigation into the determinants of customer satisfaction[J]. Journal of Marketing Research，1982，19（4）：491-504.
[256] Chiu C M，Hsu M H，Sun S Y，et al. Usability，quality，value and e-learning continuance decisions[J]. Computers & Education，2005，45（4）：399-416.
[257] Bhattacherjee A，Premkumar G. Understanding changes in belief and attitude toward information technology usage：A theoretical model and longitudinal test[J]. MIS Quarterly，2004：229-254.
[258] Xu D J，Abdinnour S，Chaparro B. An integrated temporal model of belief and attitude change：An empirical test with the iPad[J]. Journal of the Association for Information Systems，2017，18（2）：113-140.
[259] Khalifa M，Liu V. Satisfaction with internet-based services[C]//International Conference on Information Systems，2001，New Orleans，Louisiana，USA. DBLP，2005：601-606.
[260] Bhattacherjee A，Perols J，Sanford C. Information technology continuance：A theoretic extension and empirical test[J]. Data Processor for Better Business Education，2008，49（1）：17-26.
[261] Humbani M. Consumers'Adoption and Continuance Intention to Use Mobile Payment Services[D]. Pretoria：University of Pretoria，2018.
[262] Barclay D W，Thompson R L，Higgins C. The partial least squares（PLS）approach to causal modeling：Personal computer use as an illustration[J]. Technology Studies，1995，2（2）：285-309.
[263] Chin W W. The partial least squares approach to structural equation modeling[J]. Modern Methods for Business Research，1998，295（2）：295-336.
[264] Fornell C. A Second generation of multivariate analysis：Classification of methods and implications for marketing research[C]//Review of Marketing，M. J. Houston，Chicago，American Marketing Association，1985.
[265] Henseler J，Ringle C M，Sinkovics R R. The use of partial least squares path modeling in international marketing[J]. Social Science Electronic Publishing，2009，20（4）：277-319.
[266] Ringle C M，Sarstedt M，Straub D W. A critical look at the use of PLS-PM in MIS quarterly[J]. MIS Quarterly，2012，36（1）：iii-xiv.
[267] Teo H H，Wei K K，Benbasat I. Predicting intention to adopt interorganizational linkages：An institutional perspective[J]. MIS Quarterly，2003，27（1）：19-49.
[268] Hair J F，Sarstedt M，Ringle C M，et al. An assessment of the use of partial least squares structural equation modeling in marketing research[J]. Journal of the Academy of Marketing Science，2012，40（3）：414-433.
[269] Urbach N，Ahlemann F. Structural equation modeling in information systems research using partial least squares[J]. Jitta Journal of Information Technology Theory & Application，2010，11.
[270] 吴寿进，方文昌，黄恒奖.虚拟社群成员识别匿名性与群体规范之研究：外在自我觉察与社群认同之中介效

果[J]. 资讯管理学报，2012，19（2）：315-347.

[271] Podsakoff P M，Mackenzie S B，Lee J Y，et al. Common method biases in behavioral research：A critical review of literature and recommended remedies[J]. Journal of Applied Psychology，2003，88（5）：879-903.

[272] 赵卫东，吴继红，王颖. 组织学习对员工—组织匹配的影响——知识惯性调节作用的实证研究[J]. 管理工程学报，2012，26（3）：7-14.

[273] Podsakoff P M，Organ D W. Self-report in organizational research[J]. Journal of Management，1986，12（4）：531-544.

[274] Lindell M K，Whitney D J. Accounting for common method variance in cross-sectional research designs[J]. Journal of Applied Psychology，2001，86（1）：114-121.

[275] Ylitalo J. Controlling for common method variance with partial least squares path modeling：A Monte Carlo study[J]. MIS Quarterly，2009，33：473-490.

[276] Straub D，Boudreau M C，Gefen D. Validation guidelines for IS positivist research[J]. Communications of the Association for Information Systems，2004，13（1）：24.

[277] Lewis B R，Templeton G F，Byrd T A. A methodology for construct development in MIS research[J]. European Journal of Information Systems，2005，14（4）：388-400.

[278] Nunnally J C，Bernstein I H. Psychometric Theory [M]. 3rd ed. New York：McGraw-Hill，1994.

[279] Chin W W. Issues and opinion on structural equation modeling[J]. MIS Quarterly，1998，22（1）：1.

[280] Cohen J. Statistical Power Analysis for the Behavioral Sciences[M]. Hillsdale，NJ：Lawrence Erlbaum：1988.

[281] Geisser S. The predictive sample reuse method with applications[J]. Journal of the American Statistical Association，1975，70（350）：320-328.

[282] Stone M. Cross-validatory choice and assessment of statistical predictions[J]. Journal of the Royal Statistical Society. Series B（Methodological），1974：111-147.

[283] Fornell C，Cha J. Partial Least Squares[M]//Bagozzi R P. Advanced Methods of Marketing Research，Blackwell，Cambridge，1994：152-178.

第5章 总结与展望

本书遵循了“问题驱动→机制研究→模式研究→解决方案”的研究路径，其中机制研究、模式研究侧重于构建理论框架和提出构建方法，而解决方案则侧重理论框架和构建方法的实际应用，研究的最终目的在于为大数据环境下数字图书馆移动视觉搜索的应用提供指导和借鉴。

首先，在界定大数据环境下数字图书馆及移动视觉搜索的概念和内涵的基础上，根据国内外对比研究总结出面向大数据的数字图书馆及移动视觉搜索的发展现状和发展趋势，借鉴国内外研究与实践的经验，发现将移动视觉搜索应用于数字图书馆过程中的一些关键问题。其次，根据大数据环境的特点及移动视觉搜索应用中的关键技术对于信息系统的基本要求，对相关资源建设机制、资源组织机制、关联数据技术、数字图书馆资源可视化技术进行研究，并对其进行总结概括，为数字图书馆移动视觉搜索服务设计和运营提供理论支撑。最后，深入研究数字图书馆移动视觉搜索的人机交互机制，通过对相关用户、技术、任务及场景维度的深入研究，探索增强用户体验的交互机制，为增强数字图书馆移动视觉搜索用户黏性，进而推进该项服务提供一定的理论与实践参考，探索针对该项服务提升的用户体验机理。

本书得出如下结论。

1. 数字图书馆移动视觉搜索的资源建设机制

此部分重点研究面向大数据的数字图书馆移动视觉搜索的资源库建设机制。

结合当前大数据环境下数据密集型科学研究范式的发展特点，主要探讨数字图书馆视觉对象资源库建设与资源融合、数字图书馆移动视觉搜索众包模式应用、数字图书馆移动视觉搜索的众包激励机制与任务分配机制。

（1）对于数字图书馆视觉对象资源库建设方面，主要从移动视觉搜索相关概念及技术、移动视觉搜索的成果概况、国内外数字图书馆资源建设，以及基于移动视觉搜索技术的数字资源建设研究概况四个方面进行分析。经研究对比发现，移动视觉搜索与传统信息搜索不同，移动设备的性能、信息处理能力等特性对移动搜索的过程提出了更高的要求。在移动设备处理能力的瓶颈尚未突破的情况下，一套好的资源组织方式能够有效地管理并提取数据，从而增强移动搜索的能力。因此，在视觉资源建设的基础上，对于已经采集的大量的数据和信息资源，需要进一步深入研究数字图书馆移动视觉搜索的资源组织机制。

（2）对数字图博档数字资源融合研究方面，目前国内外数字图博档资源整合已有部分成果向公众开放，但学术研究均处于发展初期，不足之处较为明显，主要表现在研究方向的单一和研究团体的孤立。我国在数字图博档资源整合领域一方面需保持自身研究优势，继续深入探索，另一方面需把握国际前沿研究方向，拓宽研究广度；同时，也要积极寻求项目合作，从不同学科领域、不同国家和地区的学者处汲取图博档资源整合新思路，更好地推进三馆信息资源，尤其是多媒体资源的建设与整合。

（3）对数字图书馆移动视觉搜索众包模式应用方面，在现存视觉对象资源库建设的基础上，探索高效的基于移动视觉搜索的视觉对象资源库的建设机制，采用众包理念作为新资源获取的有效方法和手段，重点从众包模式的任务设计、众包模式的激励机制及众包模式的质量控制三方面开展深入分析和探索，最终提出数字图书馆移动视觉搜索的资源建设机制。研究表明，移动视觉搜索与众包模式的结合跨越了传统的组织界限，为实现任务或项目目标提供了丰富的人力资源，同时克服了海量资源规模大、数量多、分布广泛的问题，并提高了多源异构资源的采集效率。

（4）对数字图书馆移动视觉资源建设的游戏化激励机制方面，对用户参与视觉对象资源库众包任务的激励要素及各要素间的关系进行了探讨，主要对金钱激励、娱乐性激励、积分与等级提升激励、荣誉激励机制进行梳理。在此基础上，系统归纳了移动视觉搜索中的游戏化元素及其对应的动因示能，并提出面向大数据的移动视觉搜索游戏化设计框架，倡导由内而外的设计思路。研究发现，对于非营利性的图书馆众包项目来说，金钱激励是一种极具风险的选择，增加了发包者的经济负担，而个体驱动中的感知娱乐性、沉浸感、外部奖励和自我效能对用户参与行为起积极影响。众包只需要切合参与者的兴趣爱好、赋予参与者足够的成就感和荣誉感，就可以号召大批用户为之效力。

（5）对于数字图书馆移动视觉资源建设的众包任务分配机制研究方面，主要基于敏感性分析及二部图原理，构建了众包用户隐性偏好挖掘及任务分配方法。为了提高分析的准确性，首先基于众包任务属性特征，以及众包用户对众包任务的客观性评价结果进行敏感性分析，揭示了社区性众包用户对任务属性的敏感性程度。然后基于二部图矩阵相乘原理构建众包用户偏好挖掘模型，该模型不仅能够全面准确地理解众包用户兴趣偏好，还能挖掘众包用户潜在的偏好信息，使得众包任务的分配更具有针对性，从而增加众包任务分配的准确性。

2. 数字图书馆移动视觉搜索的资源组织机制

此部分从视觉资源类型与组织特征、描述与组织方式、关联数据技术、可视化技术四个方面对数字图书馆移动视觉搜索的资源组织机制进行了系统研究。首先在资源类型与组织特征的研究中，本研究对移动视觉搜索涉及的资源类型和组织形式进行了梳理，从信息生态理论的视角分析了数字图书馆移动视觉搜索的运作模式、主体关系和应用场景方面的特征，研究发现移动视觉搜索资源组织模式正逐步由 C/S 和 B/S 架构向 C/P/S 架构演进，这种趋势能够推动平台资源向共享式的资源组织模式发展，有助于提高视觉搜索的查全率和查准率。其次，从用户需求视角出发分析了移动视觉搜索的信息生态链，指出不同场景需要采用不同的数据资源组织模式，移动互联网场景、专业领域场景和流媒体场景需要采取不同的视觉资源组织方式。

（1）采用语义网和关联数据技术提出基于 VRAL、BIBFRAME 等本体的资源描述框架，对移动视觉搜索资源的语义化描述、整合和聚合提出了解决方案。首先，从文内视觉资源的“供给-需求-服务”三方视角出发，提出了融合底层视觉特征、高层语义特征与上下文文本信息特征的文内视觉资源移动视觉搜索框架，详细介绍了系统的架构与检索流程，验证了系统的有效性。其次，提出了基于书目框架的数字图书馆语义搜索框架，详细说明了资源的语义化描述、组织和搜索过程，以及各模块的具体功能，通过实验验证了该语义搜索框架在整合不同来源数据上的科学性和有效性。最后，从多维度聚合和语义关联两个方面分析了数字资源聚合理论，提出基于语义关联的图书馆 MVS 资源多维聚合模型，为解决数字图书馆移动视觉搜索资源的语义化聚合提供了方法、策略。

（2）从系统构建的视角出发，详细论述了关联数据在数字图书馆移动视觉搜索系统中的应用技术和实现方法，研究证明了关联数据技术在解决数字图书馆移动视觉资源语义关联和语义搜索中的关键作用。首先，研究基于 MVC 架构提出了基于关联数据的数字图书馆移动视觉搜索框架，明确系统主要涉及模型、视图和控制器三个关键模块，同时研究也对模块功能进行了分析，详细解释了视觉资源的发现过程、URI 标识方案、RDF 描述和关联方法，以及数据集的发布策略。在此基础上，研究提出一种具有语义发现功能的移动视觉搜索方法，该方法通过关联数据技术解决移动视觉搜索资源的语义化描述、组织和搜索问题，实现视觉资源特征信息和 RDF 语义信息的关联，通过在视觉特征匹配的基础上进行关联数据语义搜索，提高系统对视觉资源语义信息的识别、理解和搜索能力。

（3）对关联数据在视觉搜索资源可视化方面的应用进行研究。首先，研究对关联数据和知识图谱两个研究领域的产生与发展进行了论述，详细解释了关联数据与知识图谱的异同；其次，关联数据和知识图谱不仅能够描述知识之间的语义关系，也可以用于知识的推理和挖掘，对此研究采用关联数据技术对馆藏名人书信网络进行三元组描述，通过对信联活跃度、节点刷新率、话题关联度、话题相似度、书信关联网络等指标的分析，发掘书信文字背后隐含的社会史实；最后，研究分析了关联开放数据的发展现状，提出了关联数据服务平台设计框架和实现方案，在语义描述的基础上进一步探索了视觉资源的可视化技术。

3. 数字图书馆移动视觉搜索的人机交互机制

此部分主要完成了移动社交媒体环境下用户错失焦虑症研究、大数据环境下数字图书馆移动视觉搜索用户体验研究两项主要工作。

（1）移动社交媒体环境下用户错失焦虑症研究。本研究认为移动社交媒体环境下 FoMO 是一种较为典型的社会现象，相比于网络/手机成瘾、社交媒体依赖等明显的症状表现，FoMO 从本质而言更为普遍并在用户中表现出不同程度，且涉及更多的 IT 终端。本研究在梳理国外 FoMO 研究的基础上，结合目前的技术背景及外部环境，提出移动社交媒体环境下 FoMO 的概念。对学术界而言，本部分为学术界提供一个新的研究方向，通过分析相关测量量表、影响因素和前沿展望，为今后的研究思路和研究设计提出一些参考依据。对业界而言，厘清移动社交媒体环境下用户 FoMO 影响因素，有助于业界开发出契合用户兴趣偏好和需求的产品。对管理者而言，有助于管理者对伴随 FoMO 所产生的用户行为本质和正反面效应有一个深刻的认识，从而设计相应的对策和解决方案。本研究还构建了针对国内移动社交媒体环境下用户 FoMO 测量量表，认为移动社交媒体 FoMO 主要由心理动机、认知动机、行为表现和情感依赖四个维度构成，量表开发通过了信度和效度检验。因此，该量表可用于今后移动社交媒体环境下用户 FoMO 程度的测量研究。

（2）大数据环境下数字图书馆移动视觉搜索用户体验研究。本部分以当当网的拍照购和数字图书馆在线阅读平台（即读）为例，从用户体验视角开展了数字图书馆 MVS 的人机交互机制研究。首先，本部分根据半结构化访谈资料扎根分析的结果，经综合分析，提出了数字图书馆 MVS 用户体验影响因素。其次，在数字图书馆 MVS 用户体验影响因素研究的基础上，参照 Churchill 的量表开发过程对 MVS 平台用户体验影响因素量表进行开发，得到了数字图书馆 MVS 用户体验影响因素量表。然后，从用户体验视角出发，将 S-O-R 模型与 EDT 模型整合，结合系统特征、认知要素、情感体验和期望失验等，构建了数字图书馆 MVS 用户体验概念模型并进行了实证研究。研究结论如下：第一，根据半结构化访谈资料扎根分析的结果，经综合分析，形成了数字图书馆 MVS 用户体验影响因素，主要由三个主范畴因素和九个副范畴因素构成。第二，通过验证性因子分析对探索性因子分析所构建的数字图书馆 MVS 用户体验影响因素量表的内部一致性信度、收敛效度和区别效度进行了检验。在此基础上，最终得到了数字图书馆 MVS 用户体验影响因素量表。

本研究的主要创新点集中体现在如下四个方面。

（1）从广义角度理解和定义了 MVS。信息技术的进步是数字图书馆发展的永恒动力，MVS 应用于数字图书馆领域正是这一动力推动的结果。目前对于 MVS 的研究基本上都是计算机科学这样的纯技术领域，鲜有图书情报学领域的相关研究。本研究认为 MVS 从广义上可以理解成移动互联网环境下的一种数据驱动、任务导向的创新型信息服务模式，强调对视觉类信息资源进行有效的建设、组织和展示，并在此基础上针对不同的用户群体和情境开展各类具体应用，以满足个性化、精准化和敏捷化的用户需求。

（2）以阮冈纳赞的“图书馆学五定律”为研究起点。大数据环境下，“图书馆学五定律”在数字图书馆 MVS 服务中仍然适用，并被赋予新的内涵，即“数字资源是为了用的”“每个用户有其数字资源”“每项数字资源有其受众用户”“节省用户的时间”“数字图书馆是一个生长着的有机体”，这对明确数字图书馆的基本问题具有重要的意义，而目前未见国内外其他学者选取类似的切入视角来理解相关问题。此外，数字人文的理念和方法为本研究带来许多启迪。数字人文研究跨越计算机与多媒体技术、图书馆、档案馆、博物馆和传统人文、艺术领域学者之间的界限，还吸引了许多“非专业人员”的共同参与，即众包理念的采纳和应用。数字图书馆能够为保存与管理数字人文项目提供合适的平台和空间，而数字人文成果又扩大了数字图书馆的边界和范围，构成数字图书馆 MVS 服务新的亮点。

（3）贯彻了以“理论基础为支撑、模式构建为手段、应用探索为目标”的研究思路。在理论基础研究上，本书聚焦于数字图书馆 MVS 资源建设机制、资源组织机制和人机交互机制三个方面试图构建数字图书馆 MVS 的基础理论框架；在服务模式研究上，本研究引入服务科学（SSME）的理论和方法，来建立面向大数据的数字图书馆 MVS 服务质量管理与控制模型；在应用探索方面，本研究立足面向大众的社会信息服务和面向科技人员的科技情报服务两个领域，一方面保证了实践领域对图书馆主要职能的覆盖，另一方面也兼顾了用户群体信息服务需求的普遍性和特殊性，体现了 MVS 模式自身的特点对于服务形态的要求。

（4）以跨学科研究与混合研究为研究方法。由于现有针对 MVS 的研究多集中于纯技术领域，很难胜任面向大数据的数字图书馆服务多主题、动态演变的研究命题。本书在考察方法适用性的基础上，运用管理科学、认知科学、社会学、图书情报学、计算机科学等多学科方法，采用混合研究方法的思路，综合采用多种研究方法展开研究，探索出了一套面向大数据的数字图书馆 MVS 研究适用的定性定量相结合、探索研究与实证研究相兼顾的创新方法。

作为集众多学科交叉的新兴研究方向，本研究从理论层面明确了面向大数据的数字图书馆 MVS 资源建设与组织、人机交互机制设计和服务模式，并从应用层面探索了面向大数据的数字图书馆 MVS 服务方面的应用方式、方法与效果，具有很强的科学研究和实践价值。具体表现如下。

其一，建立和完善数字图书馆移动视觉搜索机制、服务及应用等理论基础研究。首先，在基础理论研究层面，本研究综合运用图书情报学、计算机科学、信息系统科学、公共管理学、心理学、社会学及认知科学、服务科学等学科的理论与方法，面向大数据环境下数字信息资源服务新的需求研究数字图书馆移动视觉搜索的基本问题，构造前期理论基础；其次，在机制设计研究层面，本研究针对面向大数据的数字图书馆移动视觉搜索资源建设、资源组织与人机交互三个部分的研究，能够有效搭建数字图书馆平台、资源、用户及技术之间的联系，明确数字图书馆各个要素之间的潜在关系；再次，在服务模式研究层面，本研究以服务科学为理论依据，扎根于用户服务需求，提出面向大数据的数字图书馆移动视觉搜索服务模式，丰富了图书馆数字信息资源服务的内涵；最后，在应用探索研究层面，本研究选择数字图书馆中若干具体服务情境中的实例，以前述理论、机制、模式等成果为依据和手段，探索面向大数据的数字图书馆移动视觉搜索的应用方式与效果，同时进一步验证基础理论、机制设计与服务模式的科学性与可行性。总之，这些研究对数字图书馆、移动视觉搜索、数字人文、数据科学、服务科学等领域相结合的学术体系的建立产生启示。

其二，丰富和提升数字图书馆移动视觉搜索跨学科合作和研究方法协同。本书完成了一项跨学科合作和研究方法协同的基础研究。例如，数字人文本身就具有人文科学与信息技术跨学科研究的显著特性，再将其置身于数字图书馆的研究当中，加之移动视觉搜索技术与理念的渗入，以及大数据环境的影响，使得数字图书馆移动视觉搜索自然而然成为跨学科、多方法研究的重要体现。具体来说，从跨学科研究角度来看，本研究综合运用包括图书情报学、信息系统、计算机科学、认知心理学、服务科学、公共管理学、社会学等多个学科，以及它们之间产生的交叉领域的理论、方法和技术，实现对数字图书馆移动视觉搜索机制与模式研究的预期目标。例如，图书馆学与计算机科学交叉领域的图书馆关联数据与元数据技术，信息系统领域的系统分析与集成相关理论，计算机科学、信息系统及心理学交叉领域的人机交互设计，公共管理学与图书馆学、服务科学交叉领域有关公共服务与创新的理念，计算机科学领域的数据采集、存储、分析、挖掘和可视化展示，以及信息搜索、多媒体资源融合与存储等关键技术等。从研究方法协同的角度来看，针对不同层面、维度的具体研究问题与研究内容，本书采用包括文献调研法、问卷调查法、结构方程模型、多元统计分析、社会计算实验、现场实验、实验室实验、数据挖掘、机器学习和案例分析等在内的定量与质性研究手段，或者混合方法研究（mixed methods research，MMR）范式来实现相关研究目标。因此，作为一项跨学科性研究，面向大数据的数字图书馆移动视觉搜索机制与模式研究，能够在很大程度上促进不同学科之间的合作研究，以及在研究方法上的协同，以此来共同推动图书馆数字资源的组织与建设，以及数字图书馆人机交互等领域的深层次发展。总之，本书能够很大程度上丰富不同学科领域的理论与方法论体系建设，开拓与深化数字图书馆及移动视觉搜索的相关研究的空间与主题。

其三，准确把握用户的信息需求，实现大数据时代数字图书馆服务模式创新。数字图书馆存储了大量的综合、多元型数据资源，具有来源广泛、结构复杂等特征。本研究依据先进的资源处理技术手段，将图书馆的数字信息资源在用户面前加以可视化呈现，增加其获取便利、多维利用的可能性，具有重要的实践和应用价值。大数据在带来一系列机遇和优势的同时，也引发了学界和业界的深层次思考、质疑和顾虑，“4V”特征让大数据本身成为信息服务的一把“双刃剑”：大数据浪潮促使数字化资源迅速膨胀，而人们能够获取有价值的信息和知识却越来越少。移动视觉搜索理念本身与图书馆个性化信息服务相呼应，可以在很大程度上满足用户日益增长的信息需求，且过程更加主动化、智能化，为数字图书馆实现细粒度、碎片化的服务提供了许多可能，真正体现“以用户为中心”的知识服务理念。总之，大数据顺应了数字图书馆服务创新的理念，从大数据中去捕捉、分析并向用户推送有潜在价值的信息，构成大数据时代图书馆的主要业务，而移动视觉搜索技术在数字图书馆中的应用将极大促使图书馆服务水平的升华。

其四，促进数字资源开发利用，构造大数据时代数字图书馆事业创新生态。首先，有利于解决传统环境下数据资源分散、重复建设和低效利用等现实问题，将大数据与关联数据结合起来，充分组织、存储、集成与整合数字图书馆馆藏资源。其次，有助于数字图书馆把握大数据发展机遇，坚定图书馆为社会用户群体提供信息服务的根本宗旨，提高服务质量，创新服务方式，进一步实现图书馆的社会价值。最后，依据对图书馆新业态、新模式下“图书馆学五定律”相关内容的解读，本书将很大程度上解决数字图书馆在实现“数字资源是为了用的”“每个用户有其数字资源”“每项数字资源有其受众用户”“节省用户的时间”“数字图书馆是一个生长着的有机体”创新生态愿景过程中所面临的重重困难，使其真正成为社会的知识中心、学习中心与文化中心。

面向大数据的数字图书馆 MVS 的研究是大数据时代数字图书馆业务革新、服务创新和事业发展所面临的新的战略机遇。尽管本书较为全面和深入地对数字图书馆移动视觉搜索的机制和应用进行了探索，但还是存在如下一些不足。

（1）本书主要通过关联数据技术解决移动视觉资源的描述、整合和可视化问题，对此系统需要构建专门的 RDF 知识库，虽然实验验证了通过构建本体模型对数字图书馆存储的元数据信息进行整合的可行性，但是对于本体模型的通用性，以及转换过程中可能遇到的实体抽取问题还需要更为深入的研究。

（2）移动视觉搜索对资源存储空间和资源检索效率有着更高的要求，本书提出的移动视觉搜索方案增强了对视觉资源的语义化描述和组织，能够提高视觉资源的搜索范围和搜索深度，但是同时也会消耗更多的移动端存储空间，降低搜索效率。因此如何合理分配移动端和服务器端的资源存储和计算任务，提高系统处理效率还需要进行更深入的研究。

（3）关联数据为数字图书馆移动视觉搜索的管理、发现和利用奠定了基础，本研究对数字图书馆移动视觉搜索关联数据技术和可视化技术进行了探索，提出了关联数据平台框架模型，有助于提高数字图书馆移动视觉资源的利用效率，然而对移动视觉搜索关联数据的关联关系的进一步挖掘，以及关联数据的最终呈现的研究仍然不够深入。

（4）本研究团队对图书馆移动视觉搜索服务的应用情境、服务设计、资源和服务的融合及图书馆开展移动视觉搜索的障碍等开展了研究，但上述服务模式主要基于视觉搜索技术和图书馆资源移动应用情境，以用户需求和技术应用实践为导向，在服务模式理论化方面有一定欠缺。如何以服务科学为理论依据，从服务科学中的用户需求、服务流程规划设计、服务质量管理控制及服务权益保护等视角切入图书馆的移动视觉搜索建立理论框架并就此创新数字图书馆移动视觉搜索的服务模式值得更进一步的研究。

为此，本研究团队将在未来的研究中整合多源数字图书馆平台及社交媒体网站的内容、图标、音频等进行多维度、多模数据形态的分析，继续深入探索，另外需把握国际前沿研究方向，拓宽研究广度；同时，从不同学科领域、不同国家和地区的学者处汲取图博档资源整合新思路，更好地推进多源信息资源的建设与整合；此外，还可以将数字图书馆中的文本、图片、视频等多媒体资源进行有效的关联，在整合资源的基础上，提供给用户更加丰富、立体的信息内容。